U0906172

奋斗之路

1921—2021

上册

光明日报社◎编

光明日报出版社

前言

中国共产党自1921年成立以来，始终把为中国人民谋幸福、为中华民族谋复兴作为自己的初心使命，始终坚持共产主义理想和社会主义信念，团结带领全国各族人民为争取民族独立、人民解放和实现国家富强、人民幸福而不懈奋斗，已经走过100年光辉历程。

在我们党成立100年的重要历史时刻，在党和人民胜利实现第一个百年奋斗目标、全面建成小康社会，正在向着全面建成社会主义现代化强国的第二个百年奋斗目标迈进的重大历史关头，党的十九届六中全会胜利举行。全会通过的《中共中央关于党的百年奋斗重大成就和历史经验的决议》（以下简称《决议》），对党的百年奋斗的重大成就进行了全面总结，对党的百年奋斗的历史意义和历史经验进行了系统概括，对新时代的中国共产党提出明确要求。《决议》指出，100年来，党领导人民浴血奋战、百折不挠，创造了新民主主义革命的伟大成就；自力更生、发愤图强，创造了社会主义革命和建设的伟大成就；解放思想、锐意进取，创造了改革开放和社会主义现代化建设的伟大成就；自信自强、守正创新，创造了新时代中国特色社会主义的伟大成就。《决议》强调，以习近平同志为主要代表的中国共产党人，坚持把马克思主义基本原理同中国具体实际相结合、同中华优秀传统文化相结合，坚持毛泽东思想、邓小平理论、“三个代表”重要思想、科学发展观，深刻总结并充分运用党成立以来的历史经验，从新的实际出发，创立了习近平新时代中国特色社会主义思想。习近平新时代中国特色社会主义思想是当代中国马克思主义、21 世纪马克思主义，是中华文化和中国精神的时代精华，实现了马克思主义中国化新的飞跃。党确立习近平同志党中央的核心、全党的核心地位，确立习近平新时代中国特色社会主义思想的指导地位，反映了全党全军全国各族人民的共同心愿，对新时代党和国家事业发展、对推进中华民族伟大复兴的历史进程具有决定性意义。

学习宣传贯彻党的十九届六中全会精神，是当前和今后一个时期的重大政治任务。为了帮助广大党员、干部群众更好学习全会精神，不断巩固拓展党史学习教育成果，我们以光明日报“奋斗百年路 启航新征程”大型系列报道为基础，组织编写了这部《奋斗之路》（1921—2021）。

2021 年，光明日报按照中宣部部署，开展了“奋斗百年路 启航新征程”大型主题采访活动。在 1—4 月的 120 期党史系列报道中，记者深入实地探访党史上重大事件发生地、重要遗址遗迹，广泛采访老战士、老同志和党史专家，采访知识分子党员代表和青年学子，聚焦党史上的重大事件、重要会议、重要文件、重大决策等，全面回顾中国共产党百年奋斗的伟大成就和宝贵经验，昂扬唱响中华儿女勇往直前、奋进新征程的时代赞歌。系列报道通过行进式采访、文学化表达、知识分子视角，深入挖掘“每个历史坐标的当代回响”，用历史映照现实、远观未来，刊出后在社会各界产生强烈反响。应广大读者所邀，我们在认真学习党的十九届六中全会精神和习近平总书记“七一”重要讲话精神的基础上，对 120 期系列报道以及庆祝中国共产党成立 100 周年大会述评文章重新进行了编校，相关内容从 1921 年 7 月至 2021 年 7 月，按各个历史时期划分为 4 章，分上、下两册出版。

百年风华，千秋伟业。回望过往的奋斗路，眺望前方的奋进路，必须把党的历史学习好、总结好，把党的成功经验传承好、发扬好。希望本书的出版，能够帮助大家更好地坚持唯物史观和正确党史观，从中国共产党的百年奋斗中看清楚过去为什么能够成功、弄明白未来怎样才能继续成功，从而在新的征程上更加坚定、更加自觉地牢记初心使命、开创美好未来。

编者

2021 年 12 月

目录

第一章

第二章

第一章

从开天辟地到百年风华

颜维琦　曹继军

1921 年 7 月 23 日，中华民族发展史上一场开天辟地的大事变发生了——中国共产党第一次全国代表大会在上海法租界望志路 106 号（今兴业路 76 号）开幕。

百年后的今天，我们走进上海，感受融入城市肌理的红色因子，探寻我们党如何从这里诞生、从这里出征……

潮涌　历史终将走到百年前那个夏日

1920 年的上海，风云涌动。

这年 9 月 28 日，上海《民国日报》头版登出了一条“外国语学社招生广告”：“本学社拟分设英、法、德、俄、日本语各班……有志学习外国语者请速向法界霞飞路渔阳里 6 号本社报名。此白。”

100 来字的广告，看似平淡无奇，实际上，这是上海共产党早期组织创办的第一所培养革命青年干部的学校，在党史上意义非凡。刘少奇、罗亦农、任弼时、萧劲光等都是外国语学社的学员。

也是在这一年 5 月，历经 25 天的辗转，毛泽东抵达上海，寓居哈同路民厚南里 29 号（今安义路 63 号）。其间，他经历了一生中至关重要的转折。

毛泽东曾去环龙路老渔阳里 2 号（今南昌路 100 弄 2 号），拜访当时正在与共产国际代表酝酿建党的陈独秀。这里是《新青年》编辑部所在地，也是中国共产党发起组成立地。多年以后，毛泽东回忆：“到了 1920 年夏天，在理论上，而且在某种程度的行动上，我已成为一个马克思主义者了。”

也是在这一年，29 岁的陈望道废寝忘食翻译了《共产党宣言》。这年 8 月，《共产党宣言》首个中文全译本印刷，首印 1000 册，很快售罄。9 月旋即再版，马克思主义的火种在中国大地上悄然蔓延。

次年盛夏 6 月起，包括毛泽东在内，来自北京、武汉、长沙、济南等地共产党早期组织的代表陆续来到上海，住进白尔路 389 号（今太仓路 127 号）的博文女校。据史料记载，一大会议的多项筹备工作在这里完成。从博文女校步行至一大会址，不过 100 多米。

1921 年 7 月 23 日晚，望志路 106 号的石库门民居里，13 位平均年龄只有 28 岁的年轻人在楼下厅堂围坐。灯光摇曳，中共一大在这里召开了。7 月 30 日晚，会场闯进不速之客，最后一天的会议转移至浙江嘉兴南湖的一艘游船举行……

在当时的人们看来，7 月 23 日只是一个寻常的夏日，会议没有见诸报章新闻，连通过的中国共产党第一个纲领和决议的原始中文版百年来也始终未曾找到，目前我们看到的均译自俄文版和英文版。人们没有想到的是，微澜既起，大浪将成。一艘承载着信念、道路和梦想的大船即将从这里起航。

“中国共产党的诞生是历史的必然。鸦片战争之后，中国沦为半殖民地半封建社会。为了拯救民族危亡，各种救国方案轮番出台，但都以失败告终。以李大钊、陈独秀、毛泽东等为代表的先进知识分子，经过反复比较、鉴别，最终找到和选择了马克思列宁主义。”上海市习近平新时代中国特色社会主义思想研究中心副主任、中共上海市委党校常务副校长徐建刚说，“中国共产党诞生在上海，同样是历史的必然。上海是中国民族矛盾、社会矛盾最为集中的城市，也是中国工人阶级的集中地，中国新式知识分子的会集地。此外，1911 年辛亥革命后，中国 80% 的印刷品在上海印刷，上海成为各种思潮的集中地。上海还有独特的城市资源，汇聚了现代政党领导社会运动的所有资源和条件。”

2021 年，当我们穿行在上海，透过百年前的阳光，从遍布这座城市的红色遗迹，从浩瀚的文物文献，从党史专家、文博工作者的讲述中，寻访那个伟大的发端如何开始时，一个个年轻的身影越过斑驳的图片和文字抵达眼前，这座城市的红色血脉也在身边蜿蜒汇聚。

如今，这个最初只有 50 多名成员的小党，已走过 100 年辉煌历程，发展成为世界上最大的政党；领航中国，走出积贫积弱，稳步成为世界第二大经济体，创造了人类社会发展史上的奇迹。而上海，这座中国共产党人的初心之地，也在用只争朝夕、勇立潮头的精神，接续奋斗，持续创造着发展的传奇。

一大会址前的兴业路，浓缩了百年征程、百年跨越，从一条小马路出发，走出了一条中国的道路。

根脉　感受融入城市肌理的红色因子

走得再远，也不能忘记为什么出发，不能忘记走过的路。

2017 年 10 月 31 日，习近平总书记带领十九届中央政治局常委，专程前往上海和浙江嘉兴，瞻仰上海中共一大会址和嘉兴南湖红船。他动情地说，我们党从这里诞生，从这里出征，从这里走向全国执政。这里是我们党的根脉。

无数人从四面八方来到这里，触摸红色根脉，完成人生历程中的重大仪式，抑或只为完成一次近乎神圣的探望。

站在兴业路东望，隔着当年的贝勒路（今黄陂南路），是中共一大纪念馆。为迎接建党百年，2019 年 8 月 31 日，中共一大纪念馆正式开工建设。2020 年 11 月 17 日，位于兴业路 76 号的中共一大会址也暂停对外开放，启动百年来最为彻底的修缮。

2021 年 1 月，记者探访了解到，中共一大纪念馆建设项目已完成结构封顶，进入装修阶段，将于 4 月底实现项目竣工，5 月起试运行，7 月 1 日前正式开馆。

中共一大会址纪念馆副馆长徐明告诉记者，按照新馆建设与旧址保护相结合的原则，纪念馆建成后，新老建筑将横跨兴业路两侧，形成开放式、街区式博物馆。“届时，更多的人能感受融入城市肌理的红色因子。”徐明说，中共一大纪念馆将以一大会址、宣誓大厅、新馆展厅为主要展览展示空间，全面系统展示建党历史、讲述建党故事、阐释建党初心、弘扬建党精神。

记者探访了位于淮海中路1834号的中共一大会址纪念馆藏品保管部，文博工作者们正在为新馆的展陈忙碌。中共一大会址纪念馆藏品保管部副主任王长流把这份工作看得很重：“建党时的每件文物都十分珍贵、每个情景都耐人寻味。我们每天都怀着敬畏之心，每一次打开、查看，都非常小心。这段历史太厚重了，一定要在我们的手上保护好、传承好。”

1989年出生的赵嫣一，从复旦大学文博系毕业后就在中共一大会址纪念馆藏品保管部从事文物保护工作。日复一日的工作看似枯燥，这位爱笑的姑娘却乐此不疲：“和这些红色文物近距离接触，时常会被一些微小的细节打动。哪怕是一个印章的位置变化，里面也有不一样的动人故事。”

“其实，我们都是这座‘精神家园’的守护者。”中共一大会址纪念馆党总支副书记、副馆长宋依璇说。她思考的是，超过12万件的馆藏已开发和挖掘的还太少，让红色历史“活”起来，还能做些什么。她希望用“微小”的红色文创来推动“宏大”的红色文化传播。

作为中国共产党诞生地，上海拥有丰富的红色资源，现共存各类红色资源612处。它们是连接红色血脉与城市文脉的时代印记。“党的诞生地”发掘宣传工程自2016年7月启动以来成效显著，一大批革命文物焕发新生，一大批文艺作品深入人心，上海“红色文化”的金字招牌越来越亮。

2021年1月4日，新年的第一个工作日，上海64个重大项目集中开工，16项民心工程部署推进。上海市委将红色文化传承弘扬工程，纳入民心工程之列，要让红色文化、革命精神更加深入人心。作为初心始发地的上海深知，红色，是这座城市最鲜亮的底色。利用好红色资源、传承好红色基因、发扬好红色传统，是一座城市光荣而神圣的使命和责任，也是这座城市保持蓬勃朝气的强劲动力源。

（2021年1月19日）

红船映初心　精神铸丰碑

陆健　严红枫　孔越

百年中国长卷，历史的追光始终跟随着一叶红船。

“已快 11 点钟了。”

“到 6 点钟。”

这是开始和闭幕的时间！王会悟在《“一大”在南湖开会的情况》的回忆文章中，记录了 100 年前那个夏天嘉兴南湖会议的 7 小时。

在这个平常的下午，船上或穿长衫或穿西装的青年人庄严起立，在摇橹声中低沉呼喊：“共产主义——人类的解放者万岁！”

只有几小时，四周水波声声，游人往来如常。自此，一叶扁舟从南湖出发，乘风破浪、劈波前行，驶过了 100 年的时光。

百年岁月弹指一挥间。2021 年 1 月，记者在嘉兴采访时深深地感受到，红色基因，是这片土地上最深刻最鲜明的印记；“红船精神”，已深深融入共产党人血液之中，激励着我们不懈奋斗，让人民生活更美好。

红船，寄托着一份信仰

吴根越角，水乡平原，嘉兴南湖以船盛名。

乘船登上湖心岛，红船的模样逐渐清晰。这是一艘单夹弄丝网船，船身长约 16 米、宽 3 米，内有前舱、中舱、房舱和后舱，右边有一条夹弄通道。其中，中舱有方桌，桌上放着茶具，四周放置凳椅。船艄系有一条小拖梢船，为当时接人进城购物所用。

站在红船边，记者的思绪回到了 1921 年。当时，中共一大代表们在上海讨论的关键时刻，突然遭遇法租界巡捕搜查。嘉兴与上海距离较近，交通便捷，且小城不易引人注目，隐蔽安全。更巧的是，嘉兴是中共一大代表李达夫人王会悟的家乡，正是在她的倡议下，中共一大会议由上海转移到了嘉兴南湖，就这样，上海和嘉兴共同成为中共一大会址。

1921 年 8 月初，中共一大代表们分批转移到嘉兴，先到南湖的狮子汇渡口，乘坐摆渡船来到湖心岛，而后登上事先租好的游船。在船上讨论并通过了党的第一个纲领，庄严宣告中国共产党的诞生。

船之名红，不在其色而在其意。

“小小红船承载千钧，播下了中国革命的火种，开启了中国共产党的跨世纪航程。”嘉兴学院红船精神研究中心教授、全国党建研究会特邀研究员肖纯柏对记者说，这艘红船从南湖出发，沿着井冈峰顶、遵义城头、延安宝塔……一路前行，最终把中国革命、建设、改革的历史串成一幅波澜壮阔的大潮行舟图。

红船，传承着一种精神

作为历史的见证，红船定格在 1921 年的时空里；作为不灭的精神，红船在每一个时代与共产党人重新相逢。

岁月流转，当年见证中国共产党诞生的南湖游船已毁于抗日战火。如今，这艘停泊在南湖边的中共一大纪念船，是 1959 年南湖革命纪念馆筹委会在走访了大量老船工、老渔民、老游客等基础上，经王会悟验看和中央审定后仿制的。

“当时为什么要重修红船？”肖纯柏说，就是为了还原中国共产党诞生的历史场景，追根溯源。作为中共一大南湖会议的亲历者，董必武对红船有着特殊感情。湖心岛烟雨楼的诗碑亭，刻着 1964 年他登上重修的南湖游船后写下的诗篇：“革命声传画舫中，诞生共党庆工农。重来正值清明节，烟雨迷蒙访旧踪。”

“中共一大参会代表的平均年龄是28岁，他们不顾个人安危，舍小家为大家，这样的精神令人动容。”在肖纯柏看来，红船浓缩了中国无数仁人志士的不懈追求和远大理想，他们身上体现的家国情怀和赤子之心，至今仍激励着每一个人。

可以说，南湖红船承载了中国共产党独有的文化基因和革命精神。嘉兴市中共党史学会会长陈水林说：“红船启航，是实现中国梦真正的起点；红船劈波斩浪，开辟了实现中国梦的中国道路；‘红船精神’凝聚了实现中国梦的中国精神和中国力量。”

红船，绽放着时代光芒

秀水泱泱，红船依旧。来自五湖四海的人们络绎不绝来到南湖红船边，感悟那份永不忘却的初心，重温一种历久弥新的精神。

每次站在南湖红船边，耄耋之年的抗战老兵朱亚都热泪盈眶。

“没有共产党就没有新中国，有了独立自主的中国，才有我们今天的幸福生活。”这位1944年就参加革命的老党员，离休至今已开展红色义务宣讲620场，听众从幼儿园孩子到高校大学生达5.4万人次，“我希望通过宣讲，把老一辈的革命精神和‘红船精神’传递给年轻人。”

为了让更多人把“红船精神”记在心里、落实到行动上，2020年8月，嘉兴南湖区上线了“南湖桨声”宣讲品牌，随后又推出了“南湖桨声‘桨’给你听”系列宣讲短视频，线上播放量达到30万次。

通过创新形式，“红船精神”以更接地气的方式呈现在世界面前。讲述第一批中国共产党人求索中国向何处去的主旋律电影《红船：开天辟地》开拍；展现革命先辈艰苦奋斗历程的电视剧《大浪淘沙》已杀青；歌剧《红船》于2020年8月底进行了首演，呈现了一幅劈波斩浪、驶向辉煌的史诗画卷……

100 年前，一叶红船从嘉兴南湖驶出，引航中国梦；而今，南湖秀水依旧，红色土地换了人间——嘉兴获评全国文明城市、国家历史文化名城、国家卫生城市、全国双拥模范城、国家创新型试点城市；2019 年农村居民人均可支配收入 37413 元，连续 16 年居浙江全省首位；城乡居民收入比为 1.66 ∶ 1，继续保持全省最低……

“乔木亭亭倚盖苍，栉风沐雨自担当。”在嘉兴，“红船精神”已内化为广大党员干部改革创新、一心为民的思想自觉。

按下了全面融入长三角一体化发展国家战略的“快进键”，嘉兴努力践行“八八战略”，始终以弄潮儿的锐气，致力建设长三角核心区全球先进制造业基地，奋力打造“重要窗口”中的最精彩板块。

（2021 年 1 月 19 日）

第一部党章的诞生

任鹏

2021年1月，上海市静安区延中绿地中，满目青翠簇拥着两排老式的石库门建筑。石库门入口的上方，还保留着100多年前的名称——“辅德里”。

这里是中共二大会址纪念馆。

1922年7月，中国共产党第二次全国代表大会在这里秘密召开，来自全国的12位中共代表参加。7月23日大会结束，此时，距离中共一大的开幕，刚好一年。

历史出现了如此的巧合：中共一大召开的地方叫“树德里”，中共二大召开的地方叫“辅德里”：中共一大开天辟地、树立丰碑，中共二大建章立制、相辅相成，一“树”一“辅”，恰如其分地定位了两次会议在建党史上的作用。

创造党史上多个“第一”

走进中共二大纪念馆，“中国共产党万岁”7个金色的大字熠熠生辉。“中国共产党万岁”最早就是在中共二大上提出，原文是二大宣言当中的一句话，第一次以文字形式体现在党代会的文件中。

中共二大会址纪念馆党支部书记兼副馆长尤玮介绍，“中国共产党万岁”的来历最让参观者关注。100年来，无论是为了革命英勇牺牲的共产党人，还是为了建设无私奉献的共产党人，“共产党万岁”是一句口号，更是一种信念；是一颗炽热的初心，更是一首激越的战歌。

随着参观的深入，观众会时时惊讶于中共二大的不凡——中共二大通过的宣言和各项决议，创造了中共党史上的多个“第一”：第一次提出党的反帝反封建的民主革命纲领，第一次提出党的统一战线思想——民主联合战线的思想，第一次公开发表《中国共产党宣言》，制定第一部党章，第一次比较完整地对工人运动、青少年运动和妇女运动提出要求，第一次明确决定加入共产国际……“中国共产党的创建顶天立地，中共一大是顶天，中共二大是立地。”上海市中共党史学会会长忻平说，党的二大与一大共同完成了党的创建任务。

对于诞生不久的中国共产党，二大制定的第一部党章无疑对党的创建工作有着决定性的意义。“党的一大制定了党纲，党的二大制定了我们党的第一部党章。”习近平总书记在 2012 年党的十八大后撰文指出，“没有规矩，不成方圆。党章就是党的根本大法，是全党必须遵循的总规矩。”

种下开拓创新的基因

12 位代表、8 天会议——在中共党史上，二大是参加人数最少的一届全国代表大会。

参观者问得最多的一个问题，就是毛泽东为何缺席这次会议？毛泽东后来对美国记者斯诺回忆说：“第二次党代表大会在上海召开，我本想参加，可是忘记了开会的地点，又找不到任何同志，结果没有能出席。”

二大召开前，在白色恐怖之下，中共吸取了一大被中途破坏的前车之鉴，采取了更为严密的组织方式。为了安全，中共二大以小型分组讨论为主，多安排在党员家中进行，8 天的会期中，全体大会只召开了 3 次。

彼时的毛泽东，刚刚担任中共湘区执行委员会书记，一些党史研究学者认为，很多中共一大代表作为“初期党组织的中坚力量”，无法从紧张的革命工作中脱身。

中共一大召开后的这一年，中国和国际局势风起云涌。

1921 年年底召开的“华盛顿会议”确认了帝国主义列强在华共同统治的局面；

由外国列强分别操纵的各派军阀连年混战，中国陷入内争迭起、民不聊生的境地；

1922 年 1 月，共产国际在莫斯科召开远东人民大会，列宁表达了希望国共两党能够合作的意愿；

1922 年 1 月，以香港海员大罢工为起点，爆发了全国第一次罢工高潮；

1922 年 5 月，中国社会主义青年团正式成立。

…………

在这一年国际国内局势的错综发展中，中国共产党投入了积极的社会实践。忻平认为，基于对中国社会现状以及对自身的正确分析，中国共产党使党的理论更加成熟完善，并在二大得以集中体现。

与一大相比，二大的几项根本转变，体现了党的早期领导者们牢牢抓住了当时中国社会的主要矛盾：转变了革命对象，不是资产阶级而是帝国主义和封建军阀，转变了革命目标，不是社会主义共产主义而是民主主义；对于国民党等其他党派，二大首次号召联合全国一切的革命党派，联合资产阶级民主派，组织民主联合战线。

凡此种种，体现出中国共产党在创建初期，就注意探索将马克思主义与中国国情相结合，为党的发展种下了与时俱进、开拓创新的基因。

中共二大结束后，党领导的工人运动、农民运动以及理论宣传工作如星星之火，以前所未有的燎原之势在中华大地上迅速蔓延。

党章中共产党人的精神传承

在二大产生的多个“第一”中，首部党章的诞生对于党的发展至关重要。首部党章严格规定了党的铁的纪律，一方面保证了党组织行动的有效性，另一方面增强了党组织内部的向心力，这对于党在幼年时期成为具有领导力的组织发挥了关键作用。

习近平总书记曾在2012年这样评价党章的作用：“在90多年的奋斗历程中，我们党总是认真总结革命建设改革的成功经验，及时把党的实践创新、理论创新、制度创新的重要成果体现到党章中，从而使党章在推进党的事业、加强党的建设中发挥了重要指导作用。”

中国共产党首部党章在二大诞生，宣传和传承党章精神也成为二大会址纪念馆的使命。在纪念馆“党章历程厅”，80多种中共各个时期的党章挂满了整整一面墙，而纪念馆收藏的党章版本有1300余种。

从二大的首部党章，到最新的十九大党章，展陈还将每部党章的亮点和新增内容清晰地在党章旁边标列出来，让观众直观地了解到每部党章的不同。

“很多观众都会拿本子记录这些内容，令我特别感动。一次，一位老观众指着七大的党章问我，能不能亲手摸一下？我当时告诉他，这些展览的实物不能触摸。”尤玮对记者说，那位老人的愿望总是萦绕在她的心头。后来，尤玮与同事们在每部党章前面加装了多媒体透明显示器。观众用手触摸，这部党章的仿真画面便马上映在玻璃显示器上，用手指滑动，书页会随之翻动，仿佛在翻看一部真正的党章。

还有一次，尤玮给共青团员上课，一名团员听到二大关于“党在建设过程中必须遵循群众路线”的原则，马上动情地说：“我们党说话太算话了，100年前的主张现在还执行着。”这让尤玮颇为感慨：“其实，他所说的‘说话算话’，就是我们现在说的‘不忘初心、牢记使命’。中国共产党当年有这样的智慧，一句话能管上百年。”

“从群众中来，到群众中去”，共产党员来自人民群众，团结群众，依靠群众，革命时期如此，建设年代更是如此。上海师范大学马克思主义学院院长张志丹对记者说，中国共产党在自我革命、社会革命的双轮驱动之中，与人民群众水乳交融。以抗疫斗争为例，党和政府引领人民群众广泛参与，抗疫效率大大提高。

首部党章中承载的精神还有很多，比如，二大首次明确了党的无产阶级先锋队性质，“少数绝对服从多数”体现了党的民主集中制原则。尤玮说，今年，二大会址纪念馆将成立党章研究中心。为迎接明年二大百年，纪念馆还将重新布置党章历程展，届时，她与同事们将以更丰富的史料内容、更有温度的叙述方式讲好党章故事。

（2021 年 1 月 20 日）

寻访红色史迹　感悟红色文化

吴春燕　王忠耀

“我和我的祖国，一刻也不能分割……”音乐响起，观众挥舞国旗，与演员同唱歌曲。这是中共三大会址纪念馆红色文化展演“我和我的祖国”诗歌快闪的一幕。在广州市越秀区东山口错落有致的西式楼群中，98 年前曾举行了中国共产党第三次全国代表大会，制定了革命统一战线方针，由此掀开了中国革命历史崭新的一页。

加强遗址保护，重温光辉历史

1923 年 6 月 12 日至 20 日，中共三大在广州恤孤院后街 31 号（现恤孤院路 3 号）召开。陈独秀、李大钊、毛泽东等至少 40 名来自全国各地及共产国际的代表出席大会。中共三大会址纪念馆研究馆员吴敏娜向记者介绍，这是中国共产党唯一一次在穗召开的全国代表大会，具有重大历史意义。

吴敏娜介绍：“中共三大是党历史上的一次重要会议，它决定采取共产党员以个人身份加入国民党的统一战线方针策略，解决了革命发展中与孙中山领导的国民党合作的重要问题，从而推动了国共两党历史上的首次合作。”

纪念馆副馆长黎淑莹介绍说，2006 年，由中共三大会址遗址广场、历史陈列馆、中共中央机关旧址——春园和旧民居 5 号楼组成的中共三大会址纪念馆正式对外开放。2013 年 3 月，中共三大会址被公布为全国重点文物保护单位，现为全国爱国主义教育示范基地、全国廉政文化教育基地等。

2021 年 1 月，记者在采访时了解到，中共三大会址纪念馆改扩建项目正紧锣密鼓推进中，并将于中国共产党成立 100 周年前以新姿态对外开放。“改建后陈列馆建筑规模将扩大到 2300 平方米，较现陈列馆规模扩大近 3 倍。展陈也将对标国内先进博物馆，结合新方式、新手段，更注重参与性、体验性。”馆长朱海仁告诉记者，改扩建后，中共三大会址纪念馆年接待容量可达 70 万人次，相较改扩建前约增加 50%。

广东知名党史专家黄振位表示，中共三大会址纪念馆改扩建项目作为广东庆祝中国共产党成立 100 周年的重点工程，是加强红色文化遗址保护利用，传承广州英雄城市红色基因的需要，它将成为全国红色文化传承弘扬高地、广东省最具影响力的党员教育基地。

讲解红色史迹，传承红色基因

“大家请看，这是三大会场的平面测量图，而会场房子于 1938 年被日本侵略军炸毁，现已不存在了……”在中共三大会址纪念馆里，常常可看到佩戴着红领巾的小讲解员正为听众讲解红色历史故事。纪念馆与广州市教育部门联合打造“新时代越秀少年红色史迹讲解队”，队员是来自广州中小学的学生，每周末到展馆提供志愿讲解服务。小讲解员们自信、生动的讲解，吸引不少观众驻足聆听。

中共三大会址纪念馆弘扬红色文化，传承红色基因，创新学习模式，提升服务水平，以“6+X”活动为载体，打造面向广大党员干部和社会公众学习的理论宣讲阵地和教育实践基地。“6+X”即瞻仰革命史迹、参观历史展览、观看专题短片、集体诵读党章、重温入党誓词、参加宣讲学习以及开展红色文化展演等。

2019 年，为庆祝中华人民共和国成立 70 周年，中共三大会址纪念馆主办的“三代人向祖国告白——首次身份互换式‘国旗课’主题活动”在中共三大会址遗址广场举行。活动由青少年学子“唱主角”，向大人们讲述他们的爱国故事。广州天河区华阳小学四年级（4）班的李嘉悦说：“从小，爸爸妈妈就教育我要热爱祖国，告诉我没有国就没有家。在学校，老师也时常会为我们讲述革命先驱和国家建设者的光荣事迹。”活动现场还结合微型展览等多种形式，讲述了中共三大与《国际歌》和五星红旗的故事。

“我们兄弟姐妹几个都是老百姓，用爸爸的话讲，一分一毫都是用自己的双手挣出来的。”记者在广州越秀区华侨新村和平路 39 号一栋老旧的房中，采访了中共早期农民运动的重要领导者阮啸仙烈士之孙阮钦彤。他回忆，在革命最低潮时期，祖父阮啸仙常说：“哪怕是最困难时候，仍要与党保持一致。”阮啸仙独子阮乃纲就是在这栋旧房子和儿孙平平淡淡过了数十年，直到离世，从未主动向组织上提出过任何要求。阮钦彤兄妹分别做过手表厂工人、夜市流动摊贩、啤酒厂工人、水果店售货员、针织厂裁缝，“父亲从没有用自己烈士后人的身份去谋福利。”阮钦彤说。

用好红色资源，铸就城市灵魂

由中共广州市委宣传部主办的“新时代红色文化讲堂”自 2018 年 3 月 13 日在中共三大会址纪念馆启动以来，已多次开讲。

广东省委党校教授尹德慈说，“新时代红色文化讲堂”，选择中共三大会址等作为固定场所，把宣讲习近平新时代中国特色社会主义思想和广州红色文化作为主要内容，面向全市党员进行常态化宣讲，充分体现广州党员教育常态化的集成创新。

华南师范大学马克思主义学院副院长胡国胜说，在中国共产党人早期革命奋斗过、战斗过的地方讲课，每一次都有一种不一样的神圣感、一种特别的使命感，特别是在这里讲“党的十九大与中国共产党人的历史使命”，中国共产党的历史担当、现实奋斗、未来憧憬，让他深受教育，深感责任重大。

中共三大会址纪念馆宣教部主任段澜介绍，中共三大会址纪念馆面向广大市民群众开放，许多基层党组织和省、区、市的党校都把这里当成教学基地。广州市民严女士表示，她曾经去过井冈山、遵义、延安等革命圣地，来到中共三大会址纪念馆，发现广州也有着深厚的红色文化，自豪感油然而生。

中共广州市委党史研究室副主任陈穗雄说，“新时代红色文化讲堂”，是一个铸就城市灵魂的重要平台，是一个展示辉煌党史的重要平台，也是一个坚定文化自信的重要平台；我们要充分利用这个重要平台，推动红色文化建设，凝聚强大精神力量。

（2021 年 1 月 20 日）

威武“铁军” 北伐中坚

王忠耀 吴春燕

西江侧畔，草木长青，曾作为叶挺独立团团部旧址的阅江楼，自明代至今在广东肇庆城中邻江而立，在满院松柏映衬下，更多出几分浩然之气。“肇庆是千年古城，千百年来时光流逝，这里的人们对于‘逝者如斯夫’早已习惯。但总有些人，有些事，会成为跨越时光也难以磨灭的记忆，一代名将叶挺，以及他麾下有‘铁军’之称的叶挺独立团，正是这样的人；为救国救民而奋起抗争的独立团北伐，就是这样的事。”肇庆叶挺独立团团部旧址纪念馆副馆长程茵告诉记者。

置身于纪念馆中，“地下的火冲腾，把这活棺材和我一齐烧掉，我应该在烈火和热血中得到永生”，叶挺将军所作的《囚歌》仿佛在记者耳边响起。而静观叶挺将军倚刀而立造型的铜像，则不由得让人想起“天地英雄气，千秋尚凛然”的诗句。

“北伐是孙中山先生的生前遗愿，也是全国人民的民心所向。这一愿望，在国共合作的有利形势和中国共产党发动各界的有力支持下，勇猛的北伐战士用生命和鲜血将其实现，大革命的滚滚洪流也从南粤大地席卷至神州大地。”肇庆市委党史研究室（市地方志办）副主任李鉴坤介绍道。

先声　中共中央特别会议提出北伐倡议

经过东征和南征后，国民革命军基本肃清了陈炯明、邓本殷等地方军阀，统一了广东全境，使广东革命根据地得到了巩固。而此时，北方掀起了大规模反奉倒段运动，冯玉祥所率的国民军崛起，引起了帝国主义和封建军阀的仇视和恐惧，他们形成了“反赤”联合战线，在北方驱逐国民军，在南方则准备进攻广东。在这一形势下，中共中央“主张广东速出兵讨吴（佩孚），以救国民军之危。”

中国共产党人积极推进国民党举行北伐。1926 年 2 月，中共中央在北京召开特别会议。中共中央驻粤委员谭平山、中共广东区委书记陈延年出席了这次会议。会议分析了当前形势，指出“党在现时政治上主要的职任是从各方面准备广东政府的北伐”。会议还要求各地党组织加紧在农民之中的工作，尤其是将来北伐军必经之地要发动群众，做好迎接、策应和配合革命军的工作。

随后，在广东党、团区委的推动下，广州各界民众 15 万人举行声讨段祺瑞大会，强烈要求国民政府出师北伐，打倒北洋军阀。同年 5 月 3 日，第三次全国劳动大会和广东省第二次农民代表大会联合通过了“请愿国民政府速即出师北伐案”。

在民众一致拥护北伐的呼声中，中共广东区委和广东国民政府做了大量准备工作。“在中共中央的领导和中共广东区委军委书记周恩来的指导下，1925 年 11 月，国民革命军第四军独立团在肇庆组建，由共产党员叶挺担任团长，也被称为‘叶挺独立团’。这支部队实际上是由中国共产党领导的正规军队，全团官兵 2000 多人，连以上干部多是共产党员，部队还建立了党支部。”程茵向记者介绍道。

奋战　共产党员成为北伐中坚

1926年5月20日，叶挺独立团受命出师北伐。先从广州乘火车到韶关，然后从韶关急速前行，27日进入湖南郴州，31日到达永兴，这是广东最早踏上北伐征程的一支部队。

6月3日，当叶挺独立团刚进入湖南安仁时，敌军6个团来犯。独立团迎敌而上，投入战斗。战前，叶挺做战斗动员时说，独立团是北伐先锋队，不但代表革命军，而且代表中国共产党。“这是我们在北伐中的第一仗，我们一定要打胜！”在叶挺的正确指挥下，全团官兵团结一致，英勇拼杀。以一团之兵力击破敌军谢文炳整师，不仅夺得了北伐胜利进军的先机，稳定了湖南的战局，也为国民革命军北伐进军清除了路障，打开了向北进军的通道。

1926年7月上旬，北伐军各部队相继入湘。之后连克长沙、平江等地。8月底，北伐军发起汀泗桥、贺胜桥战役，基本打垮了吴佩孚部队的主力。在此过程中，叶挺独立团经历了各次重大战役和战斗，尤其是在汀泗桥、贺胜桥这两个北伐最有名的战役中发挥了关键性作用，为所在的第四军赢得了“铁军”称号。

同年9月3日，北伐军进攻武昌城。10月10日，北伐军占领武昌城。随着北伐战争的胜利进展，两湖、江西很快为北伐军占领，革命风暴由珠江流域迅速推进到长江流域。

“北伐过程中，中共广东区委开展战时政治工作。北伐军总政治部实际上是以共产党人为骨干的政治工作机关。在各军从事军队政治工作的共产党员在战斗中以身作则，以自身的模范行为影响和带动全体官兵。”李鉴坤表示。

星火　工农运动高潮随之而来

1926年7月31日，中共中央发出“通告”，号召人民支持北伐。遵照这一精神，广东区委积极组织工人、农民、学生、商人等，以实际行动支持北伐。在中共广东区委领导下，广东省港罢工委员会组织了3000多人的运输队、宣传队、卫生队随军北上，发挥了重要的作用。北伐期间，广东区委还积极动员了海外华侨援助北伐。在中共的广泛发动下，北伐战争在海内外获得了深厚的群众基础，成为其不断推进的有力支撑。

短短数月，北伐军从广州打到武汉、上海、南京，打垮两大军阀，歼敌数十万，一场规模浩大的国民革命战争从广东走向全国。北伐军所到之处，军阀统治被推翻，工农群众运动随即以空前规模迅速高涨起来。在农村，从1926年夏到1927年1月，湖南的农民协会会员从40万人激增到200万人，能直接领导群众1000万人。

在城市，湖南、湖北两省总工会在1926年九十月间成立之后的数月之内，会员就发展到70万人，上海工人更是先后举行了三次武装起义，来支援北伐。同时，伴随着北伐的胜利推进，中共自身组织取得了极大发展，队伍迅速壮大，全国绝大多数省份都建立了党的组织或有了党的活动。据1927年3月统计，党员总数达到57967人。

得益于中共党组织的推动和海内外广大工农群众的支持，北伐在短时间内取得了巨大成功，结出了国共两党合作的硕果。

（2021年1月21日）

八一风雷　激扬时空

胡晓军　薛斌

江西省南昌市西湖区中山路上，一栋外观呈灰色、坐南朝北的 4 层回字形建筑矗立在繁华闹市中，尽显肃穆和庄严。

这栋建筑，就是始建于 1922 年的原江西大旅社。而另一个更响亮的名字，则使它跨越世纪的风雨，彪炳史册——“八一”南昌起义总指挥部旧址。

这里是军旗升起的地方，也是人民军队的起点。

“1927 年 8 月 1 日，南昌城头一声枪响，拉开了我们党武装反抗国民党反动派的大幕。这是中国共产党历史上的一个伟大事件，是中国革命史上的一个伟大事件，也是中华民族发展史上的一个伟大事件。”南昌八一起义纪念馆馆长王小玲说。

岁月悠悠，穿越历史的时空，仿佛还能看到当年南昌城内的枪林弹雨、旌旗飘扬……

城头打响第一枪

“现在回想起来，‘八一’南昌起义仅是我们党认识武装斗争的开始……”1951 年 8 月 1 日《长江日报》刊登了贺龙元帅撰写的《回忆八一南昌起义》一文，其中写道：“八一”南昌起义，是中国人民在中国共产党领导之下，武装起来给以蒋介石为首的投降帝国主义的国民党反动派的叛变以有力反击，高举起中国革命斗争鲜明的军帜，坚决进行武装斗争。

时间回拨至 1927 年春夏之交。

继蒋介石在上海悍然发动“四一二”反革命政变后，汪精卫在武汉公开叛变革命，蒋汪合流残酷屠杀共产党人和革命群众，轰轰烈烈的第一次大革命惨遭失败，随后血雨腥风的白色恐怖笼罩大江南北。

在那个风云变幻的历史关口，当时很少有人知道，江西大旅社内，一个武装反抗国民党反动派的周密计划正在酝酿，一场载入史册的伟大战斗即将拉开大幕，一项划时代的历史使命将赋予南昌。

血的教训，使刚刚度过 6 岁生日的中国共产党人，清醒地认识到武装斗争的极端重要性。为挽救革命，中共中央经过充分酝酿，决定“在南昌举行暴动”。

1927 年 7 月 27 日，周恩来秘密抵达南昌后，就在江西大旅社喜庆礼堂召集了武装起义“前敌委员会”。几番商榷，三易其时，前敌委员会在 1927 年 7 月 31 日中午做出历史决断：起义于 8 月 1 日凌晨举行。

“‘砰！砰！砰！’城内某处清脆地响了 3 枪，这是指挥部的信号。这里一声喊：‘冲！’部队随即像流水一样冲进营房去。开始只听得万马奔腾般的一阵脚步声，接着是严厉地叱叫：‘不许动！’……”时任叶挺部第 24 师 72 团 3 营营长的袁也烈在回忆文章《八一的枪声》中写道。

1927 年 8 月 1 日凌晨 2 点，南昌城传来清晰的信号枪声后，起义部队以“河山统一”为口令，起义人员领系红领带，膀扎白毛巾，在马灯和手电筒上贴红十字，向国民党反动派朱培德、张发奎的部队发起了进攻。

当东方露出晨曦的时候，枪声逐渐平息。经过 4 小时激战，2 万余人的南昌起义部队取得了歼敌 3000 余人，缴获枪支 1 万余支、子弹 70 余万发、大炮数门的辉煌战果。

永续八一红色血脉

而今漫步在南昌城里的大街小巷，八一大道、八一广场、八一学校、八一礼堂、八一公园，这一个个印记鲜明的名称，都让人深深地感受到何为这座城市的灵魂。

“用好八一红色资源、永续八一红色血脉，已经成为南昌发展的内生动力，成为市民践行社会主义核心价值观、建设美好家园的精神支柱。”南昌市委常委、宣传部部长龙和南说。

坚持“八一”元素与城市空间共成长，南昌市在赣江西岸的新城区——红谷滩区，建起了建军雕塑广场和南昌军事主题公园，与赣江东岸老城区里的南昌八一起义纪念馆、八一南昌起义纪念塔等遥相辉映。在充满时代气息的城市景观中，红色的记忆与符号格外耀眼，一系列军事文化新地标让南昌的公共空间更具文化底蕴，为民众体验“八一”元素提供更直观的支撑。

坚持领导干部带头，把南昌起义的丰富精神内涵列入党委中心组学习和干部理论学习的重要内容，纳入精神文明创建和深化公民道德实践活动；拍摄“八一”题材影视作品，举办“八一”主题系列展会；在全市中小学校打造“少年军校”，将“八一”故事列入中小学教材和辅助读物……“八一”倡导的文明价值像空气一样，无处不在、无时不有，成为南昌广大干部群众日用而不觉的行为滋养。

拥军爱民、军民共建，是南昌永恒的时代主题，“八一”红色基因成为助力南昌经济社会发展的强劲力量。南昌城东，一座集航空工业产品研发与制造、航空通用运营与服务、航空博览为一体的新型现代化卫星城市——南昌航空城正拔地而起，航空装备产业正成为南昌市的战略性新型支柱产业。

“作为南昌起义的发生地，南昌将始终坚持革命火种薪火相传，充分发挥好八一红色资源的巨大作用，把它作为践行社会主义核心价值观的重要载体、市民思想道德建设的丰富滋养和城市经济社会发展的重要动力，让党的宝贵精神财富彰显出新的时代价值。”龙和南说。

（2021 年 1 月 21 日）

八七会议：历史在江城转折

夏静　张锐　荆青

武汉本来就是一座英雄的城市。2020 年，这句话振奋国人，响彻寰宇。

千百年来，一首首英雄史诗镌刻在江汉朝宗之畔。漫步在汉口历史风貌区，片瓦块砖无不述说着这座城市、这个国家的屈辱与抗争、苦难与辉煌。在鄱阳街边一栋有着百年历史的怡和新房里，拾级而上，二楼左转即到一个房间，三屉桌、方凳、圆凳、长凳和靠背椅，错落安放，显得有些局促。这里便是八七会议会址。

1927 年 8 月 7 日，瞿秋白、毛泽东、邓中夏等 21 位革命志士，以及共产国际代表及两位俄国同志和中央政治秘书邓小平，冒着生命危险在这里召开紧急会议，审查和纠正中国共产党在大革命后期的严重错误，决定新的路线和政策。中国革命从此开始由大革命失败到土地革命战争兴起的历史性转变。

八七会议会址与毗邻的中共中央机关旧址群，时时在感召人们不忘初心、继续前进，创造更加灿烂的辉煌。

召开紧急会议　挽狂澜于既倒

1927 年，曾经的“赤都”武汉，笼罩在白色恐怖之中。

因为“四一二”反革命政变、“七一五”反革命政变，中共中央机关各部门相继迁移办公地点，中央领导人和身份公开了的共产党员陆续更换住所，党的活动迅速转入地下状态。

翻开 1927 年 8 月 7 日的《民国日报》，从一篇题为《汉口陷于恐怖状态 伪政府犹力事粉饰》的报道中，足以窥见当时武汉局势险恶的冰山一角。

鉴于当时的革命形势，共产国际、中国共产党决定召开中央紧急会议。会议原定于 7 月 28 日举行，因为形势紧张，交通困难，被一再推迟。等到 8 月 7 日，不得已只能尽在武汉的中央执监委员、青年团中央委员及湖北、湖南、上海的负责同志开会。

八七会议地点选在汉口原俄租界三教街 41 号（现鄱阳街 139 号）二楼，是经过仔细考量的。那里曾是苏联驻国民政府农民顾问拉祖莫夫的住所，前后有楼梯，后门通小巷，屋顶凉台与邻居凉台相通，便于发生意外情况时撤离。

此次会议有三项议程：一是共产国际代表罗米那兹做报告，指出党在此前的错误及今后的工作路线；二是瞿秋白代表临时中央政治局常委会做关于党在今后工作方针的报告；三是改组中央政治局。

八七会议以后，中国共产党人按照会议精神，在黑暗中高举起革命的旗帜，以血与火的抗争，回答国民党的屠杀政策，领导秋收起义、黄麻起义、广州起义等一系列武装起义，逐步走上了农村包围城市、武装夺取政权的革命道路。

八七会议虽然会期只有一天，但使中国共产党和中国革命绝处逢生。

《中国共产党历史》第一卷（1921—1949）评价说，在中国革命处于严重危机的情况下，八七会议的及时召开，并制定出继续进行革命斗争的正确方针，使全党没有为极其严重的白色恐怖而惊慌失措，重新鼓起同国民党反动派斗争的勇气，从而为挽救党和革命做出了巨大贡献。

讲好"八七"故事　传承红色基因

一切向前走，都不能忘记走过的路；走得再远，走到再光辉的未来，也不能忘记过去，不能忘记为什么出发。

有人说，"八七"是一个与"七一""八一"同样深深镌刻进中国共产党历史的重要日子。

"以后要非常注意军事，须知政权是由枪杆子中取得的。"身着长衫、操着湖南口音的毛泽东激昂地说。这是八七会议会址纪念馆《伟大的历史转折——八七会议历史陈列》利用幻影成像再现的一个会议场景。"风云突变""力挽狂澜""星火燎原"，陈列讴歌着中国共产党不畏艰险，挽救中国革命于危难的斗争精神。

在极不平凡的2020年里，纪念馆也迎来了一批批以生命赴使命的特殊观众：北京大学第三医院援汉医疗队、北京医院援汉医疗队、中日友好医院援汉医疗队……他们跨越数千里，白衣执甲，逆行而上，只因他们心里认定：人民至上、生命至上。

1978年建馆开放以来，八七会议会址纪念馆坚持弘扬革命传统，传承红色基因，不断丰富完善展陈内容、创新展览形式，开展文化惠民和特色主题活动。2016年，纪念馆被评为"我最向往的党史纪念地"。2020年，八七会议会址纪念馆接待观众逾8万人次，线上直播活动观众约1065万人次，未成年人（含线上"云课程"）4万人次。

纪念馆宣教部负责人介绍，纪念馆坚持以阵地为主，把观众吸引到馆内来，常年与共建单位携手开展入党、入团、入队宣誓和重温入党誓词以及过党、团组织生活等活动。

为引导青少年形成学党史、感党恩、跟党走的思想意识，纪念馆与共青团、教育、关工委、少工委等部门联合开展"红领巾小小讲解员"志愿服务项目活动，拍摄"红领巾小小讲解员带你云游江岸"系列宣传片

《扭转历史的关键时刻——八七会议》。2014 年，时值八七会议召开 87 周年之际，纪念馆牵头拍摄了首部由大学生主演的红色微电影——《八七 87》，在上海中共一大会址启动全国巡演。该片获得中国（武汉）微电影大赛“十佳城市形象宣传片”荣誉称号。

此外，纪念馆积极“走出去”，到大中小学校义务开办专题讲座，做专题报告，做晨会讲话，举办各类小型图片展览，送到学校、部队、企业和社区巡展，使纪念馆的教育功能得以延伸。

2020 年 5 月以来，八七会议会址纪念馆专属抖音、快手、百家号等线上新媒体平台陆续上线，各类直播接踵推出，观众足不出户，就可以实现“云游览”“云参观”。

（2021 年 1 月 22 日）

秋收起义：拨正革命的航向

龙军　禹爱华　赵嘉伟

文家市，注定要在中国革命史上留下浓墨重彩的一笔。

1927 年 9 月 9 日，震动全国的湘赣边界秋收起义爆发。由于反动派军事力量过于强大，起义部队兵力薄弱分散，加之群众未能充分动员等原因，进攻省会长沙的目标未能实现，秋收起义遭遇挫折。

1927 年 9 月 19 日，在湖南浏阳市文家市镇，里仁学校后栋的一间教室里，毛泽东提出：到敌人统治力量薄弱的农村去，开展武装斗争，建立革命根据地。从此，中国革命“农村包围城市”的路线开启，武装夺取政权的星星之火，开始呈燎原之势。

“霹雳一声暴动”

在文家市镇文华山北麓，秋收起义文家市会师纪念馆的前坪上，坐落着一尊标志性的雕塑。雕塑的背景是一面旗帜，名为工农革命军第一军第一师。雕塑中间有两只巨手，一只紧握枪杆向上，代表“枪杆子里出政权”；另一只托举着一个燃烧的火炬，代表“星星之火可以燎原”。雕塑展现的，是中国革命之路，逐步探索与确立的过程。

走进纪念馆展厅，映入眼帘的巨型浮雕，表现的是 1927 年国民党反动派残忍迫害共产党人和革命群众的场景。彼时，一场前所未有的白色恐怖笼罩着全国，仅 1927 年 3 月至 8 月，就有 31 万先烈遭到迫害。

轰轰烈烈的大革命失败了。中国共产党人意识到，必须走独立领导武装斗争的革命道路，要“以枪杆子对付枪杆子”。

八七会议后，毛泽东以中央特派员的身份回到湖南，组建了新的湖南省委，并在长沙市郊的沈家大屋召开会议，传达八七会议精神，研究部署秋收起义。

9月初，毛泽东在安源张家湾召开军事会议，决定正式组建工农革命军第一军第一师，一共3个团，5000多人，明确毛泽东为前委书记、卢德铭为总指挥，计划9月暴动并合攻长沙。

“工友农友，团结一条心哎，手中的枪杆要握紧。咳！要握紧！咳！革命永远向前进，向前进！”这首民歌，反映了起义部队激昂的情绪。

9月9日，秋收起义正式爆发。3个团共5000余人分别从江西修水、安源、铜鼓出发，联合长沙周边部分地区军民群众，计划分南北中三个方向一起，合攻长沙城。

在纪念馆的沉浸式电子沙盘上，三支红色的箭头从江西直插湖南。然而由于对敌人力量的估计不足，同时缺乏战斗经验，三路部队相继受挫。

面对严重危机，毛泽东在上坪果断做出决策，放弃原定进攻长沙的军事行动，组织部队在文家市会师。到达文家市时，工农革命军的人数已从5000多人锐减到1500多人，面对30倍于革命军的敌人，再次攻打长沙，无异于鸡蛋碰石头。

接下来部队该何去何从，前敌委员们必须立即做出决定。9月19日晚，这场决定中国革命道路方向的前敌委员会会议，一直开到了凌晨2点，最终通过了放弃攻打长沙，向敌人统治力量薄弱的农村进军的决定。文家市转兵，在紧急关头挽救了工农革命军，是中国革命发展史上具有决定意义的转折点。

“旗号镰刀斧头”

“军叫工农革命，旗号镰刀斧头，匡庐一带不停留，要向潇湘直进。”毛泽东在起义途中，写下了这首《西江月·秋收起义》。

这首看起来没用修饰手法的词，却清晰点明了秋收起义的历史意义。

“毛泽东在领导秋收起义过程中解决了举什么旗帜、走哪条道路、建什么样的军队三大问题，建立了三大历史功勋。”湖南省委党史研究室原巡视员夏远生评价，正是在秋收起义的历史实践中，马克思主义开始与中国的国情相结合，一条具有中国特色的革命道路就此发轫。

在纪念馆第一部分的微场景里，有对中国共产党第一面军旗如何诞生的生动再现。为了做好起义准备工作，工农革命军第一军第一师师部参谋何长工等人奉命设计制作军旗。没有现成的样板，经过反复研究，借鉴其他国家军旗的式样，先辈们设计出了带有镰刀、斧头、五角星的红色军旗。红色，象征革命；五角星，代表中国共产党；五角星内有黑色镰刀、斧头，分别代表农民和工人。在秋收起义前夕，一面新的军旗就此诞生。

“秋收起义第一次公开打出了工农革命军的旗号，建立了一支新型人民军队，并首次提出‘党支部建在连上’的原则，真正实现了党对军队的绝对领导。”现年78岁的余振魁表示。余振魁是文家市岩前中学的退休教师，退休之后一直在从事秋收起义的史实和理论研究工作。因为他的父亲，是秋收起义时期，受中国共产党领导的文家市赤卫队班长，曾支援过第一师在文家市的作战。

1927年10月27日，毛泽东率领工农革命军几经奋战，艰苦跋涉，终于离开湖南，抵达江西井冈山茨坪，建立了我党第一个农村革命根据地，工农武装割据的星星之火开始从罗霄山脉不断燃烧壮大。

老区开启新篇

1927年9月20日的清晨，在文家市里仁学校的操场上，1500多名战士聆听了毛泽东关于部队向农村进军的动员讲话。

“我们这块小石头，只要不断地去砸那口大水缸，只要我们团结紧，打仗勇，我们这块小石头总有一天会把蒋介石那口大水缸砸破的！”22年后，这一预言成真。在中国革命史上，文家市会师制定与实施的转兵决策，也成为以毛泽东为代表的中国共产党人把马克思列宁主义与中国革命实际相结合，探索农村包围城市革命道路的开端。

“秋收起义精神最本质的特征是‘实事求是’，立足在这个基础之上的还有勇于创新、敢于担当的革命精神。”余振魁讲道。虽然已经过去了近百年，时代赋予我们党的使命已不相同，但是实事求是这一思想所具有的力量从未变化，无论何时，都要传承发扬下去。

作为完整展陈秋收起义过程的唯一综合性纪念馆，秋收起义文家市会师纪念馆年参观人数已达200多万。“在给游客进行讲解的过程中，我经常沉浸到那段峥嵘岁月，从中汲取了奋发向上的力量。”现年27岁的纪念馆讲解员邱烨，已从事讲解工作3年了，繁忙的时候，她一天要为游客做8场讲解。

“秋收起义文家市会师纪念地是历史的见证，是光辉的起点。如今，随着纪念馆的发展壮大，文家市正秉承秋收起义的精神，以讲好我们党的红色故事、奋斗基因为己任，带动当地群众开启革命老区发展的新篇章。”秋收起义文家市会师纪念馆党组书记、馆长，文家市镇党委书记谢波郑重说道。

（2021年1月22日）

井冈星火 光耀神州

胡晓军 段江婷

1月的井冈山，依然满目青翠。极目远眺，层峦叠嶂，气势磅礴。

从海拔上看，井冈山不高，其最高峰海拔1841米，在世界诸多高山险峰中，实在排不上位。但井冈山很高，黄洋界上的炮声、八角楼上的灯光、挑粮小道上的扁担……这里一个个革命火种，铸就了一座中国革命史上的丰碑。

巍巍井冈山，连着中国共产党璀璨的历史，90余年过去，它正书写着新的篇章。

信念

井冈山茅坪谢氏慎公祠背后，一栋土黄色的两层小楼静静矗立。这就是毛泽东曾居住过的八角楼。

当年，正是在这里昏暗的油灯下，毛泽东写下了《中国的红色政权为什么能够存在？》《井冈山的斗争》，阐述“工农武装割据”的思想。

如今，一队队身穿红军服的学员、游客，秩序井然地在八角楼前排队听着讲解，每个人的脸上都洋溢着对革命圣地的向往和对国家民族前途的自信。在他们的身后，罗霄山脉耸峙的群峰、参天的古木，无声诉说着90多年前革命的艰辛与伟绩。

一动一静，两个截然不同的画面，让人仿佛置身于时空的界面，一面是历史的沧桑，一面是现实的盛世。

“井冈山革命根据地，是中国共产党人建立的全国第一个农村革命根据地，从而探索出一条农村包围城市、武装夺取政权的革命道路，书写了马克思主义中国化的伟大开篇。”中国井冈山干部学院特聘教授余伯流说。

“人民有信仰，国家有力量，民族有希望。”在中华民族迈向伟大复兴的征程中，滋养过中国革命的井冈山精神，继续为新时代中国共产党人提供源源不竭的动力。

2016 年 2 月 2 日，正是在这里，习近平总书记深情地说，井冈山是革命的山、战斗的山，也是英雄的山、光荣的山，每次来缅怀革命先烈，思想都受到洗礼，心灵都产生触动。回想过去那段峥嵘岁月，我们要向革命先烈表示崇高的敬意，我们永远怀念他们、牢记他们，传承好他们的红色基因。

“大家好！我叫余梓洋，欢迎你们来到井冈山！在井冈山革命博物馆，有一张这样的照片，这是我的太姥爷谢桂标……”这是被称作井冈山上“小红军”的余梓洋每一次给观众义务讲解的开场白。

12 岁的余梓洋，是井冈山中学初一年级学生，是革命先烈、中共第一届湘赣边界特委常委、原宁冈县工农兵政府主席谢桂标烈士的第四代红色传人，每到双休日或节假日，她便在井冈山革命博物馆、茨坪革命旧址群等地方，义务为游客讲解。

牢记总书记的重要指示，井冈山干部群众按照“讲好故事、紧贴实际、党员带头、发动群众、务求实效”的要求，大力弘扬井冈山精神，积极传承红色基因。各级党委、各基层组织，纷纷采取中心组理论学习、专题学习会、“三会一课”等形式，开展井冈山精神学习，党员领导干部带头学带头讲，特别对《井冈山革命故事》和《红色家书》，进行集中学习讲述和诵读。

一系列弘扬井冈山精神的主题活动连续开展：有“不忘初心继承先烈遗志 牢记使命实现跨越发展”为主题的群众性公祭活动，还有“弘扬井冈山精神·讲好红色故事”“红色诗词朗诵”“红色家书”朗诵比赛等活动，广大干部群众学革命故事、讲革命故事，诵红色诗词、红色家书蔚然成风。

道路

在井冈山革命博物馆新馆展厅，矗立着一尊醒目的雕塑：一团耀眼的火焰，定格在八角楼的老式油灯上；油灯底座刻着的 8 个遒劲大字“星星之火，可以燎原”在灯光下熠熠生辉。

1930 年 1 月，率部挺进赣南闽西的毛泽东同志，基于井冈山斗争的伟大实践，挥笔写下 6000 余字的《星星之火，可以燎原》。

“这篇长文运用唯物辩证法对中国革命道路进行了深入探索，阐述了星星之火可以燎原的历史必然性，指明了中国革命的发展方向。它是以农村包围城市、武装夺取政权的中国革命道路理论基本形成的标志。”江西省社科院副院长龚剑飞说。

从井冈山革命博物馆出发，向西北行车约 27 公里，便到了茅坪乡神山村。

走在村里的街道上，脚下是青石板路，周边耸立着一栋栋白墙褐瓦的客家民居，流淌着潺潺溪水，让人仿佛置身于文人墨客笔下的“梦里江南”。谁会想到，这里曾是个省定贫困村，村里到处是自建土坯房，全村 54 户 231 人中，曾有贫困户 21 户 61 人。

正是在这个小山村，习近平总书记深情地对乡亲们说，我们党是全心全意为人民服务的党，将继续大力支持老区发展，让乡亲们日子越过越好。在扶贫的路上，不能落下一个贫困家庭，丢下一个贫困群众。

2017 年 2 月 26 日，井冈山宣告在全国率先脱贫摘帽，成为我国波澜壮阔的脱贫攻坚战中具有深远意义的节点。

走进村民彭夏英家中，她拿出自己一直珍藏的“登机牌”。这是她飞往北京领取全国脱贫攻坚奖奋进奖的留念，也是她生平第一次乘坐飞机的“凭据”。她说：“过去口袋里没有钱，出门都是奢望。”因为贫穷，曾经的彭夏英不仅走不出大山，连来家里串门的亲朋也屈指可数。

“我一辈子都不会忘记总书记来到家里做客，给我送来慰问和鼓励。”她说，“我不想当贫困户，贫困户的小孩找对象都难。”在党和政府帮扶下，彭夏英趁着乡村游热潮，开起了神山村第一家农家乐，兼卖笋干等山里特产，如今还发展了民宿。因为勤劳、诚信，客人络绎不绝，大家吃得好、住得下，纷纷点赞井冈山上的“最美厨娘”。

“现在，坐车坐飞机都不是新鲜事了，村里人自己买的车就有 39 辆，出山进山，想走就走。”彭夏英言语里透着自豪。

从“深居”大山到“飞”往世界，神山村的“彭夏英”们走出的是老区人脱贫奔小康的自信与自强。

党的十八大以来，像井冈山这样的可喜变化，如星火燎原，在神州大地处处发生，以一个个社会发展进步的量变，催发着中华民族伟大复兴中国梦最终实现的质变。14 亿多中国人民，正坚定不移沿着新时代中国特色社会主义新征程奋勇前进。

（2021 年 1 月 25 日）

探访莫斯科“五一村”

韩显阳

1928年6月18日至7月11日，中国共产党第六次全国代表大会在位于莫斯科市近郊的“五一村”秘密召开，成为中共历史上唯一在国外召开的代表大会。

2016年7月4日，修缮一新的中共六大会址常设展览馆正式对外开放。承载过中国革命历程的六大会址，如今更成为中俄两国人民深厚友谊的一个象征。

2021年1月的一个周末，记者顶风冒雪，驱车前往距莫斯科市中心西南约40公里的圣三一区五一乡五一村采访，重温中共早期革命家们留下的足迹。沿着村里大道开一小会儿，便来到一个小院。院前挂着一块铜牌，上书“中国共产党第六次全国代表大会会址常设展览馆”，院里那幢黄白相间的欧式三层小楼便是此行探访的目的地。

两国领导人推动会址重建

进入一楼展览大厅，迎面看见一面浅米色大理石墙，墙上镌刻着“中国共产党第六次全国代表大会会址常设展览馆”。大厅右侧，放置着一个巨大的圆形发光球。2013年3月23日，中国国家主席习近平同时任俄罗斯联邦副总理戈洛杰茨共同触亮发光球，正式启动中共六大会址建馆工程。展览馆副馆长李守义接受记者采访时表示，“这是展览馆最重要藏品。”

中共六大会址的修复和对外开放，得到了中俄两国领导人的高度重视、亲切关怀和大力推动。2010 年 3 月，时任中国国家副主席习近平访问俄罗斯时，向时任俄罗斯总理普京提出，在中共六大会址建立纪念馆，得到普京热情支持。3 年后，习近平主席与普京总统共同见证签署《中华人民共和国政府和俄罗斯联邦政府关于互设文化中心的协定》的补充议定书。两国确定对中共六大会址进行修复，修复后的会址建筑作为莫斯科中国文化中心分部举办中共六大历史常设展览，免费对中俄民众开放。同年 9 月 5 日，两国签订中共六大会址租赁合同，明确该建筑属于俄罗斯文化遗产，中方通过租赁形式使用，租期 49 年，俄方每年象征性收取 1 卢布租金。

租赁合同签署之后，会址修复进入实质性阶段。修复工程由中俄合作进行，中方根据俄罗斯中央科学修复设计院提供的建筑原貌图纸，对整幢建筑物进行了彻底修缮。修复工作的顺利完成，让中俄普通民众有机会走进来，了解并铭记中共党史上的一次重要会议，感受两国深厚的传统友谊。

重温历史瞬间　缅怀革命前辈

从展览大厅往东，是 3 个相互连通、设计简洁明快的展室。通过一幅幅珍贵历史照片、实物复制品等，扼要、全景式回顾了中国共产党从成立到领导全国人民取得胜利并不断前进的壮阔历史。

第一间展室，讲述的是“中共六大召开前的形势”。墨绿色墙面上依次悬挂着 5 张黑白照片，分别描绘了中国共产党的前五次全国代表大会。一张统计表让五次大会的时间、代表人数和全国党员数清晰呈现。第二间展室，介绍的是“中共六大的筹备与召开”情况。两个展柜里陈列与会代表回忆录，其余 11 个展柜均为会议文件。据李守义介绍，“所有文件都是中文、俄文双份，均为复制品，原件是 20 世纪 50 年代由苏共马列研究院中央档案馆移交给中方，目前保存在位于北京的中央档案馆。”第三间展室，主题为“中共六大之后革命运动的发展”。一面黄色墙体，4 幅照片简明扼要地讲述了古田会议、中华苏维埃临时中央政府在江西瑞金成立、中共七大召开以及红军的发展和壮大。

踏上白色旋梯，便到达二层。长达 24 天的会议，就在这里召开。长条形的主席台、六排条凳，简朴而自然，这些均根据与会代表的回忆录复原而来。二楼另一间展室的内容，是“中俄关系新发展”。作为阁楼的三层，低矮的房间里安顿下部分与会代表。如今，这里设有两间展室，复原了当时宿舍场景。

六大召开时，整幢小楼的一层为大会秘书处办公处。为保密起见，来自中国各地的 140 多名中共代表按报到顺序分别编号。会议期间，均按“某某号同志”称呼而不提及人名，如邓中夏为“1 号同志”，周恩来为“22 号同志”。

打造红色教育基地　促进中俄民心相通

作为迄今为止中国在海外设立的唯一一个关于中共党史的常设展览馆，这里不仅是对一段历史的铭记，更是对中俄友谊的一种特殊传承。李守义介绍，中共六大会址常设展览馆不仅成为海外教育基地，同时也发挥着在中俄两国之间传文化、促交流、通民心的作用。

自开馆以来，已经接待了大约 2.4 万名参观者，其中来自俄罗斯等国的海外参观者约 8000 人。如今莫斯科中小学校经常组织学生来馆参观。在展览馆的“观众留言簿”里，留下了不少真挚、感人的话语。除接待参观者之外，展览馆还创新性地开展了大量文化活动。比如，在 2019 年，就曾举办过“纪念中俄建交70周年图片展”“周恩来与中俄友谊展”等活动。

作为一位展览馆俄籍安保人员，谢尔盖已经在这里工作了两年多时间。他告诉记者：“工作非常有意义，附近学生、居民对这里兴趣浓厚。”

采访接近尾声，只见展室巨大的玻璃窗外，白雪皑皑，远处树枝上挂满了毛茸茸、亮晶晶的银条儿。透过窗户，记者仿佛穿越回 1928 年夏天……

（2021 年 1 月 25 日）

在百色，感受红色基因孕育新发展力量

周仕兴　尚永江　韦奇

红色，是百色的底色。

1929 年 12 月 11 日，邓小平、张云逸等老一辈革命家，在广西百色组织并领导了著名的百色起义，创建了右江革命根据地，成立了苏维埃右江工农民主政府，组建中国工农红军第七军、第八军，开始了左右江工农革命，在中共党史上写下光辉一页。

今天，在左右江革命老区，百色起义纪念馆、粤东会馆、百色起义纪念碑、百谷红军村陈列馆、列宁岩、韦拔群故居、壮乡将军纪念馆、魁星楼等 100 余处红色革命纪念场所，如同一座座永不褪色的“精神丰碑”，深深烙在这片红土地上。百色起义孕育出的“百折不挠、奉献拼搏、团结务实、争先创新”红色精神，穿越百年时空，引领着一代又一代红军传人铿锵前行。

红色资源　构筑时代精神新高地

时值 1 月，八桂大地暖阳如春。在百色市迎龙山公园里的百色起义纪念馆，江西南昌市民张文锋沿着先辈足迹，追忆革命风雷激荡，见证老区巨变，感言：“寻觅百色起义精神真谛，经受一次精神的洗礼。”

90 多年前，我们党开启独立领导武装斗争和创建革命军队的征程，南昌起义、秋收起义、广州起义相继受挫，但并未动摇共产党人的信念。

就在广州起义两周年纪念日的 1929 年 12 月 11 日，邓小平等老一辈革命家领导百色起义，创建了红七军。1930 年 2 月 1 日，又领导发动了龙州起义，创建了红八军。“百色起义、龙州起义建立的左右江革命根据地，面积 5 万多平方公里，人口 100 多万，成为当时全国瞩目的根据地之一。”百色起义纪念馆宣教部主任王昌文讲解道。

为了革命，永不放弃。红七军主力出征之后，韦拔群仅带着一个师的番号和数十名老弱战士留守右江，重新组建部队、建设根据地，在极端困难的条件下顽强地开展斗争。在河池市巴马瑶族自治县巴马镇法福村盘廷屯，记者见到了巴马县党史办原主任李善源老人，他撰写的《红军之家革命史》记录了他的爷爷李天成、大伯李馨林、二伯李献林、父亲李齐林等革命先辈舍身忘我、英勇就义的革命故事。

“1922 年，李天成爷爷率全家 28 人，参加韦拔群组织领导的革命斗争。先后有 6 人参加农民自卫军，19 人参加中国工农红军，其中有 3 人参加 1929 年 12 月 11 日爆发的百色起义。”李善源说，在 20 多年的革命斗争中，他们不怕牺牲，前仆后继，全家出了 7 名革命烈士，为革命事业献身。

“百色起义留下的‘精神养料’，为广西这片红土地留下了许多宝贵的红色文化遗产和精神财富。这些纪念场所就如一部部红色史书、一串串红色故事，成为亲民、爱民、为民的精神动力。”百色起义纪念馆研究部馆员麻高说。

红色基因　增强绿色发展新磁场

“共产党领导真正确，工农群众拥护真正多，红军打仗真辛苦，粉碎反动势力乌龟壳……”激昂的歌曲来自百色市田东县平马镇百谷村。90 年前，这个不足百户人家的村子，几乎家家都有人加入革命队伍，是有名的“红军村”，但也因此曾被反动派焚烧成一片废墟。

新中国成立以来，特别是党的十八大以来，百谷村充分利用党的好政策，大力发展秋冬蔬菜、水稻种植、餐饮、运输、红色旅游等产业，实现了新生。“我们正围绕实施乡村振兴战略，计划打造一条红色旅游精品线路，以‘红’引人，以‘绿’留人。”百谷村党支部书记李海波说，要通过“红色教育体验＋绿色生态采摘”的“红绿结合”模式，挖掘红色文化内涵，大力发展生态休闲农业，走出农旅融合新路子。

“拔哥故里党旗红，能人引领致富路”——在韦拔群故乡东兰县武篆镇东里村，东里葡萄种植基地竹门两旁的对联和正上方“共耕社”3个大字引人注目。虽经百年沧桑，当年修建的一条“共耕渠”仍然水流不断。村里成立了以“共耕社”为名的种养联合社和党支部，带动农户发展良种葡萄、蜜柚、油茶等特色农业。

“东兰不仅是红色的，也是绿色的。生态立县，就必须坚持绿色发展、绿色崛起，实现生态建设产业化、产业发展生态化。”东兰县县长徐迪克说。

梁达超是广东人，却选择到千里之外的深山“淘金”。当记者问他为什么从经济发达的广东来到东兰创业时，他表示：“东兰生态真的好，在这里同样也有发展。”如今，他管理着450亩的山茶油基地以及100亩“阳光玫瑰”葡萄园示范基地，不仅自己富裕了，还带动了当地村民致富。

从90多年前老一辈革命家在右江之畔竖起第一面红旗，到全面打赢脱贫攻坚战，穿越近一个世纪的“红色接力”，集“老、少、边、山、穷”于一体的左右江革命老区旧貌换新颜，百万贫困人口实现命运转折，这片生生不息的热土，正在书写着新时代的春天故事。

红色力量　激发社会治理新活力

在百色、河池革命老区，红色文化不仅激发了群众的致富梦想，还为当地社会治理提供了新的精神养料，“平安建设”已经深深根植于当地浓厚的红色文化中。

“依托宝贵的红色资源，让崇高的理想信念和群众意识根植于党员干部和青少年心中，补精神之‘钙’。”东兰县委政法委副书记黄波介绍说，东兰开展红色文化进村屯、进社区、进校园、进家庭，初衷是让孩子们不忘初心、学有所成。

右江区是百色红色文化的“摇篮”，是右江工农民主政府和红八军开展工农革命运动的指挥中心，具有光荣的革命传统。近年来，右江区加强党风政风民风建设，通过充分调动综治网格参与群众的积极性，摸索总结出了“早介入、勤协调、妥处理”化解矛盾纠纷的经验做法，走出了一条平安建设发展的新路子。

“作为拥有深厚红色文化底蕴的百色，更应该发扬优良传统，时刻为群众利益着想，及时化解纠纷矛盾，营造和谐温馨家园。”百色市委政法委副书记黄显帆说。

（2021 年 1 月 26 日）

古田会议：军旗跟着党旗走

马跃华

福建省龙岩市上杭县古田镇社下山西麓，一座飞檐翘角、白墙青瓦的古建筑坐东朝西、庄重古朴。参天古木掩映处，“古田会议永放光芒”八个红色大字格外耀眼。这里便是闻名遐迩的古田会议旧址。90 多年前，这里燃起一簇驱逐暗夜的篝火，照亮了一支军队扭转命运的拐点。

雨后复斜阳　谁持彩练当空舞

走进古田会议纪念馆，闽西苏区地图、毛泽东同志起草的古田会议决议案的雕塑、写着红军“六项注意”的包袱布、刻在石头上的红军留款信等，吸引了记者的目光。

1929 年 1 月 14 日，为打破湘赣国民党军对井冈山革命根据地发动的第三次“会剿”，红四军主力 3600 余人在毛泽东和朱德的率领下，冒着风雪撤离井冈山，以期出击赣南，打破敌人的经济封锁，同时牵制敌人对井冈山的大举进犯，进而粉碎“会剿”。

红四军挥师闽西，开启新的征程。至年底，成功地在赣南闽西地区开创了一片新的革命根据地。

然而，随着根据地和队伍的不断发展，红军队伍成分日益复杂。很多被俘的国民党士兵参加红军后，把国民党军队的一些不良习气带到红军中来。单纯军事观点、极端民主化、流寇思想、个人主义及形式主义等各种非无产阶级思想的存在，极大地影响了在红四军建立党的领导、实现政治建军和提高战斗力。

毛泽东、朱德率领红四军主力从福建长汀到达福建连城新泉。针对红军中存在的各种问题，红四军进行了为期 10 天的正规军政整训。毛泽东领导的政治整训主要包括三个方面的工作，即开展调查会、思想政治教育运动、组织纪律教育。新泉整训是红四军首次大规模、规范化的全军集训，成为我军政治整训制度化、规范化的首创。

在新泉整训中，红四军广大官兵通过深入学习和讨论，深刻汲取了此前由于前委领导削弱导致军事行动受影响等教训，对加强党的领导的重要性有了更深入的认识。

古田会议纪念馆馆长曾汉辉对记者说，新泉整训是人民军队建设历程中一个重要里程碑，大大增强了党对军队的领导，使红军广大官兵明确红军存在的意义、性质和作用，提高政治思想觉悟，加强了组织纪律性，为随后古田会议的胜利召开奠定了坚实的基础。

绝境铸宝剑　战地黄花分外香

古田会议会址原是廖氏宗祠，初建于 1848 年，又称万源祠，红军进驻后改为曙光小学。踏进四合院青石大门，进入宽敞的用鹅卵石铺路的前院，再进入一道红色木门，就是古田会议会场旧址。六排学生桌椅陈旧而整洁，会场中心圆柱张贴着纸质的“中国共产党万岁”“反对机会主义”“反对盲动主义”“反对逃跑主义”等标语。上面架着一块黑板，黑板上方中央排列着马克思和列宁像，会址的三合地有好几处斑斑黑迹，听说这是会议期间因天气寒冷代表们烤火取暖所留下的痕迹。

曾汉辉介绍：“当时，120 多位代表挤满了大厅，其他人只能席地坐在天井的地上。大家讨论热烈，全然忘了天气寒冷。因为过于专注，用于取暖的火炉熏黑了地板，大家也浑然不知。”

我们的思绪一下子回到 1929 年那个冬天。天寒地冻，大雪纷飞，中国工农红军第四军第九次代表大会就在这个小四合院召开。正是在这团炭火旁，代表们聆听了毛泽东阐述建党、建军思想，会议一致通过了毛泽东亲自起草的《古田会议决议》，确立了“党指挥枪”的中国共产党建军纲领。这一决议被称为“党和军队建设史上的一个重要里程碑”。从此，军魂融入血脉，军旗跟着党旗走，一支新型的人民军队跃上了历史舞台，从苦难走向辉煌。

古田会议召开后的第 7 天，毛泽东在离古田会议会址不远的协成店写成《星星之火，可以燎原》，他用诗一般的语言坚信中国革命的到来：“它是站在海岸遥望海中已经看得见桅杆尖头了的一只航船，它是立于高山之巅远看东方已见光芒四射喷薄欲出的一轮朝日，它是躁动于母腹中的快要成熟了的一个婴儿。”

正确的思想一经群众掌握，就会产生无穷的力量，甚至可以改变历史的走向。人员还是那些人员，武器还是那些武器，一支军队却脱胎换骨了。在中国共产党的绝对领导下，这支新型人民军队从古田出发，一路西进，北上，东征，南下，“风卷红旗过大关”，不断在斗争中发展壮大，克服一个又一个困难，战胜一个又一个强敌，打出了一个红彤彤的新中国。

新古田会议　而今迈步从头越

“从历史中走来，在时代里发展，红色基因一直在延续。”红军烈士后代钟鸣对记者说。每每忆往昔，看今朝，展未来，他总是希望满怀。

古田会议因战而起、为战而开，为的是红军打胜仗、革命得胜利。新时代、新使命，人民军队踏上了建设世界一流军队的新征程。

2014 年，习近平主席在这里领导召开古田全军政治工作会议，这次全军政治工作会议，被称为“新古田会议”，与 1929 年的“古田会议”前后呼应。

如果说古田会议要解决的是一支迷茫的军队“朝哪走”，那么古田全军政治工作会议要解决的，则是处于历史关头的人民军队怎样“再出发”——牢固立起“四个带根本性的东西”，着力抓好“五个方面重点工作”，鲜明提出“军队好干部五条标准”和大力培养“四有”新时代革命军人……

古田全军政治工作会议后，随着整风整训的深入，新的时代百舸争流，围绕实现党在新时代的强军目标，深入推进政治建军、改革强军、科技兴军、依法治军，聚力备战打仗，国防和军队建设发生历史性变化、取得历史性成就——一路栉风沐雨，一路开新图强，一路砥砺奋进。

古田军号永远嘹亮。如今，三军将士不忘初心、牢记使命，重整行装再出发，开启了强军兴军新的伟大征程，向着实现中华民族伟大复兴的中国梦阔步迈进。

（2021 年 1 月 26 日）

"左联"这个名字，为何至今让人心怀敬意

颜维琦　任鹏

1930 年 3 月 2 日，星期日，晴。午后，鲁迅由冯雪峰、柔石陪同，走出景云里弄堂，去往数百米开外的上海中华艺术大学。下午两点，中国左翼作家联盟成立大会召开，宣告中国共产党领导的第一个革命文学组织诞生。自此，以鲁迅为旗手的中国左翼文化运动蓬勃开展，中国革命史和中国现代文学史翻开新篇章。

91 年后，我们行走在上海虹口区多伦路、四川北路一带，转马路，穿弄堂，再一次步入左联成立大会会场，穿梭于景云里、公啡咖啡馆、内山书店、大陆新村，寻访鲁迅、瞿秋白、茅盾等一批左翼文化名人留下的足迹。我们不禁思索：左联这个名字，对于当下年青一代还有多少现实意义？回望这段于暗夜中呐喊、书写的篇章，为何至今让人心怀敬意？

站在时代潮头浪尖，追求先进文化，吸引和团结一大批知识分子

中国无产阶级革命文学在今天和明天之交发生，在诬蔑和压迫之中滋长，终于在最黑暗里，用我们同志的鲜血写了第一篇文章。

——鲁迅《中国无产阶级革命文学和前驱的血》

左联是在血色中诞生的。

左联成立之时，正值大革命失败，中国革命陷入最低潮。国民党反动派一方面对革命根据地进行军事围剿，另一方面对国统区实行文化“围剿”。当时的形势，迫切要求上海的左翼作家们团结起来。在中国共产党的领导和推动下，历时两年的革命文学论争结束，中国左翼作家联盟在上海成立。

走进多伦路上的中国左翼作家联盟会址纪念馆，一楼展厅再现了1930年3月2日左联成立时的场景。一方讲台，一块黑板，十几条长凳，在这间不大的教室里，50多位作家济济一堂，一场影响深远的革命文艺运动就此开启。

中央文委书记潘汉年代表中共党组织做《左翼作家联盟的意义及其任务》的发言。1929年6月，中共六届二中全会在上海召开，会议决定成立中央文化工作委员会（简称“文委”）。文委的成立，是党从组织上加强对革命文化工作领导的开始。随后，在众人的期盼中，鲁迅做了《对于左翼作家联盟的意见》的即兴发言。

“我以为在现在，‘左翼’作家是很容易成为‘右翼’作家的。为什么呢？第一，倘若不和实际的社会斗争接触，单关在玻璃窗内做文章，研究问题，那是无论怎样的激烈，‘左’，都是容易办到的；然而一碰到实际，便即刻要撞碎了……”面对当时“左”倾激进表现，鲁迅表现出他的冷峻。他提出，革命作家一定要和实际的社会斗争接触，并第一次指明文艺要为“工农大众”服务。

大会直开到天色昏暗，通过了行动纲领，选举夏衍、冯乃超、钱杏邨、鲁迅、田汉、郑伯奇、洪灵菲7人为执行委员。左联的成立，标志着中国共产党不但从思想上，而且从组织上正式开始领导左翼文化运动。左联成立后，迅速向全国扩展，先后建立中国左翼作家联盟北方部和天津、广州支部等地区组织。1930年夏，左联东京支部成立。1930年11月，左联加入“国际革命作家联盟”。

“左联是世界左翼文化思潮和革命文艺运动的产物，左联的许多活动都与国际上的无产阶级文学运动同步。”在学者、巴金故居常务副馆长周立民看来，“左联的革命性，首先体现在它的先锋性”，将左联作为世界文化背景下的一种政治文化现象来观察，恰恰可以看出我们党的先进性——始终站在时代的潮头浪尖，追求先进文化，向着没落和腐朽开战，由此吸引和团结了一大批知识分子。

以笔为枪，鼓舞大众，让红色文艺之旗屹立飘扬

我们文学运动的目的在求新兴阶级的解放。

——《中国左翼作家联盟的理论纲领》

上海虹口山阴路大陆新村，是鲁迅生前最后一处居所。隔着马路，就是新式里弄住宅东照里。1933 年 3 月至 6 月，中共早期领导人瞿秋白曾在此间居住。就是在这里，瞿秋白抱病完成了《鲁迅杂感选集》的编选，并撰写 15000 余字的序言，最早以马克思主义文艺理论分析鲁迅的创作及其思想。

跟随左联会址纪念馆工作人员的脚步，我们从多伦路出发，沿着“鲁迅小道”行走。至今，虹口区仍然留存有大量左联遗迹，“鲁迅小道”便是梳理其中几个地点串联而成。小道见证多少历史风云，我们仿佛看到，90 年前的“他们”行走其间，以笔为枪，鼓舞大众，让红色文艺之旗屹立飘扬。

左联重视与世界文学的联系。在鲁迅、瞿秋白等人的推动下，左联加强对马克思主义文艺理论的译介和研究，以极大努力输入苏联及其他国家的文学作品。据统计，自 1919 年到 1949 年，全国翻译出版外国文学书籍约 1700 种，左联时期翻译出版的占 40%。除了高尔基的《母亲》、

法捷耶夫的《毁灭》等早期无产阶级文学作品，辛克莱的《屠场》、雷马克的《西线无战事》等其他国家进步作家的作品，也先后被介绍到中国来。

左联的业绩和作品站在了那个时代先进文化的制高点上，更是传诸后世的宝贵财富。2020 年，左联成立 90 周年，中国左翼作家联盟会址纪念馆完成了近 20 年来最大规模的修缮改建和展陈改版工程，一些尘封的左联往事以新面目呈现在观众面前。

纪念馆三楼，是左翼文艺代表作品的展示。左翼文化大旗之下，文学、电影、戏剧等创作极大活跃。以电影为例，1933 年 3 月，以夏衍为组长的党的电影小组成立。1933 年至 1937 年，陆续拍摄、上映了 74 部左翼电影。展厅中央，滚动播放着《渔光曲》《马路天使》《风云儿女》等电影片段。

“当年的左联盟员多是一群年轻人，我们希望面向今天的年轻人讲好左联故事。”左联会址纪念馆馆长何瑛说，“对先进文化的不懈求索，正是左联不可磨灭的时代意义。”

到人民中去，与身处的世界保持血肉联系，是“左联”精神对当下文艺的启示

首先，左联应当“向着群众”！应当努力地实行转变——实行“文艺大众化”这目前最紧要的任务。

——《关于左联目前具体工作的决议》

1933 年 1 月，开明书店出版茅盾长篇小说《子夜》，3 个月内重版 4 次，成为轰动一时的畅销书，也是左翼文学的代表作之一。

在周立民看来，茅盾《子夜》的成功，在于作家打开了自身生活经验的世界，以金融和资本的视角呈现 20 世纪 30 年代的上海。同为左联盟员的艾芜写作《南行记》同样如此，对滇缅边境民众苦难与斗争，以及

传奇风情的展现，开拓了文学反映社会生活的新领地。“关注当下，到人民中去，与身处的世界保持血肉联系，正是左联精神的体现，也是当下中国文学需要的品格。”周立民说。

2016年，作家程小莹参与上海市作家协会发起的“红色起点”创作项目，一头扎进对左联往事的梳理，用3年时间完成了非虚构作品《白纸红字》的创作。在他看来，在革命最低潮的时候，左联擎起左翼文化大旗，推动了革命文化的发展。左联提倡的“文艺大众化”主张，也深刻影响了后来延安以及新中国文艺构建。

1936年年初，因为抗日民族统一战线新形势需要，左联解散，汇入抗日救亡文化的大潮。虽然左联存在仅6年左右，但它在传播马克思主义文艺理论、发展新文学创作和批评、翻译介绍外国进步作品和作家、培养造就文学新人、开辟人民大众的文学新路等方面成就卓著，为20世纪以来中国无产阶级文学、文化发展做出重要贡献。

1942年5月23日，毛泽东同志在延安文艺座谈会上首先就强调文艺是为人民大众的。华东师范大学中文系教授罗岗说，左联继承了五四新文化运动的传统，继续“目光向下”，从“为人生的文学”到“文艺大众化”，让新文学和新文化尽可能容纳更多的民众。就这一点来说，从“五四”到左联，再到延安时期，乃至新中国成立后，这条线索一直贯穿于党的文艺创作观之中，形成“以人民为中心”的创作导向。时隔90多载，发端于左联的“文艺大众化”的思考，依然闪耀着时代的光芒。

（2021年1月27日）

“没有调查，没有发言权”：闪烁真理光芒的论断在这里诞生

胡晓军

从江西赣州沿厦蓉、宁定高速公路往东南方向驱车而行约3小时，便到了武夷山与九连山余脉相交处的寻乌县，视线所及，崇山峻岭，层峦叠嶂，满目苍翠。

这是一片红色的土地。第二次国内革命战争时期，毛泽东同志在这里开展了一次载入史册的调查研究，挥笔写下《寻乌调查》《反对本本主义》，提出了“没有调查，没有发言权”“马克思主义的‘本本’是要学习的，但是必须同我国的实际情况相结合”“中国革命斗争的胜利要靠中国同志了解中国情况”等振聋发聩的著名论断。

探索　初步形成了毛泽东思想活的灵魂的三个基本点

寻乌城南的长宁镇马蹄岗上，矗立着一座高大的门楼。门楼上方，是张震将军题写的“毛泽东寻乌调查纪念馆”10个金色大字。左右门柱上，用“毛体草书”写着两句名言——“没有调查，没有发言权”“在斗争中创造新局面”，在阳光映照下，鲜红字迹格外醒目。走进门楼，环顾四周，只见几栋古朴的民居建筑合围出一个颇大的院子，院中草坪树木青翠依旧。这就是当年毛泽东召开调查研究座谈会的地方。

江西省赣州市中央苏区研究中心主任陈安介绍，1929年1月，毛泽东、朱德率红四军从井冈山辗转到赣南、闽西开辟新的革命根据地。随着革命

形势的变化，党和红军中“左”倾思想和“左”的政策开始抬头。一些党员干部迷信教条，看到一点表面、一个枝节，就指手画脚地说这也不对，那也错误，既失掉了群众，又无法解决问题。为了及时解决党的思想路线问题，制定针对中间阶级和中小工商业者的政策，毛泽东非常希望找一个具有代表性的地方进行一次细致调查。

1930 年 5 月初，毛泽东、朱德率军来到寻乌县。在当时的县委书记古柏的协助下，毛泽东在这里进行了 20 多天大规模的社会调查，开了 10 多天的调查会。

“我记得当时开会时没有什么仪式，也没有签到，毛泽东同志亲口问亲手记。”1965 年 5 月，经历过调查座谈会的寻乌县晨光镇龙图村乡医兼教师刘溆士回忆说，“问了寻乌的农业、工业、交通、卫生、教育、妇女、风俗、山水、婚姻等情况，问了农民的生活如何债务如何，问了教员的工薪高的多少低的多少等。”

请县、区、乡苏维埃干部和教师、商人、农民、工人、知识分子、士兵等熟悉当地情况的人来座谈，是毛泽东寻乌调查的主要方法。中央党校教授严书翰说：“通过寻乌调查，毛泽东弄清楚了城市商业状况，掌握了土地分配情况，为制定正确对待城市贫民和商业资产阶级的政策以及确定土地分配中限制富农的政策，提供了实际依据。”

根据调研情况整理成的《寻乌调查》，共 5 章 39 节，8 万多字。文中既有数据统计，又有历史沿革说明；既有行业调查，也有阶级分析；具体到杂货店经营的 131 种洋货，农村祠堂过节时如何分谷分肉，都有详细体现。而在寻乌调查基础上写就的绽放着马克思主义真理光芒的哲学著作《调查工作》（后改名《反对本本主义》），则成为中国共产党调查研究理论形成的重要基石。

“细致入微地占有材料，科学地分析和综合研究，是毛泽东寻乌调查最鲜明的特点。自此，初步形成了毛泽东思想活的灵魂的三个基本点，即实事求是、群众路线、独立自主的重要思想。”江西师范大学苏区振兴研究院首席研究员彭道宾说。

传承　“一篓子”摸底调查，打赢脱贫攻坚战，让群众更有获得感

“党的十八大以来，习近平总书记对调查研究做出了一系列重要论述。今天，我们深入学习贯彻落实习近平新时代中国特色社会主义思想，就要大力弘扬寻乌调查精神，找到破解难题的办法和路径。”赣州市政协副主席、寻乌县委书记柯岩松说。

在这片红色的土地上，发扬寻乌调查精神，把寻乌调查的好思想、好做法、好作风带到经济社会发展的各方面，早已成为广大干部群众的共识。

为了发扬“深入唯实”的寻乌调查精神，2017 年 7 月到 8 月，中宣部调研组开展了“寻乌再调查”。围绕“弘扬脱贫攻坚精神，推动农村物质文明和精神文明协调发展”的主题，中宣部调研组扑下身子、沉到一线，深入寻乌的多个村子实地调研，入户访谈 19 家，开展乡村代表座谈 16 场，发放调查问卷 1000 份，对寻乌的生产方式、生活方式、精神文化生活、村风民风、乡村治理等各方面的情况进行了“一篓子”摸底，最终形成《寻乌扶贫调研报告》。该报告以翔实的数据和案例为支撑，真实生动地呈现了寻乌的现状，指出了寻乌县存在的 4 个方面 25 项具体问题，提出了科学对策。习近平总书记在中宣部呈报的《寻乌扶贫调研报告》上，对做好调查研究工作做出重要批示，为寻乌打赢脱贫攻坚战指明了方向，增强了信心。在各级各部门和社会各界的关心支持下，在寻乌人民的共同努力下，两年后，寻乌县以“零漏评、零错退、满意度 99.2%”的优异成绩，顺利通过了脱贫摘帽验收。

脱贫后如何巩固现有成果，实现高质量发展？寻乌县各级党员干部充分运用蹲点调研、实地考察、走访调查、解剖麻雀等科学方法开展调查研究，并将其贯穿到做决策、抓落实的全过程。

调查研究本身也是联系群众、为群众办实事的过程。为了解决群众的饮水安全问题，寻乌县将太湖水库工程作为第一民生工程来抓。由于前期调研论证充分、思想动员到位，工程得到群众的支持响应，顺利实现整体搬迁。总投资 12.56 亿元的太湖饮水工程 2019 年正式供水，沿线乡（镇）及寻乌县城 18.77 万人的饮水安全得到保障。

“传承寻乌调查精神，我们必须坚持群众路线，深入全面了解人民群众在想什么、盼什么、欢迎什么、反对什么，真正联系群众，和群众做朋友，接地气、察民情、办实事，使各项决策部署能够集中民智、体现民意、反映民情，不断满足人民日益增长的美好生活需要。”柯岩松说。

（2021 年 1 月 27 日）

回望“九一八”：民族危亡时，擎起抗战大旗

刘勇

2021年1月22日，京哈高铁全线贯通。在九一八事变发生地——日军炸毁南满铁路的沈阳柳条湖地区，从北京出发的复兴号“高寒版”动车组列车飞驰而过，一路向北。

战争的硝烟早已消散，如今的东北正争分夺秒加速前行。永不止息的奋进背后，是永志不忘的记忆——沈阳“九一八”历史博物馆残历碑上，残缺的日历上以苍劲文字记载着一段惨痛历史。真相时刻提醒人们：震惊中外的九一八事变是中国人民抗日战争的起点，标志着世界反法西斯战争的开始；而在艰辛抗战历程中形成的伟大精神，可歌可泣、历久弥新。

“将帝国主义驱逐出中国！”——世界史上第一篇反法西斯战争宣言在这里诞生

1931年9月18日夜，沈阳民众被爆炸声惊起，炮火纷飞、横空而过。中国共产党人清醒地认识到，空前的民族灾难已经降临到中国人民头上。时任中共满洲省委常委、宣传部部长赵毅敏决定连夜起草宣言，第一时间向全社会发出声音，表明中国共产党的态度，告诉民众到底发生了什么。

9月19日上午，枪声未停，中共满洲省委举行省委常委紧急会议，会后发表了由赵毅敏起草修改的《中共满洲省委为日本帝国主义武装占领

满洲宣言》（又称“9·19宣言”）。当天，宣言分中、韩、日三种文字秘密油印，由党员和进步学生散发到沈阳的街头巷尾，张贴在墙上、门上、电线杆上……

在沈阳市皇寺路福安巷3号中共满洲省委旧址纪念馆，记者见到了手写的“9·19宣言”文件影印件：

“这一事件的发生不是偶然的！这一政策是日本帝国主义者为实现其‘大陆政策’‘满蒙政策’所必然采取的行动……”

“只有工农兵劳苦群众自己的武装军队，是真正反对帝国主义的力量。”

“只有在共产党领导之下，才能将帝国主义驱逐出中国！”

“9·19宣言”与日本关东军谎称“中国军队破坏南满铁路”的“日本关东军司令官布告（第1号）”几乎同时在沈阳出现。一个是侵略者的布告，一个是反侵略的宣言，针锋相对；宣言誓死抵抗的坚定意志，又与南京国民政府奉行的不抵抗政策形成鲜明对比。

“‘9·19宣言’是世界历史上第一篇反法西斯战争宣言，在中国抗日战争史和世界反法西斯战争史上具有独特意义。”辽宁社会科学院研究员张洪军认为，面对东北主要矛盾已发生变化的客观实际，中共满洲省委把民族矛盾置于第一位，表现出共产党人“以天下为己任”的家国情怀。

步入福安里民宅小巷，民国时期的建筑风格将记者带回那个战火纷飞的年代。这里就是中共满洲省委旧址。在繁华的沈阳北市场，一座面阔六间、进深一间的硬山式青砖瓦房里，以商人身份作为掩护，中国共产党人秘密开展工作，力拯民族于危亡。

第一时间将九一八事变真相告诉世人，为什么中国共产党能有如此迅速准确的反应？

“这与中共满洲省委长期关注和深入判断东北局势、心系国家民族安危的责任意识密不可分。”中共满洲省委旧址纪念馆馆长刘秀华介绍，九一八事变前，中共满洲省委及其领导下的奉天市委、大连特委、辽西特委等组织及中央特科派驻东北的分支机构——满洲特科，经常派出人员监视并揭露日本武装侵略东北的阴谋活动，并及时向上级党组织和当时的辽宁省政府报告。1931 年 4 月 20 日，中共满洲省委给中共中央的报告中，详细汇报了日本在东北各地驻军、修建军营、修筑工事、进行军事演习以及不断增兵的情况，认为“日本帝国主义要直接占领满洲”。这些工作对事变后中国共产党做出及时而正确的反应起到了重要作用。

“历史告诉我们，只有立志‘为中国人民谋幸福，为中华民族谋复兴’的中国共产党，才能在民族危难之时挺身而出、带领人民取得革命胜利；才能在新的考验下，提出‘统筹国内国际两个大局，办好发展安全两件大事’。”张洪军说。

“始终没有放下手中的武器”
——奋起反抗，组织抗日武装力量

“这个公文包的安全，直接关系到当时党组织和同志们的性命。”站在展柜前，指着一个破旧的公文包，中共满洲省委旧址纪念馆宣教部主任沈珞宜告诉记者。

这是中共满洲省委第一任书记陈为人的公文包。诞生在白色恐怖环境下的中共满洲省委，时刻面对着极大风险，稍有不慎，刚刚建立的革命事业就有遭到破坏的危险。正是在这样的艰难环境下，中国共产党人毅然决然地擎起抗日大旗，发出震动世界的雄壮宣言。党提出的抗日主张，很快得到了东北各界群众的支持与拥护，各种抗日武装纷纷涌现，抗日斗争不断掀起高潮。

“言行一致是共产党人的宝贵品质，中国共产党不仅是 14 年抗战的首倡者，也是抗战的最早实践者。”张洪军说。

1931 年 10 月起，党组织先后派遣 230 名党团员到各部义勇军中工作，还从反帝大同盟、互济会、反日会等进步团体中选派一大批骨干到义勇军中从事革命活动。从 1932 年年初开始，东北各地陆续建立起党直接领导的抗日游击队，后又发展成东北抗日联军。在抗联第一军军部所在地辽宁丹东天桥沟，抗日英雄杨靖宇战斗过的地方，至今留有抗联密营、会址等多处革命遗址。

火烤胸前暖，风吹背后寒，密营中的抗联战士不惧艰苦的自然环境，在林海雪原中坚持战斗……步入东北抗联史实陈列馆，来到气势宏大、人物形象逼真的密营复原场景前，记者被东北抗联战士们大无畏的牺牲精神深深感动。

“抗联将士面临的困难，常人无法想象。”东北抗联史实陈列馆研究部主任周浩深情回顾——日伪政权为了切断抗联部队与群众的联系，严禁百姓进山。将士们常常一两个月吃不到一粒粮食，只能吃草根、啃树皮、挖野菜充饥。即使如此，党领导的抗联队伍始终没有放下手中的武器。

白山黑水间，东北抗联将士们爬冰卧雪抵抗侵略，有力打击了日本侵略者和伪军的气焰，扩大了中国共产党的政治影响，开创了东北抗日斗争新局面。“尽管日军以极其野蛮残忍的手段镇压抗日斗争，但历史证明，中国共产党之所以成为东北 14 年抗战的领导核心，是历史的选择，是践行‘9・19 宣言’的必然结果。”周浩认为。

“用新时代振兴发展的成效告慰先烈”
——传承东北抗联精神，奋力实现全面全方位振兴

在党带领下，东北人民顽强抗击日本侵略，最终和全国人民共同赢得胜利。

“东北抗联精神凝心聚力，同井冈山精神、长征精神、延安精神等革命精神一样，是中国共产党人精神谱系的重要组成部分。”张洪军说。

新中国成立后，东北人民在党的领导下恢复生产，东北迅速成为共和国的经济支柱，工业规模雄踞亚洲第一，使新中国稳步从农业国转变为工业国。

步入新时代，等待东北的，是全面振兴、全方位振兴的历史使命。面对老工业基地振兴的难题，东北三省奋力开创新局面——

在黑龙江，东北抗联精神内化为振兴发展的强大力量。坚持扩大内需、强化科技支撑、高水平对外开放、改善营商环境、切实保障民生、推动经济重点领域取得新突破……走向振兴的步伐不断加快。

在吉林，“用新时代振兴发展的成效告慰先烈”深入人心。振兴发展取得新突破、科创能力实现新提升、改革开放迈出新步伐、乡村振兴展现新成效、数字经济聚合新动力……一系列“新”字，写入全省“十四五”经济社会发展主要目标。

在辽宁，习近平总书记2018年在深入推进东北振兴座谈会上的重要指示早已成为前进方向。运用新一代信息技术改造升级“老字号”，拉长产业链深度开发“原字号”，引育壮大数字经济、高技术制造业和高端服务业等“新字号”，推动辽宁制造向“辽宁智造”转变跃升。

站在实现“两个一百年”奋斗目标的历史交汇点上，东北人民铭记历史，凝心聚力，向着更加美好的明天奋力前行。

（2021年1月28日）

江西瑞金：从共和国执政预演到全面小康

胡晓军　杨荣强

以江西省会南昌为起点，沿福银高速公路向东南而行，驱车约 4 小时，有“共和国摇篮”之称的红色故都瑞金便出现在眼前。

92 年前，毛泽东、朱德率领红四军主力从井冈山出发，逐步开辟出以瑞金为中心的中央革命根据地。

90 年前，在瑞金叶坪谢家祠堂，中华工农兵苏维埃第一次全国代表大会隆重召开，中华苏维埃共和国临时中央政府宣告成立，来自全国的 610 名代表一致推选毛泽东为临时中央政府主席。从此，瑞金成为中国共产党领导下的第一个红色首都，一代共产党人在这里开始了共和国建设的伟大预演。

今天，瑞金已经蝶变为一座中等规模的现代化城市。2019 年 5 月，习近平总书记在视察江西时指出，要深刻认识红色政权来之不易、新中国来之不易、中国特色社会主义来之不易。牢记这样的嘱托，红色瑞金在新时代砥砺奋进，绘就全面小康新图景。

“红井”活水润初心

1931 年 11 月 7 日，位于瑞金城东 6 公里的叶坪村彩旗招展，人山人海。当晚，中华苏维埃第一次全国代表大会宣告：中华苏维埃共和国临时中央政府成立。一时间，“万人提灯，点亮瑞金”，数万群众聚会演戏、燃放焰火、发表演说，欢庆全国性红色政权的建立。

跟随着讲解员杨丽珊的脚步，我们步入叶坪旧址群，参观中共苏区中央局旧址、“一苏大”旧址。“一祠一家国，一村一首都”。眼前土地平旷，屋舍俨然，树木苍翠，河流依傍，是全国保存最为完好的革命旧址群之一。

“一部共和史，开篇叙瑞金。中华苏维埃共和国为何选择定都瑞金？专家分析，主要有四个原因。”杨丽珊介绍说，“一是地处中心，可居中指挥；二是物产丰富，能保障给养；三是民心向党，有群众基础；四是大局稳定，无反动军队。”

从叶坪出发穿过瑞金城区，便到了沙洲坝，这里有红井景区和“二苏大”景区。

群众路线广场；《关心群众生活，注意工作方法》著作雕塑；毛泽东与战士、群众一起劳动挖井的雕塑群落……眼前的一切，一一再现着当年的故事——1933 年 4 月，毛泽东来到这里后发现附近地区没有水井，老乡们饮用的都是池塘里的水。于是，他带着红军官兵为老乡们挖了一口水井，并耐心传授了挖井的方法。这口井，被老乡们亲切地称为“红井”。

这个故事被写成文章《吃水不忘挖井人》并选入小学课本。红井成了“共和国摇篮”最著名的景观之一，每个来到这里的游客都会喝上一口红井水。“我们已经为红井申报了吉尼斯世界纪录——世界上饮用人数最多的水井。”景区负责人梁霞告诉记者。

红井景区南出入口紧挨着步行街，红五星拱门上，“中华苏维埃提灯大会”几个字鲜艳夺目，这是瑞金最新开发的实景演艺项目“提灯大会”起点。苏区故事墙面彩绘、红色主题灯雕等，装点着 1000 余米长的街道，向“二苏大”礼堂延展而去。

1934 年 1 月 22 日下午 2 点，中华苏维埃第二次全国代表大会在沙洲坝礼堂举行开幕式。当时，是中华苏维埃共和国的鼎盛时期，先后统辖了 13 块比较大的革命根据地。讲解员梁莉介绍说，正是在这次大会上，毛泽东做了题为“关心群众生活，注意工作方法”的报告，表明党的群众路线理论正式形成。

一条红井步行街，连接着红井景区和“二苏大”景区，也连接着历史和现实。瑞金市委主要负责同志说：“吃水不忘挖井人。要想大家记得住，首先得‘挖井’。对共产党人来说，‘挖井’，就是实实在在为群众谋福利、满足人民对美好生活的向往。这早已是瑞金历届党委、政府的共识。”

迈步奋进新征程

位于瑞金城西约 20 公里处的云石山，作为红一方面军主力和中央机关长征的出发地，被人们称为“长征第一山”。

云石山乡党委书记刘应金带着记者走进了“长征体验园”。他介绍，这个项目刚刚建成，就吸引了各地游客前来参观体验，“都是来这里想一想共产党员的使命，感受一下怎样走好自己这代人的‘长征路’。”

依托丰富的红色资源，今天的瑞金不断做大做旺旅游产业。瑞金中央革命根据地纪念馆馆长周景春介绍，近 10 年来瑞金红色景区面积翻了几番，达到 4500 余亩，“共和国摇篮旅游区”跻身国家 5A 级景区，瑞金获评国家级历史文化名城。

红色旅游带来的，是爱国教育，也是脱贫契机。华屋是叶坪乡黄沙村的一个自然村。80 多年前，村里 17 位青年一起参加了红军，全部牺牲在长征路上，只剩下他们离开家时在后山栽种的 17 棵松树。这“十七棵松”扎根大地、繁茂生长，已经成为理想信念之树，照亮了华屋人的小康之路。黄沙村党支部书记黄日生说：“这些年，我们利用红色资源优势，建设集红色教育、问寻乡愁、生态观光、旅游休闲、农家体验于一体的乡村旅游项目，发展乡村民宿，吸引了许多游客，也推动了脱贫攻坚工作，全村有 16 户贫困户因此脱贫致富。”

如今的华屋村，一边是66栋鳞次栉比、白墙黛瓦的客家小楼，一边是7栋低矮破旧、留作纪念的土坯老房，新旧对比跨越时空。“昔日破旧土坯房，如今新屋亮堂堂，铭谢党的政策好，百姓心安喜洋洋。”2018年7月29日，瑞金宣布脱贫摘帽当天，华屋村民华辉平在新家门口贴上了这副对联。瑞金人民不会忘记，2012年6月，《国务院关于支持赣南等原中央苏区振兴发展的若干意见》颁布实施，赣南苏区振兴发展上升为国家战略。

2020年，瑞金市经济总量突破180亿元，财政总收入突破25亿元。规模以上工业主营业务收入、社会消费品零售总额等指标五年翻了一番，入选2020年度中国全面小康百佳示范县市；主动对接融入长三角一体化、粤港澳大湾区等国家战略，实际利用外资9400万美元，完成外贸出口34.97亿元，分别增长7.18%、16.3%。

昔日的伟大预演早已变为现实。“装点此关山，今朝更好看。”红都儿女正赓续红色基因，发扬先辈精神，不断在新征程上奋勇前进。

（2021年1月28日）

西北革命根据地：用热血和生命写就史诗

张哲浩　杨永林　王语晗

2021 年 1 月，陕北延安。在陕甘宁边区政府旧址的简史陈列室里，一张张三四十年代延安的老照片，让记者怦然心动。彼时的延安，还是穷乡僻壤的图景——裸露的黄土，歪斜的建筑，破败的窑洞。回到现实，老旧的遗址外，是林立的高楼，喧闹的车水马龙，恍惚间早已换了人间。

2017 年 10 月 18 日，习近平总书记在党的十九大报告中明确指出，中国共产党人的初心和使命，就是为中国人民谋幸福，为中华民族谋复兴。

而眼前这个繁荣发展的新延安，不正是中国共产党人自成立之初就奋力追求的理想和目标吗？

长征的落脚点　抗日的出发点

最近，在延安市老城区中共中央西北局纪念馆里，刚刚放假的大学生结伴前来开展社会实践，调研学习那段 80 多年前的红色历史。在这座展陈面积 4000 平方米，展线总长 1000 多米的纪念馆中，记者看到，这里通过多种现代化展现手段，真实展示了西北革命根据地创建、发展、壮大的战斗历程，全面展现了中共中央西北局领导陕甘宁边区人民创建模范的抗日民主根据地的奋斗历史，及其在领导边区人民支援解放战争中做出的历史性贡献。

走进纪念馆宽敞的大厅，迎面镌刻着毛泽东同志那段精辟的论述:“我说陕北是两点，一个落脚点，一个出发点……陕北已经成为我们一切工作的试验区。”

落脚点，来之不易。红军长征时，陕北是个“红色岛屿”，以刘志丹、谢子长、习仲勋等老一辈革命家为代表的共产党人带领群众坚持武装斗争，创建陕甘边革命根据地和陕北革命根据地，并建立苏维埃政权。浓烈的革命氛围和深厚的群众基础，为各路红军的到来培厚了土壤。经过苦苦追寻，红军终于找到了自己的“家”，陕北为长征路上的红军树立起落脚的路标。正如当时红军喜爱的歌曲《到陕北去》唱的那样：“迅速北进……消灭敌人争取群众，巩固发展陕北红区，建立根据地。”

出发点，开启新程。陕北窑洞里诞生了一项项影响深远的决策。面对国家存亡、民族危难，中国共产党高举抗日的大旗，成为全民族抗战的中流砥柱。长征北上，抗日救国，红军在陕北落脚，又从陕北出发。正如习近平总书记所指出，“长征的胜利，不仅保存了革命力量，而且使我们党找到了中国革命力量生存发展新的落脚点，找到了中国革命事业胜利前进新的出发点”。

“南梁地区是陕甘两省三县交界之处，是国民党统治特别薄弱的地方，处于子午岭林区，山大沟深，森林茂密，进可攻退可守，回旋余地大，是一个打游击战的好地方。”南梁革命纪念馆原馆长刘玉郝说，在短短几年时间里，革命者先后多次发动兵变、起义。仅南梁革命纪念馆烈士纪念碑上镌刻的有名有姓的烈士就有600多位，还有无数革命先烈，青山埋忠骨，没能留下姓名。

“共产党人崇高而坚定的信仰、不怕牺牲英勇斗争的精神，以及党的坚强领导，是西北革命根据地最终成为全国硕果仅存的完整革命根据地的最直接原因。”陕西省科协副主席、渭南师范学院原党委书记丁德科说。

践行群众路线　促进边区发展

谈起陕甘边革命根据地的发展历程，南梁革命纪念馆馆长夏世鹏说道："1927年7月上旬，中共陕西省委成立。之后中共陕西省委和地方党组织先后领导和谋划发动了清涧起义、渭华起义和旬邑起义等重大武装斗争，被称为陕西三大农民起义。特别是1927年10月爆发的清涧起义，打响了西北武装反抗国民党反动统治的第一枪。渭华起义则是陕西规模最大、影响最深远的一次武装起义。1928年4月中旬，中共陕北特委正式成立，统一领导陕北各地党组织和共青团。"

此后，1933年3月8日，为了加强党对创建军队和苏区的领导，根据陕西省委指示，中共陕甘边特委成立，领导发展革命武装力量，并先后创建、扩大和发展了以照金、南梁为中心的陕甘边革命根据地。夏世鹏介绍，1934年11月1日至6日，陕甘边区工农兵代表大会在华池县南梁荔园堡召开，选举出了陕甘边区苏维埃政府组成人员。

"在代表选举的过程中，按照选举地区和单位人数比例产生代表，并照顾到工人、农民、军人、妇女等各个方面，层层民主选举，产生了100多位工农兵代表，保证了代表的基层群众性。由于选出来的代表很多不识字，为了保证代表的选举权，在陕甘边区苏维埃政府组成人员的选举中采取了'投豆'选举的办法。"华池县党史办公室主任齐勇进解释说，"投豆"选举就是在被选举人的背后放一个碗，大家都发一颗豆，大家信任哪个人，就把这个豆放在碗里面，最后按照碗里豆的多少来决定谁当选。

"投豆"选举这种看似简单但是政治含义十分深远的选举方式，使广大贫苦民众能够选举出他们信得过的人来组成基层政权。当年老百姓的歌谣唱得好："金豆豆，银豆豆，豆豆不能随便投；选好人，做好事，投在好人碗里头。"由广大民众"投豆选干部"，由他们选举自己信得过的人当干部，正是陕甘边革命根据地对中国独有的基层民主模式的积极探索。

经过 6 天的会议和选举，1934 年 11 月 7 日，陕甘边区苏维埃政府成立大会召开。随后，又从根据地实际出发，制定和颁布了涉及土地经济军事文化等方面的十大政策，建立南梁集市，鼓励贸易，促进边区发展，巩固了苏维埃政权。

在粉碎国民党反动派对革命根据地“围剿”的过程中，以南梁为中心的陕甘边革命根据地和以瓦窑堡为中心的陕北革命根据地连成一片，形成了有 23 个县上百万人口的西北革命根据地，为红军长征在这里落脚奠定了基础。

1935 年 9 月，中央红军长征到达甘肃省哈达铺，在报纸上看到了对于西北革命根据地的报道，得知了陕甘两省的革命活动，最终，在榜罗镇会议上决定将长征的落脚点放在陕北。

传承红色基因　凝聚奋进力量

80 多年前，以刘志丹、谢子长、习仲勋等为代表的共产党人，在中国的西北角，探索执政经验，把为人民谋幸福作为一切工作的出发点，逐渐形成了以“面向群众、坚守信念、顾全大局、求实开拓”为主要内容的南梁精神。

“西北革命根据地之所以能历经磨难和挫折而不败，除了道路正确之外，始终同人民群众保持血肉联系，始终得到人民群众真心诚意的拥护支持，是一个重要原因。”西北大学党委副书记、马克思主义学院院长吕建荣说。

在当年的陕甘边区，习仲勋把走群众路线当作每个干部的行动准则。为了让边区群众了解党的方针政策，他带头走村串户发动群众，和群众打成一片、融为一体，形成了“只见公仆不见官”的生动局面。“我们党的一切事情，就是老百姓的事情”“江山就是人民，人民就是江山”“什么时候抛弃了群众路线，什么时候我们脱离了群众，什么时候我们的事业就要失败”，和群众在一起“就像鱼回到水里”……正是党群之间的鱼水深情，为中共中央和红军长征落脚于西北革命根据地，提供了极为有利的群众条件。

截至 2020 年年底，南梁所在的甘肃庆阳 570 个贫困村 61.05 万贫困人口全部脱贫。当年，这里因为地处黄土高原，山大沟深，正是革命根据地开展游击战的有利条件。但这样的地理环境也是如今制约老区发展的瓶颈。2020 年 12 月 26 日，银西高铁正式开通，结束了庆阳不通高铁的历史，庆阳的各项基础设施正在不断改善，铁路公路网络得到了迅速发展。革命老区，走在了高质量发展的快车道上。

（2021 年 1 月 29 日）

湘江畔，敬仰向死而生的精神伟力

周仕兴

1934 年冬，中央红军长征过境广西，在桂林市全州、兴安、灌阳三县经历了 7 天的湘江战役。数万英勇的红军将士浴血奋战、向死而生，最终突破国民党反动派设置的第四道封锁线，经由资源、龙胜、灵川向西北进发。

87 年后，我们沿着湘江一路寻访，当年被红军战士鲜血染红的江水依然静静流淌，沿江两岸草木葱茏，百姓生活欣欣向荣。回望湘江，这场关系中央红军生死存亡的关键一战，怎样使中国革命走上胜利新起点？湘江战役中书写的军民鱼水情，如何续写时代新篇章？

“三年不饮湘江水，十年不食湘江鱼”——红军在至暗时刻苦苦探寻希望的曙光

“英雄血染湘江渡，江底尽埋英烈骨；三年不饮湘江水，十年不食湘江鱼。”行走在桂北的青山绿水间，这首诗总在记者脑海中挥之不去。

“湘江战役是红军长征途中最惨烈的一次战役。这首诗所描述的，正是当时的壮烈场景。”桂林红军长征湘江战役文化保护传承中心副主任黄利明说。

1934 年 11 月底，红军被压在桂北东西纵深 80 公里、南北 100 公里的锥形地带，急迫需要渡过湘江。

12 月 1 日凌晨，光华铺阻击战处于生死存亡的关键时刻。当天凌晨 3 点 30 分，中央局、中革军委、总政治部联合发来一封紧急电报，命令红一、红三军团不惜一切代价抢渡湘江："我们不为胜利者，即为战败者。"这句军令，至今镌刻在兴安县界首镇红军堂的墙面上。

"在战斗最危急的时刻，上到军团总指挥、下到基层指挥员，全都冲锋陷阵、一马当先。"黄利明介绍说。据记载，共有 14 名团以上干部倒在湘江两岸。

红一军团二师五团政委易荡平在脚山铺阻击战中身负重伤，倒在血泊中。敌人手持刺刀冲过来的时候，他不愿做俘虏，一把夺过警卫员手中的枪，朝自己扣动扳机，献出了年仅 26 岁的宝贵生命。

红五军团三十四师师长陈树湘，带领部队负责全军后卫，腹部被子弹打穿，昏迷中被俘。醒来时，他从腹部伤口处把肠子掏出扯断，为革命胜利流尽了最后一滴血。

"红军在敌众我寡的湘江战役中能突围，一个非常重要的原因就是部队领导身先士卒，全体战士视死如归，在最危急的时候众志成城，最终得以突破湘江封锁线，为革命胜利保留火种。"黄利明说。

经湘江一役，红军从 8.6 万人锐减至 3 万余人。"战士的鲜血染红了整条江啊！"全州县凤凰镇凤凰村蒋济勇老人眼含热泪。战斗结束后，群众在江边挖了个大坑，掩埋红军英烈 3 天，更多的烈士则沉入江底，"其惨烈空前，悲壮绝后"。

面对生死存亡，红军指战员在至暗时刻苦苦探寻希望的曙光。

"群众是山，群众是水"——湘江战役中书写的军民鱼水情历久弥新

在广西壮族自治区博物馆，我们见到一面斑驳的红旗。这面红旗背后，有一个 87 年前的感人约定。

在新圩阻击战中，灌阳县排埠江村村民黄合林救治了一位负伤的红军战士。战士伤势好转后去找部队，将一面红旗送给黄合林，让他帮忙保存，等革命胜利后再来取。

黄合林将红旗包好，用一个小木箱珍藏起来，临终前嘱咐儿子黄荣清保存。1979 年黄荣清去世前，让孙媳妇李清鸾把红旗交给县武装部，请他们帮助寻找那位战士。

“由于时间久远，始终没有找到那位战士，但他的精神永远激励着我们。”71 岁的李清鸾动情地说。

“群众是山，群众是水。”黄利明说，“紧紧依靠群众，团结群众，是我们党的革命事业取得胜利的法宝。”

彼时，红军在桂北没有根据地做依托，处境极为艰难。广大群众冒着生命危险为红军带路，帮助架桥渡江、突破围堵，救护红军伤病员，很多群众踊跃参军。

我们沿着湘江一路东行，来到湘江战役四大渡口之一凤凰嘴渡口。渡口周边，风光旖旎，江水潺潺。在百岁老人蒋济勇的介绍中，当年的战争场面浮现眼前。

“这是红军抢渡的一个关键渡口，但湘江宽百余米，却没有桥，为加快行军速度，部队只好架设浮桥。”蒋济勇记忆清晰。

“看到红军战士遍体鳞伤依然拼命往前冲，大伙也纷纷自发前来帮忙！”蒋济勇和乡亲们卸下自家门板，将船摆成一排固定在江中，然后将门板搭在船上形成浮桥，帮助红军渡过湘江。

“部分战士过江了，但很多战士不幸牺牲了。”说到动情处，蒋济勇声音哽咽。

当年，全州县才湾镇才湾村村民蒋石林的爷爷埋葬了 7 位红军战士的遗体，并年年祭奠。蒋石林长大成人后，继承先辈遗愿，至今一直守护着红军墓。

“湘江战役中书写的军民鱼水情，感人至深，在推进军民融合发展的当下更具备宝贵的时代价值。”黄利明说。

“让红色基因代代相传”——
认清自己的“根”和“魂”　永续传承长征精神

一草一木一忠魂，一山一石一丰碑。

“红军将士在湘江战役中体现出的‘勇于胜利、勇于突破、勇于牺牲’精神，是留给广西的宝贵精神财富，激励我们走好新时代的长征路。”几十年来，广西历届党委、政府对红军长征过广西的纪念设施、遗址遗存持续进行抢救性保护，修缮纪念塔、纪念碑、纪念馆，近年又对散落的红军遗骸进行挖掘收殓集中安放，告慰先烈，永久纪念。

“红军长征留下的宝贵精神财富，要在青少年中代代相传。”桂林市委宣传部主要负责同志告诉记者，桂林市大力弘扬长征精神，传承红色基因，引导广大青少年认清自己的“根”和“魂”，听党话、感党恩、跟党走，勇当新长征路上的接班人。

目前，桂林已建成红军长征湘江战役纪念园、红军长征突破湘江烈士纪念碑园、湘江战役新圩阻击战酒海井红军纪念园等一系列红色旅游景点，大大丰富了当地的红色旅游项目。2019 年，三个纪念园被纳入全国爱国主义教育示范基地，被确定为国家 AAAA 级旅游景区，至今接待参观总人数超过 455 万人次，近 8 万批次。

胡雅馨是一名红军后人，从小听着爷爷讲湘江战役的故事长大，深知当年战争的残酷与悲壮，长大后如愿成为红军长征湘江战役纪念馆解说员。“我要继续把这段历史讲给更多的人听，让红色火种薪火相传。”胡雅馨说。

在全州县青少年活动中心举办的湘江战役故事分享会活动上，60 余名“红领巾讲解员”用行动争做红色传人。“孩子们分享革命故事，了解湘江战役历史，更能感受红军精神、长征精神，从小学先锋，长大做先锋，让红色基因代代相传。”全州县少先队总辅导员周康丽说。

兴安县挖掘长征红色教育资源，将革命精神和革命优良传统教育列为“精品课”。除在学校开展红色讲座、红色报告会、红色经典诵读、观看红色电影等常规形式外，还在长征文物旧址设置现场教学课堂，增强了学生的体验感、获得感。

（2021年1月29日）

改变历史的三天
——遵义会议在生死关头挽救中国革命

吕慎

从建党到开国，中国共产党走了 28 年，时空坐标的中点落在 1935 年的遵义。一场为期 3 天的会议，改变了中国历史。

从中国共产党成立到遵义会议召开是 14 年，从遵义会议召开再到新中国成立也是 14 年。中国革命前 14 年苦苦探索，几经起落；后 14 年昂首阔步，走向胜利。

历史何以在遵义转折?

转折，舵手一易上新途

2021 年 1 月，娄山关的雪纷纷扬扬，遵义城的人熙熙攘攘。

记者登上遵义会议会址的二层，木质楼板嘎嘎的响声仿佛穿透了历史的尘封。

缓步走进这个改变中国历史的会址，眼前的国家一级文物——长方形会议桌,仿佛无声地诉说着那 3 天的字字句句,墙上的纪念馆镇馆之宝——挂钟，似乎不断回响着那 3 天的分分秒秒。

86 年前，也是这般时节，窗外天寒地冻，屋里却在激烈争论。1935 年 1 月 15 日至 17 日，中共中央政治局在这里召开扩大会议，总结第五次反“围剿”以来的军事路线问题。

据《红军长征史》记载：“遵义会议一共开了 3 天，气氛紧张激烈，发言的声音很高，每天总是开到半夜才休会。”

桌下的火盆虽然难以驱散满屋的寒意，但毛泽东铿锵有力的发言让与会的年轻革命家们心头滚烫。躺在一张藤躺椅上参会的王稼祥带着枪伤、发着高烧，听完发言后坐直了身子，为毛泽东热烈鼓掌，他坚决提议请毛泽东出来指挥部队。

会议形成了12000多字的总决议，总结了失败教训，通过了增选毛泽东为政治局常委、取消长征前建立的军事指挥“三人团”、决定北渡长江创建新的根据地等决议。伍修权在遵义会议结束后写下了：“舵手一易齐桨橹，革命从此上新途。”

邓小平同志后来在评价遵义会议时说：“我们党的领导集体，是从遵义会议开始逐步形成的。”“任何一个领导集体都要有一个核心，没有核心的领导是靠不住的。”

“一个国家、一个政党，领导核心至关重要。”2016年，党的十八届六中全会明确习近平总书记的核心地位，正式提出“以习近平同志为核心的党中央”；2017年，党的十九大上，习近平新时代中国特色社会主义思想确立为党的行动指南。中国特色社会主义进入了新时代——这是历史的回响，是宗旨的传承，是现实的呼唤，是人民的期盼。

自主，批判教条定方向

2021年1月25日清晨，遵义会议会址迎来了当天的第一位参观者。“从小就在课本上看到这栋楼，今天终于见到实物了。”63岁的河南游客鲁峰面对这座中西合璧的二层建筑难掩激动之情。这位河南省排球队的退休教练驾车从郑州出发，先到韶山，再到遵义。“就是在这栋楼上毛泽东同志开始成为中国革命的领袖。”鲁峰仰望会址，喃喃自语。

领袖不是从天而降的。长征前毛泽东虽已被撤销了军事指挥权，但他始终对中国革命的前途保持着巨大的使命感和责任感。一路走来，他不断争取党和红军领导层的大多数，努力挣脱“左”倾冒险主义的枷锁。以通道会议、黎平会议、猴场会议、突破乌江、智取遵义等为前奏，毛泽东在军事上的精准预判和卓越才能得到实践的充分检验，红军上下逐渐形成了对毛泽东的战略战术的信任。

遵义会议前，张闻天和王稼祥在贵州黄平曾有一段“橘园对谈”。王稼祥问：“红军下一步怎么办？博古、李德再这么搞下去能行吗？”张闻天答：“我考虑再三，他们再来指挥部队不行。还是要毛泽东同志出来！毛泽东打仗比我们有办法。”

“长征初期，中国共产党年轻的革命家们经历了激烈的争论，以博古、李德为代表的军事指挥者教条执行着共产国际的意图，而以毛泽东为代表的民族脊梁坚决要求走符合中国革命特点的独立自主之路。遵义会议正是以毛泽东所代表的正确路线胜利而彻底结束了这场争论。”中共党史学会常务理事、“遵义会议精神研究”项目首席专家徐静说。

多年后回顾这段历史，毛泽东同志曾指出：“中国人不懂中国情况，这怎么行？真正懂得独立自主是从遵义会议开始的，这次会议批判了教条主义。”

传承，红色基因育新机

“遵义的红色遗迹还远远没有发掘充分。”遵义会址纪念馆原馆长雷光仁认为，“十四五”期间国家将重点建设长征国家文化公园，这对于遵义是一个历史性的发展机遇，不仅将带动遵义“四史”研究的突破，还能够让市民和旅游者通过更好的旅游体验，润物细无声地接受红色文化滋养。“每年都有 300 多万人到会址参观，随着长征文化公园的建设，不仅将有更多游客，还将促使大家想多住几天，在遵义探索全域红色旅游的新发现。”

“红军长征一天要走几十公里，而且都是在与恶劣的环境和凶恶的敌人的斗争中走完的，没有非凡的信念支撑，难以想象。”来自遵义红花岗区的红色义务宣讲员孔霞已经讲了7年红色故事，她的书房里珍藏着她的爷爷——遵义会议纪念馆首任馆长、老红军孔宪权的生平照片。“我通过整理爷爷的故事了解了整个长征，再把这些故事带到学校，讲给孩子们。”孔霞说，她业余时间都用来整理和传播遵义会议和长征的故事。

遵义人爱红色，传承红色基因在这座城市里有着强大的吸引力，“转折之城”是市民最喜爱的雅称，不用组织，社区有红色物业，广场有红歌对唱，商店有红色手伴。2014年遵义的党史爱好者还在全国率先自发成立了长征学学会，身为学会秘书长的雷光仁告诉记者，学会有200多名会员，个个都是义务讲解员和红色文化传播者，每年学会组织的专场宣讲有200多场。而自2016年7月以来，遵义会议纪念馆就以“长征与遵义会议”为主题在全国各地举办巡展，每年参观人数超过200万人次，成为传承长征红色基因、开展革命传统教育的“流动讲堂”。

“遵义会议精神对于贵州有着无可替代的现实意义。”“遵义会议精神研究”项目首席专家徐静说，习近平总书记要求贵州守好发展和生态两条底线，走出一条发展新路。而遵义会议精神中蕴含的“坚定信念，实事求是，独立自主，敢闯新路”等价值追求已经融入脱贫攻坚等各项工作中。

党的十八大以来，贵州的交通以前所未有的速度脱胎换骨。2018年实现了公路的村村通、组组通。已建成和即将建成的6条高铁，让贵州从西南一隅变成了连接西南和华南、中南、西北的交通枢纽。最令贵州人自豪的要数万山丛中那些创造了多个世界第一的桥：北盘江大桥、坝陵河大桥、鸭池河大桥……红军战士曾经用双脚丈量过的黔山大地，如今已再无险途。

在遵义会议精神激励下，贵州人民创造出一个又一个奇迹。从实现整体脱贫到生态文明建设先行先试，从大数据产业独领风骚到基础设施飞速发展，贵州再也不是贫困落后的代名词，而是后发赶超的“模范省”。

（2021年2月1日）

瓦窑堡：“人民共和国”的名字从这里响起

张哲浩　杨永林　王语晗

1935 年 10 月中下旬，陕北延安的山坳坳里来了一支风尘仆仆的队伍，从此，中国的历史因他们而改写。

这一年秋天，中共中央率领中央红军胜利到达陕北吴起镇，终于有了自己的“落脚点”；之后，他们来到西北革命根据地的中心、当时的陕北“经济重镇”瓦窑堡，并于当年 12 月 17—25 日召开了著名的瓦窑堡会议，“苏维埃工农共和国”在这里更名为“苏维埃人民共和国”——确立了建立抗日民族统一战线的新策略。

在延安子长市采访，处处感受着红色文化：瓦窑堡会议旧址，毛泽东、周恩来旧居，谢子长陵园，以及那些依然健在的革命见证人、老红军。

“瓦窑堡是一块红色资源挖掘不尽、革命贡献说不完的神奇土地。”子长市委书记雷兴平说。

岂曰无衣　军民同心

1935 年冬天，中共中央和中央红军踏进由谢子长、刘志丹等革命家开创的西北革命根据地中心时，中国正面临着前所未有的大动荡、大巨变、大分化时期。“党内，思想尚未统一；党外，蒋介石顽固剿共，数十万敌军大兵压境。特别是在华北，日本帝国主义野心勃勃，步步紧逼。中华民族正经受着一场空前劫难。”陕西党史专家袁武振对记者说。

在这样一个矛盾极其尖锐复杂、局势诡谲难测的时期，党的领导者们高举抗日救国大旗，召开了在中国革命历史进程中具有里程碑意义的瓦窑堡会议。

“当年的瓦窑堡是西北革命根据地的中心，而今被誉为中国革命的‘红都’。”据子长市瓦窑堡会议旧址管理处负责人回忆，当地民谚曾有曰：“小小安定，人口四万，闹红共产，人人好汉。”作为西北革命的“心脏”之一，子长市（原安定县）为中国革命的胜利做出了巨大贡献和牺牲。据不完全统计，从土地革命到解放战争时期，在这个不足万户人家的山区小县，就发生大小战斗 700 余次，先后有 3000 多名子长儿女献身革命，其中有名有姓的烈士有 2400 多人。

“新中国成立前，由于战乱、瘟疫、天灾等诸多因素制约，子长全市人口始终在 4 万上下徘徊。新中国成立后的 30 年里，人口增加到十四五万，改革开放的 40 年里，人口又增至二十六七万。”子长市委宣传部的一位同志说道。

红军初到瓦窑堡时正值寒冬，物资供给极度匮乏，指战员多是单衣草鞋，当地人民伸出热情的双手，家家户户缝棉衣、做军鞋、捐钱粮、献牛羊，从各方面给予了党和红军最无私的帮助与奉献。雷兴平说：“仅 1936 年 5 月，西北军委办事处就向群众买粮 2500 担，借粮 2000 担，合计约 18 万斤。”在群众的支持下，党中央在瓦窑堡的 7 个半月，中央红军由不足万人发展到近 3 万人，革命形势焕然一新。

“革命成功了，现在吃穿不愁，安居乐业，太幸福了。”今年 97 岁的老红军白成宝，家住瓦窑堡会议旧址附近。这个 13 岁参加陕北游击队时“个子还没有枪杆子高”的“红小鬼”，先后当过勤务兵和警卫员。如今他已儿孙满堂，在他家，最引人注目的就是挂在窑洞墙上的“全家福”。“130 多口的大家族，太有福气啦！”听了记者的话，老人轻声地说：“只有大家都幸福了，才对得起那些死去的战友。”

“立根原在群众中”，依靠群众始终是中国共产党成功的密码。党的十八大以来，习近平总书记一再强调坚持以人民为中心，“人民是共和国的坚实根基，人民是我们执政的最大底气。”这是对历史的深情回望，也是对未来的坚定指引。

统一战线　凝心聚力

瓦窑堡会议旧址坐落在瓦窑堡城内田家院内。午后，院子里静悄悄的，阳光斜射进当年的会议室，恍惚间，80多年前那场改变时局和国运的会议场景，浮现到记者眼前——毛泽东、张闻天、周恩来、博古、王稼祥、刘少奇等共产党人，就是在这方不起眼的小小天地里，擎起了抗日民族统一战线的大旗，也促成了全民族的觉醒与团结。

“我们的政府不但是代表工农的，而且是代表民族的。”毛泽东在瓦窑堡说。经瓦窑堡会议通过决议，成立不久的“苏维埃工农共和国”改名为“苏维埃人民共和国”。从“工农”到“人民”，两个字的改变，为抗日民族统一战线树起了旗帜，中华民族挺起脊梁，万众一心。

“会议最终决议要求党员必须为群众的切身利益而斗争，使他们相信共产党不但是工人阶级利益的代表，而且也是中国最大多数人民利益的代表者，是全民族的代表者。”西北大学马克思主义学院副院长李建森教授对记者说。

“这个决议的通过，证明中国共产党这支队伍的领导集体，已经在总结革命成功经验和失败教训中成熟起来。”延安市延安精神研究中心副研究员刘小龙说。

瓦窑堡会议确立了抗日民族统一战线的新策略。统一战线是中国共产党成立百年来不断从胜利走向胜利的重要法宝。我们党一以贯之，接续发展，推动建立中国新型政党制度，坚持和完善民族区域自治制度，贯彻“一国两制”方针。“统战工作的本质要求是大团结大联合，解决的就是人心和力量问题。”习近平总书记的论断对统一战线的时代意义给出了解答。

红色文化 网上地标

时光荏苒，瓦窑堡会议已经过去了80多年，在党中央曾经战斗过的这块红色圣地上，革命前辈们留下了极其丰厚的红色文化遗产。习近平总书记2020年4月在陕西考察时强调要加大文物保护力度，“加强公共文化产品和服务供给，更好满足人民群众精神文化生活需要”。

“陕西拥有包括中国革命标识延安宝塔在内的丰富革命文物遗存，国家公布的两批37个革命文物保护利用片区中，陕西涉及川陕、陕甘、长征、陕甘宁4个片区68个县（市、区）。”陕西省文物局局长罗文利介绍说。

“‘十三五’期间，陕西省共投入54亿元实施文物保护维修工程335项，完成革命旧址保护修缮和环境治理254处，修复可移动文物2.4万余件（组）。同时，全国唯一一个以红色革命资源为依托的示范区——陕西延安革命文物国家文物保护利用示范区的创建正在有序推进。”陕西省文物局副局长周魁英告诉记者，“5年来举办革命文物展览900余个，开展活动2400余场次，参观人数超8000万，大批展览引起强烈反响。”

近年来，陕西省围绕传扬红色文旅着力开展数字创新。建设陕西革命文物大数据库，推动19家革命纪念馆实现线上展出；推进“延安革命旧址陈列数字化及互联网+展示提升项目”等。这些网络上的红色文化地标正在吸引更多的青年人了解革命文化，传承红色基因。

（2021年2月1日）

会宁会师：团结一致走向新的胜利

宋喜群　王冰雅

在甘肃省会宁县红军会师旧址内，有一座“中国工农红军第一、二、四方面军会师纪念塔”。纪念塔呈三塔环抱雄姿，三塔塔体各9层，在第10层合为一塔，寓意1936年10月红军三大主力会师的伟大时刻。

时间倒回85年前那个黄昏，红旗招展，人群欢腾，红军总司令部、总政治部和一、四方面军在会宁县城文庙大成殿举行了隆重的庆祝三军会师联欢会。

红军三大主力会师，标志着长征的胜利结束，推动了抗日民族统一战线的形成，是革命力量大团结的典范，是中国革命走向胜利的转折点。

“三军会师，中国安宁”

在会宁籍老红军王世华的回忆里，毛泽东曾称赞道，会宁，好地名！三军会师，中国安宁。

尽管随着老红军的离世，这句称赞如今已难证实，但红军三大主力会师的地点选在会宁，确实是党中央根据战略部署和会宁的地理位置决定的。

1935年，中央红军率先结束长征，到达陕北。12月，在瓦窑堡会议上，中共中央确定了关于建立抗日民族统一战线的策略方针。

要形成西北抗日新局面，必然要团结红军主要力量。1936年7月上旬，红二、四方面军从四川甘孜出发，越过雪山草地，于8月到达甘肃东部。

“紧接着，红四方面军取得岷洮西固战役的胜利，创建了甘南临时革命根据地。红二方面军连克甘肃省东南部的成县、康县、徽县和两当，开辟了陇南根据地。这两块根据地和中央所在的陕甘宁根据地互为犄角，互相策应，形成了很好的局面。”甘肃省委党史研究室原副主任李荣珍告诉记者。

9月，“两广事变”和平解决后，蒋介石急令胡宗南部赶赴甘肃，阻截红军会师。针对敌情变化，9月13日，党中央发布了《静（宁）会（宁）战役计划》，决定提前实现三个方面军会合，静会地区被确定为三军会师区域。

会宁北依黄河，东南紧靠西兰公路，是红二、四方面军北上的必经之路。相比于静宁，会宁的敌军力量更为薄弱，仅有甘肃省保安团和县保安队400余人，并且会宁县城更靠近黄河，为三军会师后渡过黄河夺取宁夏，巩固和扩大西北抗日根据地提供了便利。

10月2日凌晨5时许，红一方面军15军团骑兵团向会宁城门发起冲击，经过1个多小时战斗，胜利攻占县城，拉开了三军大会师的序幕。

1936年10月，红军一、二、四方面军在以会宁县城为中心的地域，包括会宁县的青江驿、老君坡，静宁县的界石铺、兴隆镇、将台堡（今属宁夏西吉），靖远县的打拉池地区会师，标志着万里长征胜利结束，中国革命的新局面开始了。

提前举行的三军会师联欢会

当红一、四方面军举行庆祝三军会师联欢会之时，红二方面军也已完成策应任务北上，由于渭河河水猛涨，加之国民党重兵堵截，北上途中困难重重。

为什么不等红二方面军赶到就召开会师联欢大会呢？红军会宁会师

旧址管委会女子讲解队队长、全国首批百名红色旅游五好讲解员杨婷向记者解释："一方面是因为红二方面军主要承担策应任务，为红一、四方面军会师创造条件；另一方面，长期以来红二方面军在思想上和党中央是保持一致的，党中央最迫切需要团结的是红四方面军。"

1935年6月，红一、红四方面军于四川懋功会师后，在红四方面军担任领导职务的张国焘，反对中共中央关于红军北上建立川陕甘革命根据地的决定，主张红军南下川康藏边境少数民族地区。他擅自率领一部分红军南下，并在四川卓木碉另立"中央"，公开分裂党和红军。

随着部队减损严重，在中共中央明令禁止与耐心规劝下，在朱德、刘伯承等的坚决反对下，在中共驻共产国际代表团成员张浩的指示下，1936年6月，张国焘被迫宣布取消他另立的"中央"。

1936年9月，中共中央西北局在岷县三十里铺召开会议，张国焘主张西进甘西的意见被否定，被迫同意北上。但是张国焘并没有放弃西进主张。9月23日，中共中央西北局在漳县召开会议，张国焘推翻岷州会议决定，命令部队西进。

张国焘的西进决策立即被中央禁止，红二方面军领导任弼时、贺龙也提出强烈反对意见。9月27日，中共中央西北局洮州会议召开，重申了岷县三十里铺会议精神，决定北上与红一方面军会师，加之西渡黄河存在实际困难，张国焘被迫同意继续北上。9月30日，红四方面军分为五个纵队，相继由岷县、临潭等地向北前进。

"新长征"路上，仍需会师精神

作为讲解员，杨婷讲长征、讲会师已有15年。在她看来，团结一致就是会师精神的核心。"三大主力红军会师、长征取得胜利，离不开红军与党中央的团结，离不开军队与老百姓之间的团结。"

"最后一把米，端来做军粮；最后一尺布，为你缝衣裳；最后一件老棉被，盖在了担架上；最后一个亲骨肉，也要送到部队上……”

长征期间，红军将士在当时只有6万人口的会宁境内战斗生活过20多天。正如歌曲中所唱的，会宁人民倾其所有支援红军长征和大会师。为了支持红军渡河执行宁夏战役计划，有的老人甚至献出了自己的棺材板……

据不完全统计，会宁人民共筹集军需粮食500余万斤，救治红军伤病员近千人，有400多名青年参加红军。

时光荏苒，新时代的长征路还在继续。会宁水资源匮乏，山大沟深，是国家级贫困县。“十三五”期间，在当地人民艰苦奋斗和社会各界倾情帮扶下，会宁县130个贫困村37947户16.99万贫困人口实现稳定脱贫，彻底告别了早上吃“羊”，中午吃“鱼”，晚上吃“蛋”，实际三餐都吃洋芋蛋的历史。

“十三五”期间，会宁县聚焦现代丝路寒旱农业示范区建设，建成脱贫产业园和特色产业园294个；发展起全膜玉米、黑膜马铃薯两个百万亩基础产业；通过自来水入户和家庭水窖安装净化设备等方式，实现农村安全饮水全覆盖。

习近平总书记提醒我们：“我们面临的各种斗争不是短期的而是长期的，至少要伴随我们实现第二个百年奋斗目标全过程。”

在向第二个百年奋斗目标迈进的历史关口，巩固拓展脱贫攻坚成果，全面推进乡村振兴，仍然需要会师精神，仍然呼唤长征精神。不忘初心、牢记使命，团结一致跟党走，我们一定能够不断取得新的胜利。

（2021年2月2日）

“七七事变”：中华民族命运的历史转折

张景华　董城

1937 年 7 月 7 日，日军在北平（今北京）西南卢沟桥地区蓄意制造了震惊中外的“七七事变”，又称“卢沟桥事变”。

面对亡国灭种危机，7 月 8 日，中共中央向全国发出通电：“全中国的同胞们！平津危急！华北危急！中华民族危急！只有全民族实行抗战，才是我们的出路！”

在中国共产党的积极推动下，以国共合作为基础的抗日民族统一战线正式形成。“七七事变”既是日本帝国主义发动全面侵华战争的起点，又是中国全民族抗战的开端，促进了全民族觉醒，是中华民族由衰败到振兴的转折点。

卢沟桥上，中国驻军誓死“与桥共存亡”

2021 年的第一场雪，将卢沟桥衬得一片银白。远远望去，桥上 500 多尊石狮子一字排开，犹如执甲的士兵严阵以待。记者缓缓走在桥上，思绪回到 84 年前的硝烟炮声中，“大刀向鬼子们的头上砍去”的铿锵声回荡在天地间。

“‘七七事变’发生时，宛平城和卢沟桥是日军夺取的主要目标。

宛平城西的卢沟桥，历史上曾是北京南下中原的唯一通道。桥北不远处的平汉铁路桥，是当时南北交通大动脉的咽喉。”中国人民抗日战争纪念馆副研究馆员程皓博士指着平汉铁路桥对记者说，“‘七七事变’最惨烈的战斗就发生在那里。”

1937年7月7日晚，日军在卢沟桥附近以“军事演习”中一名士兵“失踪”为借口，要求进入宛平城搜查，遭到中方严正拒绝。8日晨，日军突然炮轰宛平城，并向平汉铁路桥中国守军猛烈攻击，驻守的中国第29军官兵奋起自卫。黎明时分，暴雨如注，大队日军突然出现。协助守卫桥头的第29军37师219团3营预备队十连排长沈忠明，跃出堑壕，站在掩体前伸出右手，制止日军进入警戒线。日军扬言搜寻失踪士兵，强行上前并开枪，沈忠明中弹当场牺牲。“根据史料研究，沈忠明排长是已知的‘七七事变’中牺牲的第一位中共地下党员。”程皓介绍。

8日这一天，日军向宛平城的中国守军发起了3次进攻，并向平汉铁路桥及左侧的回龙庙阵地中国守军连连猛攻。中国守军110旅旅长何基沣发出誓死“与桥共存亡”的命令，并亲临前线指挥战斗。中国守军与日军浴血搏斗，没有子弹了，就抡起大刀，与日军展开肉搏战，两个排的80余位中国守军，最后全部战死在桥头阵地。

7月28日，在飞机、大炮的支援下，日本侵略者向驻守在北平四郊的南苑、北苑、西苑的中国第29军发起了猛烈攻击。在5个多小时的惨烈战斗中，中国守军伤亡2000余人。第29军副军长佟麟阁、第132师师长赵登禹壮烈殉国，北平沦陷。

中共中央向全国发出通电：“不让日本帝国主义占领中国寸土”

面对亡国灭种危机，“七七事变”的第二天，中共中央向全国发表《为日军进攻卢沟桥通电》，呼吁“全中国同胞、政府与军队，团结起来，建筑成民族统一战线的坚固长城，抵抗日寇的侵略！国共两党亲密合作抵抗日寇的新进攻！”并提出“不让日本帝国主义占领中国寸土”“为保卫国土流最后一滴血”的响亮口号。

7 月 13 日，毛泽东在延安号召“每一个共产党员与抗日的革命者，应准备随时出动到抗日的最前线”。

7 月 23 日，毛泽东又发表《论反对日本帝国主义进攻的方针办法与前途》，指出“中国共产党人愿同国民党和全国同胞一道，为保卫国土流尽最后一滴血，反对一切游移、动摇、妥协、退让，实行坚决的抗战”。全国各族人民热烈响应，抗日救亡运动空前高涨。

“‘七七事变’是国共两党从生死对立到共赴国难的转折。在中国共产党的积极推动下，以国共合作为基础的抗日民族统一战线正式形成。”中国人民抗日战争纪念馆副研究馆员李锐博士表示。

卢沟桥的炮声成了中华民族抗战总动员的号角。长城内外、大江南北、黄河两岸，整个中华大地到处都是抗日的怒火，形成了中华民族史上空前的团结御侮、抵抗侵略的壮观局面。中华民族用血肉之躯，血战至死，筑起了一道新的长城！

在这场事关民族生死存亡的战争中，中国共产党起到了中流砥柱的作用，历史选择了中国共产党力挽狂澜、救中华民族于水火之中。

“不能忘记走过的过去，不能忘记为什么出发”

1987 年 7 月 7 日，在全民族抗战爆发 50 周年之际，中国人民抗日战争纪念馆在卢沟桥畔的宛平城建成开放，邓小平亲自题写了馆名。

2014 年 2 月，全国人大常委会以立法形式，确立 9 月 3 日为中国人民抗日战争胜利纪念日，表明了中国人民坚决维护国家主权、领土完整和世界和平的坚定立场，向这场血泪书写的伟大胜利致以崇高的敬礼，告慰在日本侵华战争中惨遭杀戮的千万同胞和为国捐躯的抗战英烈。

自1931年“九一八事变”始，至1945年日本投降终，14年间，中华民族誓与侵略者殊死抗争，付出了3500万军民伤亡的巨大代价。

站在中国人民抗日战争纪念馆大型雕塑《铜墙铁壁》前，抗战馆副研究馆员李锐深有感触地说：“抗日战争的胜利，对中华民族意义重大。自1840年鸦片战争开始，中国在艰难的近代化过程中，被动挨打，屡屡战败。百年战败史，到1945年8月15日，终于以中国的胜利和日本的失败而结束。作为我们这一代人，只有牢记历史，尊重历史，才能继往开来。”

一个伟大的民族，一个伟大的国家，总是在对历史的一次次回望中不断汲取前行的力量。记者走出抗战馆，头上是一片晴朗的蓝天。和平广场上，年轻的母亲带着孩子嬉戏，幸福祥和。巨大的“卢沟醒狮”石雕永远铭记着中华民族百折不挠、永不屈服的民族精神。

今年是中国共产党百年华诞，中国人民比历史上任何时期都更接近民族复兴的伟大梦想。习近平总书记的话言犹在耳：“一切向前走，都不能忘记走过的路；走得再远、走到再光辉的未来，也不能忘记走过的过去，不能忘记为什么出发。”

（2021年2月2日）

平型关大捷：胜利号角从这里吹响

杨珏

2021年1月25日，片片雪花飘落在晋东北大地。站在平型关城垣上，猎猎风声从耳畔呼啸而过。硝烟散尽，平型关大捷纪念馆内，循环播放着《义勇军进行曲》，参观者络绎不绝。

纪念馆里，一张对比表详细地列出了当时两军兵力的差距："兵力，我军1万余人，日军2.2万余人；手枪，我军3821支，日军9476支；轻机枪，我军274挺，日军541挺……"

"在敌我武器装备悬殊的情况下，如何打赢这场仗？依靠的就是八路军战士不畏强敌，敢于牺牲，敢于亮剑，保家卫国的决心。"平型关大捷纪念馆文史研究部主任毛春桃说，"今天，我们面对困难，同样需要这样的决心。"

无畏生死，夺取抗战首次大捷

2015年9月3日，天安门广场，碧空如洗。

当天，身着八路军军装、佩戴抗战胜利纪念章的97岁抗战老兵梁斌，在天安门城楼上观看盛大的纪念中国人民抗日战争暨世界反法西斯战争胜利70周年阅兵式。

"'平型关大战突击连'英模部队方队走过来了！"

"平型关大战突击连"英模部队方队，作为10个英模部队方队之一，接受祖国和人民的检阅。伴随着“咔咔”的脚步声，老人仿佛回到了78年前的那个秋日。

“潇潇夜雨洗兵马，殷殷热血固金瓯。东渡黄河第一战，威扫敌倭青史流……”

1986年8月，聂荣臻元帅写下这首《忆平型关大捷》时，仍对那场“潇潇秋雨”记忆犹新。

1937年9月24日，驻扎在山西大同灵丘县冉庄村的八路军115师接到命令，连夜赶往西北16公里外的平型关乔沟设伏。

平型关，明朝内长城的一个重要关隘。乔沟位于其东北方，是一条长约5公里的狭窄古道，蜿蜒曲折，两侧壁立，难以攀爬，是灵丘通往平型关公路上最险要的一段，也是日军从平型关前线到灵丘县城的必经之地。

“战士们没有雨具，身上的灰布单军装被浇得湿淋淋的，冷得发抖。”那时的梁斌，只有十八九岁，是八路军115师685团的一名司号员。

天快亮时，雨停了。115师终于在9月25日拂晓前到达平型关乔沟伏击阵地。

7时许，山沟里传来了马达轰鸣。100余辆汽车载着日本兵和军用物资在前面开路，200多辆大车和骡马炮队随后跟进，接着开过来的是骑兵。

此时，全身湿透的八路军战士们，趴在冰冷的地上，等待着敌人。

“打！”

顿时，震耳欲聋的爆炸声响彻山谷。

“战士们勇猛地向公路冲去，鬼子东奔西窜，战马惊鸣。然而敌人终究是凶狠的，而且枪法很准，利用汽车和沟坎顽抗……我们的火力压不住敌人的火力，冲上去的战士一个又一个地倒下来。那一刻，战士们无畏生死，前赴后继地向前挺进。”时任115师686团团长的李天佑回忆道。

在争夺老爷庙高地时，686团副团长杨勇带领战士们，向四五百名日军猛烈进攻。日军拼命反击，数架飞机在空中助战，战斗十分惨烈，140余人的3营9连官兵大部分牺牲，老爷庙高地终于被八路军牢牢控制。

在平型关战役中，面对武装到牙齿的日军，排长牺牲了班长顶替，班长牺牲了战士接替指挥。仅梁斌所在的685团，战后报告伤亡人员就达223人。

最终，八路军将进入乔沟一线1000余人的日军全部歼灭，击毁汽车100余辆，马车200余辆，缴获一批辎重和武器。

“一旦强虏寇边疆，慷慨悲歌奔战场。首战平型关，威名天下扬……”雄壮豪迈的《八路军军歌》，记录下这“第一个胜利”和“一支不可战胜的力量”。

这一仗，中国共产党领导的人民军队，在古长城上，用血肉筑起中华民族新的长城。

走进历史，在传承中服务当下事业

“1937年，一场战役让我的家乡扬名中外，那场战役就是平型关大捷。”去年夏天，小学五年级的学生李歆伊有了一个新的身份——平型关大捷纪念馆的小小讲解员。

每年暑假，纪念馆里都会有一群特殊的讲解员实力圈粉。他们是来自灵丘县的小学生，经过为期1个多月的筛选、培训后，这群特殊的小学生讲解员们正式上岗。

从课本走进历史、从校园走进纪念馆，李歆伊对平型关大捷有了更深刻的认识。“作为一名小学生，应该去做红色文化的传播者、弘扬者和建设者。”李歆伊说。

“小小讲解员们十分活跃，从他们的视角讲故事，观众都十分喜欢，跟随的参观者越来越多。”毛春桃告诉记者，这个活动让学生们参与到传承红色基因、传播红色文化过程中来，通过自己近距离的感受，从小学习革命先辈的精神、珍惜今天的幸福生活。

纪念馆内循环播放着《义勇军进行曲》，参观者络绎不绝。在这些参观者中经常会有一些特殊的客人，王克西就是其中之一。

王克西的父亲名叫王志臻，曾任八路军 115 师 685 团营部书记，写有一本《从陕北到东北》日记，共计 1205 篇，完整记录了抗日战争时期其所在部队的行程及战斗历程。

从 2012 年开始，退休后的王克西夫妇按照父亲日记的行走路线，重访抗战路。他们先后 3 次来到平型关大捷纪念馆，“父亲生前多次给我们讲述平型关大捷的战争过程，那时候单纯地听和现在亲身到现场来看的感觉是不一样的”。

“在传承红色基因的大环境下，来这里的游客逐年递增。”谈到纪念馆最大的变化，毛春桃对记者说，纪念馆的接待量不断攀高，基础设施不断完善，工作人员也从 2012 年的二三十人增加到了现在的近百人。

“学习历史，不只是学习过去的，重要的是让这些历史为现在的事业服务。”毛春桃说。

敢于胜利，在新征程上攻坚克难

平型关大捷，打破了“日军不可战胜”的神话；平型关下响起的枪声，激起了中华民族抵抗日寇侵略的信心和决心；平型关下的精神，历经 80 余载，仍在持续弘扬。

曾被列为国家扶贫开发工作重点县的灵丘，长期以来经济发展滞后。灵丘人不畏困难，团结奋斗，终于在 2019 年实现全面脱贫。现在，灵丘县依托作为全国旅游精品线路之一的平型关红色景区，正在吸引更多游客来这里“吃、住、行、游、购、娱”。

近年来，平型关大捷纪念馆的接待量不断增加，毗邻主战场的灵丘县东河南镇小寨村含水人家，也随着纪念馆影响力的扩大而红火起来。

记者看到，如今的小寨村，不仅建设了易地扶贫搬迁点，还同步建成沿街商铺，办起了“红色留念”“荞这一家子”等独具地方特色的风味一条街，打造集红色教育、民俗旅游、非遗传承、农耕文化为一体的旅游景区。

走进含水人家，阳光照耀下的水面波光粼粼；半圆形的拱门和转角的石砌、古色古香的窑洞式楼房，浓缩了黄土地的别样风情。这里不仅还原了旧时生活场景，还为游客打开了了解历史的一扇窗。大幅三维立体画面展示了 1937 年平型关战斗打响前八路军 115 师干部动员会的场景，并用部分雕塑再现了军民鱼水情。

纪念馆内，毛春桃和她的同事们仍旧忙碌。除了继续挖掘历史，如何将过去的革命先辈精神跟现在的教育活动相结合，如何将红色文化送入乡村、校园、军营，都是他们工作的内容。

“中国人民抗日战争胜利，是近代以来中国抗击外敌入侵的第一次完全胜利”“这一伟大胜利，开辟了中华民族伟大复兴的光明前景，开启了古老中国凤凰涅槃、浴火重生的新征程”……习近平总书记在纪念中国人民抗日战争暨世界反法西斯战争胜利 70 周年大会上深刻指出。

“84 年前，革命先辈在平型关下亮剑，用鲜血与生命铸就了伟大的抗战精神。在今天，伟大抗战精神是我们在中国特色社会主义建设中不怕艰险、攻坚克难的力量源泉，在新征程上始终为我们指引着方向。”毛春桃说。

（2021 年 2 月 3 日）

百团大战：
“抗战中流砥柱”的有力注脚

李建斌

“忘记抗战英烈是历史的遗憾。只要我还有能力、精力，就一定要在寻找英雄的道路上走下去！”出生在太行山腹地，姚永田打小就是听着老人们讲发生在家乡的抗战故事长大的。保卫国家、热爱祖国是烙在他心中最鲜明的印记，也是他日后从事挖掘、整理抗战史实的精神动力。

寻找英雄：从“正太路破袭战”到“百团大战”

“‘百团大战’初期叫‘正太路破袭战’，后来因为我八路军参战总兵力达105个团，八路军副总指挥彭德怀将战役名称改为‘百团大战’。”经过多年研究，姚永田对“百团大战”的历史如数家珍。

正太铁路，这条1907年通车，横穿太行山，连接平汉、同蒲两条铁路的纽带在1938年被日军占领后，就成为日军军事运输和掠夺我国矿产资源的主要通道。依托这条铁路，日军推行“以铁路为柱，公路为链，碉堡为锁”的“囚笼政策”，对我根据地疯狂围堵。

为打破封锁，打击日军的嚣张气焰，1940年8月20日夜，在八路军总部的统一指挥下，我八路军第129师、第120师及晋察冀军区发动了“正太路破袭战”，拉开了“百团大战”的序幕。

姚永田的家乡就在“正太铁路”沿线的测石村。2014年，邻近的南沟村想把发生在狼峪、测石一带的铁路破袭战等史实挖掘整理出来，发展红色旅游。周边有名的“秀才”姚永田是大家公认的最佳人选。

当地老人们记得，有一位八路军将领曾率领部队，在南沟村狼峪车站一带激战6天6夜。然而，老人们说不出那位将领的姓名。

一次次外出找专家请教；一次次爬上草帽山搜寻残存的战壕、碉堡遗迹；一次次徒步旧铁路，想象着故事里的神奇将领形象……终于，姚永田在一本《平定文史资料》上，看到了八路军随军记者林火1940年发表在《新华日报》上的一篇文章，说的是八路军129师新编10旅旅长范子侠带领部队攻打测石车站、狼峪草帽山据点的战斗。

在研究范子侠生平的同时，姚永田开始找寻范子侠烈士的后人。经多方辗转，姚永田与范子侠烈士的儿子范国光见面了，两位志同道合者相互印证自己手中的史料，终于重现了“百团大战”中范子侠烈士的英勇形象。2015年，百团大战纪念馆重新布展，展览中增加了他们搜集整理的范子侠烈士的传奇事迹。

推动在百团大战英烈墙上刻入李永胜烈士名字、为平西游击队大队长葛尧臣烈士建纪念碑、挖掘细节让“碎片记忆”的西峪掌围歼战完整重现……这些年来，作为教师的姚永田，把自己所有的时间都用来挖掘革命史实，他说：“作为一名共产党员，每一次挖掘都是对我心灵的一次洗礼。”

红色基因：誓拼热血卫吾华

“参加百团大战的烈士们永垂不朽。”山西省阳泉市的狮脑山主峰上，百团大战纪念碑上的鎏金大字格外醒目。百团大战纪念碑和纪念馆，都坐落在这座山峰。

“狮脑山乃百团大战第一阶段主战场之一。奉命扼守狮脑山阵地的八路军129师385旅769团和14团，浴血奋战，重创敌军，出色完成掩护破袭战之任务……”纪念碑碑记中这样描述狮脑山之战。

“狮脑山，往东数里就是正太铁路阳泉站，控制了狮脑山就等于卡住了正太铁路的咽喉。”百团大战纪念馆内，年轻的讲解员赵乙霖这样介绍狮脑山之战的重大意义。

今年 98 岁的杨富余老人，当年参加百团大战时只有 16 岁，说起那段经历，老人到现在都清楚地记得，在战斗最为艰苦的时候，是当地百姓和煤矿工友们主动到战场上送水送饭抬伤员。他说：“老百姓是水，八路军就是鱼，军队和人民心连心。”

“百团大战进行的 5 个多月中，在长 2500 余公里的华北主要交通线上，我八路军先后出动 105 个团 20 余万人，作战 2174 次，歼灭日、伪军 5 万余人。”站在纪念馆序厅“百团大战，光耀千秋”8 个大字下，纪念馆馆长陆茜介绍说，由于根据地百姓对日军的痛恨，参加破袭战的积极性非常高，前后参战总人数有 40 多万，是真正的全民抗战。

“百团大战是中国共产党于危机中育新机，在奋战中崛起的重要战役，不仅鼓舞了中国人民的抗战斗志，遏制了妥协投降的逆流，更加验证了共产党及其领导的人民军队是抗战的中流砥柱，为中国共产党百年奋斗征程写下有力的注脚。”陆茜说。

传承奋斗：蹚出发展新路径

站在纪念碑前，东北望去，山川浑厚，阳泉尽收眼底。

1947 年 5 月 2 日，晋东工业重镇阳泉在战火中获得新生。两天后，阳泉正式设市，成为我党历史上创建的第一座人民城市。

如果说西柏坡是中国共产党“进京赶考”前的最后一个“农村脚印”，那么，阳泉市则是中国共产党“进京赶考”前的第一个“城市脚印”，更是中国共产党由“破旧”走向“立新”并着手创建、夺取和管理城市，特别是由革命党向执政党转型跨越的自觉试点和历史选择。

经过 70 多年的发展，昔日的一个山沟小镇已经成为一座新兴工业城市。

“我们党留下了一笔丰富的精神遗产。”阳泉市委主要负责同志说，新时代新征程，我们始终保持毫不动摇的战斗精神，勇于担当的历史主动性，发扬百团大战敢打硬仗、攻坚克难、不怕牺牲的光荣传统，秉承“中共创建第一城”的红色历史，充分依靠人民群众的磅礴力量，重塑竞争新优势，倾力打造晋东区域中心城，在转型发展上率先蹚出一条新路来，在新时代把中国特色社会主义更加有力地推向前进。

2017 年 6 月，习近平总书记在山西考察时指出，我们党的每一段革命历史，都是一部理想信念的生动教材。全党同志一定要不忘初心、继续前进，永远铭记为民族独立、人民解放抛头颅洒热血的革命先辈，永远保持中国共产党人的奋斗精神，永远保持对人民的赤子之心，努力为人民创造更美好、更幸福的生活。

如今，百团大战硝烟已然散尽，而红色不曾淡化。红色江山，见证过枪林弹雨，如今又见证了脱贫致富、团结抗疫，见证了中国共产党始终与人民群众团结一致、心心相印，也必将见证党引领民族复兴航船在全面建设社会主义现代化国家的新征程上乘风破浪、扬帆远航。

（2021 年 2 月 4 日）

南泥湾大生产运动：“自己动手，丰衣足食”的光辉旗帜

张哲浩　杨永林　王语晗

“花篮的花儿香，听我来唱一唱……南泥湾好地方……”

2021 年 1 月下旬，陕北延安，汽车在沟壑纵横的山间柏油路上奔驰。在去往南泥湾采访的路上，记者的思绪随着陕北民歌《南泥湾》的音符，飘回到那个挥舞镢头、喊着号子、垦荒种地的火红岁月，回到了那场轰轰烈烈的大生产运动……

在那段艰苦的抗战岁月，由于日本帝国主义的疯狂进攻和“扫荡”、国民党反动派的军事包围和经济封锁，抗日民主根据地的财政经济发生了极为严重的困难。为了战胜困难，党中央提出了“发展经济，保障供给”的方针，毛泽东同志号召根据地军民自己动手，丰衣足食，开展大生产运动，部队战时作战，闲时种地。多年下来，围堵封锁不但没有将根据地军民饿垮，反而造就了延安军民的铮铮铁骨和艰苦奋斗的精神。

用镢头刨出个“陕北好江南”

南泥湾位于延安城区的东南方。清朝中期，这里回、汉民族聚居，经济繁荣。后来，由于封建统治者挑动民族纠纷，加上连年战乱，方圆百里的富庶的土地，变成了人烟稀少、树木繁茂的荒僻之所。一首当地传唱的歌谣，真实道出了它的不堪：

“南泥湾呀烂泥湾，黄山臭水黑泥潭。
方圆百里山连山，只见梢林不见天。
狼豹黄羊满山窜，一片荒凉少人烟。”

在艰苦的抗战岁月，这里的情况雪上加霜。由于日本帝国主义的疯狂进攻和“扫荡”、国民党反动派的军事包围和经济封锁，整个抗日根据地财政经济陷入极大困难。

为此，中共中央在延安专门召开了生产动员大会，毛泽东号召陕甘宁边区军民“自己动手，生产自给”，要求部队在不妨碍作战的条件下参加生产运动。

事不宜迟，说干就干。1941 年春，八路军三五九旅在旅长王震的率领下，背负厚望，进驻了这片荒芜之地。在缺乏生产工具的条件下，战士们身背钢枪，手握镢头，发扬自力更生、艰苦奋斗、无私奉献、开拓进取的革命精神，开始了轰轰烈烈的大生产运动，用镢头刨出个“陕北好江南”。

“英雄气概三冬暖，战士哪怕风雪寒。
毛主席在延安一声召唤，九旅开进南泥湾。
要与那深山老林决一战，要使陕北变江南。”

这是一曲开天辟地的悲壮赞歌，这是一部民族复兴的英雄史诗。

开荒好比上火线，没有后退永向前。

初到南泥湾时，三五九旅的将士们吃粮都需要到百里外去背，生活艰苦得无以言表。

为了加快生产进度，提高劳动效率，指战员们展开了劳动竞赛。七一八团模范班长李位，在一次全团组织的 175 名突击手的竞赛中，创造了一天开荒 3 亩 6 分 7 厘的纪录。后来，教导营第一队三排长刘顺清、补充团战士尹光普，又很快以 4 亩 1 分 1 厘、4 亩 2 分 8 厘的成绩超过了他。

三五九旅供给部政委罗章是江西人，他把家乡耕种水稻的经验介绍给指战员们，使南泥湾有了稻田……

三五九旅将士们的努力，更体现在一个个令人惊叹的数字上：大生产运动期间，三五九旅先后办起了1个纺织厂、1个被服厂、2个机械厂、2个纸厂、4个木工厂、3个军鞋厂、3个铁厂、1个肥皂厂、2个油坊、8个粉坊、6个豆腐坊、7个盐井、2个煤窑。此外，还开办了商店、客栈、军人合作社等。到1943年，全旅组织运输队有400多人，骡马800多头，骡马店68个。1940年到1944年，三五九旅将农业生产种植面积翻了百倍（2450亩到261000亩），收获粮食从200石变成了37000石，实现了肉油菜100%自给和粮食200%自给。

毛泽东在《经济问题与财政问题》中写道："三五九旅的领导同志掌握了以农业为第一位，以工业与运输业为第二位，商业为第三位的方针……建立了农业、工业、运输业与商业的一系列比较完备的企业，打下了一个能够达到完全自给的经济基础。"

1942，毛泽东对1938年以来陕甘宁边区生产运动的情况与经验，进行了全面系统的总结，他说："这是中国历史上从来未有的奇迹，这是我们不可征服的物质基础。"

时光流淌。66年后，习近平总书记在纪念王震同志诞辰100周年座谈会上同样对王震及其率领的三五九旅给予高度评价：为克服根据地日益严重的物质生活困难，他率三五九旅部队在南泥湾开展了轰轰烈烈的大生产运动，为人民军队和抗日根据地树立了"自己动手、丰衣足食"的光辉旗帜。

做新时代的"垦荒人"

"嘎——"随着汽车的刹车声，记者的思绪被拉回现实。我们到达了南泥湾大生产运动的核心区——南泥湾开发区。

一下车，记者就被一望无际的川地和整齐划一的规划吸引。眼前的南泥湾，虽属隆冬，但满山苍苍莽莽的林木，宽敞的稻田冰场，排列有序的建筑，以及那个巨大的党徽设计雕塑，无不让记者感到振奋。

由于新馆还在建设，南泥湾大生产运动的临时展馆迎接着全国各地的人前来参观，那一幅幅历经沧桑记录历史瞬间的老照片，那一件件依然能感受到当年激情与温度的老物件……让人陷入无限深思，那场轰轰烈烈的大生产运动，于今日又有着何种延续？

曾经的南泥湾，水稻田种植面积一度达到了 7000 亩。直至今日，南泥湾种植水稻的传统一直没有间断。但迫于水源、生态等众多原因，大量水田改为旱田。“剩下的 700 余亩，就是三五九旅开荒保留下来的一块相对完整的水田。”南泥湾湿地公园管理处的一位负责人介绍说。

令人欣喜的是，2018 年，南泥湾湿地公园会同北大荒集团，将高标准育秧管理技术在南泥湾进行了示范推广，科学制定了稻田恢复体系。以龙稻 18、龙粳 31 为主打品种，已恢复重建区水稻种植面积 460 亩，为南泥湾水稻品系的长远发展奠定了基础。

如今，为了让延安人民过上更好日子，陕西省和延安市继续发扬南泥湾精神，再次扛起手中的“镢头”，全力打造南泥湾开发区。

“开发区累计恢复稻田 1500 亩、植被 509 亩，修复湿地 330 亩、建设荷塘 125 亩，成为陕北地区首个国家级湿地公园。”南泥湾开发区的一位负责人介绍，“现在，白鹳、黑鹳、金雕等国家级保护动物经常在此栖息，野大豆、沙芦草等国家重点保护野生植物也随处可见。如今的南泥湾已经成为一条名副其实的绿色生态长廊。”

“我们将努力把南泥湾打造成黄河流域生态保护绿色发展先行区、革命老区高质量发展试验区、中国（陕西）自贸试验区协同创新区、国家农业高新技术产业示范区、国家红色教育培训首选区、国家 5A 级旅游景区。”这位负责人说。

从陕北的好江南，到建设黄河流域的生态保护绿色发展先行区，南泥湾的面貌发生了改变，而南泥湾这个响亮的名字，已成为一段不老的传奇，延续至今。在当年那样艰苦的环境中，面对敌人的围堵封锁，边区军民依靠自己勤劳的双手，打下了一个能完全自给自足的经济基础。如今面对越来越复杂的全球性问题，面对世界百年未有之大变局，我们还要保持"自己动手、丰衣足食"的态度，继承南泥湾老一辈垦荒人的精神品质，做新时代的"垦荒人"，在关键核心技术攻关中大显身手，在产业优势领域精耕细作，在未知领域中探索创新，创造出更多的属于中国人自己的独门绝技，为实现"十四五"规划和2035年远景目标"挥镢垦荒"。

2020年4月，习近平总书记在陕西考察时指出："延安精神培育了一代代中国共产党人，是我们党的宝贵精神财富。"南泥湾精神作为延安精神的重要组成部分，永远不会过时，将继续激励中华民族的优秀儿女为民族复兴、人民幸福而不懈努力。

（2021年2月3日）

宋公堤岿然而立　新四军精神不朽

苏雁　蒋丽英

在黄海之滨的盐阜大地上，提起“宋公堤”，无人不知。

这条建于1941年的海防大堤被作家阿英称为“苏北伟大的水利工程建设”，是抗日战争时期中国共产党领导苏北人民“阻海波于堤外、造平安于黎民”的开始，也是新四军在最困难时期造福人民的历史见证。

80年斗转星移，宋公堤岿然而立，护佑着沿海人民的生产生活。而新四军在苏北大地浴血奋战、勇于担当的“铁军”精神，一直流淌在中国人民的血液里，成为新时代高质量发展深入实施取之不尽、用之不竭的精神驱动力。

“红旗十月满天飞”

1939年8月30日，江苏盐城沿海发生大海啸，《阜宁县志》记载，阜宁县沿海一带方圆几十公里村庄、上万亩农田、房屋全部被毁；1940年春，海啸复来，数万人丧生。

99岁的孙维新老人是这两次大海啸的亲历者，亦是“宋公堤”的修建者之一，“1941年5月15日，宋县长带头挖了修堤的第一铲土。此后，沿海人民再也没有遭受过海啸之苦”。

老人口中的“宋县长”叫宋乃德。两次海啸发生时，他正随八路军黄克诚部东进南下，前往阜宁。

1940 年 10 月 10 日这天，新四军北上先头部队与八路军第五纵队在白驹镇（位于今江苏省盐城市大丰区）胜利会师。这一天，由共产党领导的阜宁县抗日民主政府也宣告成立，跟随黄克诚部一路南下的八路军第五纵队供给部部长宋乃德，被任命为首任县长。

得到两军会师的消息，陈毅非常激动，特地从海安乘小汽艇沿串场河至盐城慰问南下八路军。11 月 7 日，刘少奇、黄克诚、陈毅、粟裕、叶飞等在海安东门串场河码头相聚。当晚，陈毅激动万分，即兴赋诗："十年征战几人回，又见同侪并马归。江淮河汉今谁属？红旗十月满天飞。"

随后，为加强对华中军事斗争的领导，中共中央决定成立华中新四军八路军总指挥部。当年 11 月 17 日，总指挥部在海安成立。从此，八路军和新四军在华中地区联手抗战，打开了华中抗战的新局面。

1940 年寒冬的盐阜大地上，连续经历两次大海啸的沿海人民在苦难中挣扎求生。11 月 23 日，华中新四军八路军总指挥部刚迁到盐城，刘少奇就接到了宋乃德递交的《关于批准修筑海堤的报告》。

针对宋乃德的报告，刘少奇说："新政权刚刚建立，要办的事情千头万绪，但是应该先抓大事。什么是大事？凡是人民群众迫切需要解决的问题，再小的事情也是大事。"

得到了党的支持，在 1941 年 1 月召开的阜宁县第一届参议会上，宋乃德做出"修堤全部费用不用人民负担，以盐税作抵，发行 100 万元公债，由政府偿还"的承诺。

"阻海波于堤外、造平安于黎民"

就在修堤事宜紧锣密鼓地筹备之时，1941 年 1 月，国民党顽固派发动了震惊中外的皖南事变。中共中央军委决定以华中新四军八路军总指挥部为基础，在盐城重建新四军军部，任命陈毅为新四军代理军长、刘少奇为政治委员。新四军军部重建表达了中国共产党坚持抗战到底、绝不动摇的坚强决心。

位于盐城市区的泰山庙清幽静谧。80 年前，新四军重建军部后移驻这里，泰山庙成为华中敌后抗日根据地的指挥中心。

“砥柱江淮抗日善战，伟绩丰功永垂文献。”走进泰山庙大殿，首先映入眼帘的是陈毅、刘少奇、张云逸、赖传珠、邓子恢五位新四军主要将领的雕塑。当年，他们在这里运筹帷幄，指挥着整个华中地区抗日斗争。

“新四军重建军部，是全国抗战中的一件大事，标志着新四军从此独立自主地肩负起华中敌后抗战的重任。新四军不仅力量发展壮大了，而且全军的领导和指挥更加统一，更加坚强。”新四军纪念馆馆长仇金标说。

人民的安危系于心。1941 年 5 月 15 日，宋公堤大堤修筑开工，首笔到达工地的物资就是黄克诚领导的新四军第三师新购进的 12 万斤军粮。“这不仅仅是修筑一道海堤，而且是筑起共产党部队、新政权同广大人民群众联系的坚不可摧的通道。”80 年后，黄克诚的女儿黄楠回忆。

新堤坝建成后的一天晚上，海啸翻腾而至，但大堤在狂风巨浪的冲击下岿然不动，人民生命财产丝毫无损。

盐阜人民在宋公堤上看到了民族的希望——共产党领导的政府才是真正为人民谋幸福、求解放的政府。“部队到达盐城的时候（1941 年）大概万把人。到离开盐城、前往东北战场的时候（1945 年），整个部队加上地方部队有 7 万人。7 万人中有将近 3 万人是苏北的。”黄楠说。

正是因为有了人民群众的支持和配合，新四军组建了平原铁骑团、水上鸭枪队、敌后武工队等战斗组织，建立了华中抗日民主根据地，对日、伪军作战 2.46 万余次，最多的时候迫使 16 万日军和 23 万伪军困守华中占领区而不得脱身，从而牵制了日军对正面战场和太平洋战场的行动。

在广泛开展游击战争的基础上，新四军建立了地跨苏、皖、浙、豫、鄂、湘、赣等广大地区的苏中、淮南、鄂豫边、浙东等 8 块抗日民主根据地，面积达 25.3 万平方公里，解放人口达 3400 万，为赢得中国人民抗日战争和世界反法西斯战争的胜利做出了重大贡献。

“铁军”精神汇入新的时代内涵

盐城泰山庙新四军重建军部旧址，97岁的刘则先老人经常造访。1941年，17岁的刘则先加入新四军苏北文工团，正是在那一年，新四军军部在盐城重建。

刘则先说：“我们当时所处的历史环境是比较艰苦的，之所以能够坚持下来，就是因为有着对共产党的一份信念，为党和人民的事业而奋斗，再艰苦也是乐意的、高兴的。”

重建后的新四军尽管缺衣少食、武器简陋，却凭借着“铁的信念、铁的担当、铁的作风、铁的纪律”的“铁军”精神，坚守在敌后战场进行艰苦卓绝的抗日斗争。

受到父辈的精神感召，刘则先的儿子刘小清也参军入伍，并成为研究新四军历史的专家。在他看来，历经时间磨砺的“铁军”精神不仅没有褪色暗淡，反而愈加熠熠生辉，成为盐城的文化根脉。从偏居苏北内陆到对接沿海开放，从产业粗放落后到提升发展含绿量……“铁军”精神不断汇入新的时代内涵，为新时期盐城确立的“开放沿海、接轨上海，绿色转型、绿色跨越”发展路径凝聚起强大动能。

站在“两个一百年”奋斗目标的历史交汇点，全面建设社会主义现代化国家新征程已经开启。习近平总书记强调，征途漫漫，唯有奋斗。我们通过奋斗，披荆斩棘，走过了万水千山。我们还要继续奋斗，勇往直前。

“新时代新格局下，我们党员干部要传承和弘扬新四军‘铁军’精神，永葆昂扬的革命斗志、旺盛的工作热情和顽强的工作作风，奋发有为锐意进取，这样才能够无愧于国家，无愧于人民。”盐城市委宣传部副部长薛万昌说。

（2021年2月4日）

“有出息的文学家艺术家，必须到群众中去”

张哲浩　杨永林　王语晗

清晨，延安杨家岭，中共中央办公厅旧址周围青松挺立，薄霭氤氲，仿佛依然在酝酿着79年前的那场盛会。1942年5月2日，延安各路文化精英汇集于此，召开延安文艺座谈会。历时20余天，座谈会厘清思想，统一认识，聚齐人心，形成合力，高高树起文艺为人民大众服务的旗帜。

毛泽东在延安文艺座谈会上的讲话振聋发聩，不仅成为推动延安革命文艺建设的纲领性文献，而且奠定了新中国文艺发展的基本方向。文艺为人民大众服务的信念从此贯穿于党的文艺创作观之中，发展形成“以人民为中心”的创作导向。

“我们的文学艺术都是为人民大众的”

革命圣地延安，堪称一座红色博物馆之城。2021年2月，记者来到位于城东北5公里处的桥儿沟鲁迅艺术学院旧址寻访。那一排排整齐划一的窑洞，那一个个融合中西的院落，虽然历经岁月的冲刷洗礼，仍傲然矗立，精气神犹存。在风雨如晦、极度困难的20世纪三四十年代，在陕北的山窝窝里，能够有这么一组华美的建筑，足见当时中共中央对鲁艺及革命文艺人才的重视。

其时的延安，大量文化人和爱国青年聚集于此，在中共中央的领导下，成立了众多文艺社团组织。据不完全统计，自1936年11月至1942年5月，延安和陕甘宁边区相继成立的各种文艺社团组织，就超过了100个。

然而，当时的延安文艺界，在思想上小资产阶级自由主义、宗派主义突出；在行动上严重脱离实际、脱离群众。相当多的作家、艺术家只把注意力放在研究与描写知识分子上面，而不愿意接触工农兵。就连“成为实现中共文艺政策的堡垒与核心”的鲁艺，在1940年后，有将近两年时间在进行脱离群众的所谓“关门提高”。鲁艺师生在桥儿沟礼堂里排戏，自己观摩演技，老百姓在外面拍窗子，讽刺道：“戏剧系的装疯卖傻，音乐系的哭爹喊娘，美术系的不知画啥，文学系写得一满害（解）不下！（方言，根本不明白之意——引注）”

“延安文艺座谈会之前，广大文艺工作者的心还没有真正扑到工农兵那里，没有形成有效的文化合力，没有真正为工农兵服务。这样，召开延安文艺座谈会就具有历史必然性。”陕西省作协副主席、延安大学文学院院长梁向阳说。

5月的延安，阳光灿烂。1942年5月2日下午，延安文艺座谈会正式召开。100多位文艺工作者参加了座谈会，其中鲁艺的师生就占到了一半左右。“座谈会先后开了3次大会和多次分组会议，直到5月23日晚上结束。会上有几十位党内外作家发言，毛泽东参加了这3次大会。”西北大学文学院院长谷鹏飞介绍。

召开首日，毛泽东讲“引言”。他说，我们有两支军队，即“手里拿枪的军队”和“文化的军队”。而文化的军队是“团结自己、战胜敌人必不可少的一支军队”。他指出：“我们今天开会，就是要使文艺很好地成为整个革命机器的一个组成部分，作为团结人民、教育人民、打击敌人、消灭敌人的有力的武器，帮助人民同心同德地和敌人做斗争。”

5月16日，举行了第二次大会。据出席会议的温济泽回忆：当时会场很活跃，争论得很激烈，最让毛泽东满意的，是民众剧团负责人柯仲平的发言。他讲民众剧团在农村演出《小放牛》受欢迎的盛况，说他们离开村子的时候，老百姓送他们很多吃的东西，只要顺着鸡蛋壳、花生壳、红枣核多的那条路走，就可以找到他们。

5月23日，举行最后一次大会，气氛更加热烈。朱德在最后发言时说：“八路军、新四军为了国家民族流血牺牲，既有功又有德，为什么不该歌，为什么不该颂？”“有人引用李白‘生不用封万户侯，但愿一识韩荆州’的诗句，现在的‘韩荆州’是谁呢？就是工农兵。”

“朱德发言后，趁着落日的余晖，由摄影家吴印咸拍摄了与会者合影留念的照片。这就是著名的‘在延安文艺座谈会上的合影’照片。”谷鹏飞介绍说，晚饭后，由毛泽东做结论，由于人数增加，会址只好改在中央办公厅小楼外的院子里。

在汽灯下，毛泽东手里拿着讲话提纲，侃侃而谈。他把问题归结为一个“为什么人”的问题，即是“一个为群众的问题和一个如何为群众的问题”。他指出：“我们的文学艺术都是为人民大众的，首先是为工农兵的，为工农兵而创作，为工农兵所利用的。”他说这是个原则问题，根本问题。

“有出息的文学家艺术家，必须到群众中去，必须长期地无条件地全心全意地到工农兵群众中去，到火热的斗争中去。”毛泽东的铿锵话语掷地有声，如同吹响冲锋陷阵的号角。

“可见专家不专家，还是要看他与群众结合不结合”

延安文艺座谈会后，以鲁艺师生为代表的文艺工作者按照毛泽东的指示，率先把身子扑下去，深入火热的工农兵生活中，专心致志地开展“文艺下乡”。

陕北人每年春节都要“闹红火”、扭秧歌，1943年春节鲁艺秧歌队扭出“新秧歌”（老百姓叫“斗争秧歌”），演出“新秧歌剧”，这种“旧瓶装新酒”的新秧歌，形式灵活、短小精悍，群众喜闻乐见，令人耳目一新。老百姓奔走相告：“鲁艺家的来了！”“鲁艺家”是老百姓对鲁艺宣传队的一种亲切称呼。王大化和李波是鲁艺宣传队的明星，他俩演出的《兄妹开荒》第一次展现翻身农民的形象，是最受欢迎的新秧歌剧。毛泽东看后很高兴：“像个为工农兵服务的样子！”

在鲁艺的带动下，当年春节延安就出现了20多支有名的秧歌队。“鲁艺家”秧歌队回到学校后，鲁艺院长周扬高兴地说：“‘鲁艺家’，多亲昵的称呼！过去，你们关门提高，自封为‘专家’，可是群众不承认这个‘家’。如今你们放下架子，虚心向群众学习，他们就称呼你们是‘家’了，可见专家不专家，还是要看他与群众结合不结合；这头衔，还是要群众来封的。”

同时，延安诞生了一大批脍炙人口的“新的人民的文艺”，如《王贵与李香香》《白毛女》等“红色经典”，成为那个时代文艺成就的标志。

任时光流逝，延安革命文艺精神一直闪耀在三秦大地。“陕西是延安革命文艺的发祥地，历来传承和发扬着革命文艺的优良传统。近年来，陕西的文艺家赴基层深入生活已蔚然成风，相沿成习。坚持深入生活、扎根人民的创作道路，已经成为陕西文学艺术事业得以健康发展、持续繁荣的厚重根基。”陕西省委宣传部一位负责人说。

“社会主义文艺，从本质上讲，就是人民的文艺”

2020年5月23日，为纪念延安文艺座谈会召开78周年，在延安鲁艺旧址附近，建筑面积1.1万平方米，展线长1099米的延安文艺纪念馆正式开馆。展馆内，图片、文字、多媒体、场景、雕塑、油画、微缩景观、互动体验以及声光电等手段，共同全景再现了延安革命文艺蓬勃发展的光辉历程。

第二届中央音乐学院·延安“5·23”艺术节同期在鲁艺旧址开幕。贺敬之、郭淑珍、郭兰英、瞿弦和、叶小钢、范迪安、李心草、廖昌永、郎朗、吕思清等老中青艺术家相约网络云端，联袂奉献40多场精彩演出，观众足不出户就可以在线领略艺术大师风范，感受艺术经典的独特魅力。

时间如白驹过隙。历史的峰回路转中，总有一些东西贯穿岁月，一脉相承。

1942年5月，延安文艺座谈会确立了文艺工作的基本原则："我们的问题基本是一个为群众的问题和一个如何为群众的问题"，文艺必须是"为人民大众的"，文艺工作者"必须和新的群众相结合，不能有任何迟疑"。

2014年10月，习近平总书记在北京主持召开文艺工作座谈会，再次强调坚持以人民为中心的创作导向，定位文艺发展的人民坐标："社会主义文艺，从本质上讲，就是人民的文艺"；"人民的需要是文艺存在的根本价值所在"。

人民是历史的创造者。源自人民、为了人民、属于人民，是社会主义文艺最根本的立场和最鲜明的特征。文艺舞台的聚光灯，一旦对准了人民，时代和历史的画卷就格外生动逼真。

（2021年2月5日）

《关于若干历史问题的决议》：凝聚全党共识的重要纲领

刘华东　李睿宸

走进陕西延安杨家岭革命旧址，很难不被一座叫“飞机楼”的建筑吸引。讲解员介绍，1941 年建成的“飞机楼”是中共中央在延安的办公厅楼，因其形似飞机而得名。

走进“飞机楼”三楼会议室，桌椅陈设一如当年。在党的七大通过新党章，确定毛泽东思想作为“全党一切工作的指针”的 3 天前，党的六届七中全会在这里通过了《关于若干历史问题的决议》（以下简称“《决议》”），提出“全党已经空前一致地认识了毛泽东同志的路线的正确性，空前自觉地团结在毛泽东的旗帜下了”。

箭在弦上

1945 年 4 月 20 日，党的六届七中全会举行最后一次会议。到这一天为止，全会已经持续了 11 个月。

“六届七中全会长达 11 个月，史无前例。”在中央党校（国家行政学院）中共党史教研部副主任李庆刚眼中，开会不是目的，开会是为了解决问题，“全会通过的决议是历史决议，但根本目的是为解决现实实践中遇到的问题，是为了更好向前看、向前进”。

穿梭百年流光，我们把目光定格在 1945 年的延安。那时离嘉兴南湖红船启航已 24 年。这 24 年航程，惊涛骇浪片刻未歇。除了战争带来的风雨如晦，党内先后发生过3次“左”倾错误，经历过反“围剿”失利被迫长征，全国党员、红军锐减九成，白区党组织损失殆尽的“至暗时刻”。从中央苏区到延安，教条主义像一团乌云如影随形，始终笼罩在年轻的中国共产党的头顶。

彼时，党内教条主义故态复萌，广大党员干部思想认识不统一，“在军事上，在政策上，例如，群众运动、减租减息，许多地方都不一致”。延安之外，国民党掀起第三次反共高潮——八路军、新四军被诬为“新式军阀”，根据地被传为“变相割据”；1943年5月，共产国际解散的消息传至国内之时，“马列主义已经破产”“共产主义不适用中国”“解散共产党”“取消陕北特区”等反共舆论甚嚣尘上。

“中国共产党在处理中国革命问题时所犯‘左’倾或‘右’倾错误，很大程度上都是照搬照抄共产国际指示的结果。当时严峻的斗争形势对中国共产党提出新的更高要求，即要求党必须有一个自己毫无争议的政治领袖，有自己的统一的思想。”李庆刚说，党中央花巨大心力对党的历史进行彻底总结，批判历次“左”倾“右”倾错误，树立实事求是的正确思想路线，是因为不如此党就难以统一，也无法承担民族解放的重担。

一盏灯火

《决议》的起草过程，足以称得上路转峰回。

1944年5月，任弼时写出《决议》草案初稿，分送政治局委员征求意见，并经胡乔木、张闻天多次修改。随后，毛泽东在张闻天修改稿的“抄清件”上修改7次。据延安革命纪念馆馆长茆梅芳介绍，后来《决议》草案又经过多次讨论和修改，到最后印刷时，早已十易其稿。

实际上，毛泽东参与《决议》起草，可以追溯到1941年。从1941年3—4月为《农村调查》撰写序和跋，到1941年5月做《改造我们的学习》的报告，痛批主观主义和教条主义，再到两次参加中共中央政治局扩大会议，讨论土地革命后期和抗战时期中央的路线是非，在帮助全党认清“左”倾教条主义的危害方面，毛泽东倾注了诸多心力。任弼时当时写《决议》草案初稿，就是在毛泽东 1941 年撰写的《关于四中全会以来中央领导路线结论草案》和两次会议讨论的基础上形成的。

“前后历经 4 年，毛泽东直接参加起草并反复修改，全党高级干部多次讨论。《决议》倾注了毛泽东大量心血和用唯物史观对党的历史的科学判断，可谓呕心沥血、字斟句酌，集中了全党的集体智慧。”中共中央党史和文献研究院研究员薛庆超表示。

百年回望来时路，后来人多惊叹于革命年代的天翻地覆慨而慷，而这狂澜巨变，也是由一天天的日子熔铸而成。有很多影响中国历史的变化，它的见证者，可能只是当年延安窑洞里一盏彻夜不熄的灯火。正是这灯火，穿过旧中国的沉沉暗夜，照亮了光明的新中国。

承上启下

30 多年后，时光的指针又一次滑向中国浴火重生后的转折点。1980 年，邓小平主持起草《关于建国以来党的若干历史问题的决议》时说，我们党用毛泽东思想教育了整整一代人，使我们赢得了革命战争的胜利，建立了中华人民共和国。而从遵义会议开始确立以毛泽东为代表的党中央的正确领导，到六届七中全会提出“全党已经空前一致地认识了毛泽东同志的路线的正确性”，其间整整 10 年。

茆梅芳介绍，《关于若干历史问题的决议》总结了党一段时期内正反两方面的斗争经验，对党内若干重大历史问题，尤其是六届四中全会至遵义会议期间中央的领导路线问题，做了正式总结。用这种形式总结历史经验，不仅是我们党的建设的一个创举，就是在整个国际共产主义运动历史上也是绝无仅有的。

“党的六届七中全会及其《关于若干历史问题的决议》，是架起从遵义会议到党的七大这 10 年间，以毛泽东为代表的党的正确路线走向成熟的一个承上启下的关键枢纽。”在李庆刚眼中，全会及其《决议》是全党对党的历史和理论由感性认识向理性认识发展过程中产生质的飞跃的关键一步。

百年飞跃

2021 年，红船已驶过百年。中共中央决定，在全党开展中共党史学习教育，激励全党不忘初心、牢记使命，在新时代不断加强党的建设。

在重要的时间节点回首来路、展望前路，确保了中国共产党人带领全国人民不断从胜利走向胜利。

70 多年前，党的六届七中全会指出确立毛泽东同志的领导“是中国人民获得解放的最大保证”，党的七大确立毛泽东思想作为全党指导思想后，中国共产党带领中国人民实现了几代中国人梦寐以求的民族独立和人民解放，开启了中华民族发展进步的新纪元。

如今，站在“两个一百年”奋斗目标的历史交汇点，百年征程波澜壮阔，百年初心历久弥新。如何在风云激荡的时代大潮中继续穿云破雾，浩荡前行，历史的钟摆再次敲响时代之问。中国共产党人再次勇敢作答，党的十八届六中全会确立了习近平总书记党中央的核心、全党的核心地位，党的十九大将习近平新时代中国特色社会主义思想确立为党的行动指南。在“两个维护”引领下，全党更加团结统一。

面对中华民族伟大复兴战略全局和世界百年未有之大变局，我们从容应对新冠肺炎疫情，决战决胜脱贫攻坚，推动形成新发展格局，开启全面建设社会主义现代化国家新征程。中国共产党带领中国人民，迎来从站起来、富起来到强起来的伟大飞跃，在历史的百年回响中创造着新的历史。

（2021 年 2 月 5 日）

中共七大：把党的指导思想写在旗帜上

张哲浩　王建宏　张航智

2月的一天，记者走进延安杨家岭朴素庄严的中央大礼堂。简陋的条桌和木椅，依旧鲜艳的党旗……一如往昔的陈设，令人仿佛回到了1945年4月23日那个春日，回到了700多人济济一堂、商讨国家前途命运的会场——彼时此地，连开50天的中共七大，为中国选择了另外一种命运——光明的中国。

2015年2月14日，习近平总书记在党的七大会址参观时指出，党的七大制定了正确的纲领和策略，集中概括了党在长期奋斗中形成的优良作风，确立了毛泽东思想在全党的指导地位。

“我们过去叫长征，你们呢，也是长征”

1945年春末，群山环抱的延安城内，陌生的面孔日益多了起来。

“几年前，中共中央就明确要求各地代表选出待命。之后，代表们陆续从各抗日根据地、国民党统治区和沦陷区向延安集中。”延安市延安精神研究会副研究员刘小龙说，如今来延安，可以坐飞机、乘高铁，但在战火纷飞的年代，来延安的路途困难重重，一些代表遇到敌人袭击身负重伤，一些同志甚至付出了生命的代价。

历史上，党的七大多次被提议召开，但因为各种各样的原因被延后。

这一次代表们却比较早地踏上了去延安开会的艰难路程。

1939年9月6日，浙江省的代表离开温州平阳县的冠尖、马头岗，历时15个月，途经安徽、江苏、山东、河北等7个省，徒步行程1万余里，才得以抵达延安。为了路途安全，有的代表化装成商人、小贩或乞丐，一步一步艰难跋涉；有的由八路军、游击队、地下党一程复一程接力护送。

当大后方的七大代表抵达延安时，毛泽东同志到窑洞外面接见了全体代表。他风趣地扳着指头说，你们过了长江，又过了黄河，过了津浦路，又过了陇海路，还翻过了太行山。中国有名的河流、山川、铁路，都让你们走过来了！我们过去叫长征，你们呢，也是长征，人数少一点，是小长征。

最终，准备出席党的七大的700多名代表齐聚党中央驻地。为使代表们不至于露宿，他们分别被安排住进党校一部、二部及中央领导机关办公的窑洞里。大窑洞住五六人，小窑洞住三四人。没有床，就睡在木板上；没有木板的，就睡在草垫上。

在每个大小窑洞里，都有一张小小的桌子。说是桌子，实际是把4根木棍钉进地里，上面支1块木板，也就成了供大家写字用的托板。

“我们这个大会是代表另一种中国之命运”

七大代表共755人，集中了中国共产党的精英和骨干，代表着党领导的19块抗日民主根据地的近1亿人民。在此之前，从一大到六大，最多时也只有140多名代表，中国共产党实现了自成立以来前所未有的发展壮大。

1945年4月23日午时前后，代表们从四面八方向杨家岭的大礼堂汇聚。

礼堂是专门为召开七大建设的，由延安自然科学院的建筑专家杨作材设计，于1942年落成。施工过程中，除了当地的建筑工人，中央机关以及部队、院校的干部职工也都参加了义务劳动。礼堂设计朴素大方、中西合璧，采用 4 个大石拱为主梁，厅内没有一根柱子，用材主要是陕北常见的石料，又利用了当地石匠高超的砌拱技术。这种建造方式在当时的条件下实属不易。

下午 3 点，大会秘书长任弼时宣布大会开幕，代表们高唱《国际歌》。在热烈的掌声中，毛泽东致开幕词："我们这个大会有什么重要意义呢？我们应该讲，我们这次大会是关系全中国四亿五千万人民命运的一次大会。中国之命运有两种：一种是有人已经写了书的；我们这个大会是代表另一种中国之命运，我们也要写一本书出来。"

两年前，蒋介石署名的《中国之命运》出版，也就是毛泽东所说的"有人已经写了书的"，这本书反映了国民党企图把中国再次拉回到半殖民地半封建的老路子上去的政治企图。毛泽东以《两个中国之命运》为中共七大开篇，与蒋介石所谓"中国之命运"针锋相对，讲述中国共产党规划的"中国之命运"。

"我们应当用全力去争取光明的前途和光明的命运，反对另外一种黑暗的前途和黑暗的命运。"毛泽东的报告，被现场爆发的阵阵掌声不时打断。接下来，朱德、刘少奇、日本共产党领袖冈野进、周恩来、林伯渠发表讲话。会议一直开到夕阳西下。

作为党的历史上开会时间最长的一次全国代表大会，会议需要印制各类材料。由于国民党的封锁，纸张奇缺，人们发现延安当地有一种常见的植物——马兰草，叶子又扁又长又有韧性，是造纸的好原料。会议筹备期间，有关方面便组织人员采集大量马兰草，运用土办法，很快便制造出一种比较适用的马兰纸，解决了纸张问题。

4 月 24 日下午，大会第二次会议上，毛泽东提交了用马兰纸印制的书面报告——《论联合政府》。事实上，这篇报告早在 3 月就送给七大代表们征求意见。

有的代表提出，报告里有两处表述，第一处为将中国建设成为一个独立、自由、民主、统一和富强的新中国，第二处中的"富强"变成了"强盛"，应该统一起来，将"强盛"改为"富强"。

“提得好，马上改过来。”毛泽东听了汇报后说。《论联合政府》经过上下反复征求意见，修改多次才定稿。这种民主的工作方法，给党内同志留下了深刻印象。

七大期间，大会与小会穿插进行，民主气氛十分浓厚。许多代表要求发言，有的反映讨论时间不够，主席团决定：延长大会日期。

就这样，从春末到盛夏，党的七大跨越了两个季节。

继续书写马克思主义中国化、时代化新篇章

党的七大一个重大贡献就是把毛泽东思想与马克思列宁主义确立为党的指导思想，写在党的旗帜上。5 月 14 日，刘少奇做《关于修改党章的报告》。刘少奇指出：“毛泽东思想，就是马克思列宁主义的理论与中国革命的实践之统一的思想，就是中国的共产主义，中国的马克思主义。”

“中国共产党以毛泽东思想作为一切工作的指针，这是党总结中国近代特别是建党以来经验做出的一项极为重要的决策。”陕西师范大学校长游旭群教授说。

七大制定了党在新形势下的路线，即“放手发动群众，壮大人民力量，在我党的领导下，打败日本侵略者，解放全国人民，建立一个新民主主义的中国”。毛泽东着重指出：共产党人的一切言论行动，必须以合乎最广大人民群众的最大利益，为最广大人民群众所拥护为最高标准。

“毛泽东思想是在同党内教条主义做斗争并深刻总结这方面历史经验的过程中形成和发展起来的，在土地革命后期和抗战时期得到系统总结而达到成熟，从而实现了马克思主义中国化的第一次历史性飞跃。毛泽东思想是中国革命独创性经验的总结，是中国共产党集体智慧的结晶。”西北大学校长郭立宏教授说。

历史总是惊人的相似。2017 年，党的十九大将习近平新时代中国特色社会主义思想写入党章，成为全党全国人民为实现中华民族伟大复兴而

奋斗的行动指南。

习近平新时代中国特色社会主义思想内涵非常丰富，其中关键的一条就是坚持以人民为中心。习近平总书记强调，人民是历史的创造者，是决定党和国家前途命运的根本力量。中国共产党来自人民、植根人民，初心和使命是为中国人民谋幸福、为中华民族谋复兴，根本宗旨是全心全意为人民服务。

这与毛泽东同志在党的七大上讲话内容一脉相承。

而今，经过几代人的努力，光明而伟大的新中国早已屹立于世界民族之林；我们在改革开放和社会主义现代化建设方面取得了举世瞩目的历史性成就。

以史为镜，可以知兴替。现在，置身于庄严肃穆的中共七大会场，感悟和触摸那段光辉灿烂的历史，依然能感到极大的震撼和洗礼。

正如习近平总书记在参观党的七大会址时所强调的，落实好全面建成小康社会、全面深化改革、全面依法治国、全面从严治党的战略布局，要求全党同志以与时俱进、奋发有为的精神状态，不断推进实践创新和理论创新，继续书写马克思主义中国化、时代化新篇章。

（2021 年 2 月 8 日）

大别山，见证历史的转折

丁一鸣　常河

路太险了！如同巍峨群山的“毛细血管”一般，无数弯道引着盘山公路奔天际而去。满目苍翠处，亦是万丈深渊。

尽管道路曲折，但终将抵达胜利。从安徽金寨县城出发，一路翻山越岭，行至大别山深处、鄂豫皖三省交界地带，苍松翠柏之间，一座四进院落掩映其中，它原是当地盐商周氏老宅，却因另一个名字光耀四海——刘邓大军挺进大别山前方指挥部。

“这里是沙河乡，背后是九峰尖，前方是白沙河。”金寨县沙河乡党委书记熊涛介绍。指挥部门前，白沙河似挟千军万马急流向东，呼啸着将人带回1947年那个波澜壮阔的夏天。就在那个夏天，就是那次逆转，解放战争的全国战局被根本改变，全国性战略进攻的序幕从此揭开，黎明前最后的黑暗被生生撕开了一道口子，胜利的曙光就快照进来了！

激变

适逢工作日，指挥部旧址内游人不多。熊涛担当起“讲解员”，在沙河乡工作5年，他将这方英雄土地的光辉历史熟记于心。

“这是一封由毛泽东亲自起草的‘3A’级密电，接到这封密电9天后，刘邓大军悄悄开始了具有重大历史意义的千里挺进大别山战略行动。”熊涛站在资料展前介绍，密电全文如下：“现陕北情况甚为困难，如陈赓谢富治及刘伯承邓小平不能在两个月内以自己有效行动调动胡宗南军一部，协助陕北打开局面，致陕北不能支持，则两个月后胡军主力可能东调，你们困难亦将增加。”

“3A”级！“甚为困难”！刘邓二人深知，毛泽东甚少如此表达，一定到了最紧急的时刻！

现实明确地提示，这是一步不折不扣的险棋。长驱直入大别山，注定是一次没有后方、没有根据地的远征，艰难程度可想而知。

历史证明，这是一招扭转乾坤的妙棋。只有以主力打到外线去，将战争引向国民党统治区域，解放战争的全国战局才能根本改变！

当时，晋冀鲁豫野战军刚打完鲁西南战役，伤亡较重，亟须休整。况且，从鲁西南到大别山，相距千里，路途艰险。

但党中央一声令下，刘邓大军只有两个“二话没说”：一是“二话没说，立即复电——半个月后行动，直出大别山”；二是“二话没说，什么样的困难也不能顾了！”

风云激变中，一个历史的转折点就此到来。

闯过黄泛区，血战汝河，强渡淮河……历时20天，刘邓大军成功挺进大别山。消息传回陕北，毛泽东欣喜地说：“我们总算熬出头了！”

兵无常势，何以功成？刘邓大军成功挺进大别山，战术上是偶然，战略上是必然。

革命战争年代，人民军队始终坚定不移地贯彻执行党中央战略部署，为了中国革命的全局利益，不惜牺牲自我，成为顾全大局的历史楷模。

100年来，从小小红船到巍巍巨轮，中国共产党无惧风雨，纵使前方巨浪滔天，总有掌舵手稳住阵脚、鼓足士气，指明方向、谋划全局。每一次重大转折的实现，背后是领导核心知长远、观全局、察全盘、谋全域，是对领导核心的绝对忠诚、坚决维护，是对领导核心决策的充分执行、彻底落实。

新时代的起点，即是“世界百年未有之大变局”，只有坚决做到“两个维护”，中国这艘巨轮，方能劈波斩浪、行稳致远。

逆转

在指挥部旧址，有一张照片极为经典。高山铺战役前夕，时年 55 岁的刘伯承拄着邓小平赠送的拐杖，登上浠水三角山顶察看地形，选择战场。尽管大战将至，但是照片中的刘伯承面露微笑，意气风发。

高山铺战役是刘邓大军挺进大别山后取得的首个重大胜利，战争态势自此发生逆转。

1947 年 10 月 27 日，经过一昼夜激战，战士们像钉子一样把自己“钉”在敌东进的各山头要点阵地，把敌人死死关在清水河峡谷之内。

上午 9 时，总攻的时刻到了！1 纵各旅和中原独立旅从三面合围，居高临下，冲入敌战斗队形。十里长谷中，敌人四散逃窜，溃不成军。

挺进大别山，刘邓大军 12 万人，一路遭遇敌人围追堵截，战斗任务极其频繁，到大别山后战斗仍在继续，部队锐减到不足 7 万人，伤亡严重。刘邓大军的指战员，用鲜血染红了中原大地。

为了人民，战斗不息，这是一支用信念和纪律铸成的铁军。“我们这个队伍完全是为着解放人民的，是彻底地为人民的利益工作的。”毛泽东在《为人民服务》中如是说。

刘伯承曾动情地说：“我们所依靠的是人民，蒋介石所依靠的是碉堡，这也就是二野在大别山战争胜利以及全部人民解放战争胜利的关键。”

大到土地改革、架桥铺路，小到柴米油盐、生老病死，鄂豫皖革命根据地时期，苏区政府把群众的事情视为自己的事业。换来的是人民群众积极参军拥军，竭尽所有支援革命。最艰苦的岁月里，革命群众最后一碗米送去做军粮，最后一尺布送去做军装，最后一个亲骨肉送去上战场。

人民，是逆转奇迹发生之源，是真正的铜墙铁壁。我们党的根基在人民，血脉在人民，力量在人民。走到今天，走到“比历史上任何时期都更接近中华民族伟大复兴的目标”的此刻，“走得再远、走到再光辉的未来，也不能忘记走过的过去，不能忘记为什么出发”。“不忘初心、继续前进”，这是以习近平同志为核心的党中央向人民、向历史、向未来发出的庄严承诺。

接力

鲜为人知的是，刘邓大军挺进大别山，本就是某种意义上的“接力”。

刘邓大军的前身是抗日战争中的八路军一二九师，而一二九师的前身主要是红四方面军，红四方面军的主要发源地正是大别山区。

千里挺进大别山的征途中，许多从大别山走出的指战员纷纷说：“到了大别山就等于到了家，就像鱼儿到了水里一样，打起仗来顺手。”

与井冈山、太行山、沂蒙山等一样，大别山在中国革命史上铸就的不朽丰碑，在中国人民心目中举足轻重。

70 余载岁月倏忽而过，接力，在这片红色热土上从未间断。

金寨县，地处大别山腹地，被称作“红军的摇篮、将军的故乡”。在这里，红四方面军、红二十五军、红二十八军萌芽、成长、壮大；在这里，59 位开国将领阔步启程，10 万热血儿女为国捐躯。

2016 年 4 月，习近平总书记到安徽考察，第一站就来到金寨县。在金寨，总书记深情地说，一寸山河一寸血，一抔热土一抔魂。回想过去的烽火岁月，金寨人民以大无畏的牺牲精神，为中国革命事业建立了彪炳史册的功勋，我们要沿着革命前辈的足迹继续前行，把红色江山世世代代传下去。

总书记的一席话，80 后杨晓璐记得真切。当时，正是她在金寨县革命博物馆为总书记进行讲解。“站上这片土地，你就会感到，历史和当下、祖国和人民紧密贴合在一起。一代人有一代人的担当，我们要牢记总书记的嘱托，把红色江山世世代代传下去。”杨晓璐在工作日志上写道。

这样一片英雄的土地，也曾饱受贫困之苦。作为安徽典型的老区、山区、贫困区，金寨贫困人口多、贫困发生率高、脱贫任务重。脱贫攻坚这场硬仗，在老区人民“跟党走”的坚定信仰下，打得坚决，赢得漂亮。

2020年4月，总书记视察金寨4周年之际，安徽省人民政府发出公告，宣布金寨等9个县（区）退出贫困县序列。金寨脱贫攻坚成果顺利通过第三方评估，群众认可度达99.96%，脱贫攻坚战取得决定性胜利。

2021年1月，金寨县主要负责同志在政府工作报告中提出，面向“十四五”，金寨要致力于建设“五个县”，其中第一个就是要建成“红色基因传承示范县”。

通过多年探索、不断“接力”，红色基因传承的“金寨模式”已然有声有色。安徽省金寨县党史和地方志研究室主任胡遵远介绍：“目前主要包括渗透式传承、注入式传承、展览式传承、课堂式传承、屏幕式传承、熏陶式传承、融合式传承等10余种方式。无论哪一种，都要特别注重对党员干部和青少年群体等的培养教育，他们是传承红色基因最为重要的抓手。”

“红色是金寨的本色，是我们的根与魂。把红色资源保护好、把红色传统发扬好，推动红色基因永续传承，这是我们这一代‘接力手’的职责和使命。”金寨县主要负责同志坚定地说。

这方热土上，“接力”的故事仍在继续。

（2021年2月8日）

西柏坡："赶考"出发地

耿建扩　陈元秋

起源于山西省繁峙县的滹沱河，流经河北省平山县，在太行山余脉拐了个弯，环抱起一个静谧的村庄，这就是西柏坡。

72 年前的 3 月 23 日，滹沱河畔阳光明媚。西柏坡村前屋后，10 多辆大小汽车一字排开……这一天，党中央从西柏坡动身前往北京。毛泽东主席说，今天是进京赶考的日子。

岁月悠悠。如今，行走在柏坡湖畔，西柏坡纪念馆、中共中央旧址区、西柏坡国家安全教育馆、西柏坡廉政教育馆和中央部委旧址区等 10 余处红色革命纪念场所，如同一座座永不褪色的红色丰碑，矗立在这片多姿多彩的土地上。

小山村西柏坡成为全国革命的领导中心

1947 年 7 月 17 日，这是中央工委在西柏坡正式办公的第 5 天。在村里恶石沟西岸的一块空地上，大家在沟端的一个旧房基上搭了一个布棚，放上一张桌子，几条凳子，摆放成主席台。没有座椅，100 多位代表，都是以石头为凳，膝盖为桌，有的干脆就是席地而坐参加整个会议——近两个月的时间，全国土地会议通过了《中国土地法大纲》草案，这使亿万农民在政治上、经济上获得了解放。

1948 年 4 月，周恩来、任弼时率中央前委到达西柏坡，叶剑英率中央后委也同期到达，分开了整整一年的前委、工委、后委又会合到了一起。5 月 27 日，毛泽东乘车到达西柏坡，至此，中央完成了从陕北到西柏坡的转移。西柏坡这个小山村成为全国革命的领导中心。

在西柏坡纪念馆第六和第七展室之间，刻着 37 封电报的两面电报长廊吸引了记者的目光。触摸墙壁上的电文，耳畔仿佛回响起此起彼伏的电报声。70 多年前，“嘀嘀嗒嗒”的电报声把一次次的战略部署从西柏坡传递到大江南北的各大战场上，掀起了大决战的高潮。

1948 年 9 月至 1949 年 1 月，辽沈、淮海、平津三大战役期间，党中央从西柏坡共发出 197 封电报。人民解放军以横扫千军如卷席之势，创造了平均一天歼灭国民党近一个师的战争奇迹。三大战役的胜利，奠定了人民解放战争在全国胜利的基础。

从“六条规定”到“八项规定”

在西柏坡中共中央旧址，有一间面积不过几十平方米的简陋土坯房，屋里没有扩音设备，座椅从四处拼凑借来，高低不齐……这就是中国共产党七届二中全会会址。72 年前，正是在这间简陋的土坯房里，中国共产党的领导集体亲手绘制了新中国的宏伟蓝图。

“夺取全国胜利，这只是万里长征走完了第一步……务必使同志们继续地保持谦虚谨慎、不骄不躁的作风，务必使同志们继续地保持艰苦奋斗的作风。”1949 年 3 月，在这间几十平方米的会议室内，毛泽东主席面对即将执政的中国共产党人，谆谆告诫全党。

也是在这里，1948 年 9 月，党中央召开了撤离延安后的第一次政治局扩大会议——九月会议，这是一次“立规矩”的会议。会后，“军队向前进，生产长一寸，加强纪律性，革命无不胜”成为全党全军的行动方针。一场加强纪律教育之风在党内兴起。

在西柏坡纪念馆，记者跟随讲解员的脚步，在一块展板前久久驻足。红色的底板上用金色的大字写着："根据毛泽东的提议，全会做出六条规定：一、不做寿；二、不送礼；三、少敬酒；四、少拍掌；五、不以人名作地名；六、不要把中国同志同马恩列斯平列。"

西柏坡纪念馆研究部主任康彦新说："这六条规定是中国共产党人'进京赶考'前定下的铁规矩。党的十八大以后，根据新形势、新问题，中央出台了'八项规定'，与西柏坡时期的'六条规定'一脉相承，都体现了共产党人不忘初心，不断改进作风，永葆党的先进性和纯洁性的优良传统。"

2013 年 7 月，中共中央总书记、国家主席、中央军委主席习近平来到革命圣地西柏坡，在同县乡村干部和群众座谈时指出，"当年党中央离开西柏坡时，毛泽东同志说是'进京赶考'。60 多年过去了，我们取得了巨大进步，中国人民站起来了，富起来了，但我们面临的挑战和问题依然严峻复杂，应该说，党面临的'赶考'远未结束。"

对于新时期如何传承"两个务必"、如何贯彻落实习近平新时代中国特色社会主义思想，中国社会科学院马克思主义研究院研究员孙应帅说，我们必须始终牢记全心全意为人民服务的宗旨，保持党与人民群众的血肉联系，严格执行中央"八项规定"，切实解决作风上存在的形式主义、官僚主义等突出问题，把"谦虚谨慎、艰苦奋斗、实事求是、一心为民"的要求落实到履行职责的各个环节，确保我们的党永远不变质，我们的红色江山永远不变色。

"考试"仍在继续，西柏坡精神代代传

立足深厚的红色根脉，西柏坡纪念馆近些年新开放了廉政教育馆和国家安全教育馆，不断开展党性培训教育，成为红色教育的重镇。献一束鲜花，看一次红色展览，开一次主题党日座谈会，重温一次入党誓词……

建馆以来，西柏坡纪念馆共接待各界干部群众超过 8000 万人次，参观的人次持续攀升。

“西柏坡精神是中国共产党人的宝贵精神财富。我们要自觉当好宣传者、践行者，让西柏坡精神一代一代传下去。”西柏坡纪念馆党委书记金立兴说。

2021 年 2 月 7 日，习近平总书记给河北省平山县西柏坡镇北庄村全体党员回信指出，团结就是力量，这力量是铁，这力量是钢。中国共产党百年史是一部团结带领人民为美好生活共同奋斗的历史，西柏坡的干部群众对此体会更深。

总书记的回信在当地引发强烈反响，大家一致表示，一定要坚决响应党中央号召，心往一处想，劲往一处使，让日子过得越来越红火。

“从实现‘两个一百年’目标到实现中华民族伟大复兴的中国梦，我们正在征程中。‘考试’仍在继续，所有领导干部和全体党员要继续把人民对我们党的‘考试’、把我们党正在经受和将要经受各种考验的‘考试’考好，努力交出优异的答卷。”总书记在西柏坡的殷殷嘱托，久久回荡在广大党员干部心中。

（2021 年 2 月 9 日）

三大战役：敢于决战敢于胜利的底气何在

章文

时光回溯，1948年年底的中国面临着重大的历史转折。

1948年9月至1949年1月，辽沈、淮海、平津三大战役，历时142天，共歼敌154万余人，这场由毛泽东主席和中央军委组织人民解放军同国民党军队展开的战略决战，使国民党赖以维持其反动统治的主要军事力量基本上被摧毁，为中国革命在全国的胜利奠定了基础。

1949年1月中旬，得知中国人民解放军取得淮海战役的胜利，远在莫斯科的斯大林赞叹地在台历上写下：“奇迹、真是奇迹。”著名军旅作家王树增也曾撰文说，解放战争的进程与结局，远非通常的军事理论可以解释。不少国外军事史学者更是表示“很难理解其中奥秘”。那到底，是什么“推翻了正统军事公式的因素”呢？

还原　朱德总司令的预言成真

抗日战争胜利后，在国共和谈期间，有记者问朱德总司令：“对孙立人将军怎么看。”

当时，一些人认为国共和谈一旦破裂，共产党必败无疑，这个问题无疑带有明显的挑衅性，把孙立人抬出来也是有指向的，因为当时孙立人的新一军——国民党主力正在东北战场上抢占地盘，不可一世。

但朱德总司令淡然一笑回答说，在抗日战争中，“孙立人将军确实打得好，不过那是在缅甸，一个封闭的环境里，比较简单，又有美国人支持，但在国内复杂的环境中就不一定喽。”

“历史已经证明朱老总的预言。”国防大学习近平新时代中国特色社会主义思想研究中心办公室副主任刘光明说，人民解放军打三大战役尤其是淮海战役、辽沈战役，是在极其艰难的条件和复杂环境下进行的。在关键时刻，人民解放军往往能够当机立断，抓住稍纵即逝的战机，从而赢得胜利。反观国民党军在关键的时候总是犹豫不决，从而导致溃败，这说明，在处理复杂问题的能力上，国民党及其领导的军队和我党我军不在一个水平上。可以说，在长期革命战争中、在艰难困苦中练就的处理复杂问题的能力，是人民解放军打胜三大战役的关键因素，也是我党我军在总体尚处于劣势的情况下，敢于与国民党军展开决战的底气之所在。

1948 年 9 月，中共中央在西柏坡召开政治局会议，提出用 5 年的时间从根本上打倒国民党反动统治。当时，在全国五大战场中，只有东北战场上的军力和经济力超过了国民党军，因此，党中央决定，将战略决战首先选在东北战场。

“历史证明，我们党做出了一个极其重要的正确决策。正如毛泽东主席所预判的一样，我党我军拥有了东北这个强大的战略后方，全国的胜利就有了巩固的基础，这也为淮海、平津战役的胜利创造了有利的条件。”辽沈战役纪念馆馆长刘晓光说。

就在辽沈战役胜利的几天后，在中原战场，淮海战役打响。

循着历史的硝烟，记者采访了 94 岁高龄的国防大学离休干部鞠开，他曾是跟随粟裕大将 14 年的机要秘书，全程参加了淮海战役。阳光打在鞠开老人的脸上，他的思绪穿越时空——“毛泽东主席曾将淮海战役比喻为‘一锅夹生饭’，夹生饭好吃吗？不好吃！这场战役很不好打。”鞠开说，当时中原野战军与华东野战军加起来不过 60 万人，而国民党军在徐州地区就有将近 80 万人。粟裕老首长曾说过，在战役上我们是劣势，是以少胜多，在战术上是以多胜少，我们在兵力装备上处于劣势，但硬是把这锅夹生饭一口一口吃下去了。

在淮海战役中，我党我军做出了两个非常关键的决定——首先是歼灭黄百韬兵团争取战役主动权。再就是截断徐蚌线，这是原来的作战方针中没有提出的，是刘伯承同志根据军委作战意图及敌我态势变化，在战役发起的前3天致电中央，提出“首先截断徐蚌间铁路，造成会攻徐州之形势”的建议。毛泽东主席和中央军委认为这个建议非常重要，立即采纳。实践证明，截断徐蚌线对整个战役的发展起了加速作用。“打淮海战役这样的大战役，我军事先并没有一个完整的作战方案，作战方案是根据瞬息万变的战场情况，边打、边调整、边完善的。”鞠开说，这样的能力，国民党军显然是不具备的。

1949年1月10日，春寒料峭，西柏坡却因淮海战役胜利的消息沸腾了，毛泽东主席高兴地说：“根据敌我态度和种种主客观因素，做出重大决策，这并非太难，难的是各战场的主要指挥员为贯彻既定的方略，须在千变万化的战场上始终保持冷静，处理得当。”

“你们打仗不按操典来。”新中国成立后，黄维在北京战犯管理处说的这句话，非常经典地反映了解放战争期间国民党军将领的烦恼，也道出了国民党军与人民解放军在处理复杂问题上的差距。

追寻　将敢打必胜的基因融入血脉

天地英雄气，千秋尚凛然。淮海战役烈士纪念塔之下，一片园林郁郁葱葱。苍劲挺拔的雪松，数十年如一日静静地守护着烈士的忠魂。

拾级而上，只五六分钟工夫，雄伟高大的纪念塔已庄严矗立在眼前。暖阳下，毛泽东主席亲笔题写的“淮海战役烈士纪念塔”9个镏金大字熠熠生辉。纪念塔两侧的浮雕，生动展现着人民解放军英勇作战、人民群众奋勇支前的英雄画卷。

“70多年前的那个冬天，淮海大地硝烟弥漫，3万多名将士、49位团以上干部献身疆场，他们的英名永远铭刻在中国革命的历史丰碑上。”

淮海战役纪念馆解说员王文芳说，“淮海战役已化作强大的精神力量融入人们的血脉中，现在，当遇到超级难啃的‘骨头’，‘打一场淮海战役’已成人们惯用的口头禅。”

当今世界正经历百年未有之大变局，我国发展的内部条件和外部环境正在发生深刻复杂变化。刘光明表示，三大战役启示我们，面对安全环境的深刻变化，面对强国强军的时代要求，面对现实存在的战争危险，我们必须坚持系统思维，构建大安全格局，练就解决复杂问题的能力。

参观完淮海战役纪念馆，驻徐某部防空营导弹技师詹家池深受震撼：“在那样复杂的战场形势下，我军取胜十分不易。淮海战役值得我们每一个军人认真研究。”詹家池告诉记者，如今，他所在部队正紧贴实战，利用一切先进手段，全方位锤炼官兵在复杂环境下的作战能力。

“1948 年 10 月，解放锦州战斗打响。这是整个辽沈战役最为关键也最为惨烈的一场战斗……”在辽沈战役配水池战斗遗址，讲解员为第 80 集团军某旅官兵讲述 70 多年前的战斗经过。望着墙壁上布满弹孔的战斗遗址，一堂 10 多分钟的现地教学，让所有在场官兵群情振奋。

谈起自己的感受，合成一营四级军士长王斌用了 4 个字形容：终生难忘。王斌所在的一营，在当年配水池战斗中是主力，官兵们浴血奋战，以伤亡 600 余人的代价，取得“攻克锦州第一险”的光辉战绩。

“当我站在这里，举起右手宣誓的那一刻，感觉有股电流直冲脑门。”王斌说，“革命前辈们留下的宝贵精神财富，是我们奋力投身强军新实践，不断夺取新胜利的强大动力。我们将以习近平强军思想为指引，在复杂环境中练就敢于决战、敢于胜利的打赢本领，从而担当起党和人民赋予的新时代使命。”

（2021 年 2 月 9 日）

香山岁月：为新中国擘画蓝图

董城　张景华　侯旭东

1949 年，发生在北京香山的故事，一直影响着今天。当年 3 月 23 日，中共中央离开西柏坡进驻香山。

从此，中国共产党人迎来革命重心从农村向城市的伟大转折，在决胜时刻擘画蓝图，开启了建立和建设人民共和国的宏图伟业。

2021 年，中国共产党建党 100 周年之际，中共中央决定，在全党开展党史学习教育，激励全党不忘初心、牢记使命，在新时代不断加强党的建设。

在这样特定的历史背景下，记者再一次走进了香山革命纪念地，探寻其中鲜为人知的奥秘。

赶考，永远在路上

为何选择香山作为党中央驻地？几乎是每一个走进香山的人共同的疑问。

记者的探访，也由此开始。

1949 年 1 月，中共中央机关开始筹备前往北平事宜，确定由周恩来、杨尚昆主管迁移工作，先遣队伍由中央社会部部长李克农领导。

首先，是出于安全考虑，香山一带与西山相连，有着得天独厚的地形条件，有利于防空，易于警卫。其次，是有利于顺利过渡。党的干部长期处于农村环境，对城市生活从思想上、习惯上都需要一个熟悉和适应的过程。最后，是能基本解决办公和生活用房问题，且不扰民。

当时北平市军管会主任兼市长叶剑英曾提笔给杨尚昆写信表示：我们认为地区的选择，以西山为适当，只需牵动一家（慈幼院），就可基本解决。

经过反复勘察和确认，党中央批准香山作为中共中央机关和人民解放军总部驻地，对外称“劳动大学”。

为夺取解放战争的最后胜利、筹建新中国，1949 年 3 月 23 日，中共中央机关和人民解放军总部告别西柏坡，向北平进发。

临行前，毛泽东坚定地说：“今天是进京‘赶考’的日子，我们希望考个好成绩，我们决不当李自成！”

来到北平，毛泽东刚一踏进香山双清别墅的院子，就发现好几盏电灯亮着，马上亲自关掉。走进房间，他本来对简朴的陈设表示满意。可一看到里屋的弹簧床，立即发火道：“为什么要给我买这样好的床？这床比木板床得多花多少钱？为什么昨天能睡木板床，今天就不能睡了？”

工作人员只得请管理科加急赶制了一张木板床。这张木板床，一直跟随毛泽东进入了中南海。

70 多年来，“赶考”始终作为永不落幕的时代命题，激励着一代又一代中国共产党人夙夜在公、攻坚克难，团结带领全国各族人民为实现中华民族伟大复兴而接续奋斗。

2019 年 9 月 12 日，在庆祝新中国成立 70 周年前夕，中共中央总书记、国家主席、中央军委主席习近平来到中共中央北京香山革命纪念地。

在香山革命纪念馆序厅，总书记指出，我们缅怀这段历史，就是要继承和发扬老一辈革命家谦虚谨慎、不骄不躁、艰苦奋斗的优良作风，始终保持奋发有为的进取精神，永葆党的先进性和纯洁性，以“赶考”的清醒和坚定答好新时代的答卷。

奠基，团结才有力量

1949 年 6 月 16 日，中共中央擘画建国大业的关键时刻，《光明日报》在北平诞生，毛泽东挥笔写下“团结起来 光明在望”8 个大字。

《光明日报》创刊时隔 8 天，张澜应中共中央之邀，同罗隆基、史良等一大批民主人士一起，由上海抵达北平，参加新政协筹备工作。

在香山双清别墅，毛泽东将他的老朋友们待为上宾，一听说哪位老先生到了，马上出门迎接，亲自搀扶下车、上台阶。

事实上，从中共中央进驻香山的第一天起，毛泽东的日程中，就多次出现同民主人士相见的安排。

西苑机场阅兵期间，毛泽东、朱德、刘少奇、周恩来、任弼时等立即走进民主人士行列，同沈钧儒、郭沫若、黄炎培等各界人士互致问候。当天晚上，中共中央又在颐和园宴请民主人士代表，表达中国共产党愿与大家合作共事的诚意。

“二十三年三握手，陵夷谷换到今兹”“推翻历史三千载，自铸雄奇瑰丽词”，感慨万千的柳亚子，不由得诗兴大发。

据不完全统计，中共中央进驻香山后，在此期间到达北平的民主人士在 350 人以上，名副其实地汇聚了全中国民主力量的代表。

1949 年 3 月初，中华全国学生联合会正式组成；3 至 4 月间，中华全国民主妇女联合会、中国新民主主义青年团宣告成立；此后，中华全国民主青年联合总会，中华全国文学艺术界联合会以及全国自然科学工作者、社会学工作者、教育工作者、新闻工作者的全国性组织相继在北平成立。

中国延安干部学院研究员黄先禄认为，从毛泽东思想最初形成开始，民主与新政权、与社会主义国家的存亡就紧密地联系在了一起。

时光荏苒，70 余年弹指一挥间。

2021 年 2 月 1 日，在中华民族传统节日辛丑牛年春节即将到来之际，中共中央总书记、国家主席、中央军委主席习近平再次同党外人士共迎新春，代表中共中央向各民主党派、工商联和无党派人士，向统一战线广大成员，致以诚挚的问候和新春的祝福。

民革中央主席万鄂湘在致辞中，道出了大家一致的心声：更加紧密地团结在以习近平同志为核心的中共中央周围，不忘合作初心，迎难而上、开拓进取，按照中共十九届五中全会指明的方向，为夺取全面建设社会主义现代化国家新胜利、实现中华民族伟大复兴的中国梦贡献智慧和力量。

蓝图，昨天启迪明天

2019 年 9 月 12 日，习近平总书记在视察中共中央香山革命纪念地时强调，要继承和发扬老一辈革命家“宜将剩勇追穷寇，不可沽名学霸王”的革命到底精神。

“20 日夜起，长江北岸人民解放军中路军首先突破安庆、芜湖线，渡至繁昌、铜陵、青阳、荻港、鲁港地区，24 小时内即已渡过 30 万人。”

今天的中国，每一个进入初二年级的孩子，都会在自己的语文课本“新闻写作”这一单元中，学到这篇课文。

《人民解放军百万大军横渡长江》是毛泽东同志亲自为渡江战役撰写的一篇新闻报道。这篇文章的诞生地，就在北京香山的双清别墅。

在香山，老一辈革命家笃定一个信念，要将革命进行到底！

在这里，毛泽东、朱德同志发布向全国进军的命令，吹响了“打过长江去，解放全中国”的伟大号角。在这里，毛泽东同志发表《论人民民主专政》，为新中国的成立奠定理论基础和政策基础。

1949 年 9 月 21 日，在中共中央离开香山之际，中国人民政治协商会议第一届全体会议在北平隆重开幕。

“几乎每句话，都博得全场掌声。我太感动了！”亲历现场的新闻界代表徐铸成在日记中激动地写道：

“毛主席说，我们的民族将从此列入爱好和平自由的世界各民族的大家庭，以勇敢而勤劳的姿态工作着，创造自己的文明和幸福，同时也促进世界的和平和自由。我们的民族将再也不是一个被人侮辱的民族了，我们已经站起来了！”

世界大势，浩浩荡荡。

今天，坚持推动构建人类命运共同体已经成为新时代中国特色社会主义的基本方略。2021 年 1 月 25 日晚，中国国家主席习近平在世界经济论坛“达沃斯议程”对话会上宣示中国推动构建人类命运共同体五大举措，引起强烈共鸣。

今天，中国共产党正团结带领全党全国各族人民进行具有许多新的历史特点的伟大斗争。坚决战胜前进道路上的各种艰难险阻，“中国号”巨轮正在破浪前进、扬帆远航。

一段源自香山的红色记忆，让我们从中不断汲取信心和力量。

（2021 年 2 月 10 日）

渡江战役：将革命进行到底

刘已粲

初春时节，站在长江和秦淮河交汇的三汊河口，眼前有一片醒目的红。那是南京的渡江胜利纪念馆主广场上“千帆竞渡”的群雕，静中有动，立于历史的江河之上。

而在长江北岸，划子口渡江战役起渡处，一座崭新的龙袍渡江胜利公园即将拔地而起，届时将与江南的渡江胜利纪念馆遥相呼应。

72 年前，在人民群众的倾力支持下，35 军从浦口渡江进入下关，34 军从划子口渡江抵达栖霞，“百万雄师过大江”在此铸成史诗，“将革命进行到底”的渡江战役精神从此光耀中国。

如今，新时代的大江大河已在眼前。脱贫攻坚、全面小康、高质量发展，百年大党始终在“赶考”，从未忘“渡江”。“将革命进行到底”的精神正穿越时空焕发出新的力量。

军民同心　胜利最终在那个春天来临

2 月上旬，南京城内车水马龙，熙熙攘攘。记者来到中山北路 457 号挹江门，抬头仰望，城楼静静矗立，每一块砖墙仿佛都在无声地诉说着那个夜晚的胜利豪情。

1949 年 4 月 23 日夜里，中国人民解放军跨过长江天堑，正是从这里浩荡入城，解放南京。

“渡江战役的胜利是靠老百姓用小船划出来的。”2020 年 8 月，习近平总书记在参观合肥渡江战役纪念馆时说道。

在渡江胜利纪念馆馆藏的1000余幅历史照片、1000余件珍贵文物资料中，有千百只渡船冒着枪林弹雨直奔南岸的影像，有江北人民运粮草救伤员使用过的木制三轮手推车，还有护厂工人英勇斗争使用过的大锤、扁担、铁钩等物品……

“这些文物和史料充分说明，人民军队和老百姓组成的渡江大军是无坚不摧、势不可挡的。”渡江胜利纪念馆馆长吴小宝说，“渡江战役的伟大胜利，也是人民的胜利。”

“打过长江去，解放全中国！”1949年4月21日，大江南北的电波声中，传来毛泽东、朱德同志发布的《向全国进军的命令》。就在前一天夜里，渡江战役打响了。

江岸炮火齐鸣，江面桅樯如林、白帆如云，近万只大小各异的木船穿梭往来，这是世界战争史上的奇观！

这万千船只来之不易。彼时，国民党军部署江防，把沿江一带民船掳掠到长江南岸焚毁私藏，为解放军渡江造成了极大的阻碍。可听说解放军要过江，老百姓们争先恐后报名支援。一个多月的时间里，便筹集了各型船只9400多艘。

渡江的第一夜，连天的炮火照亮了天空，也点燃了泰州姜堰船民王永才心中不怕流血、不怕牺牲的豪情——他冒着枪林弹雨一夜之内往返3次，将500多名解放军送过了江。

渡江的第3天，年仅19岁的颜红英奋力摇着橹，划船驶向江心时，一块弹片擦破了她的脸颊，鲜血流得满脸都是，可她不管不顾，还是拼命地划，冒着炮火终于把24名人民解放军战士送上了岸。

漫漫渡江路上，成千上万个王永才、颜红英这样的沿江百姓摇起自家船只，冒着生命危险用生命之舟将百万子弟兵送过大江。亲历渡江战役的老战士感慨地说：“我们是人民用双手托着送过长江的。”

在决定国家命运的关键时刻，中国最广大的人民做出了他们的选择——中国共产党。这个选择创造了解放战争波澜壮阔的历史，缔造了中华民族的光辉纪元。

渡江战役老战士李剑锋今年已 96 岁高龄，是渡江胜利纪念馆最年长的志愿者，他常常向观众讲述解放南京时走进总统府的情景：“当时我坐在蒋介石办公椅上，说了一句感想——不管你官多大、位多高、权多重、兵多广，只要没有老百姓，一切都要完蛋！”

革命战争年代，正是靠着深入群众、组织群众、依靠群众的法宝，中国共产党赢得了最终的胜利。新中国成立以后，中国共产党仍然坚定地坚持群众路线——一切为了人民，一切依靠人民，中国共产党根基在人民，血脉在人民。

“解放战争的胜利给了我们很多启示。”江苏省委党校党史党建教研部副主任周延胜说，“我们党本身是来自人民，只有跟人民形成合力，才能应对百年未有之大变局。”

渡江战役的硝烟已悄然远去，长江中的礁石依然静静守望，奔腾不息的波涛声中，是中华民族铿锵前行的脚步。坚持人民至上、紧紧依靠人民、不断造福人民、牢牢植根人民，这既是宝贵的经验，也是郑重的宣言。

代代相传　渡江精神在今天焕发新机

“钟山风雨起苍黄，百万雄师过大江。虎踞龙盘今胜昔，天翻地覆慨而慷。宜将剩勇追穷寇，不可沽名学霸王。天若有情天亦老，人间正道是沧桑。”南京解放后，毛泽东同志欣然写下这首《七律・人民解放军占领南京》。

“这是我最爱的诗词之一，毫不夸张地说，每每想起渡江战役中的动人故事，我都不禁热泪盈眶。”南京大学外国语学院硕士研究生陈仪说，“渡江战役紧紧依靠人民、将革命进行到底、不断追求胜利的精神，在任何时代都应该是主旋律。”

风雨兼程，砥砺奋进，72 年来，宝贵的渡江精神在江苏、在全国释放出了巨大的动能。渡江战役早已胜利，可今天的我们依然在“渡江”，所不同的，是生活中的“大江大河”，改革开放中的“大江大河”。

现如今，大桥通两岸，天堑变通途，江面上货轮如梭，桥面上车来车往，长江天堑已经成了造福百姓的黄金水道。长江沿线生态治理带来的生态改善，让老百姓们切身感受到了“绿水青山就是金山银山”的深刻意涵。长江经济带的高质量发展为沿线城市带来了巨大的变化，也为沿岸地区发展指明了方向。

一座渡江胜利纪念馆，犹如一座精神灯塔，指引着方向。用好用活红色旅游资源、发扬红色传统文化、传承红色文化基因，南京这座英雄之城、胜利之都走在前列。

“渡江胜利纪念馆是一座没有围墙的纪念场馆，人们在任何时候都能走进渡江胜利广场，在‘千帆竞渡’群雕下追忆峥嵘岁月，瞻仰百万雄师过大江的雄壮与豪情。”渡江胜利纪念馆讲解员房菁说，“‘渡江精神’将永远激励人们朝着胜利的目标不断前进。”

2021 年 2 月，记者采访时了解到，为迎接中国共产党百年华诞，渡江胜利纪念馆正在紧锣密鼓地进行整体修缮改造工程。预计将于 2021 年 5 月，以崭新的展陈手段、更加丰富的展示内容面向公众重新开放。

与渡江胜利纪念馆一江之隔的江苏省首个国家级新区——南京江北新区，正在扬子江畔强势崛起。仅用了短短 5 年时间，江北新区便从大片的荒地蝶变发展成为经济总量近 3000 亿元的现代化、国际化新城。

在渡江精神的激励下，“苏大强”的成绩令人瞩目——2020 年，江苏地区生产总值达 10.27 万亿元，人均生产总值达 12.5 万元，粮食年产量稳定在 700 亿斤以上，城镇化率达 72%，全省 254.9 万建档立卡低收入人口全部脱贫……红色文化滋养下的江苏，正在全新的历史起点上昂首阔步，迈向更加广阔、美好的未来。

大江东去，奔流不息。新征程上，习近平总书记的话语催人奋进：让我们大力弘扬愚公移山精神，大力弘扬将革命进行到底精神，在中国和世界进步的历史潮流中，坚定不移把我们的事业不断推向前进，直至光辉的彼岸。

（2021 年 2 月 10 日）

南下干部：在人民中间生根开花

耿建扩　陈元秋　周金立

2月中旬，温暖的阳光像母亲的手抚摸着太行山东麓的武安城。走进位于市区磨盘街的市总工会院内，一株株苍劲若虬龙、盘旋傲长天的千年古柏静默无言，似在回味着70多年前那个春天的故事。

如山西洪洞古槐，这古柏也是中国人民解放军长江支队干部及其后人的寻根地——1949年春天，响应党中央和毛主席号召，由太行、太岳根据地4000多名优秀干部组成的队伍，在这里经过两个多月的整编和集训，而后挺进八闽接管新解放区政权。习近平总书记多次提及、被誉为“四有”干部楷模的谷文昌，就是他们的突出代表。

南下号角吹响，千里赴征程

1949年春，随着三大战役的全面胜利，毛泽东、朱德同志发布向全国进军的命令，吹响了“打过长江去，解放全中国”的伟大号角。在部署渡江战役的同时，中央决定迅速从华北、华东等老解放区抽调干部，准备接管长江以南新解放区政权。为此，华北局从各区抽调干部组成长江支队、冀南支队、冀东南下干部总队、华北南下干部纵队第四支队、华东南下干部纵队渤海三支队等共计两万余人，分别赴福建、湖北、湖南、皖南、浙江等地。

“干部南下是在新中国建立前夕，中共中央的一项重大战略决策，是我党历史上最大规模的一次干部调动，它关系到中国新生政权建立和巩固，是中国共产党在全国执政的一个重要环节。”河北省委党史研究室副主任宋学民说。

1949 年 2 月 10 日，太行区六地委的南下干部拉开了集结的序幕，随后太行、太岳总计 4000 多名干部在武安整训学习。他们如饥似渴，深入学习中国共产党七届二中全会文件，学习毛主席著作《目前形势和党在一九四九年的任务》《将革命进行到底》及城市工作纪律、策略等，以适应工作重心由乡村转移到城市的需要，决心到江南开辟新局面。

历史选择了共产党，人民选择了共产党，解放区人民满腔热血，眼含泪水再次送别亲人。这就是民心所向！

1949 年 4 月 25 日一大早，4000 多名南下干部冒雨在武安舍利塔下集结，在群众敲锣鸣炮的欢送声中，长江支队南出武安城。

长江支队中有一名河南籍干部，他就是后来被时任浙江省委书记习近平撰文称赞为“在老百姓心中树起了一座不朽的丰碑”的谷文昌。谷文昌长子谷豫闽讲述：“我父亲原是当时林北县的一个区委书记，报名参加长江支队后是第五大队三中队三小队的指导员，他与小队长一起抓好队伍，带头认真搞好学习。虽然文化程度不高，但是他肯学习、脑子好用，非常珍惜每一次学习机会。”

投身第二故乡，做“全布尔什维克”

上有飞机轰炸，下有土匪袭扰，这支朝气蓬勃的队伍冒着硝烟蜿蜒南下，不时有流血和牺牲。第一届福建省长江支队历史研究会副会长郑春田说：“从武安出发至福建建瓯会师时，曲周籍张振业等 17 名干部将生命永远留在了路途上。”

据长江支队干部、福建省委组织部原部长智世昌回忆：“由于解放军渡江后，进展神速，中央在新的形势下，决定提前解放福建，任命张鼎丞为福建省委书记。张鼎丞到任后，遇到的紧迫问题是干部队伍不足。于是向中央建议，要求原定去南京、上海、杭州的长江支队干部转到福建。”

一边是南下前宣布接管的较富庶江南地区，一边是条件较恶劣的福建，南下至苏州的长江支队干部再次面临新的考试。

6 月 12 日，张鼎丞做动员：“福建话难懂，工作不好做；福建穷，是事实。但是……福建山清水秀，山上有木材、竹子、茶叶，是富山。福建人民坚持红旗不倒，盼到了解放，欢迎你们去。”

“张鼎丞说，你们要做全布尔什维克，还是半布尔什维克？”山西籍长江支队干部段英力介绍，“全布尔什维克”就是在福建奉献一辈子，“半布尔什维克”是在福建参加新区接管、土改工作 3 年就回去。

“我们要当‘全布尔什维克’！”大家异口同声。

历史的峰回路转中，总有一种精神贯穿岁月，血脉相承。习近平总书记指出：“我们党没有自己特殊的利益，党在任何时候都把群众利益放在第一位。这是我们党作为马克思主义政党区别于其他政党的显著标志。”

1949 年 8 月 11 日，长江支队行程 3000 公里到达福建建瓯县，与当地坚持革命斗争的地下党和游击队胜利会师，4000 多颗“全布尔什维克”的种子迅速播撒在 12 万平方公里的土地上，在人民群众中生根发芽，他们在接管建政、剿匪支前、土改反霸、巩固海防、创办工业、发展农业、搞活经济、发展文化和教育事业，乃至改革开放中，用一生去书写初心故事。

长江支队南下干部谷文昌，1950 年来到福建东山。映入他眼帘的，是一个满目疮痍、民不聊生的荒凉海岛。1955 年，担任东山县委书记的谷文昌大声疾呼：“不把人民拯救出苦难，共产党来干什么！”

为了掌握第一手资料，谷文昌爬遍了东山县 400 多个山头，踏遍了 30 多公里的沙滩。他听说广东省电白县在海边沙地种活了木麻黄，就第一时间派人去参观学习，同时抽调 230 多名干部群众在岛上开辟苗圃、培育木麻黄树苗。截至 1963 年年底，全县共造林 73039 亩，营造护田林带 223 条，80% 的飞沙被固定下来。

为了解决人畜用水问题，谷文昌带领群众在东山全县修建了22座水库和705处永久性水利工程。东山县从此水美田丰，不再受干旱之苦。

十几年如一日，谷文昌把共产党人一心为民的丰碑树在了东山百姓心中！

2014年11月，习近平总书记在福建考察时指出，谷文昌同志的事迹同焦裕禄、杨善洲的事迹一样，展示了一名共产党员和领导干部的坚强党性、远大理想、博大胸怀、高尚情操。

2015年1月12日，习近平总书记在中央党校第一期县委书记研修班上，与全国200多位县委书记座谈，在叮嘱大家要做心中有党、心中有民、心中有责、心中有戒的“四有”干部时，总书记又一次深情谈起谷文昌：“我经常提到五六十年代，福建东山县县委书记谷文昌，他一心一意为老百姓办事，当地老百姓逢年过节是先祭谷公、后拜祖宗。”

永远听党指挥，使命担当再出发

“南下的时候，我很年轻，党指向哪里，就应该战斗到哪里。”回忆起当年的峥嵘岁月，邯郸大名籍长江支队干部周玉堂这样说。据了解，当年长江支队干部现健在的不足300人，年龄多在90岁以上。邯郸市委常委、宣传部部长丁伟介绍，邯郸高度重视本地红色文化的挖掘、整理和保护，主导推动了一系列文艺精品的创作。其中，邯郸广播电视台行程3万余公里实地创作拍摄了《长江支队：从太行到八闽》等优秀文献纪录片，在传承弘扬红色基因中激励党员干部不忘初心、牢记使命。

河北省委党史研究室编研三处副处长岳雪侠说，南下干部身上突出体现了中国共产党人不忘初心、牢记使命的理想信仰和使命担当，体现了中国共产党人对党忠诚、无私忘我、克服万难、勇往直前的政治品格和革命精神。

像南下干部一样，数十年来，无数共产党人担负使命，一次次出发，像种子一样播撒在祖国大地上，在人民中间生根开花。为了富民兴边，来自全国各地的一批批干部前赴后继，在西部边陲书写了一部部感人至深的“山海情”。来自山东聊城的孔繁森，一尘不染，两袖清风，视名利安危淡似狮泉河水，他二离桑梓，独恋雪域，视民族团结重如冈底斯山。四川大学华西医院骨科专家孔清泉既援疆又援藏，为边疆引进技术、培养人才。“最美奋斗者”、著名植物学家刘铭庭扎根新疆治沙 61 年，在他的带领和推动下，新疆已恢复红柳林 400 万亩，22 万于田县农民摆脱了贫困。

党的十八大以来，280 多万名驻村干部扎根基层，奋战在脱贫攻坚第一线。“用美好青春诠释共产党人初心”的广西籍扶贫干部黄文秀，扎根太行山区扶贫 30 年的“人民楷模”、河北农大教授李保国，面对村民 289 个红手印的请愿书、选择第三次留任驻村工作、形成了产业扶贫“河口模式”的安徽籍干部李朝阳……听从党的召唤，肩负伟大使命，扶贫干部的足迹遍布贫困地区村村寨寨。

习近平总书记在十九大报告中指出，中国共产党人的初心和使命，就是为中国人民谋幸福，为中华民族谋复兴。为人民幸福和民族复兴不懈奋斗，这是共产党人的政治本色和价值追求。实践证明，在烽火连天的革命岁月、热火朝天的建设年代、波澜壮阔的改革时期，这颗不变的初心是团结凝聚共产党人接续奋斗的精神密码，也是我们党不断从胜利走向新的胜利的成功之匙。

（2021 年 2 月 18 日）

中国人民政治协商会议第一届全体会议：中国民主政治揭开崭新一页

俞海萍

历史行进到1949年。一个独立、统一、民主、自由的新中国，犹如朝阳，即将喷薄而出。

“政协会一开，给了我耳目全新的感觉。”社会学家费孝通这样记录中国人民政治协商会议第一届全体会议的情景。1949年9月21日，中南海怀仁堂，费孝通正是作为662位代表之一参会，他回忆：“踏进会场，就看见很多人，穿制服的，穿工装的，穿短衫的，穿旗袍的，穿西服的，穿长袍的，还有一位戴瓜帽的——这许多一望而知不同的人物，会在一个会场里一起讨论问题，在我说是生平第一次。”

这也是中国政治生活的“第一次”。中国共产党顺应大势、团结各方，开启了协商建国、共创伟业的新纪元，中国共产党领导的多党合作和政治协商制度作为我国一项基本政治制度，对人类政治文明做出了重大贡献。

开国气象

“大家的掌声持续不断。我的手掌都拍红了，回到住处才感觉很痛。”耄耋之年的台盟中央原副主席田富达也是这一次会议的代表，回忆起当时的盛况，他仍然激动不已：“中南海怀仁堂里，穿长袍的、穿西装的、穿军装的、穿中山装的……说汉语的、说英语的、说客家话的、说蒙语的、说藏语的……”

参会之路并不容易，然而北上途中，民主人士豪情满怀，逸兴横飞。诗人柳亚子提笔赋诗："六十三龄万里程，前途真喜向光明，乘风破浪平生意，席卷南溟下北溟。"叶圣陶在日记中用"涓泉归海"表达激动心情，称此番盛世"生平罕见"。

从中共的领袖毛泽东、刘少奇、周恩来、朱德，到著名民主党派领导人李济深、张澜、黄炎培、马叙伦，再到无党派民主人士郭沫若、马寅初、张奚若；从孙中山夫人宋庆龄，到爱国华侨陈嘉庚、司徒美堂，再到文化名人梅兰芳、程砚秋；还有原国民党方面的张治中、程潜、傅作义……

参会的每一个名字，都自带"流量"。北京大学马克思主义学院教授程美东说，这充分体现了当时的政治认同、政治情感、政治价值等。

这场盛会高朋满座，体现了中国共产党、各民主党派、工人、农民和无党派人士民主协商、团结合作、共襄建设新中国大业的政治局面。有人把这种荡气回肠的情景称为"开国气象"，它彰显的是民族复兴的气象，是人民当家作主的气象，是各族人民和各界群众大团结的气象。

"协商建国成为中国多党合作和协商民主的一个光辉典范。"中共中央统战部研究室原主任张献生说。

民主实践

在香山革命纪念馆基本陈列里，展示了一件《中国人民政治协商会议第一届全体会议会场席次图》，纸张已磨损泛黄，并有穿孔和折痕。

会场 600 多位代表，代表着全中国所有的民主党派、人民团体、人民解放军、各地区、各民族和国外华侨，会上每一个问题，都经过充分协商确定，协商民主的新实践给每位与会代表留下了深刻印象。

在关于国旗、国徽、国歌、纪年、国都协商座谈会上，毛泽东同志用手指着五星红旗说："这个图案表现了我国革命人民的大团结。现在要大团结，将来也要大团结。现在也好，将来也好，又是团结又是革命。"

他的话激起全场热烈的掌声。

黄炎培先生后来发表《永远纪念着的一九四九年》一文，说这一年“‘人’的地位被发现了，群众的力量被认识了”，这一年“是每一个人抬头的第一年，是群众抬头的第一年，今后我们做人，不可以不认识人，不可以不认识群众”。

接下去的故事，对大多数中国人来说都耳熟能详了：这一次会议为新中国诞生做了全面准备，标志着人民政协制度正式确立。此后，从恢复和发展国民经济，到巩固新生的人民政权；从完成社会主义革命，到确立社会主义基本制度、推进社会主义建设，人民政协都做出了积极贡献。

“中国的民主政治建设和政党制度建设揭开了新的一页。”中央社会主义学院统战理论教研部主任王小鸿说。

大道之行

从建立新中国到建设新中国，从探索改革路到实现中国梦，经过70多年的发展，协商民主精神已经广泛遍布我国政治生活的每个角落和政府行政的各个环节。

“中国共产党领导的多党合作和政治协商制度作为我国一项基本政治制度，是中国共产党、中国人民和各民主党派、无党派人士的伟大政治创造，是从中国土壤中生长出来的新型政党制度。”在2018年全国两会期间，习近平总书记再次强调坚持多党合作发展社会主义民主政治的重要性。

在已经过去的2020年，中国交出了一份人民满意、世界瞩目的答卷，千百年来中华民族孜孜以求的小康梦想即将实现，中国的抗疫成果与经济回暖为世界注入温暖与力量，我国国家制度和国家治理体系的优越性得到充分彰显。习近平总书记指出，各民主党派、工商联和无党派人士坚定不移同中国共产党想在一起、站在一起、干在一起，同舟共济、肝胆相照，为打赢疫情防控阻击战出主意、想办法，为中共中央科学决策、民主决策提供了重要参考。

中国共产党领导下的多党合作和政治协商制度发挥出无可比拟的制度优势，更加生动地说明，“中国式民主在中国行得通、很管用”。

秉持初心

历史在千百万人的奋斗中延展出壮阔的画卷。

“我们有一个共同的感觉，这就是我们的工作将写在人类的历史上，它将表明：占人类总数四分之一的中国人从此站立起来了。”1949 年 9 月，毛泽东同志从中南海向世界发声。

70 年后的 2019 年，也是在 9 月，人民大会堂，习近平总书记的声音铿锵有力：新形势下，我们必须把人民政协制度坚持好、把人民政协事业发展好，增强开展统一战线工作的责任担当，把更多的人团结在党的周围。

70 多年的实践充分证明，人民政协的制度优势正转化为国家治理效能。

新时代，人民政协制度更为成熟。从加强理论学习，到树立“一线思维”，履职能力不断提升；从双周协商座谈会，到远程协商会，协商议题更加精准；从网络议政，到考察调研，履职方式不断创新；从“委员讲堂”到“履职 App”，履职平台不断完善……

新时代，在脱贫攻坚战场上，政协委员们“把情况摸准，把问题看清，把建议提实”；在抗击新冠肺炎疫情的一线，政协委员们发挥智力资源优势和专业技能优势，成为抗疫路上的“硬核”力量。

历史是过去传到将来的回声。在这一条先人铺就的大道上，每次协商、每次履职，都是社会主义协商民主事业更往前走了一步。

（2021 年 2 月 19 日）

第二章

开国大典：新生的共和国　站起来的人民

彭景晖

新春佳节，经历了2020年非凡历程的中国人，很容易把追怀的目光投向祖国的心脏——北京天安门。

天安门，这座庄严秀丽的古老建筑，历经风雨，见证过封建王朝更迭、列强侵略、军阀割据。1949年10月1日，从这一天起，它才与人民的命运紧密地连在了一起。

从石库门到天安门，从兴业路到复兴路，中国共产党带领人民跨过一道又一道沟坎，取得一个又一个胜利。

纪录片《彩色新中国》再现了开国大典那一天的历史场景：在热情的欢呼声中，在红旗的海洋中，隆重的开国大典在北京天安门广场举行。天安门城楼上，毛泽东主席向全世界宣告：中华人民共和国中央人民政府今天成立了！

神州大地，换了人间。在《义勇军进行曲》的雄壮旋律中，五星红旗升到22米高的旗杆顶端，28响礼炮响彻云天，广场掌声雷动。中国人民从此站起来了，深受帝国主义、封建主义、官僚资本主义三座大山压迫的历史结束了，人民成为国家的主人。

70年后，同样的地点，同样的日子，在庆祝中华人民共和国成立70周年大会上，这段历史的伟大意义在习近平总书记的重要讲话中得以深情回顾：“这一伟大事件，彻底改变了近代以后100多年中国积贫积弱、受人欺凌的悲惨命运，中华民族走上了实现伟大复兴的壮阔道路。”

国家为人民
——不负开国大典时的初衷，交出一份人民满意、世界瞩目的答卷

纪录片《彩色新中国》的导演谢申照向记者介绍拍摄过程时，多次深情讲到“时代伟大”“国家充满希望”。作为立足当下的时代记录者，这是她寻找开国大典相关故事过程中最深的感受。

这部“献给中华人民共和国成立70周年”的纪录片，以1949年的胶片素材为基础，重返1949年的拍摄地，探访了过往的“镜中人”。纪录片的内容透露着这样一个事实：以人民为中心，始终是党和政府坚持的思想理念和光荣传统。

1949年开国大典，摄影师徐肖冰、侯波夫妇有幸成为天安门城楼上的拍摄者，留下了珍贵的影像资料。谢申照采访到了徐肖冰、侯波的儿子徐建林。徐建林讲述了这样一个故事：

当时在天安门城楼上，他的母亲侯波为了增加相机的景深，把身体尽量往后靠。她身体探出了护栏，上半身悬在空中。侯波顾不上摔出去的危险，完全投入地抓拍历史瞬间。这时，她突然感到自己的衣角被人拽住了，身体有了支撑。在毛泽东主席宣告中华人民共和国中央人民政府成立的那一刻，侯波按下了快门。等拍完照片后，她才发现，拽住衣角帮助她拍摄的人，原来是周恩来总理！

“周总理让我母亲放心拍摄。”徐建林回忆，“后来母亲一提起这张照片，一提到周总理，就热泪盈眶。”

接下来的群众大游行中，在当天凌晨就已集结的工人队伍、农民队伍、学生队伍等高呼“中华人民共和国万岁”“中央人民政府万岁”，天安门城楼上“人民万岁”的回应不断……城楼上下，热情高涨，掌声与欢呼声如潮水般经久不息。

拍摄者们流下了激动的泪水。党和国家领导人对人民深切的关怀，他们既能从大场面中感受，也能在亲历的故事细节中体味。在他们看来，

这种对人民的关怀，从天安门城楼、从中南海传递到国家更广阔的土地。让他们更为自豪的是，新中国的成立，壮大了世界和平、民主和社会主义的力量，鼓舞着世界被压迫民族和被压迫人民争取解放的斗争。

70 多年来，开国大典上“人民万岁”的高呼始终在历史长河中回响，它是党和人民政府带领人民创造历史伟业的主旋律。如今，以人民为中心的发展思想已然融入经济建设、政治建设、文化建设、社会建设和生态文明建设的方方面面。

千方百计稳定和扩大就业，健全工资合理增长机制，推动义务教育均衡发展和城乡一体化，推动养老事业和养老产业协同发展……“十四五”规划建议的字里行间，“人民”二字贯穿始终。

党的志向，国家的期许，皆以人民的利益作为出发点和落脚点。国家的现代化，不只追求“物”的现代化，更追求“人”的现代化；不仅要实现国家富强，还要实现人的全面发展。

到 2020 年年底，历经艰辛努力，中国成为全球唯一实现经济正增长的主要经济体，三大攻坚战取得决定性成就，如期实现现行标准下农村贫困人口全部脱贫，科技创新取得重大进展，改革开放实现重要突破，民生得到有力保障，社会主义中国不负开国大典时的初衷，交出了一份人民满意、世界瞩目的答卷。

人民爱国家
——开国大典沸腾整个中国 70 多年，也鼓舞中国人民 70 多年

开国大典，标志着中国人民从根本上扭转了自己的命运。毛泽东主席曾向世界宣告：“中国的命运一经操在人民自己的手里，中国就将如太阳升起在东方那样，以自己的辉煌的光焰普照大地……”那是“一穷二白”“一颗铁钉都不能制造”的时代，中国发出的豪言壮语。

1949 年 10 月 2 日刊出的《光明日报》第四版，记录了当时游行队

伍的盛况：在人群的海洋上飘动着各色各样的灯笼……清华电机系的变压器灯，机械系的坦克灯，航空系的飞机灯，土木工程系的新式建筑模型灯，以及工厂模型灯……

这个人民当家作主的国家，人民爱，人民珍惜。人民在党和政府的带领下努力创造、忘我奋斗，让她改天换地。70 多年后，他们所站立的中国，已实现高铁疾驰、航母入海、神舟飞天。

历史的声音仿佛在回荡，却有了更新的内涵、更足的底气。此时的中国人民爱党爱国之情愈浓。在中国共产党的坚强领导下，全国人民团结奋斗，统筹疫情防控和经济社会发展取得重大成果，“十三五”圆满收官，“十四五”全面擘画；此时的中国，粮食生产喜获“十七连丰”，“天问一号”“嫦娥五号”“奋斗者”号等科学探测实现重大突破。

当年开国大典上清华大学各系的灯笼，如今早已成为现实，其中凝聚着每一个中国人的奋斗与热爱。“每个人都要自强奋进、砥砺前行，为中华民族的伟大复兴贡献力量。”清华大学党委书记陈旭表示。

党和政府以维护人民的利益为己任，而人民以平凡铸就伟大，不断巩固好、发展好我们的人民共和国。在新冠肺炎疫情肆虐全球、洪水等灾害袭来的 2020 年，中国人民显现出非凡气魄与担当，“天使白”逆行出征、勇挑重担，“橄榄绿”冲锋在前、舍生忘死。以习近平同志为核心的党中央一声令下，9000 多万党员冲在前，14 亿人齐动员，千家万户共坚守。3 个月左右的时间，武汉保卫战、湖北保卫战取得决定性成果，令世界惊叹。

正如习近平总书记在庆祝中华人民共和国成立 70 周年大会上所强调的，“今天，社会主义中国巍然屹立在世界东方，没有任何力量能够撼动我们伟大祖国的地位，没有任何力量能够阻挡中国人民和中华民族的前进步伐。”

历史江河奔流。1949 年开国大典沸腾了整个中国 70 多年，也鼓舞了中国人民 70 多年。“中华人民共和国万岁”“人民万岁”的呼喊声，今天仍响彻中国大地。

（2021 年 2 月 19 日）

从“狱中八条”看共产党人的政治品格

张国圣　李宏

重庆歌乐山上，白公馆监狱旧址旁。一间简易的小平房，现在是红岩党性教育基地白公馆现场教学点。

走进教学点，跟着现场教员刘帅一起朗诵“狱中八条”，跟着他的讲解回到重庆解放前夕的渣滓洞和白公馆看守所。

“死，也要死得其所！”“希望组织上能够切实深入研究，深入发现问题的根源。经常整党、整风，清除非无产阶级意识的作风，保持党的纯洁性。”300 多位红岩英烈和革命志士倒在了黎明前最深重的黑夜，他们给为之奋斗的新中国、给为之奉献了热血和生命的党组织留下了 36000 余字的《关于重庆组织破坏经过及狱中情形的报告》（以下简称《报告》）。其中的“狱中意见”，是先烈们在生命的最后时刻，对全面从严治党的“血泪嘱托”。

把经验教训总结出来，供党组织参考

1948 年 3 月，后来成为《红岩》小说作者之一的罗广斌在重庆由江竹筠、刘国鋕介绍加入中国共产党。同年 9 月，罗广斌在成都被捕后关押到渣滓洞，在这里遇到了党内曾经的上级张国维。张国维知道罗广斌的哥哥罗广文是国民党第十五兵团司令，又与时任国民政府主席重庆行辕二处处长、保密局西南特区区长徐远举有私交，因此罗广斌活着出狱的可能性比较大。张国维叮嘱罗广斌注意在狱中搜集情况，征求意见，总结经验教训，有朝一日向党组织汇报。罗广斌接受这项特殊任务后，积极结交狱中难友，获得了党组织被破坏的很多信息。

1949 年 1 月 17 日，是江竹筠的丈夫彭咏梧烈士牺牲周年纪念日，渣滓洞看守所的革命者采取各种形式向被关押在女牢房的江竹筠表示慰问和致敬。江竹筠借此机会起草了一份总结革命经验教训的讨论大纲，各牢房的革命者分别对这份大纲进行了讨论。

1949 年 2 月，罗广斌由渣滓洞看守所转押到白公馆看守所，和曾任中共沙磁区学运特支书记刘国鋕、曾任中共重庆北区工委委员王朴、曾任中共《挺进报》特支委员陈然等人关押在一起。在狱中，他们多次进行交流和讨论。

1949 年 10 月，中华人民共和国成立的消息传入白公馆、渣滓洞看守所，狱中的革命者兴奋不已。但与此同时，多年的革命斗争经验也告诉他们，敌人最后的疯狂即将来临：1949 年 10 月 28 日，陈然、王朴等 10 人被枪杀于大坪刑场；11 月 14 日，江竹筠、李青林等 30 人被枪杀于歌乐山电台岚垭。面对丧心病狂的敌人，曾任中共川东特委青委委员、重庆新市区区委委员的许晓轩提出抓紧讨论并形成报告。这一倡议得到狱中革命者的热烈响应，他们在生死关头仍以高度的责任感，从党的建设、组织发展、党员教育等方面进行回顾；从《挺进报》被大破坏和上、下川东三次武装起义的失败，对党组织工作的方方面面进行讨论和分析，总结教训供党组织参考。经许晓轩等人商议，决定每次讨论的结果都向刘国鋕、罗广斌两人汇集，由他们重点记录。

1949 年 11 月 27 日，国民党特务对关押在白公馆、渣滓洞的革命者实施大屠杀，刘国鋕在大屠杀中牺牲。罗广斌在策反看守杨钦典后带领白公馆的十几名难友越狱脱险。重庆解放后，罗广斌在参与筹备杨虎城将军和“11・27”殉难烈士追悼会的同时，追记整理了狱中的讨论和总结并于 12 月 25 日向中共重庆市委上交了《报告》。《报告》的第七部分为八条“狱中意见”，这就是我们现在所熟知的“狱中八条”的来源。

对于已经成立的新中国和即将全国执政的中国共产党，“狱中意见”首先提出要“防止领导成员腐化”，紧跟着马上提出要“加强党内教育和实际斗争的锻炼”，还更加有针对性地提出要“重视党员特别是领导干部的经济、恋爱和生活作风问题”。

以一种什么样的状态和作风迎接全国胜利和全国执政，是中共中央一直在深思熟虑的问题。在新中国成立前夕召开的七届二中全会上，毛泽东同志以“夺取全国胜利，这只是万里长征走完了第一步”告诫全党，要警惕糖衣炮弹的攻击，务必使同志们继续地保持谦虚、谨慎、不骄、不躁的作风，务必使同志们继续地保持艰苦奋斗的作风。

“这是对先烈们最好的慰藉，是对先烈遗愿的最好继承和弘扬，也说明勇于自我革命是我们党最鲜明的品格和最大的优势。”重庆红岩联线文化发展管理中心党委书记朱军说，“中国共产党的伟大不在于不犯错误，而在于从不讳疾忌医，敢于直面问题。”

每一条都是全面从严治党的殷殷嘱托

烈士们的真实事迹比艺术加工更加感人。1980 年，时任中共重庆市委党史研究室副主任的胡康民在搜集、研究重庆地下党历史资料时发现了这份《报告》，将其中的“狱中意见”整理提炼为“狱中八条”，1989 年在《红岩春秋》的“渣滓洞、白公馆烈士殉难 40 周年纪念特刊”中首次披露。1996 年，重庆歌乐山革命纪念馆在北京举办“红岩魂”展览时，向社会公开展示了“狱中八条”，引起了很大反响。

经过整理后的“狱中八条”只有 96 个字：一、防止领导成员腐化；二、加强党内教育和实际斗争的锻炼；三、不要理想主义，对上级也不要迷信；四、注意路线问题，不要从“右”跳到“左”；五、切勿轻视敌人；六、重视党员特别是领导干部的经济、恋爱和生活作风问题；七、严格进行整党整风；八、惩办叛徒特务。

"'狱中八条'是关押、牺牲在军统重庆集中营白公馆、渣滓洞等处的共产党员们通过脱险同志向党提出的意见和建议。这些意见和建议，是他们奋斗经验的总结，每一条都发自肺腑；是他们对失败教训的深刻思考，字里行间浸透着血与泪；是他们对新中国和即将全国执政的中国共产党的衷心希望，至今仍振聋发聩、令人警醒。这不仅是一份珍贵的档案文献，更是一份厚重的党史、党性教材。"重庆红岩革命历史博物馆馆长马奇柯说。

历史昭示未来。"学习党史，就是要用党的伟大成就激励人，用党的优良传统教育人，用党的成功经验启迪人，用党的历史教训警示人。"在重庆市地方史研究会会长周勇看来，"狱中八条"作为先烈们根据惨痛教训提出的意见，短短 96 个字每个字都重若千钧，"每一条都是全面从严治党的殷殷嘱托"。

2018 年 3 月 10 日，习近平总书记在参加十三届全国人大一次会议重庆代表团审议时强调，政治生态同自然生态一样，稍不注意就容易受到污染，一旦出现问题再想恢复就要付出很大代价。要牢记"堤溃蚁孔，气泄针芒"的古训，坚持从小事小节上加强修养，从一点一滴中完善自己，严以修身，正心明道，防微杜渐，时刻保持人民公仆本色。这是对历史经验教训的深刻总结，也是对党员、干部的深刻警示。

全面从严治党永远在路上

事业发展永无止境，初心使命不能改变。

党的十八大以来，以习近平同志为核心的党中央坚定推进全面从严治党，制定和落实中央八项规定，开展党的群众路线教育实践活动，坚决反对形式主义、官僚主义、享乐主义和奢靡之风，党的建设更加制度化、规范化。

在 2020 年 1 月 13 日至 15 日召开的十九届中央纪委四次全会上，习近平总书记强调要继续坚持“老虎”“苍蝇”一起打，重点查处不收敛不收手的违纪违法问题。要深刻把握党风廉政建设规律，一体推进不敢腐、不能腐、不想腐。

2021 年 1 月 22 日，习近平总书记在十九届中央纪委五次全会上发表重要讲话。他强调，党风廉政建设永远在路上，反腐败斗争永远在路上。我们党作为百年大党，要永葆先进性和纯洁性、永葆生机活力，必须一刻不停推进党风廉政建设和反腐败斗争。各级领导干部特别是主要负责同志必须切实担负起管党治党政治责任，始终保持“赶考”的清醒，保持对“腐蚀”“围猎”的警觉，把严的主基调长期坚持下去，以系统施治、标本兼治的理念正风肃纪反腐，不断增强党自我净化、自我完善、自我革新、自我提高能力，跳出治乱兴衰的历史周期率，引领和保障中国特色社会主义巍巍巨轮行稳致远。

先烈们抛洒热血的地方，今天已经成为革命传统教育的生动课堂；先烈们留下的“血泪嘱托”，今天已经成为党性教育的无尽滋养。2017 年 7 月以来，重庆红岩联线文化发展管理中心已开展以“狱中八条”为主要内容的授课讲解近 1100 场次，其中为党性班队的学员授课约 2.4 万人次。

2020 年，红岩联线推出“传承红色基因 争做时代新人——红岩革命故事展演”，通过讲、诵、展、演等艺术形式再现先烈们在狱中坚贞不屈、英勇斗争的情形，重温这份先烈们用鲜血熔铸的“最后的嘱托”。自 2020 年 9 月 21 日作为“开学第一课”在重庆大学举行首场展演以来，“红岩革命故事展演”已在重庆、湖北等省市高校、中小学和企事业单位展演 66 场，近 4 万名师生和企事业单位干部职工现场观看演出，网络直播平台点击量达 60 万，许多观众在展演现场热泪盈眶。

（2021 年 2 月 18 日）

解放海南岛：开我军渡海作战胜利先河

王晓樱

位于海南西北部的临高角，有一条突出的岬角直插大海，琼州海峡在此形成自然奇观：岬角东侧波涛翻滚，白絮阵阵，西侧却水平如镜，波光潋滟。

就像这岬角造就不同的海面，71年前历史在此发生转折——1950年4月17日，人民解放军主力部队大规模抢滩登陆，进而解放海南，创造了“木船打军舰”的奇迹。

71年后的今天，记者来到临高角解放公园。碧海蓝天下，“热血丰碑”雕像庄严宏伟，两位手拉着手的战士为胜利高声呐喊，望向远方，仿佛在诉说着身后那场彪炳史册的渡海战役。海南省委党史研究室主任毛志华说：“从琼崖革命到海南解放再到建设自贸港，三者时间跨度近百年，精神力量却一脉相承，都是共产党人初心和使命的生动写照。今天建设自贸港，必须永远保持革命战争时期那么一股子气、一股子劲，坚忍顽强、无私无畏、知重负重、攻坚克难，以‘逢山开路、遇水搭桥’的百折不挠，迈开坚实的步伐。”

海上练兵　陆军练成“海军”

1949年秋冬，随着人民解放军在全国战场节节胜利，亡命台湾的蒋介石集团陈兵海南岛，妄图依靠其残存的海空优势，凭借琼州海峡而长期固守，与万山、台湾、金门、马祖、舟山诸岛构成封锁大陆的一条海上防线，要把海南变成第二个台湾，幻想第三次世界大战爆发，以海南岛作为反攻大陆的跳板。

1949 年 12 月 18 日，正在苏联访问的毛泽东主席向四野发出“以第四十三军及第四十军准备攻琼崖”的渡海作战命令。同时指出，渡海作战完全与过去我军所有作战的经验不相同，要吸取金门战役失利的教训。

当时的海南岛上，国民党军队以薛岳为总司令的海南防卫总司令部，总兵力 10 余万人，拥有大小舰艇 50 余艘，作战飞机 25 架，运输机 20 架。薛岳精心部署了一道严密的海陆空立体防线，并以自己的表字伯陵，为其命名为“伯陵防线”，以示坚不可摧。

我军负责渡海作战的 43 军、40 军，从松花江畔战斗到南海之滨，一路所向披靡，锐不可当。然而，两军都没有渡海作战经验，不懂海洋气象，不熟悉海情，很多官兵都是“旱鸭子”，生平第一次看到大海。再加上只有大量木帆船，少量机帆船，没有海、空军的配合，如何才能突破敌人由陆、海、空三军组成的立体防线?

面对严峻形势，党中央、毛泽东主席正确估量全国革命形势，着眼海南和全国大局，高度重视海南岛的解放问题，做出一系列战略部署，提出争取春夏两季内解决海南岛问题。渡海兵团在筹备船只的同时，抓紧一切时机进行海上训练，提出“把陆军相当地变为海军”的口号，要求部队既能陆战，又能海战，敢于近战、夜战和打敌兵舰。战士们将大海当操场，木船当课堂，实兵实船，先昼后夜，先近海后远海，先单船后多船联合编队，进行紧张的海上练兵活动。

经过 3 个月的海上练兵，部队逐渐克服了不熟悉水性和晕船的困难，学会了游泳、划桨、掌舵和识别风向等航海技术。在海练中，第 43 军 128 师副排长鲁湘云带领 8 名战士，驾驶一只小木帆船出海训练，与敌人的兵舰遭遇。国民党军舰先开炮打坏了鲁湘云的船，然后企图俘获他们，鲁湘云临危不惧，待国民党军舰靠近，突然下令开火，扔炸弹手榴弹，打了敌人个措手不及，终将敌舰打退，自己安全返航。这一“木船打兵舰”的英雄事迹，大大增强了渡海作战的信心。

军民同心　红旗插到天涯海角

2021 年春节前夕，海口有名的商业街——龙华区解放西路，商品琳琅满目，热闹非凡，采购年货的人们沉浸在一片喜庆氛围中。

穿过一条小巷，来到一栋典型的海南民居，竹林里 131 号。正屋内悬挂着一面中国共产党党旗，屋子中央摆放着一张方桌，12 张旧木椅围绕在旁，墙上大幅油画再现中共琼崖第一次代表大会召开时的场景——1926 年 6 月，中共琼崖第一次代表大会在这栋民居秘密召开。“正是这群平均年龄不到 30 岁的青年人，在这个小屋子内选举产生了琼崖党组织的最高领导机构——中共琼崖地方委员会。琼崖共产党人从这里走来，建立武装，建立革命根据地，创造了‘二十三年红旗不倒’的奇迹。”中共海口市委党史研究室主任符中介绍。

在海南岛解放过程中，琼崖革命武装力量作为内应发挥了十分关键的作用。1950 年 1 月 10 日，毛泽东主席从苏联发回的电报中指出了海南之战与金门之战情况不同的地方，“一是有冯白驹的配合，二是敌军战斗力较差。”第 40 军在总结海南岛登陆作战中也指出：“我军在渡海登陆作战中，自始至终是在琼崖纵队紧密配合和广大人民群众直接支援下进行的，这是取得战役胜利的根本保证。”

1949 年 12 月下旬，就在第四野战军雄师浩浩荡荡地向雷州半岛挺进的同时，琼崖区党委和琼崖纵队接到中央军委关于接应野战军渡海登陆的命令。1950 年 1 月 3 日又接到华南分局指示，琼崖“应集中全部力量，进行迎接并支援大军渡海作战解放琼崖之准备工作”。

为迎接、配合野战军渡海作战，在琼崖区党委的领导下，各级政府成立了支前委员会，组织起了 6 万多人的支前队伍。全岛开展了筹集钱粮的“一元钱”“一斗米”运动，广大群众在生活十分困难的情况下，宁愿以杂粮、野菜充饥，也将大米捐献出来，以支持解放军作战。在两个月的时间里，即筹集了5万多石粮食。还征集了170多艘木帆船，动员了400多名船工，冲破敌人的重重封锁，分批驶到雷州半岛，向渡海军团及时报告海南守敌设防的变化和沿海各港口、海岸线的水文、气象资料等情报。为了支援琼崖纵队的反“围剿”斗争，加强海南岛上人民解放军的接应力量，摸索渡海作战经验，我军决定第40军、第43军先以部分兵力实施偷渡。

1950年3月5日至26日，渡海兵团分两批4次8500多人偷渡琼州海峡，并在琼崖纵队的强力配合下胜利登陆，打开了国民党军队侧面和正面防御的缺口，既减轻了国民党军对琼崖纵队的军事压力，还取得了渡海登陆作战的经验，为主力大规模登陆作战创造了有利条件。

渡海兵团一鼓作气发起大规模渡海作战，4月16日黄昏，40军和43军2.5万余人，分乘380多只帆船，从雷州半岛南端并肩启航南渡，向着预定的登陆目标驶去。17日2时至6时，渡海部队在海口以西至临高角一线强行登陆，与接应部队共同歼灭海岸守敌后胜利会合。接着以排山倒海之势向全琼各地纵深挺进，到5月1日就解放了海南岛全境，将红旗插到了天涯海角。解放海南登陆战，开创了我军渡海作战胜利的先河，创造了古今中外战争史上用原始木帆船打败现代化铁甲兵舰的奇迹。

敢闯敢试　红色热土成改革开放高地

海南岛解放1个多月后，6月25日，朝鲜战争爆发。渡海作战主力部队之一的40军，后又成为首批入朝参战部队之一。

毛志华说，解放海南岛战役，具有十分重大的历史和现实意义。对海南而言，它使灾难深重的海南人民翻身做了主人，迈步走上了社会主义康庄大道，掀开了海南历史的新篇章。有了海南的解放，才有海南的改革开放、建省办经济特区、国际旅游岛建设的历史机遇，才有海南自贸港建设的今天。对新中国而言，海南的解放打破了国民党“反攻大陆”的海上部署，斩断了国民党封锁大陆锁链上至为关键的一环，使海南岛一跃成为祖国南海国防前哨，保证社会主义建设事业顺利进行的钢铁堡垒。对祖国统一大业而言，海南的解放，彻底粉碎了国民党当局变海南岛为“第二个台湾”的妄想，为完成中国统一大业创造了重要条件。对维护国家主权安全而言，海南的解放有利于捍卫祖国南海海疆和南海诸岛主权，为国家经略南海发挥了无可替代作用。

71 年沧桑巨变，海南从昔日封闭落后的“蛮荒之地”，成为我国对外开放高地。2018 年 4 月 13 日，在庆祝海南建省办经济特区 30 周年大会上，习近平总书记郑重宣布，党中央决定支持海南全岛建设自由贸易试验区，支持海南逐步探索、稳步推进中国特色自由贸易港建设，分步骤、分阶段建立自由贸易港政策和制度体系。这是党中央着眼于国际国内发展大局，深入研究、统筹考虑、科学谋划做出的重大决策，是彰显我国扩大对外开放、积极推动经济全球化决心的重大举措。

在海南建设中国特色社会主义自由贸易港，是一项全新的探索，面临的各种挑战前所未有。“当年面对国民党的陆海空立体防线，人民军队一无舰艇渡海登陆，二无空中火力支援，三无渡海作战经验。但决定战争胜负的从来都不是武器和装备，而是‘道’和‘气’——‘道’是人民解放事业的正义，‘气’是人民军队浴血冲锋的亮剑精神和战斗意志，‘道’和‘气’让解放海南岛战役气吞山河、光耀千秋。今天建设自贸港，仍需发扬革命传统、传承革命精神，不惧艰难险阻，知难而上。”毛志华说。

2020 年 4 月 30 日，海南省委举行纪念海南解放 70 周年座谈会。会议指出，要在以习近平同志为核心的党中央坚强领导下，沿着革命先辈开创的道路奋勇前行，把党中央和习近平总书记赋予我们的重大机遇把握好，把新时代交给我们的历史使命完成好，把中国特色自贸港建设好，争创新时代中国特色社会主义生动范例。

如今，解放思想、敢闯敢试、大胆创新成为海南发展的主旋律。在解放军大举抢滩登陆的临高角，沿海岸线继续向西，洋浦港巨轮靠港，岸桥伸缩。洋浦经济开发区作为海南自贸港建设的先行者，2020 年主要经济指标实现逆势增长，中国内地首个境外高校独立办学项目在此落户，海南自贸港首条洲际越洋航线在洋浦小铲滩码头正式运营，实现了海南洲际越洋航线零的突破。当年海南最后解放的村寨附近，一座科技新城正在崛起……

海南，正在为人民的美好生活而不懈奋斗。

（2021 年 2 月 22 日）

抗美援朝："打得一拳开，免得百拳来"

刘勇

大朵的雪花纷纷扬扬，在空中盘旋着落下。

2021 年 2 月 4 日，农历小年，鸭绿江畔的辽宁省丹东市，记者登上英华山，眼前是高高矗立的抗美援朝纪念塔。鸭绿江上水汽蒸腾，将人们带回到 71 年前"抗美援朝 保家卫国"的激情岁月。

为了和平，中国人民志愿军高举反抗侵略的正义旗帜，雄赳赳，气昂昂，跨过鸭绿江，同朝鲜人民和军队并肩作战，经过两年零九个月浴血奋战，最终赢得了伟大胜利。

刚刚成立的新中国为何要出国作战，打一场双方力量极其悬殊的战争？这场捍卫和平的"立国之战"为什么能取得胜利？这来之不易的伟大胜利，对我们在新时代实现伟大梦想，有着怎样的启示意义？

应当参战，必须参战

1950 年 10 月 19 日，夜，鸭绿江。"过江！"在微弱的星光中，时任中国人民志愿军第 42 军军长吴瑞林的神经一直紧绷着，4 个月前还在大兴安岭开荒扩土的他没有想到，农垦的日子就这样结束了。从这一天起，中国人民志愿军出国作战，伟大的抗美援朝战争拉开序幕。

"中国人民热爱和平、珍惜和平，这是一场帝国主义侵略者强加给中国人民的战争。"抗美援朝纪念馆副馆长宫绍山说，1950 年 6 月，朝鲜内战爆发，美国立即进行武装干涉，同时派第7舰队侵入中国台湾海峡，随后派出飞机多次轰炸我国东北边境，并不顾中国政府的一再警告，悍然越过三八线，将战火烧到鸭绿江边。

1950年8月27日，4架美军飞机入侵我辽东省临江县（今吉林省临江市），扫射县城和车站，2架美军飞机侵入安东机场，打死3名工人，打伤19人；8月29日，美军飞机侦察后，向民船射击，打死渔夫4人……抗美援朝纪念馆讲解员高真真向记者讲述当年美军轰炸的景象，“我爷爷当时18岁，在安东市（今丹东市）三马路的商铺做学徒，飞机轰炸将地面炸出一个个大坑，鲜血把弹坑里的水染红。”

刚刚诞生的中华人民共和国百废待兴。面对侵略，退缩妥协还是奋起抗争？应朝鲜劳动党和政府请求，中共中央在极端困难的情况下，果断做出“应当参战，必须参战。参战利益极大，不参战损害极大”的抗美援朝保家卫国的英明决策。

在关系民族命运的关键时刻，面对强大而残暴的侵略者，中国共产党人没有被吓倒，反而以“打得一拳开，免得百拳来”的英雄气概迎面而上。

在纪念中国人民志愿军抗美援朝出国作战70周年大会上，习近平总书记指出，“抗美援朝战争伟大胜利再次证明，没有任何一支政治力量能像中国共产党这样，为了民族复兴、人民幸福，不惜流血牺牲，不懈努力奋斗，团结凝聚亿万群众不断走向胜利。”

敢于斗争，善于斗争

在抗美援朝纪念馆，一处落地玻璃橱窗展出着中美两军装备对比。

美军：坦克、飞机，先进的现代化武器，制作精良的皮靴、大衣……

中国人民志愿军：“万国造”枪支、普通的棉衣、黄胶鞋……

新中国刚刚从战争的废墟上爬起来，就是在这样极不对称、极为艰难的情况下，中国人民志愿军同朝鲜军民密切配合，首战两水洞、激战云山城、会战清川江、鏖战长津湖等，接连打响5次战役，将敌人从鸭绿江边赶回到了“三八线”。

“不相信有完不成的任务，不相信有克服不了的困难，不相信有战胜不了的敌人。”当中国人民志愿军第20军58师172团3连连长杨根思喊出这口号时，入朝动员大会瞬间掌声雷动。

“三个不相信的背后其实是三个相信。”宫绍山对记者说，“相信党中央的决策，相信战士们的才智，相信人民必将胜利，而这一切恰恰是党在人民军队中起决定性作用的体现。”以“钢少气多”力克“钢多气少”，广大志愿军将士们服从党的领导，发挥军事民主的优势，想出了一条条破敌妙计。

12月的朝鲜嘎日岭，白雪皑皑。作为二次战役中的关键节点之一，山头阵地始终是双方争夺的重点。在战斗进行前，为了防止棉鞋与雪发出声响暴露目标，38军114师340团4连尖刀排长靳海芳下令全排光脚上山，隐蔽接敌。靳海芳回忆，“敌人直到我们摸到山顶都没发现，一下就能解决战斗。”

面对艰难险阻，中华儿女总能逢山开路、遇水架桥，总能展现大智大勇，“杀出一条血路”。用近战、夜战打破敌人火力优势，用防空洞、防空哨破解敌人空袭难题，广大志愿军将士们的聪明才智在抗美援朝中得到了极大的发挥。在上甘岭战役中，志愿军战士们运用娴熟的坑道战术，使得以“火力优势学说”著称的范弗里特铩羽而归，美军从此意识到再无任何获胜的可能。长津湖之战，让美军王牌部队经历了有史以来“路程最长的退却”。

毛泽东主席在后来评价抗美援朝时说，“我们方面发生的问题，最初是能不能打，后来是能不能守，再后来是能不能保证给养，最后是能不能打破细菌战。这四个问题，一个接一个，都解决了。我们的军队是越战越强。”

1953年7月27日，朝鲜停战协议签订。

依靠人民，传承精神

“穿过‘凯旋门’，从抗美援朝纪念馆中走出来之后充满力量。”辽宁省委党史研究室宣教部部长杨晓陶说。

募集捐赠慰问品，发起订立爱国公约，开展生产竞赛……在抗美援朝运动中，全国各族人民被紧紧团结起来，掀起了参军、参战、支前的热潮。“依靠人民，再加上一个比较正确的领导”“主要是因为我们的战争是人民战争”，毛泽东主席将抗美援朝的伟大胜利归因于党坚持以人民为中心。

站在“两个一百年”奋斗目标历史交汇点上，中华民族伟大复兴迎来光明前景，但同时也面临严峻挑战。“抗美援朝伟大胜利蕴藏着强大的精神力量。丹东作为抗美援朝英雄城市的血脉记忆依旧熠熠生辉。”丹东市委书记裴伟东表示，如今，丹东面临东北振兴的机遇期，依旧保持着当初“雄赳赳，气昂昂”的坚决，“在全面振兴、全方位振兴中，我们要不忘初心、牢记使命，发扬好红色传统，传承好红色基因。”

71 年，沧海桑田，鸭绿江依旧波浪滔滔向前奔涌。

“当前，虽遭受新冠肺炎疫情多次冲击，东北三省经济增速陆续实现转正，为全国经济稳中向好贡献了力量。”坚决打赢疫情防控这场硬仗、奋进“十四五”实现振兴新突破是东北地区在新时代对抗美援朝精神的最好传承。东北大学马克思主义学院副院长任鹏认为，打赢疫情防控硬仗、实现振兴新突破，必须紧紧依靠人民，把万众一心、保家卫国的斗争历程作为强大凝聚力的重要源泉，将艰难中的勇毅、平凡中的伟大、奋斗中的坚韧汇聚成彻底战胜疫情、应对复杂严峻国际形势和完成繁重艰巨改革振兴任务的磅礴伟力。

（2021 年 2 月 22 日）

成渝铁路：新中国建设史上第一个奇迹

周洪双　张国圣　李晓东　李宏

从清末到民国，西南人民盼这条铁路，盼了近半个世纪，也没见着一寸铁轨。新中国成立后，共产党人只用两年时间就完成了铁路通车。这就是被称为新中国建设史上第一个奇迹的成渝铁路。

车轮滚滚，汽笛长鸣。穿越近70年岁月，几经提能改造，成渝铁路依然是成都和重庆两城之间的重要交通大动脉。如今，货物班列、慢火车与时速350公里的高铁，并肩驰骋在祖国西南的群山之间，让成渝地区双城经济圈血管更加通畅。

以为人民服务的精神解决困难

四川省内江市梅山公园内，耸立着的成渝铁路筑路民工纪念碑，与成都人民公园屹立百余年的“辛亥秋保路死事纪念碑”遥相呼应，浓缩记载了巴蜀群众保路、筑路的历史风云和不朽功绩。

“蜀道难，难于上青天。”这片土地上的人们，千百年来一直梦想能打通天堑，畅游神州。1903年，四川总督锡良上书奏请自办川汉铁路，成渝铁路为其西段。川蜀民众踊跃认股。1911年，清政府宣布“铁路国有”，转而卖给英、法等国。轰轰烈烈的保路运动由此爆发，成为辛亥革命导火索。正如孙中山所说，“若没有四川保路同志会的起义，武昌革命或者要迟一年半载”。

后来，国民政府重启成渝铁路，但直到新中国成立，成渝线依旧是地图上的一条虚线，四川百姓的出山梦依旧遥远。

共产党没有让人民继续等待。开国大典后不久，时任中共中央西南局书记邓小平主持召开西南局常委办公会，决定“兴建成渝铁路，造船修建码头”。报告得到中央批准，成渝铁路成为国家战略。

1950年6月铁路动工，四川各界群情振奋。华中轮船公司负责人说：“过去反动政府借口修筑成渝铁路，不知搜刮了多少民脂民膏，结果只是在地图上画了一条虚线。现在西南解放才几个月，西南人民40多年来的理想，在人民政府领导下就开始实现了。”

新中国刚刚成立，百废待兴，还面临西方国家的封锁禁运，要修铁路谈何容易。有人问，铁轨、枕木、机车从哪来？

“依靠地方，群策群力，就地取材，修好铁路！”党中央的指示明确有力。鞍钢的钢锭、上海的钢梁、武汉的机车，源源不断运到重庆。铁轨、螺丝钉、炸药、水泥等材料，全部自制。全川人民踊跃捐献枕木，青年献出做新床的木料，老人献出做寿棺的方材，有的人还献出了珍藏多年的樟木、楠木，全川共献枕木129万根。

不久，朝鲜战争爆发，筑路主力军北调参加抗美援朝。他们留下的任务，由从各城镇招募的失业工人和沿线动员的农民工接替。

分散在500公里线路上的10万民工如何管理？更不要说其中还混迹着土匪、特务等敌对势力。铁路建设还能顺利推进吗？

“许多的困难问题，必须要以为人民服务的精神，逐步地求得解决。”各级领导干部遵照邓小平在铁路开工典礼上的讲话，将修建铁路的过程，变成将党的政策在群众中间生根开花的过程。

当时党组织没有公开，民工就看干部、指导员如何做。饭不够吃，指导员先放下碗；工棚地下回潮，指导员把稻草让给民工多铺些；发生塌方，指导员让民工先出洞口，自己最后出来……好的干部带出了好的筑路队伍。隧道里放炮后，常常硝烟未散，工人就冲进去干活。当年参加筑路的华荣、凌云柱曾回忆：“那时抗美援朝，别人捐飞机大炮，我们没钱，只有加快施工，劳动报国。大家约定下班后义务加班半小时，届时班头吼一声‘捐献飞机大炮的时候到了’，我们就不仅不休息，反而干得更卖力，那半小时就像现在的自动传送带似的，工效比正常上班提高两倍。”成渝铁路工程师萨福均感慨道：“人民政府一声号召，从最高级的政府到最下级的政府一齐动员，几十万民工马上集合到路线上来。过去国民党抓都抓不来，现在他们是争着来，干了还不肯回去。”

只有人民政府才能领导人民走向幸福

1952 年 7 月 1 日，成渝铁路全线通车。沿线农民个个兴高采烈。他们在送给筑路工人的锦旗上写着：“毛主席来了，火车也来了！”“人民政府把我们的幸福的道路修通了！”到处可以听到这样的歌声：“人民政府爱人民呀！共产党的恩情说不完！”“人民的铁路人民修呀！人民的铁路人民护！人民的江山万万年！”

老百姓的欢歌笑语，充分表明共产党办了一件深得民心的大好事。时任政务院副总理兼财政经济委员会主任陈云说：“中央人民政府两个年度的经济投资，使全国人民普遍地有了一种感觉：仅仅这个政府才是为人民服务的政府；只有这个政府才能领导我国人民走向幸福。”

时任西南军政委员会副主席贺龙说：“这是中国第一条全部用自己的器材修成的铁路，西南人民把它看作通往繁荣和幸福的起点。”

时任民盟主席张澜在通车贺电中说：“渴望数十年的成渝铁路，能在中国共产党 31 周年纪念日胜利通车，这充分证明了西南人民在毛主席领导下，才可能发挥伟大力量，获得今天的胜利成功。”

为区域经济腾飞发挥巨大作用

“西南是交通第一，有了铁路就好办事。”近70年过去，邓小平的话仿佛依然在回响。成渝铁路在政治、经济、交通等方面深刻改变了西南地区的格局，至今仍然为区域经济腾飞发挥着巨大作用。

2021年1月22日，成都天府国际机场成功试飞。所用航油早在半个月前就由成渝铁路经机场供油专线输送到位。将来，机场投运后所需航油，也将由成渝铁路输送。老铁路与全新的国际航空枢纽，以这样特殊的方式连接到了一起。

今年86岁的杨世贤在成都火车站做了几十年的售票工作。她告诉记者，成渝铁路一直非常繁忙。20世纪七八十年代，售票员交接班的时候，点钞都要一两小时。改革开放后，成渝铁路更是成了群众外出务工的主要大通道。

曾在成都经成渝铁路至广州K194次列车上担任列车员的殷竹君回忆说，许多回川乘客衣着时髦，妆容精致，卡带录音机放着流行歌曲。改革开放的春风，通过火车迅速吹到西南内地。

“资阳82张票源，硬是挤上来了200多人。”1995年，王泽云担任成都经成渝铁路至广州51/52次列车的列车长，他清楚记得，春运时车站专门成立了“关门队”，负责把人推上车，然后才能关上车门。

2020年疫情来袭，西南地区最大食用酒精生产企业资中县银山鸿展公司迅速转产医用酒精。一时间，成渝铁路银山镇站加倍繁忙起来：每天用于生产酒精的千余吨粮食原料在此卸货，千余吨酒精再通过汽车运往全国各地。

简阳的砂石、内江的钢材、永川的汽车、江津的白沙……中国铁路成都局集团公司货运部相关负责人说，成渝铁路2020年发运量2620万吨，加上数倍于此的到达量，使这条老铁路成为成渝地区经济发展的重要保障线。

跟着共产党走，生活会越来越美好

2020 年 12 月 24 日，成渝城际铁路达标提质提速，司机李治刚拉响嘹亮的风笛，驾驶 G8608 次复兴号动车组，由沙坪坝站开往成都东站。从这一天起，时速 350 公里的复兴号动车组，将成渝之间的时空距离缩短至 62 分钟。

这是李治刚最骄傲的时刻。他的爷爷李鸿升是成渝铁路开通时拉响汽笛的第一人，父亲李国方经历了蒸汽机车、内燃机车和电力机车几个时代。从时速 30 公里到 350 公里，祖孙三代火车司机，见证了成渝铁路的历史变迁，也见证了中国铁路飞速发展的奇迹。

70 年前，四川的交通主要靠内河航运和驿道，从成都乘船顺岷江经乐山至宜宾，再顺长江经泸州至重庆，旅行时间要一周。成渝铁路将旅行时间缩短为十几小时。而今，成渝两地形成“一小时通达圈”，每小时好几趟的高铁和动车，将两地紧紧地连成了一个圈。

当年，新中国政府在修建成渝铁路中展现的强大组织能力，让人们相信，跟着共产党走，生活会越来越美好。人们深信：“勇敢而勤劳的中国人民，在共产党领导下完全可以用自己的力量建设好自己的国家。”

如今，成渝铁路、成遂渝铁路和成渝城际铁路在成渝之间并驾齐驱。此外，成达万高铁已经开工，成渝中线高铁也已进入可研待批复阶段。在新时代，不断织密的铁路网，彰显着中国综合国力的飞跃。回望历史，极大提高党和人民政府威望的成渝铁路依然熠熠生辉，激励着今天的人们不忘初心，继续前进。

（2021 年 2 月 23 日）

“一定要把淮河修好”

马荣瑞　常河

从合肥搭乘高铁一路向北，约莫 1 小时车程就到了蚌埠，再转乘 40 分钟汽车，就到了蚌埠闸水利枢纽附近。

淮河岸畔，黑牛嘴生态园是纵览蚌埠闸风貌的绝好位置：极目处，荆涂二山巍峨而立——4000 余年前，大禹劈山导淮的传说于此间发生；眼近前，淮河水面波光粼粼——拥有 40 孔节制闸的蚌埠闸宛如一条巨龙，横卧在千里淮河中游。

蚌埠闸工程管理处副主任张文斌告诉记者，60 多年前，蚌埠闸的所在处还是一片河漫滩地，如今的蚌埠闸，是淮河上历史最为悠久，流量最大，功能最为齐全的大型水利枢纽，集防洪、蓄水、航运、发电、生态景观于一体。距离闸口不远的河堤上，竖着一块景观牌，上面分明写着：“千里大河浊浪高，谁持金锁缚长蛟？”

历史上的淮河是一条复杂难治的河流。据统计，从 14 世纪至 19 世纪的 500 年间，淮河流域发生较大水灾 350 次，严重旱灾 280 多次，频发的水旱灾害给淮河流域人民带来深重灾难。这条“最难治理”的千里大河，见证了中国共产党领导下，新中国大规模治水事业的累累硕果。

“不解救人民，还叫什么共产党”

回望历史，重大的事件总是在同一时间节点纠缠耦合，构成宏大叙事。

1950 年，抗美援朝与治理淮河成为同时间发生在中国大地上的两件大事，考验着年轻的中国共产党的执政胆略与智慧。

1950 年 6 月至 7 月，淮河流域普降暴雨，豫皖苏三省 1300 万人受灾，流域内 4300 余万亩土地被淹，其中，皖北受灾面积最大。

8 月，一封接一封的淮河水灾告急电报被呈送给毛泽东主席，“水势凶猛”“全村沉没”“被毒蛇咬死者……统计 489 人”。如泣如诉的文字令毛泽东潸然泪下，他对秘书田家英说：“不解救人民，还叫什么共产党！”

一边，东北鸭绿江畔黑云压城；另一边，皖北淮河岸边大雨滂沱……

面对国内外压力，两个月里，毛泽东连续 4 次对淮河救灾做出批示。10 月 14 日，中央人民政府做出《关于治理淮河的决定》，淮河治理正式上升到国家层面，确立了“蓄泄兼筹”的治淮方针，翻开了淮河治理的历史性一页。

10 月 19 日夜，25 万中国人民志愿军雄赳赳、气昂昂跨过了鸭绿江；仅仅 18 天后，直属于中央人民政府的治淮机构——治淮委员会在安徽蚌埠成立。大批干部、学者、专家从全国各地赶来，4 个月时间，220 万军民集结于治淮一线。

从鸭绿江畔到淮河两岸，两线作战，只为了一个共同目标——解救人民！

每一座历史坐标，总会留下时代的回响。

时光荏苒 70 载。2020 年年初，新冠肺炎疫情肆虐；6 月起，我国江南、华南、西南暴雨增多，多地进入主汛期；7 月，淮河发生流域性较大洪水。

疫情防控与防汛救灾——同样面临“两线作战”，习近平总书记做出重要指示，要求全力做好洪涝地质灾害防御和应急抢险救援，坚持人民至上生命至上，切实把确保人民生命安全放在第一位落到实处。

在党中央的坚强领导下，我国治淮机构强化预警监测，先后启用梅山等骨干水库以及蒙洼等8处行蓄洪区，对洪水进行有效调控。此次洪水，淮河流域无一人伤亡，水库无一处漫坝，主要堤防未出现重大险情，防汛抗洪工作井然有序。

如今，蚌埠治淮陈列馆里，陈列着数封20世纪50年代，毛泽东等党和国家领导人对治淮工作的批复函件。在那些圈圈点点的标注与密密麻麻的批示中，溢流着党中央对于推动治淮工作进展的焦炙之情，对彻底结束沿淮人民苦难的决绝之心！

“70年治淮实践证明，只有中国共产党缔造领导的新中国才能根治水患，修好淮河！”展柜旁，治淮陈列馆解说员江博君激动地讲解着。

“蓄泄兼筹”本质是“人民至上”

在毛泽东主席“一定要把淮河修好”的伟大号召下，从20世纪50年代至今，长淮沿岸先后掀起3次治淮高潮。

治淮陈列馆里，一张褪色的黑白老照片深深吸引了记者的目光：工地上，数以千计的治淮民工头顶烈日，挥舞着镐头，挑着担子，开挖土方——那是1951年4月1日，淮河流域第一座山谷水库——石漫滩水库开工建设时的情景。

1950年至1957年间，随着石漫滩水库、佛子岭水库、梅山水库、王家坝闸等一批耳熟能详的水利工程建成并投入使用，淮河水害得以遏制，人民群众的生产生活初步改善。

时任水利部部长傅作义在沿淮一线实地考察，留下深情文字：“我所看见的一切，真是满眼都是力量，满眼都是希望……依靠共产党的领导，人民政府是深深扎根在每一个角落、每一块地方、每一个人，因此人民政府的力量是不可动摇的伟大。”

1991 年，国务院又做出《关于进一步治理淮河和太湖的决定》，确定实施治淮 19 项骨干工程；2010 年，国务院召开治淮工作会议，部署实施 38 项工程。经历先后 3 轮治淮高潮，淮河“上拦、中畅、下泄”防洪体系逐步完善。

治淮工程，关系到上中下游沿淮省份的切身利益，上游地区由于内涝严重，希望尽快、尽量将淮河洪水排入下游洪泽湖；而下游省份担心猛泄洪水不能顺利入海，会加重当地水患。因此，在“泄”“蓄”之间，往往各执一词。

现年 82 岁的赵武京曾在 20 世纪 90 年代主持领导淮河水利委员会治淮工作，在推动实施治淮骨干工程过程中，他切身体会到党中央“蓄泄兼筹”治淮方针的深远含义。

“作为淮河流域的调度管理机构，我们其实是在‘当红娘’——通过把握地域间的利害平衡，为流域省际‘牵线搭桥’。”赵武京笑着给记者打了个比方。

赵武京回忆，在推动实施淮河中上游战略工程——临淮岗洪水控制工程以及大洪河跨省支流治理时，流域省份正是秉承了“中小洪水安徽要关照一下河南，大洪水河南要关照一下安徽”这一观念，最终，两项治淮工程成功实施，保护了流域内近 700 万群众和千万亩耕地。

“‘蓄泄兼筹’的治淮方针，本质上体现的是‘人民至上’的执政理念。”赵武京说，这是我们推动实施一切治淮工程的出发点与立足点。

“党的领导是成功治淮的根本保证”

淮河治理是一段波澜壮阔的历史，淮河治理也是一个持续不断的历程。

2020 年 7 月 20 日 8 时 31 分，根据国家防总指令，有千里淮河“第一闸”之称、位于安徽阜南县的淮河王家坝闸第 16 次启用，在开闸的 76

小时里，蒙洼蓄洪区共蓄洪 3.75 亿立方米，为淮河安澜起到关键作用。

一个月后，习近平总书记深入安徽考察调研，第一站就是王家坝闸。他强调，70 年来，淮河治理取得显著成效，防洪体系越来越完善，防汛抗洪、防灾减灾能力不断提高。要把治理淮河的经验总结好，认真谋划“十四五”时期淮河治理方案。总书记的指示，为进一步做好新时代淮河保护治理工作提供了科学指南和根本遵循。

2020 年 10 月 22 日，纪念新中国治淮 70 周年座谈会在安徽蚌埠召开。回顾梳理 70 年淮河治理成果经验，与会代表认为，首要一条就是“坚持党对治淮工作的领导”，“这是做好淮河治理的根本保证”。

新中国成立以来，国务院先后召开 12 次治淮会议。70 年来，治淮总投入超过 9200 亿元，淮河流域建成各类水库 6300 余座，兴建加固各类堤防 6.3 万公里，建设各类水闸约 2.2 万座，基本建立了防洪减灾除涝体系，初步形成了水资源综合利用体系，逐步构建了水资源与水生态环境保护体系，不断强化了流域综合管理与科技创新支撑体系。

“我们将持之以恒贯彻习近平新时代中国特色社会主义思想，坚定不移践行‘节水优先、空间均衡、系统治理、两手发力’的治水思路，坚持人民至上、造福人民，坚持‘蓄泄兼筹’的治淮方针，坚持生态保护和高质量发展，积极推进新发展阶段淮河保护治理取得新成效。”水利部淮河水利委员会主任刘冬顺说。

（2021 年 2 月 23 日）

和平解放：掀开西藏历史新篇章

尕玛多吉

藏历新年，晨光点亮了布达拉宫下鳞次栉比的藏式民居。古往今来，“世界屋脊”已不知多少次这样迎来黎明。而在青藏高原历史上，有一个特殊的年份也以“黎明”著称。

1951 年 5 月 23 日，《中央人民政府和西藏地方政府关于和平解放西藏办法的协议》在北京签订，宣告西藏和平解放，这是西藏历史上具有划时代意义的转折点，也是中国人民解放事业和祖国统一事业的一件大事。自此，西藏从黑暗走向光明、从落后走向进步、从贫穷走向富裕。

曙光点亮高原　融化千年冰雪

1949 年，英勇的中国人民解放军以摧枯拉朽之势向全国各地胜利大进军，新中国如黎明之红日，喷薄欲出。此时，毛泽东的目光已及时扫视到封建农奴制度下的西藏高原。1949 年 8 月 6 日，毛泽东给酣战西北的彭德怀发电指示说：“班禅现到兰州，你们攻兰州时，请十分注意保护并尊重班禅及甘青境内的西藏人，以为解决西藏问题的准备。”

这是目前所看到公开的毛泽东第一个有关西藏工作的指示。

同年 12 月，毛泽东主席在前往苏联访问、途经满洲里时，写信给中共中央，做出了“进军西藏宜早不宜迟”的战略决策。黑暗的旧西藏，迎来了黎明的曙光。

在酝酿和探索解放西藏的过程中，考虑到西藏是一个特殊的民族地区，中国共产党确立了和平解放的方式。然而，西藏地方政府在帝国主义侵略势力的怂恿和西藏上层亲帝分裂势力的把持下，极力扩充藏军，陈兵昌都，企图阻止人民解放军进军解放西藏。

昌都为从西南入藏的必经之地。1950 年 10 月 6 日起，人民解放军进藏部队从南北两线分别渡过金沙江执行解放昌都的作战任务。10 月 19 日，昌都解放。昌都战役打开了和平谈判的大门，为促进西藏和平解放创造了必要条件。

经中央几次敦促，西藏地方噶厦政府终于派出了以阿沛·阿旺晋美为团长的和谈代表团赶赴北京。“在谈判中，诸如驻军、恢复十世班禅的历史地位等问题双方产生了较严重分歧。”当年为西藏代表团做翻译的藏族老人彭哲回忆说，当时把持西藏政权的一些贵族上层人物反对驻军，意图就是不想接受中央领导，从而使 1951 年 4 月 29 日开始的谈判一度陷入僵局。

“这时中央没有强迫，而是建议休会两天，安排参观，同时耐心劝说。”彭哲说。

1951 年 5 月 23 日，经过近一个月谈判，中央和西藏地方双方代表终于在关于和平解放西藏办法的协议上签字，这就是著名的“十七条协议”。从此，掀开了西藏历史新的篇章。

传承红色精神　积蓄奋斗力量

进藏的路途，既险又苦，“我们从昌都到拉萨，走了一年，在食物严重匮乏的条件下，战士们克服重重困难，主要靠野菜充饥，一人一年要挖 400 公斤的野菜。”进藏部队老战士、84 岁的吴晨老将军回忆说。

当时内地尚无通向西藏的公路，部队官兵一边修路，一边剿匪。为了打通进藏之路，战士们夜以继日地用绳索拴着身子在悬崖上开路，在冰河上架桥，硬是用最原始的工具，打通昆仑山、唐古拉山、二郎山、雀儿山等 10 多座高山，跨越了金沙江、澜沧江、怒江等天险急流，完成了川藏公路这一世界公路史上的空前壮举。这条被后人称为高原"幸福路"的公路沿途，平均每公里就有一名官兵长眠于此。

1950 年 8 月 1 日，被毛泽东主席称为"盖世英雄"的先遣连从新疆向阿里高原进发。在总指挥兼党代表李狄三的带领下，先遣连 136 名官兵在没有地图、没有向导、没有道路的情况下，徒步 2000 多公里，克服了严重的高山反应，横跨海拔 6000 多米的昆仑山和冈底斯山，60 多名官兵献出了自己宝贵的生命。正是在这种大无畏精神的指引下，后续部队奋不顾身，解放了阿里全境，将五星红旗插上了"世界屋脊的屋脊"。

自从踏上进藏之路，解放军官兵就以人民军队特有的热诚和纪律，逐渐消融着当地群众心中的疑虑。虽然缺少粮食，解放军却明令禁止上街向老百姓买粮，严守"进军西藏，不吃地方"的原则。同时，部队自己开荒种田。"我们经常饿得嘴里直流清水，眼睛直冒金星。"老战士于德华回忆，"有一回，我在街上看见有卖大饼的，闻着香味实在馋得不行，就买了几个。回到部队，就被政委没收了，又退给卖饼的小贩。我因此受了处分。"

为争取最广泛的支持，当时中央对西藏采取了"慎重稳进"的方针。西藏自治区委党史办主任汪德军认为："历史地看，这种方针体现了共产党人的宽广胸怀。"

无数参与西藏解放事业的先驱们，正是在异常艰苦的环境下成就了一段辉煌的历史篇章，为后人留下了"特别能战斗，特别能吃苦，特别能忍耐，特别能团结，特别能奉献"的"老西藏精神"。

守初心担使命　建设美丽新西藏

弹指一挥间，西藏和平解放至今已 70 年。70 年来，这片高天厚土经历了和平解放、民主改革、自治区成立、改革开放等重要历史时期，实现了社会制度的根本转变、各项事业的全面发展进步，创造了"短短几十年跨越上千年”的人间奇迹。

当年人民解放军进军西藏历经千难万险修建的川藏、青藏公路，早已被宽阔平坦的柏油路、高速路替代。青藏铁路、拉日铁路、拉林铁路已建成和正在建设，川藏铁路开工建设，全区建成机场 5 座，开通了国际国内航线 96 条，通航城市 50 个以上。“西藏各族人民出行越来越方便，与祖国内地、与世界各地的交往越来越紧密。”

西藏工作关系党和国家工作大局，党中央历来高度重视西藏工作，多次召开西藏工作座谈会，每次都根据现实情况做出重大决策部署。特别是党的十八大以来，习近平总书记亲自主持召开中央第六次、第七次西藏工作座谈会，总结党领导人民治藏稳藏兴藏的成功经验，形成了新时代党的治藏方略，为西藏工作提供了根本遵循、注入了强大动力。

西藏自治区党委、政府带领全区各族干部群众团结一心、艰苦奋斗，解决了许多长期想解决而没有解决的难题，办成了许多过去想办而没有办成的大事，各项事业取得全方位进步、历史性成就。

西藏是全国“三区三州”深度贫困地区中唯一的省级集中连片特困地区，是脱贫攻坚之初全国贫困发生率最高、贫困程度最深、扶贫成本最高、脱贫难度最大的区域。在党和国家的关心关怀下，通过一系列行之有效的扶贫举措，截至 2019 年年底，西藏 74 个贫困县区实现摘帽，62.8 万建档立卡贫困人口实现脱贫，西藏历史性消除了绝对贫困，这是中国共产党领导西藏人民创造的又一个伟大奇迹。

西藏自治区党委政研室副主任简宏说：“从百废待兴到百业兴旺，从贫困落后到繁荣进步，实践充分证明，党中央关于西藏工作的方针政策完全正确。”

喜马拉雅莽莽苍苍，一座座高矗的山峰犹如无字丰碑，见证着在中国共产党领导下，西藏广大党员干部守初心担使命，发扬“老西藏精神”，携手奋进在建设社会主义现代化新西藏的征程上。

（2021 年 2 月 24 日）

第一个五年计划：工业化建设扬帆起航

张翼　董蓓

五年，中国人民能够创造怎样的奇迹？

新中国成立以来，从1953年开始，13个以五年为期的发展规划（计划）串起了中国发展进步的历程，推动国家经济社会发展进步，如同一把时间标尺，刻录着新中国建设的非凡成就，体现着中国显著的制度优势和中国共产党独特的治理经验。

今天，我们又站在一个新五年的起点上："十四五"，是乘势而上开启全面建设社会主义现代化国家新征程、向第二个百年奋斗目标进军的第一个五年。在这个特殊的时间节点上，回望新中国建设历程中的第一个五年计划时期（1953—1957年），曾经的峥嵘岁月，天翻地覆慨而慷，不仅仅诞生了一座座现代化的工厂，崛起一个个决定行业命运的重大工程，使中国迅速从落后的农业国进入工业化的进程，更将永恒的精神财富留给后人。

热火朝天，集中主要力量发展重工业

1956年6月14日下午4时，在外人眼中一向不苟言笑的著名翻译家傅雷在给儿子的信中写下了一段激情四溢的文字："亲爱的孩子：我6月2日去安徽参观了淮南煤矿、佛子岭水库、梅山水库，到12日方回上海……祖国的建设，安徽人民那种急起直追的勇猛精神，叫人真兴奋。淮南煤矿的新式设备，应有尽有：地下 330 公尺深的隧道，跟国外地道车的隧道相仿，升降有电梯，隧道内有电车，开采的煤用皮带拖到井上，直接装火车。原始、落后、手工业式的矿场，在解放以后的六七年中，一变而为赶上世界水平的现代化矿场，怎能不叫人说是奇迹呢？”

以措辞严谨著称的傅雷，用“奇迹”两字来表达参观后热血沸腾的感受，代表了那个激情燃烧的岁月里亿万中国人的真情实感。当时的中国大地，处处是第一个五年计划实施中大规模社会主义建设的火热场景。

时针回拨，却是另一番光景。新中国成立初期，我国工业基础十分薄弱，只有采矿业、纺织业和简单加工业，大量工业产品依赖进口，无法生产汽车、飞机、坦克等工业产品。

“现在我们能造什么？能造桌子椅子，能造茶碗茶壶，能种粮食，还能磨成面粉，还能造纸，但是，一辆汽车、一架飞机、一辆坦克、一辆拖拉机都不能造。”70 年前，毛泽东主席的这番话，真实地反映了当时中国的发展状况，道出了党和国家优先发展重工业背后的战略考量。1952 年国民经济恢复后，现代工业在我国工农业总产值中的比重也只有 26.6%，重工业在工业总产值中的比重只有 35.5%。

1953 年元旦，《人民日报》发表社论：“开始执行国家建设的第一个五年计划”“工业化——这是我国人民百年来梦寐以求的理想，这是我国人民不再受帝国主义欺侮不再过穷困生活的基本保证，因此这是全国人民的最高利益。”

鞍山钢铁公司、乌鲁木齐电站、丰满水电站、沈阳第一机床厂、哈尔滨锅炉厂、长春第一汽车制造厂……从白山黑水到新疆大漠，从巴山蜀水到九省通衢，建设者日夜奋战，一个个现代化的工程在神州大地诞生。

第一个五年计划的制定与实施标志着系统建设社会主义的开始。在新中国工业史上占有重要地位的诸多工业产品被制造出来：1954 年 7 月，“初教 5”飞机试飞成功，中国航空工业由修理阶段跨入制造阶段；1956 年 7 月，载重量为 4 吨的“解放”牌卡车试制成功，我国开始独立掌握汽车生产技术；1956 年 9 月，国产 B2-34 中型坦克发动机问世，结束了中国不能制造坦克发动机的历史；1957年10月，武汉长江大桥落成通车典礼举行，这是新中国成立后在长江上修建的第一座公路铁路两用桥，被称为“万里长江第一桥”……到1957年年底，“一五”计划各项指标大都超额完成。一大批现代工业骨干部门建立起来，我国工业生产能力大幅度提高，工业布局不合理的局面得到初步改变，实现了国民经济快速增长，并为我国的工业化奠定了初步基础。

接续推进，体现中国制度优势

1953年7月，作为第一个五年计划的重大项目，第一汽车制造厂在长春市西南的孟家屯附近奠基。“中国汽车工业史上第一个规模空前的建设工程开始了！”热火朝天的工地上，高音喇叭反复地播放。

60多年前，百业待兴之时，第一辆卡车“解放”、第一辆小轿车“东风”、第一辆高级轿车“红旗”在这里下线，点燃了民族汽车工业的光荣与梦想；今天，一汽集团已成长为位居世界500强前列的大型汽车制造企业。今日之中国，已是汽车生产和销售的世界第一大国。

“上一次来一汽还是9年前，这次来看了以后，感到眼前一亮，今非昔比啊！”2020年7月23日下午，正在长春考察调研的习近平总书记来到一汽集团研发总院，一路走过来，备感欣慰。

“我们要成为制造业强国，就要做汽车强国。”面对一汽职工代表，习近平总书记发表了意味深长的讲话。

五年规划，是读懂中国发展奇迹的一个重要视角，也是中国重要的制度优势和发展经验，是中国共产党治国理政的重要方式。面对不同发展阶段的重大问题时能够提出有针对性的战略部署，着眼未来、规划全局、整合资源、把握机遇、形成合力，五年规划实践背后有深刻的理论意义。

从“一五”计划首次大规模、有重点进行工业建设，到“五五”计划中后期改革开放大幕拉开；从“七五”计划后我国基本上解决了温饱问题到“九五”期末人民生活总体达到小康；从“计划”向“规划”转变的“十一五”规划，到指向全面建成小康社会的“十三五”规划……纵览13个五年规划（计划），在规划目标、内容、体系与机制上适应了从站起来、富起来到强起来的历史进程。五年规划是动员与配置全社会资源、推进经济社会发展的重要治理方式，是党和人民在长期实践探索中形成的科学制度安排，深刻体现了中国特色社会主义制度的显著优势和强大生命力。

改革开放以来，我国工业发展进入腾飞期。党的十八大以来，我国工业生产能力日益增强，并逐步向中高端迈进。目前，我国已成为拥有联合国产业分类中全部工业门类的国家，200多种工业品产量居世界第一，制造业增加值自2010年起稳居世界首位。

中国社会科学院经济研究所所长黄群慧指出，历史证明，中国的发展奇迹是马克思主义中国化成功探索的结果。面对中国现代化进程的复杂性和发展任务的艰巨性，坚持以马克思主义中国化最新理论成果为指导，不断创新和探索发展理念，可以充分保证五年规划的前瞻性和科学性。

久久为功，谱写发展新篇章

山以险峻成其巍峨，海以奔涌成其壮阔。在一穷二白、满目疮痍的烂摊子上，中国人民以“逢山开路、遇水架桥”的智慧和勇气开拓前行，以“敢教日月换新天”的决心和气魄一往无前，热火朝天、轰轰烈烈地开始了第一个五年计划。彼时，党和政府抽调大批干部到国营工业部门工作；工业企业掀起增产节约和劳动竞赛运动，涌现大批劳动模范、革新能手和先进工作者；广大农民积极行动，努力增产，踊跃交售粮棉，支援工业建设；知识分子、科技人员和大批大中专毕业生响应党和国家号召，奔赴工业建设第一线，参加国家工业化建设。

正是在中国人民这股改天换地、攻坚克难的冲天豪情里，在中国人民这份敢为人先、勇往直前的冲天干劲里，第一个五年计划“诞生”了多个具有里程碑意义的“第一”，标注着共和国前进的脚步。

心中有目标，眼前有方向，脚下才会有路径，手里才会有收获。中央党校（国家行政学院）政治和法律教研部教授宋雄伟强调，正因为有党的坚强领导，中国的发展才能够保持连续性、稳定性，全国连成一条心、拧成一股绳，创造出经济快速发展的奇迹。

“十三五”期间，我国经济实力、科技实力、综合国力跃上新台阶。五年间，中国经济总量从2016年的70多万亿元迈上100万亿元的大台阶，获得历史性突破；五年间，超过5000万农村贫困人口脱贫，创造了人类减贫史上的奇迹。

站在“两个一百年”奋斗目标的历史交汇期，“十四五”规划《建议》擘画了中国未来5年乃至15年的发展蓝图。“到2035年我国基本实现社会主义现代化，需要通过三个五年规划来实现。”清华大学中国发展规划研究院执行副院长杨永恒指出，从历史脉络看，五年规划是国家总体发展战略的阶段性部署和安排，每个五年规划都是在分阶段落实国家总体发展战略。

正如习近平总书记强调的，我国有独特的政治优势、制度优势、发展优势和机遇优势，经济社会发展依然有诸多有利条件，我们完全有信心、有底气、有能力谱写“两大奇迹”新篇章。

（2021年2月24日）

"五四宪法"：新中国首部具有基石意义的宪法

严红枫　陆健　陈韬

坐落在浙江省杭州市西湖风景名胜区北山街84号大院的"五四宪法"历史资料陈列馆，是中国唯一一家宪法主题陈列馆。陈列馆分为北山街、栖霞岭两个馆区，生动展现了党领导人民制定宪法的光辉历史，讲述了中国宪法故事。

"欢迎您来到'五四宪法'历史资料陈列馆参观。这里是中华人民共和国第一部宪法——1954年宪法的起草地……"伴随着讲解员富有穿透力的声音，一批又一批观众在一件件珍贵的文物和图文资料前驻足观看、交流细品。人们在感受着那段激情燃烧的岁月的同时，也为今天这个伟大的新时代感到无比自豪，更对未来充满了信心和希望。

从西子湖畔到人民大会堂

1949年10月1日，中华人民共和国的成立，开辟了中国历史上人民当家作主的新纪元。

1953年12月24日下午4时，一趟专列从北京启程，前往杭州。在火车上，毛泽东主席对随行人员说："治国，须有一部大法。我们这次去杭州，就是为了能集中精力做好这件立国安邦的大事。"

抵杭后，毛泽东和部分随行人员住在刘庄1号楼。每天下午3时，毛泽东便从刘庄出发，来到北山街 84 号大院 30 号平房里办公，宪法起草小组其他成员在东侧的主楼办公，往往一干一个通宵。

1953 年 12 月 28 日至 1954 年 3 月 14 日，毛泽东率领宪法起草小组在杭州度过了 77 个日夜，起草了新中国第一部宪法的草案初稿（史称“西湖稿”）。

1954 年 3 月 23 日，毛泽东在中南海勤政殿主持召开中华人民共和国宪法起草委员会第一次会议，代表中共中央提出《中华人民共和国宪法草案（初稿）》。会后，全国政协和各省区市党政机关、军队领导机关，以及各民主党派和各人民团体的地方组织共 8000 多人参与了讨论，历时两个多月，提出各种修改意见 5900 多条。

1954 年 6 月 14 日，毛泽东主持召开中央人民政府委员会第 30 次会议，提出了“搞宪法是搞科学”这一著名论断。会议一致通过《中华人民共和国宪法草案》和《关于公布中华人民共和国宪法草案的决议》。宪法草案正式公布后，全国各界超 1.5 亿人参加了宪法草案的学习讨论，历时近 3 个月，共提出 118 万多条修改、补充意见和问题，宪法内容日臻完善。

1954 年 9 月 20 日，中华人民共和国第一届全国人民代表大会第一次会议，以全票同意的结果通过了新中国第一部宪法。

毛泽东在《为建设一个伟大的社会主义国家而奋斗》中说：“我们这次会议具有伟大的历史意义。这次会议是标志着我国人民从 1949 年建国以来的新胜利和新发展的里程碑，这次会议所制定的宪法将大大地促进我国的社会主义事业。”

开启中国社会主义宪法崭新历史

“五四宪法”的通过与实施，推进了人民民主政权建设的发展完善，开启了社会主义民主与法制建设的新纪元。

中国人民大学法学院教授韩大元说：“‘五四宪法’是中国历史上

人民第一次自主制定宪法，也是新中国第一部宪法，确立了人民当家作主的宪法地位，集中体现了社会主义原则与人民民主原则。从历史的角度看，这是一部承前启后、具有基石意义的宪法。它开启了中国社会主义宪法的崭新历史，在根本上巩固了人民民主的社会主义政权的合法性，确认了国家的各项基本制度，宣告了人民权利受到宪法保障的事实，其精神延续至今。”“现行宪法即 1982 年宪法，就是以‘五四宪法’为基础，总结了我国社会主义发展的丰富经验，并吸取了国际的合理经验，是‘五四宪法’的继承和发展。”

中共杭州市委党史研究室研究员曹正法说：“习近平总书记曾经指出：‘历史总能给人以深刻启示。回顾我国宪法制度发展历程，我们愈加感到，我国宪法同党和人民进行的艰苦奋斗和创造的辉煌成就紧密相连，同党和人民开辟的前进道路和积累的宝贵经验紧密相连。’‘五四宪法’作为党执政后制定的第一部宪法，不仅为新中国建立后我国政治、经济和社会各项制度的建立提供了法律基础，更为我国社会主义制度的建立和发展奠定了法律基石，是党领导人民进行依法治国历史进程中的一座历史丰碑。”

2016 年 12 月 4 日，在第 3 个国家宪法日到来之际，填补了我国宪法主题纪念馆空白的“五四宪法”历史资料陈列馆在杭州市正式建成开馆。开馆仪式上宣读了习近平总书记的重要指示：

宪法是国家的根本法，是治国安邦的总章程，是党和人民意志的集中体现。坚持依法治国首先要坚持依宪治国，坚持依法执政首先要坚持依宪执政。中国共产党领导人民制定了“五四宪法”，设立“五四宪法”历史资料陈列馆，对开展宪法宣传教育、增强社会主义民主法治意识、推动尊法学法守法用法具有重要意义。开展宪法宣传教育是全面依法治国的重要任务。“五四宪法”历史资料陈列馆要坚持党的领导、人民当家作主、依法治国有机统一，努力为普及宪法知识、增强宪法意识、弘扬宪法精神、推动宪法实施做出贡献。

在全社会普遍开展宪法教育

党的十八届四中全会通过的《中共中央关于全面推进依法治国若干重大问题的决定》（以下简称《决定》）的核心理念是依宪治国、依宪执政，宪法在社会共识的形成、公民权利的保护、国家核心价值观的维护方面将发挥越来越重要的作用。《决定》标志着我国社会主义法治国家建设按下了“快进键”、走上了“快车道”，为中华民族伟大复兴提供了坚实的法治保障。

浙江大学国家制度研究院特聘研究员，浙江大学光华法学院院长助理、副教授郑磊说：“‘五四宪法’初步确立了我国社会主义的根本制度、基本制度。不了解‘五四宪法’初心，就难以理解现行宪法。”

“五四宪法”历史资料陈列馆副馆长王永翔向记者介绍：该陈列馆积极搭建宪法宣誓和宣讲“两个平台”，从2018年起，陈列馆还定期举办“法治大讲堂”“宪法微课堂”，注重讲学互动，弘扬宪法精神。同时，积极拓展线上阵地，探索“智慧陈列馆”建设，尤其是在疫情防控期间，开辟“法治大讲堂”云课堂，打造24小时不闭馆的线上宪法宣传教育阵地。

2021年2月，记者在采访时了解到：开馆以来，已有1700余批次、5.9万余名国家工作人员在这里进行宪法宣誓。4年多来，陈列馆累计接待观众近130万人次，其中大中小学生到馆参观已超过30万人次。该馆已经连续三届成为“杭州国际日”活动观摩体验点，被评为全国革命文物保护利用优秀案例，并先后被列为全国爱国主义教育示范基地、全国法治宣传教育基地、全国青少年教育基地、全国关心下一代党史国史教育基地、全国重点文物保护单位等，成为宪法宣传教育的一张“金名片”。

在观众留言本上，记者看到了许多这样的留言：“全面领会宪法作为治国安邦总章程的时代内涵，有助于我们更好地维护宪法权威、弘扬宪法精神。”“在日常工作和生活中，我们要把学习贯彻党的十九大精神和学习宪法知识相结合，做到真学、真懂、真用。”

（2021年2月25日）

第一届全国人民代表大会第一次会议：

人民当家作主落地生根

刘华东

目的地，北京！

1954 年 9 月，中南海怀仁堂迎来了 1000 多名意气风发的“新中国的主人”——第一届全国人大代表。他们中有 93 岁的齐白石，也有 19 岁的郝建秀；有工业劳模王崇伦，也有提出男女同工同酬的农民申纪兰。当时一位记者这样记录这场盛事：“他们从车床边来，从田地里来，从矿井来，从海岸的防哨来。放下钳子，放下犁耙，放下笔杆、圆规……同他们所爱戴的党和国家领导人在一起，商量着国家大事。”

破天荒的第一次

参与过 1953 年选民登记工作的法学家许崇德曾回忆：“旧社会很多农民连名字都没有，特别是妇女，就叫‘张家大嫂’‘李家大妈’。没有名字怎么登记？于是我们就给她们起名字，一下子起了好多名字。我们一边起名一边登记选民，并发放选民证。拿到选民证，农民们特别高兴，因为‘张家大嫂’‘李家大妈’很多都已经四五十岁了，第一次在大红色的选民榜上看到自己的名字，觉得非常光荣。更光荣的是，旧社会的受压迫者第一次拥有了选举权这项重要的政治权利，真正成了国家的主人。”

直到 60 年后，申纪兰还清楚记得那次长途跋涉，从长治到太原再到北京，一路骑毛驴、坐敞篷车、转火车。而踏上这趟旅途前，她刚经历过“中国历史上第一次规模空前的选举热潮”。

1949 年 9 月，具有临时宪法性质的《中国人民政治协商会议共同纲领》提出，人民行使国家政权的机关为各级人民代表大会和各级人民政府。为了顺利召开地方各级人民代表大会和全国人民代表大会，从 1953 年 4 月起，人口普查、选民登记等工作在全国范围内展开，掀起了规模空前的选举热潮。对长期饱受封建专制压迫、从未真正行使过选举权的老百姓来说，这是破天荒的头一次。十届全国人大法律委主任委员杨景宇回忆当年情形时说，“各地投票之日就像盛大节日，选民们穿上整洁的衣服，兴高采烈地来到选举站，投下了自己神圣的一票。”

经过一年多普选、逐级召开地方各级人民代表大会，共选出 1226 名全国人大代表。这 1000 多名全国人大代表，带着 6 亿人的嘱托，以主人翁的身份来到北京，集体决定着国家大事。

人民代表大会制度之所以具有强大生命力和显著优越性，关键在于它深深植根于人民之中。城乡按相同人口比例选举人大代表，增加县乡人大代表名额基数……随着国家发展、社会变化，选举法也在不断做着调整。正如中国科学社会主义学会副会长、北京大学习近平新时代中国特色社会主义思想研究院副院长韩毓海所说，无论制度如何延展，它始终与中国共产党的初心使命一脉相承，它的根始终是人民群众。

人类政治制度史上的伟大创造

1945 年 7 月，在延安窑洞那场著名的对谈中，黄炎培感叹历史“其兴也勃焉，其亡也忽焉”，称“一人，一家，一团体，一地方，乃至一国，不少单位都没有能跳出这周期率的支配力”。毛泽东同志则表示，我们已经找到新路，我们能跳出这周期率。这条新路，就是民主。只有让人民来监督政府，政府才不敢松懈。只有人人起来负责，才不会人亡政息。

100 年前，嘉兴南湖红船上摇橹声中通过的党的第一个纲领，即有“本党承认苏维埃管理制度，把工人、农民和士兵组织起来”的表述。而后，大革命时期建立罢工工人代表大会和市民代表会议、组建农民协会；土地革命战争时期建立苏维埃政权，实行工农兵代表大会制度；抗日战争时期实行“三三制”参议会制度……当议会制、宪政制在中国黯然退场之时，中国共产党对于政权形式的擘画却逐渐清晰起来——1940 年 1 月，毛泽东同志在《新民主主义论》中指出：“中国现在可以采取全国人民代表大会、省人民代表大会、县人民代表大会、区人民代表大会直到乡人民代表大会的系统，并由各级代表大会选举政府。”1945 年 4 月，毛泽东同志在《论联合政府》中进一步提出：“新民主主义的政权组织，应该采取民主集中制。”

当时间的指针转到 1954 年，各方面条件均已成熟。来自全国各地的人民代表，与共和国的缔造者们一道，见证着这个千年古国正式迎来人民当家作主的历史新纪元——

一届全国人大一次会议通过《中华人民共和国宪法》，规定“中华人民共和国的一切权力属于人民”，在旧中国毫无政治地位的工农大众，第一次成了国家的主人。会议选举产生了中华人民共和国主席、副主席，全国人大常委会委员长，国务院总理；通过了全国人民代表大会、国务院、人民法院、人民检察院等组织法。

新中国成立 70 多年来，人民代表大会制度一直在不断完善。习近平总书记指出：“人民是我们党执政的最大底气，是我们共和国的坚实根基，是我们强党兴国的根本所在。”2021 年 3 月，全国人大将审议修改后的全国人民代表大会组织法和议事规则，法与时转治与世宜，人民当家作主也不断焕发出新生机。

百年奠基立业，百年开辟未来

2014 年 9 月 5 日，人民大会堂，庆祝全国人民代表大会成立 60 周年大会隆重举行。习近平总书记在会上发表重要讲话指出，在中国实行人民代表大会制度，是中国人民在人类政治制度史上的伟大创造，是深刻总结近代以后中国政治生活惨痛教训得出的基本结论，是中国社会 100 多年激越变革、激荡发展的历史结果，是中国人民翻身作主、掌握自己命运的必然选择。

当我们从更小的时间比例尺上看待这次会议，还要从中南海怀仁堂这处建筑说起。

在这处原名仪銮殿、佛照楼的地方，慈禧太后曾召见大臣处理政务；袁世凯曾接见外宾、接受元旦朝贺。历经百年风雨冲刷，这处目睹了洋务运动、戊戌变法、清末新政的次第亮相和惨淡收场，看惯了君主立宪制、议会制、总统制的粉墨登场而又昙花一现的建筑，也见证了人民的翻身作主和国家的涅槃新生——

正是在这里，中国人民政治协商会议第一届全体会议通过了《中国人民政治协商会议共同纲领》，明确人民通过各级人民代表大会行使国家权力，古老中国翻开崭新一页。

正是在这里，一届全国人大一次会议通过《中华人民共和国宪法》，规定“全国人民代表大会是中华人民共和国的最高权力机关”，人民通过选举代表，将国家权力牢牢握在手中。

从“四万万人齐下泪，天涯何处是神州”，到“在这片辽阔的土地上，到处都有明媚的风光”，怀仁堂成为见证中国百年近代史的独特地标。

时光倏忽而逝，风雨飘摇年代里诞生的中国共产党也已迎来百年风华。习近平总书记强调，我们党的一百年，是矢志践行初心使命的一百年，是筚路蓝缕奠基立业的一百年，是创造辉煌开辟未来的一百年。如今，我们站在“两个一百年”奋斗目标历史交汇的关键节点回望过往奋斗路，重读毛泽东同志在一届全国人大一次会议上的开幕词，那是新中国的缔造者们对初生的共和国的时代期冀；也是激励我们接续奋斗、满怀信心投身全面建设社会主义现代化国家的历史号角——

我们有充分的信心，克服一切艰难困苦，将我国建设成为一个伟大的社会主义共和国。

我们正在前进。

我们正在做我们的前人从来没有做过的极其光荣伟大的事业。

我们的目的一定要达到。

我们的目的一定能够达到。

（2021 年 2 月 25 日）

万隆会议：求同存异　与时偕行

付志刚

2021 年 1 月 13 日，印度尼西亚雅加达总统府。面对电视直播镜头，印尼总统佐科接种了中国科兴公司的克尔来福新冠疫苗，成为印尼国内接种新冠疫苗第一人。以直播接种的方式，佐科总统充分展示了对中国疫苗的信任，体现了印尼坚定抗击疫情的决心。

全球疫情依然肆虐，而疫苗“民族主义”大行其道。对众多发展中国家来说，中国疫苗正如“隧道尽头的光芒”。这炽烈光芒的源头，是中国共产党对世界命运和人类福祉的百年观照，是新时代中国笃行和平发展、合作共赢的阔大胸怀。

这光芒在世界舞台最初的闪耀，同样与印尼这个发展中大国有关。

求友声，万隆见证了突破

“那是 1955 年 4 月 16 日凌晨。在印度尼西亚首都雅加达机场，漆黑的天空，微风轻拂，远方传来飞机呼啸的声响，一架银色的飞机降落在跑道上……周恩来英姿勃勃出现在机舱口，向欢迎的人群挥着手走下飞机，这是我第一次见到他。”曾全程经历万隆会议、时任印尼总统苏加诺私人助理兼中文翻译司徒眉生如此记录中国代表团的到来。

2021 年春节期间，记者采访到司徒眉生的后人司徒荻林。司徒眉生先生被誉为中印尼关系史上的传奇人物，虽然斯人已逝，但他留下的大量视频、文字资料足以带我们回到那个风起云涌的年代。

1955 年万隆会议上，新中国外交发出自己的强音。中国首创“求同存异”外交主张，推动会议在和平共处五项原则基础上，提出处理国家间关系的十项原则，这些原则成为处理国际关系的重要准则，至今为国际社会所尊重、遵循和认可。

这是一次重围之中的突破。在 20 世纪 50 年代初美西方封锁包围中国的大背景下，参加万隆会议的 29 个国家和地区中，只有 6 个国家与中国建交，多数国家对中国并不了解，个别与会国家还对中国抱有敌意。万隆会议由印尼、缅甸等五国倡导，是第一次由亚非国家自己发起、以反帝反殖民为主旨的国际会议。尽管这是一次没有西方列强参加的会议，但是，冷战思维的影响同样弥漫此间，会议上出现了针对中国的不和谐声音。

在此情形下，周恩来总理抛开了事先准备的讲稿，有针对性地起草了一个临时发言。时至今日，周总理的声音仍让人心潮澎湃：“中国代表团是来求团结而不是来吵架的。我们共产党人从不讳言我们相信共产主义和认为社会主义制度是好的……中国代表团是来求同而不是来立异的。在我们中间有无求同的基础呢？有的。那就是亚非绝大多数国家和人民自近代以来都曾经受过、并且现在仍在受着殖民主义所造成的灾难和痛苦。”

周总理精彩的演说粉碎了帝国主义的谣言，澄清了一些人的模糊认识。他提出的求同存异原则驱散了一度笼罩在大会上空的乌云，为各国代表所接受，保证了大会在良好的气氛中顺利进行。一些对中国抱有疑虑甚至敌意的国家改变了原来的立场。菲律宾外长罗慕洛主动上前同周总理握手：“这个演说是出色的、和解的，体现了民主的精神。”泰国外交部长旺·威泰耶康亲王则接受邀请前往中国代表团住所共进晚餐，开始了中泰两国第一次正式接触。

周总理的政治智慧令司徒眉生折服，中国共产党人无私奉献的政治品格同样令这位印尼华侨无比钦佩。会议结束后，东道主印尼热情地安排与会各国代表前往巴厘岛度假。司徒回忆道：在巴厘岛的短暂休闲时间里，周总理和代表团每天早上 7 点钟起床，一直工作到凌晨两点或 3 点，两天内在驻地会见了多批外国领导人，千方百计用好在印尼的每一点时间和各国多打交道，为新中国争取更多一点的外交空间。

同样折服的还有与会的一位美国记者、后来成为美国著名中国问题学者的鲍大可。他在其专著中写道，周恩来在万隆“完全证明了他是世界上最有经验、最有才干的外交家之一”。

万隆会议体现出的“团结、友谊、合作”的万隆精神，掀开了亚非各国人民和平共处、反对殖民主义历史性的一页，也为新中国赢得了更多的朋友。从万隆会议结束到 1959 年年底，尼泊尔、埃及、叙利亚等 11 个亚非国家同中国建交。

谋大同，合作共赢新境界

“周恩来在万隆做出的诺言和倡议到底是出于什么动机呢？只有时间才能给人以答案。”对周总理心存敬意的鲍大可，也曾发出这样的疑问。

岁月的洗礼，让答案不言自明。如今，中国的朋友遍天下。目前，中国已同 180 个国家建立外交关系，同 112 个国家和国际组织建立不同形式的伙伴关系。这充分说明，与万隆精神一脉相承的中国特色大国外交理念已得到世界广泛认同。

2015 年 4 月，记者有幸来到万隆，采访万隆会议 60 周年纪念活动。山城万隆春意盎然，在亚非大道上，处处可见欢迎的旗帜和标语。4 月 23 日深夜，习近平主席抵达万隆。次日清晨，习近平主席来到亚非大道，与佐科总统等亚非国家领导人重走万隆路，弘扬万隆精神。

与 60 年前不同的是，中国已与几乎所有亚非国家成为好邻居好伙伴，并日益走近世界舞台中央。在当年万隆会议上，中国代表团以求同存异的理念，凝聚起亚非团结、友谊、合作的共同意志。在此次亚非领导人会议上，习近平主席又赋予万隆精神新的时代内涵，提出推动构建以合作共赢为核心的新型国际关系，推动国际秩序和国际体系朝着更加公正合理的方向发展，推动建设人类命运共同体，更好造福亚非人民及其他地区人民。

司徒荻林珍视并认同父亲的记忆，而现实更印证了这些记忆的价值。司徒荻林认为，习近平主席提出的合作共赢主张是中国对亚非会议的新贡献、是万隆精神的新发展，回应了广大亚非国家渴望发展经济的迫切需求。这为亚非新未来指明了方向。

2013 年 10 月，同样是在印尼，习近平主席首次提出，中国愿同东盟国家加强海上合作，共同建设 21 世纪“海上丝绸之路”。这一构想得到国际社会积极响应。目前，中国已同 171 个国家和国际组织签署 205 份共建“一带一路”合作文件。

连接起亚非国家乃至全球发展中国家的共同发展蓝图，正在一步一步变成现实。以记者所在的东南亚地区为例，各国正积极实现各自国家发展战略与“一带一路”倡议对接，友谊之路在不断延伸。2020 年，东盟成为中国第一大贸易伙伴，首次实现双方互为第一大贸易伙伴。值得一提的是，新冠肺炎疫情发生以来，中国和广大亚非国家守望相助，用实际行动诠释了“合作共赢”。面对疫情冲击，中国和东盟率先推动复工复产合作，共同维护地区产业链、供应链稳定，带动整个地区成为全球抗疫的示范区、经济复苏的领头羊。2020 年 11 月 15 日，东盟 10 国和中国等 15 国正式签署区域全面经济伙伴关系协定（RCEP），被誉为“自由贸易之胜，地区繁荣之机”。

求同存异，与时偕行。

1955 年 4 月 5 日，中共中央召开政治局扩大会议，讨论并批准了《参加亚非会议的方案》，对可求之“同”做出准确的判断：“（参加亚非会议的）大多数国家都有不同程度的要求和平、要求独立、要求发展本国经济文化的共同愿望……我们在亚非会议中总的方针应该是争取扩大世界和平统一战线，促进民族独立运动，并为建立和加强我国同若干亚非国家的事务和外交关系创造条件。”

新时代的中国，正以更宽广的视野、更有力的臂膀，为亚非谋发展，为世界谋大同。习近平主席 2017 年 1 月在联合国日内瓦总部的历史性演讲已向世界宣示：中国维护世界和平的决心不会改变。中国促进共同发展的决心不会改变。中国打造伙伴关系的决心不会改变。中国支持多边主义的决心不会改变。“这100多年全人类的共同愿望，就是和平与发展。然而，这项任务至今远远没有完成。我们要顺应人民呼声，接过历史接力棒，继续在和平与发展的马拉松跑道上奋勇向前。”

（2021年3月1日）

中共八大：探索社会主义建设道路的开端

訾谦　邱玥

2月下旬的北京，春风轻拂，全国政协礼堂静静矗立在太平桥大街旁，门前一派车水马龙的景象。与几十年前相比，周围的景致发生了很大变化。1956年9月15日至27日，中国共产党第八次全国代表大会在这里举行。这是中国共产党在全国范围执政后召开的第一次全国代表大会。

那短短13天会期传达出的信息，至今令人心潮澎湃——描绘了中国共产党人的强国梦想，显示出党的团结和党的事业兴旺发达。更为重要的是，从那时起，中国共产党人找到了探索中国社会主义建设道路的方向。

中共八大召开，距离1945年的七大召开，已经过去了11年。

这11年间，先后迎来了新中国成立、国民经济恢复、抗美援朝胜利、社会主义改造完成、第一个五年计划取得重大成果等历史性成就。正是在这种形势下，为了加强执政党的建设，探索中国社会主义建设道路，制定党在新形势下的路线、方针、政策，中国共产党第八次全国代表大会应运而生。

大会正式代表1026人，候补代表107人，代表全国1073万名党员。此外，还有50多个国家的共产党、工人党、劳动党和人民革命党的代表团应邀参加了八大，这样大规模的外国代表团阵容，是历史上的第一次，也是迄今唯一的一次。

"我们这次大会的任务是：总结从七次大会以来的经验，团结全党，团结国内外一切可能团结的力量，为了建设一个伟大的社会主义的中国而奋斗。"开幕式上，毛泽东主席的讲话使代表们深切地感受到，历史上一个崭新的发展时期已拉开帷幕，中国即将迎来一个全新的未来。

迎来新中国崭新发展时期

根据七大党章的规定，通常情况下，党的全国代表大会每 3 年召开一次。七大是在 1945 年召开的，八大应当在 1948 年前后召开。但从七大后的整个形势看，很难按党章规定如期召开下一次党代会。

1945 年到 1949 年，正是党领导人民争取民主革命胜利的决胜阶段。在革命胜利的前夜，1949 年 3 月 5 日至 13 日，中共七届二中全会在河北平山的西柏坡村举行。毛泽东在会上做的报告中，提出了促进革命迅速取得全国胜利和组织这个胜利的方针；指出在全国胜利的局面下，党的工作重心将由乡村转移到城市。

中华人民共和国成立后，中国共产党成为在全国范围执政的党，担负起领导全国各族人民建设新国家的重任。这段时期，新中国刚刚成立，需要全力进行民主改革，恢复国民经济。

中央党史和文献研究院研究员邢和明表示，党的七大以后，中国社会发生了一系列深刻变化。为了加强执政党的建设，探索中国社会主义建设的道路，制定党在新形势下的路线、方针、政策，中共中央决定召开第八次全国代表大会。

在中华人民共和国成立之初，曾建立了一个参照“苏维埃模式”的社会管理体系。这种体制在建立之初，对于集中全国力量，恢复和发展国民经济，完成民主革命遗留任务等很多方面，都发挥了不可替代的积极作用。但随着“一五”计划的有序进行，国家经济规模的不断扩大，“苏联模式”的固有缺陷就暴露了出来。

“当时，社会主义改造如火如荼，社会主义基本制度即将确立，但生产力发展水平还很落后。我们的建设要怎么搞？党的八大，就是要回答这些问题。”中共中央党史研究室原副主任石仲泉说。

提出社会主义建设的伟大任务

从 1956 年 2 月起，毛泽东陆续听取了工业、农业、运输业、商业、财政等 30 多个部门的工作汇报。1956 年 4 月 25 日，根据前一阶段的调查研究并结合苏联社会主义建设的经验教训，毛泽东在中共中央政治局扩大会议上做了《论十大关系》的讲话，从思想上、理论上为八大的召开做了重要的准备。

1956 年 9 月 15 日下午 2 时 5 分，毛泽东致八大开幕词，总结了七大以来党领导新民主主义革命和社会主义革命的成绩，分析了取得胜利的原因，指出了党在今后工作中必须坚持的基本方针，向全党提出了今后社会主义建设的伟大任务，并且告诫全党：即使各项工作取得了极其伟大的成就，但也没有任何值得骄傲自满的地方，一定要牢记“虚心使人进步，骄傲使人落后”这个真理。这句话，后来成为脍炙人口的名言。

“当时的中国，经济、科技等很多方面均落后于世界发达国家水平，要实现国家的现代化，首先要通过技术革命，赶上世界经济和科技的先进水平。正是由于全党和全国人民的这种改变国家贫困落后面貌的紧迫感和使命感，八大确定了‘把中国从落后的农业国转变为社会主义先进工业国’的宏伟目标。”邢和明表示，八大还提出了国家工业化大致的两个步骤。这是中国共产党参考世界经济、科技发展大潮从宏观层面上提出的中国社会主义经济建设的方法与步骤。

以“探索自己的建设道路”这一认识与愿景为出发点，八大以前所未有的政治勇气和改革精神，概述了中国社会主义现代化建设的基本路径——将马克思列宁主义的基本原理与中国建设的具体实际相结合，探索适合中国的社会主义现代化道路，在社会主义经济建设中也必须走这条道路。

带领人民创造幸福生活

在这次大会上，刘少奇做政治报告，周恩来做关于发展国民经济的第二个五年计划的建议的报告，邓小平做关于修改党章的报告。大会着重提出加强执政党建设的问题，通过了《中国共产党章程》，还通过了《关于发展国民经济的第二个五年计划（1958—1962）的建议》。八大描绘了中国共产党人的强国梦想，显示出党的团结和党的事业兴旺发达。

中共八大正确分析了社会主义改造完成后，中国社会的主要矛盾和主要任务：国内的主要矛盾，已经是人民对于建立先进的工业国的要求同落后的农业国的现实之间的矛盾，已经是人民对于经济文化迅速发展的需要同当前经济文化不能满足人民需要的状况之间的矛盾；党和全国人民的当前的主要任务，就是要集中力量来解决这个矛盾，把我国尽快地从落后的农业国变为先进的工业国。

斗转星移，几十年间，中国经济社会发生了翻天覆地的变化，但共产党人初心不变，正如习近平总书记在庆祝中国共产党成立 95 周年大会上的讲话中所说："带领人民创造幸福生活，是我们党始终不渝的奋斗目标。"

随着中国特色社会主义进入新时代，党的十九大报告又对我国社会的主要矛盾做出了新的阐述：我国社会主要矛盾已经转化为人民日益增长的美好生活需要和不平衡不充分的发展之间的矛盾。

中国共产党根基在人民、血脉在人民，始终把人民对美好生活的向往作为奋斗目标，始终坚持在发展中保障和改善民生。

2021 年 2 月 25 日，习近平总书记在全国脱贫攻坚总结表彰大会上庄严宣告，经过全党全国各族人民共同努力，在迎来中国共产党成立 100 周年的重要时刻，我国脱贫攻坚战取得了全面胜利。

这是彪炳史册的人间奇迹，是中国人民的伟大光荣，是中国共产党的伟大光荣，是中华民族的伟大光荣。党的八大开启了探索中国社会主义建设道路的良好开端，而今天，中国共产党带领亿万人民，已经走上全面建设社会主义现代化国家的新征程。

征途漫漫，唯有奋斗。“我们必须把促进全体人民共同富裕摆在更加重要的位置，脚踏实地、久久为功，向着这个目标更加积极有为地进行努力”，总书记的话语铿锵有力，鼓舞着全党和全国人民向着实现第二个百年奋斗目标奋勇前进。

（2021 年 3 月 1 日）

雷锋：全心全意为人民服务

刘勇

面带微笑，身着戎装的雷锋风华正茂阔步前行……走进辽宁抚顺雷锋纪念馆序厅，栩栩如生的雷锋雕像“永恒的丰碑”，仿佛将那个阳光热情的小伙子带回到现实。他从湖南望城走来，在建设社会主义的事业中成长，在亿万人民群众心中留下的光辉形象历久弥新。

“向雷锋同志学习”，一个只有22年短暂生命的普通战士，一个全心全意为人民服务的普通共产党员，为什么能持续几十年赢得人们如此崇高的敬意？雷锋精神的伟大生命力从何而来？这背后是5000年优秀中华传统文化，以及闪闪发光的红色革命文化。

雷锋，是一个响亮的名字，更是一种永恒的精神。

为人民服务　做人民勤务员

“我响应党的号召，决定留在农村广阔天地里，去当新式农民……决心做个好农民，驾起拖拉机耕耘祖国大地；将来，如果祖国需要，我就去做个好工人建设祖国；将来，如果祖国需要，我就去参军做个好战士，拿起枪用生命和鲜血保卫祖国，做人类英雄。”

泛黄的笔记本上，雷锋的班主任夏柳老师的记录字迹清晰。1956年7月15日，时年16岁，当时还叫雷正兴的少年雷锋在一次发言中，把个人的前途命运，与国家、民族、社会主义的前途命运紧紧联系在一起。

在之后的6年里，从农民雷锋、工人雷锋，到军人雷锋，雷锋用实际行动，实现了全心全意为人民服务的人生誓言。“热爱党、热爱祖国、热爱社会主义，全心全意为人民服务是雷锋一生的真实写照，也是雷锋精神的灵魂。”辽宁省雷锋研究会副会长李强说，回顾雷锋在人世间的22年岁月，我们不难发现，对雷锋成长成才起到重要引领作用的，首先是他身边的党员干部。

在实物展台上方，一张素描画还原了“一颗螺丝钉的故事”。当年雷锋外出开会，路上看到一枚生锈的螺丝钉，踢了一脚走开了。同行的望城县县委书记张兴玉把螺丝钉捡了起来，擦拭干净，放进了口袋。他对雷锋说：“我们国家底子薄，要搞建设，处处要艰苦奋斗，一颗螺丝钉也不能浪费。别看它小，机器上缺了它就不行。就像你我，都是革命的螺丝钉，缺了谁都不行。”一颗螺丝钉蕴含的道理由此在雷锋心中深深扎根。

“可以说，正是望城县县委书记张兴玉、县委组织部长黄菊芳，劳动模范冯健，部队政委余新元等共产党人的身体力行、言传身教，对雷锋思想引领起到了关键作用。”李强介绍说，新中国欣欣向荣的新生活对雷锋的吸引，轰轰烈烈的社会主义建设对雷锋的感染，使雷锋在学习锻炼中获得思想升华，形成高度的行动自觉，把对中国共产党的真挚热爱，和对社会主义新中国的政治认同，转化为建设社会主义大厦、创造社会主义新生活的忘我投入。

习近平总书记指出，实现中华民族伟大复兴，要不断闯关夺隘，也需要更多的时代楷模。积小善为大善，善莫大焉，这和我们党“为人民服务”“做人民勤务员”是一脉相承的。

将理想追求化为具体行动

如果你是一滴水，你是否滋润了一寸土地？

如果你是一线阳光，你是否照亮了一分黑暗？

如果你是一颗粮食，你是否哺育了有用的生命？

如果你是一颗最小的螺丝钉，你是否永远坚守在你生活的岗位上？

如果你要告诉我们什么思想，你是否在日夜宣扬那最美丽的理想？

你既然活着，你又是否为未来的人类的生活付出你的劳动，使世界一天天变得更美丽？

我想问你，为未来带来了什么？

在生活的仓库里，我们不应该只是个无穷尽的支付（取）者。

——《雷锋日记·雷锋七问》

“雷锋七问”言近旨远，质朴而精辟。围绕“人为什么活着”这样一个古老而永恒的命题，看似波澜不惊的 7 次提问却震撼人心。

一滴水、一线阳光、一颗粮食、一颗最小的螺丝钉，都是些身边的平凡事物，而雷锋正是用一件件平凡的小事，成就了不平凡的人生，聚沙成塔筑起了中华民族的道德丰碑，至今温暖着我们的心灵，感动着这个时代。

习近平总书记在抚顺市雷锋纪念馆参观时强调，我们既要学习雷锋的精神，也要学习雷锋的做法，把崇高理想信念和道德品质追求转化为具体行动，体现在平凡的工作生活中，做出自己应有的贡献，把雷锋精神代代传承下去。

雷锋脸上总带着淡淡的微笑，这笑容充盈着幸福、流露出和善、散发着阳光。优秀的战士、热心的勤务员、孩子的知心人……展厅里的一幅幅雷锋照片仿佛把他带回到人们身边，更让人体会到他平凡善举代表的伟大精神：“服务人民，助人为乐”的奉献精神、“干一行爱一行，专一行精一行”的敬业精神、“锐意进取，自强不息”的创新精神和“艰苦奋斗、勤俭节约”的创业精神。

“雷锋精神是中华民族优秀传统文化的创造性转化和创新性发展，既是革命文化、社会主义先进文化，又是社会主义核心价值观的生动体现。”抚顺市委宣传部主要负责同志说，雷锋精神作为中国共产党人精神谱系的重要组成部分，必将在党史学习教育中发挥积极作用。

把雷锋精神代代传承下去

历史惊人的巧合。1960 年 1 月，在辽阳火车站，老红军余新元曾把鞍钢矿山的小伙子雷锋送上军列参军入伍。1977 年 1 月 11 日，时任鞍山军分区副政委的余新元，再次亲手把郭明义送上了运兵的专列。

从无偿献血到捐献造血干细胞，从报名捐献遗体（器官）到参加救助流浪儿童的慈善义工，从发起成立红十字志愿者服务队到红十字志愿者急救队，郭明义将传承雷锋精神作为自己的人生选择。

习近平总书记给“郭明义爱心团队”的回信中指出，雷锋精神，人人可学；奉献爱心，处处可为。积小善为大善，善莫大焉。当有人需要帮助时，大家搭把手、出份力，社会将变得更加美好。

2020 年春天，新冠肺炎疫情突如其来，在抗击疫情的重大斗争中，无数“战疫雷锋”涌现。消杀、测温、送药、送粮……一批批志愿者冲锋在抗疫前线，为人民筑起“生命方舟”，充分彰显了新时代雷锋精神。习近平总书记强调，要大力加强思想道德建设。雷锋、郭明义、罗阳身上所具有的信念的能量、大爱的胸怀、忘我的精神、进取的锐气，正是我们民族精神的最好写照，他们都是我们“民族的脊梁”。

几十年来，一代代中国人将雷锋作为学习的榜样。在雷锋精神的发祥地辽宁抚顺，人们始终高擎学雷锋大旗，成立雷锋学院，面向全国弘扬新时代雷锋精神。抚顺市委书记来鹤表示，我们要把弘扬为民服务孺子牛、创新发展拓荒牛、艰苦奋斗老黄牛的“三牛”精神与雷锋精神结合起来，引导干部群众像雷锋一样听党话、感党恩、跟党走。用雷锋精神为全面振兴、全方位振兴凝聚深厚的道德滋养、汇聚强大的精神力量。

（2021 年 3 月 2 日）

北大荒开发建设：铺展中国特色农业现代化之路

张士英

在中国地图上，北大荒雄踞鸡首。昔日，这里是人迹罕至的莽莽荒原。如今，已成为维护国家粮食安全的大粮仓。

“历史上，这片富饶的黑土地曾多次遭受外敌蹂躏，只有中国共产党领导下的北大荒人，才真正成为这片土地的主人，过上了‘耕作在广袤的田野上，居住在现代化城镇里’的小康生活。”

——走进北大荒博物馆，跟随讲解员的脚步，从开荒第一犁到现代化大农机，从一代垦荒人抛洒青春热血到投身北大荒的科技新农人，从粮食产量由开垦初期 0.048 亿斤到 2020 年 430.5 亿斤，透过一张张照片、一件件物品、一串串数字，穿越历史时空，一条中国特色农业现代化之路在眼前铺展开来。

中国粮食，中国饭碗。2018 年 9 月，习近平总书记来到黑龙江农垦建三江管理局考察，感慨道：“半个多世纪过去了，北大荒发生了沧桑巨变，机械化、信息化、智能化发展很了不起，非常鼓舞信心、鼓舞斗志。”

进军荒原　青春热血铸就北大仓

北大荒博物馆里的一把犁杖把我们带回到那个火热的年代。

1947 年，新中国成立前，为建立巩固东北根据地，一批来自延安、南泥湾的军队干部率部来到北大荒，在人迹罕至的千古荒原蹚出第一犁，也由此拉开北大荒开发建设的序幕。

“不管边疆的路程多么遥远，也拦不住我们远征的决心！不管边疆的风云多么寒冷，也吹不冷我们劳动的热情！”1955年8月，带着热血宣言，杨华与60名青年组成的北京青年志愿垦荒队挺进北大荒。此后，各地支边青年纷纷响应号召，辞别亲人背起行装，到“祖国最需要的地方”。

1958年4月12日，东方刚放亮，密山火车站人山人海，熙熙攘攘，到处是鲜血浸染过的行李和黄军装，10万复转官兵挺进北大荒。王震将军发出号召：“永不放下枪，好汉建设北大荒！”

由14万转业复员军人、10万大专院校毕业生、20万内地支边青年和54万城市知识青年组成的垦荒大军，在亘古荒原上创造了人类垦殖史上的奇迹，书写了一部壮丽的史诗。

“早起3点半，归来星满天。啃着冰冻馍，雪花汤就饭。走着创业路，不怕万重难。”说起当年的顺口溜，年届九旬的八五〇农场退休职工王在邦记忆犹新，这位从抗美援朝战场归来的老战士1958年来到北大荒，至今已有63年。当年他的主要工作，就是为转业官兵落“户籍”，让大家真正在北大荒扎根。

“快磨亮我们的犁刀，犁开一个新的时代！”诚如诗人艾青在《烧荒》一诗中所言，昔日亘古荒原，今日良田连片，林带交织，公路成网，城镇棋布。这里已成为国家现代化程度最高、综合生产能力最强的商品粮基地，其一年的粮食产量能为1.5亿国人提供一整年的口粮。

八五〇、八五二、八五九……行走在北大荒，从由部队代号改编而来的农场名称中，还能寻到当年的印记。前进、前锋、前哨……从“前”字头农场中，仍能感受到当年知青挺进荒原的激情豪迈。

历史将永远铭记。在北大荒博物馆内，一面长达25米的铜墙上，镌刻了12429个长眠于黑土地的名字，其中年龄最小的还不到20岁。“这仅是一部分，在北大荒的开发建设中，有5万余名拓荒者把宝贵的生命献给了这片黑土地，他们用青春、汗水乃至生命铸就了‘艰苦奋斗、勇于开拓、顾全大局、无私奉献’的北大荒精神。”北大荒博物馆工作人员崔柳说。

“北大荒开发建设的成功得益于在党的领导下，发挥集中力量办大事的社会主义制度优势，从全国调集人员，迅速兴办起大型农场，快速推动大型农业机械化的发展。”黑龙江省委党校政治和法律教研部副教授陈晨表示。

科技引领　北大荒人挑上“金扁担”

春回大地，万物复苏。

在黑龙江垦区，休眠了一个冬季的黑土地又将沸腾。指尖备农资、智能化催芽、机械化播种。“现在咱农民都挑上了‘金扁担’啦！”七星农场第三管理区农机副主任陆向导说。

2020 年全国两会期间，习近平总书记讲起自己当知青时农民在吃饱吃好的基础上还盼着“干活挑着金扁担”的故事，并把“金扁担”理解为农业现代化。

作为第三代北大荒人，陆向导说，在父辈眼中，现在的科技发展简直不可想象。1959 年，爷爷陆诗然到七星农场时用的播种机是牵引式播种机，要靠人和马、牛拉着走。

“过去种地靠经验，现在种地看数据。”七星农场副场长韩天甲介绍道，“如今，北大荒全面推行‘双控一服务’模式，通过农业生产全过程数字农业服务，提升农业生产智能化水平，降低家庭农场生产风险和市场风险。”

垦区现代大农业，吸引着来自全国各地的新农人。24 岁的西北小伙儿何培雄大学毕业后从北京来到北大荒，“当看到世界一流大机械驰骋田野、先进科技赋能大农业，我就认定这里是我梦想启航的地方。”

“北大荒开发建设推进了我国的农业现代化建设、提升了农业现代化装备、打造了世界级绿色生态农业，确保了我国的粮食安全。”北大荒农业股份有限公司友谊分公司总经理周保说。

作为中国农业现代化建设的“排头兵”，当前，北大荒农业机械化水平保持在99%以上，农业科技贡献率达76.28%，科技成果转化率达82%。科技赋能保护了北大荒黑土地的战略资源和核心资产，也为构建现代种业体系、开展种源“卡脖子”技术攻关、为“中国粮”装上更多“北大荒芯”提供了重要支撑。

改革突破　中国农业航母扬帆起航

“咱们承包农场土地，自己干，咋样？”八五八农场的王木存没有想到，自家5口人召开的一次家庭会议，日后会被载入史册。

1983年，回河南老家过年的王木存看到那里轰轰烈烈地搞家庭联产承包，农民挣了钱，他活了心，也想搞承包，回来找家里人合计。“老伴反对，担心赔了咋整？但孩子们都非常支持，当时就这么定了！”

当年，王木存一下子承包了2200亩土地。年底算账，他的家庭农场纯盈利2.7万元，是整个生产队盈利的3倍，成为垦区第一个吃螃蟹的人。

1984年，中央一号文件指出：“国营农场应继续进行改革，实行联产承包责任制，办好家庭农场。”黑龙江垦区开始兴办职工家庭农场，改革经营体制。

多年来，北大荒实现了家庭农场自主经营与国有农场有效管理的统一，极大解放和发展了生产力，彰显了农垦组织化程度高、规模化特征突出、产业体系健全的独特优势。

2015年年底，中共中央、国务院印发《中共中央国务院关于进一步推进农垦改革发展的意见》，新一轮改革拉开大幕。

黑龙江垦区面积大、人口多，改革是块难啃的硬骨头。农垦改革的成败关系到国有农业企业改革成败，关系到国家粮食安全和现代农业发展。北大荒以刮骨疗伤、壮士断腕的勇气，扛起改革这面大旗，稳步推进。

2018年，北大荒农垦集团总公司挂牌成立，黑龙江垦区从政企合一的管理体制整建制转入集团化企业化经营管理体制，实现了农垦体制的历史性创新。

从传统农场迈向现代农业企业，北大荒站在新的历史起点，体制机制改革的红利正在加速释放。2020年，在遭受疫情、农业自然灾害等不利因素下，经济发展逆势上扬。同年，“北大荒”品牌价值突破千亿元，并进入“世界品牌500强”行列，成为当之无愧的中国农业第一品牌。“我们将立足现代农业，打造‘中国农业领域航母’，筑牢保障国家粮食安全‘压舱石’。”北大荒农垦集团有限公司党委书记、董事长王守聪这样解读北大荒的新定位。

“继承下去吧，我们后代的子孙！这是一笔永恒的财产——千秋万古长新；

耕耘下去吧，未来世界的主人！这是一片神奇的土地——人间天上难寻。”

这是诗人郭小川为北大荒写下的诗句。

（2021年3月2日）

十大建筑：汇聚建设社会主义的人民力量

张景华　董城　王潇　陈冠合

当天边的晚霞逐渐消逝，华灯初上，一行行玉兰花饰的美丽灯柱散发着乳白色光晕，如轻纱般笼罩天安门广场。广场西侧的人民大会堂，在聚光灯映照下熠熠生辉，高悬的国徽庄重威严。站在安谧肃穆的广场上，脚下的每一块花岗石，每一行方砖，仿佛都在诉说着 60 多年前的往事。

时光坐标回到 1959 年。彼时，新中国成立已有 10 个年头，第二个五年计划持续推进，社会主义建设如火如荼。为庆祝新中国成立 10 周年，在 10 个多月的时间里，人民大会堂、中国历史博物馆与中国革命博物馆、中国人民革命军事博物馆、民族文化宫、民族饭店、钓鱼台国宾馆、华侨大厦、北京火车站、全国农业展览馆、北京工人体育场等总建筑面积达 67.3 万平方米、相当于四个半故宫的“十大建筑”相继在北京拔地而起，以不可思议的速度创造了前所未有的中国奇迹，以焕然一新的面貌昭示着社会主义新中国的巨轮已扬帆启航。

中国共产党有能力领导人民建设新中国

“我们一定要争这口气，用行动和事实做出回答。”

1958 年 8 月，中共中央在北戴河举行政治局扩大会议，决定为迎接新中国成立 10 周年，在北京兴建一批包括万人大礼堂在内的重大工程，展现年轻共和国的精神与面貌。此时，距离1959年国庆，仅剩不到400天，而随着苏联专家的撤出，我们也失去了难得的外部援助，建设任务异常艰巨。

为确保工程顺利，毛泽东、周恩来等党和国家领导人亲自指挥；短短3天内，梁思成、杨廷宝、张开济等30多位建筑专家云集北京；一个多月内，数百份设计方案出炉；干部、军人、学校师生、劳动模范、三八红旗手等从全国各地赶来，打响了一场社会主义建设的全民大会战。

1958年9月8日，时任中共北京市委书记处书记、副市长万里对在京的设计、施工单位专家和工程技术人员做动员报告：“不是有人不相信我们能自己建设现代化国家吗？老认为我们这也不行那也不行吗？我们一定要争这口气，用行动和事实做出回答。”

1958年10月初，大会堂施工工地上，一场轰轰烈烈的建设热潮拉开序幕。据统计，当时仅参加人民大会堂建设的劳动大军就达30万人。北京建工建筑设计研究院原院长倪吉昌回忆：“在大会堂工地，每天约有上万人在工作，在工程初期干活的人中，约有一两千人是来义务劳动的。他们中有市民、学生及各行各业群众，也有从前门东车站刚下火车的外地旅客。”归国不久的留美学者马大猷，带领团队解决了音响设计和施工的声学难题；绘画大师傅抱石、关山月用近3个月的时间，完成了人民大会堂迎宾厅的巨幅国画《江山如此多娇》创作……在党的领导下，无数集体智慧和协作力量不断汇集，如一股股涓涓细流汇入国家建设的壮阔海洋。

1959年9月，开工仅10个月的人民大会堂建成；中国历史博物馆与中国革命博物馆（今国家博物馆）相继完工；中国人民革命军事博物馆历时9个多月落成；北京火车站的全部工期只有7个月零20天……

原北京建筑工程学院建筑系主任姜中光表示：“在中外建筑史上，从没有过这么大量的工程，在这么短时间内，能够从设计到施工完成的先例。这项国庆工程，成就史无前例。事实证明，中国共产党不仅有能力带领人民推翻三座大山，而且能够领导人民建设新中国。中央一声号令，大家就齐心合力去完成，体制的优越性充分得到了展示，中国人民的聪明才智和群众力量得到了发挥，最终困难就得以克服，创造了这个人间奇迹。”

这些建筑是属于人民的

“只有人民真正做了自己的主人，他们才会有冲天的干劲和无比的热情！”

1959 年 10 月 1 日，冰心先生在《光明日报・东风》副刊上撰文，记录下了这些崭新的雄伟建筑与欣欣向荣的新气象：“今天这些梦想来到中国，或是重访中国的朋友，到达了中国和北京，他看到的不是颜色憔悴，形容枯槁的人民，而是容光焕发，神采飞扬的人民，他看到的不是荒烟蔓草，破槛旧窗的天安门，而是金碧辉煌，而且拥有两旁簇新高大的建筑，和 44 公顷广场的天安门……他们怎能不喜出望外？怎能不在定神回想之后，坚定地做出这样的结论：只有人民真正做了自己的主人，他们才会有冲天的干劲和无比的热情，把自己的国家迅速地建设成今天这个灿烂辉煌的样子！”

在巍巍古都拔地而起的十大建筑，印证出新中国历经艰苦奋斗岁月，阔步前进的厚重足迹，也见证着国家建设中取得的一个又一个成就。如今，以国家体育场（鸟巢）、国家游泳中心（水立方）、国家大剧院为代表的新一代建筑相继矗立在首都街头，几代中华儿女“可上九天揽月，可下五洋捉鳖”的梦想也已成为现实：“天问一号”成功发射，“嫦娥五号”满载而归，“奋斗者”号等科学探测实现重大突破……中国人民举起接力棒，在光荣而艰巨的中华民族伟大复兴道路上坚定向前。

建筑是凝固的音乐，亦是一部石头书。北京建筑大学文化发展研究院特聘院长孙希磊表示，十大建筑具有典型的意义，已经超越了建筑本身。这些建筑记载了中国共产党人为中国人民谋幸福，为中华民族谋复兴的初心和使命，彰显着国家形象与时代风貌。

1931 年 11 月，中华工农兵苏维埃第一次全国代表大会在江西瑞金叶坪村谢家宗族的祠堂里举行，不少参会代表不得不坐在外面听会。1945年4月，中国共产党第七次全国代表大会在延安召开，使用的是仅能容纳千余人的中央办公厅礼堂。那时毛泽东曾说，待革命胜利了，一定要建造一座能容纳1万人开会的大礼堂。1959年9月，毛泽东视察即将竣工的万人大礼堂时说：“因为这座建筑是属于人民的！”遂将其定名为“人民大会堂”，并沿用至今。

时光流转，人民至上的执政理念从未动摇。2020年5月22日，习近平总书记在人民大会堂参加他所在的十三届全国人大三次会议内蒙古代表团审议时强调：“必须坚持人民至上、紧紧依靠人民、不断造福人民、牢牢植根人民，并落实到各项决策部署和实际工作之中，落实到做好统筹疫情防控和经济社会发展工作中去。”面临新冠肺炎疫情和百年变局交织的历史大考，中国共产党带领人民取得了疫情防控阻击战重大战略成果，率先实现经济增长由负转正，“十三五”规划圆满收官，脱贫攻坚战取得了全面胜利，创造了人类减贫史上的奇迹，交出了一份让世界瞩目的答卷。

距离天安门广场不远处，北京火车站的钟声依旧有节奏地敲响，《东方红》的旋律徐徐传来，划过天际，穿越时空。62年前，毛泽东主席在这里接过了售票员递出的第一张火车票。如今，这趟开往春天的列车，载着人民对美好生活的向往，载着为中国人民谋幸福、为中华民族谋复兴的初心和使命，将继续在新征程上前行。

（2021年3月15日）

全运会：见证中国体育腾飞

王东

2021年2月4日，我国传统的农历“小年”这天，我们迎来了北京冬奥会开幕倒计时1周年。再过一年，四海健儿将齐聚东方，共襄冬奥盛举。

时间回到62年前。北京，第一届全国运动会上，1万多名运动员在体育赛场上展示着新中国的蓬勃朝气。

如今，我们已成功举办了十三届全运会，见证了中国从举办全运会到参加、主办亚运会和奥运会的全面突破，见证了我国群众体育蓬勃发展、竞技体育成绩优异、体育产业亮点纷呈、体育事业成就瞩目的历史发展，见证着我国从体育大国向体育强国迈进的不凡征程。

新生力量精彩亮相

1952年6月10日，毛泽东主席为即将召开的中华全国体育总会第二届代表大会题词“发展体育运动，增强人民体质”。正是在这一思想指引下，新中国体育事业蓬勃发展起来。

1954年年初，毛泽东主持召开中央政治局会议，讨论并批准了《关于加强人民体育运动工作的报告》，酝酿举行新中国的首届全国运动会。1958年，中共中央下达《对体育工作的批示》，批示指出，“为庆祝建国10周年举行的第一次全国运动会，将推动我国体育运动进一步发展，对国际上也有很大意义，因此必须开好”。

新中国成立之初的短短几年间，中国竞技体育取得了令世界刮目相看的成绩：1956 年，陈镜开打破举重世界纪录，第一次在世界纪录簿上写下中国人的名字；1957 年，女子运动员郑凤荣打破跳高世界纪录；1959 年容国团在第 25 届世乒赛上为中国人夺取了第一个世界冠军，他的励志口号“人生能有几次搏”至今仍在激励着国人。

1959 年，正逢新中国成立 10 周年，第一届全国运动会正式诞生。北京市社会科学院体育文化研究中心原主任金汕表示，全运会的诞生充满了时代特色，其目的就是普及群众体育运动，增强人民体质，提高运动技术水平，迎接新中国成立 10 周年。

1959 年 9 月 13 日，第一届全国运动会在北京工人体育场隆重举行。下午 3 时，毛泽东、刘少奇、周恩来、朱德等党和国家领导人亲临开幕式。各省区市和解放军共 29 个代表团 10658 名运动员参加了各项比赛。

在第一届全运会上打破游泳世界纪录的穆祥雄回忆：开幕式上，1200 多人组成的军乐队齐奏军乐，在一片雷动的掌声中，由前面抬着国徽、后面手执红旗的仪仗队为先导，参加全运会的各民族运动员精神抖擞，列队步入会场，接受党和国家领导人的检阅。场上五彩缤纷的气球腾空而起，1000 只和平鸽拍打着翅膀从看台上飞上天空，台上台下欢呼声和掌声响成一片。

这届全运会共有 36 个比赛项目，其中，无线电收发报、航海多项、飞机跳伞等军事项目占据了重要席位，还设有击剑、自由式摔跤、水上摩托艇等 6 个表演项目。这届运动会共有 7 名运动员打破游泳、跳伞、射击、航空模型 4 项世界纪录，还有 664 人 844 次打破和新创 106 项全国纪录。

从“奥运练兵场”到“全民共享”

全运会至今已成功举行了十三届，随着中国体育事业的不断发展壮大以及与世界体育的接轨，全运会在项目设置上发生着很大变化。

第一、二届全运会举办时，除足球、篮球、围棋等普及面广的群众体育项目外，军事项目也占有比较重的分量。

1979 年举行第四届全运会时，中国处在改革开放的起步阶段，全运会也开始进行有限的改革，项目设置越来越重视竞技性、越来越接近国际大型比赛。

到了 1983 年 9 月的第五届全运会，比赛项目首次全面按照奥运会的竞赛项目来设置，从而为后来中国健儿在奥运会上的优异表现奠定了良好基础。此后的六运会至十运会，“全运练兵，奥运夺金”成为全运会的主旋律，大量世界级水平的中国体育健儿通过全运会赛场的锤炼走向世界，步入奥林匹克赛场。

党的十八大后，2013 年辽宁全运会上，参赛运动员人数比上届减少 1200 人，开幕式大型文艺演出改为全民健身展示，彰显了“全民参与、回归体育、节约朴素”的办赛新风。

2016 年 8 月 19 日，全国卫生与健康大会召开。习近平总书记强调，“没有全民健康，就没有全面小康”，“要把人民健康放在优先发展的战略地位”。同年 8 月 25 日，习近平总书记在会见第 31 届奥运会中国体育代表团时指出，“‘发展体育运动，增强人民体质’是我国体育工作的根本任务。”

总书记的话语，引领着全运会的发展。

2017 年在天津举行的第十三届全运会再度改革，设立 19 项群众比赛项目成为最大亮点。这些项目，既有代表中华体育文化的龙舟、舞龙，又有展示时尚运动精神的滑板、攀岩；既有体现现代科技的航空、航海模型，又有群众喜闻乐见的乒羽、棋牌比赛。全运会走进一个全新的时代。第十四届全运会拟于今年 9 月在陕西举办，本届全运会以“全民全运、同心同行”为主题口号，将设立多个群众比赛项目，吸引广大群众参与全运会、参与健身运动。

经过 60 多年的发展，全运会已经不仅仅是竞技体育的检阅场，也成了全民健身的大舞台。

助力中国体育走向世界

纵观全运会走过的60多年历史，它不仅是新中国竞技体育的“检阅场”和奥运会的“练兵场”，还见证了中国体育健儿全面走向世界的历程。它的作用和意义在2008年的北京得以全面释放，在当年的第29届奥运会上，中国代表团实现了奥运金牌总数第一的历史性突破。

2008年北京奥运会的成功举办，更让国人们找到了实现体育强国的巨大自信。2013年8月31日，第十二届全运会在沈阳开幕之际，习近平总书记在会见全国体育先进单位和先进个人代表等时指出，“体育是社会发展和人类进步的重要标志，是综合国力和社会文明程度的重要体现。体育在提高人民身体素质和健康水平、促进人的全面发展，丰富人民精神文化生活、推动经济社会发展，激励全国各族人民弘扬追求卓越、突破自我的精神方面，都有着不可替代的重要作用。”

2015年7月31日，北京获得2022年冬季奥运会和冬残奥会的主办权，成为首个既举办过夏季奥运会又即将举办冬季奥运会的、独一无二的“双奥之城”。此后6年多的时间里，在绿色、共享、开放、廉洁的办奥理念下，各项筹办工作有序开展，申办之初提出的“带动3亿人参与冰雪运动”的冬奥愿景正在变为现实。夏季和冬季体育项目的两翼齐飞，将彻底改变中国体育乃至世界体育的原有格局，正如国际奥委会主席巴赫所说，“北京2022年冬奥会将改变整个世界的冬季运动景象”。

回顾全运会走过的辉煌62年，它的每一次变迁都具有鲜明的民族精神和时代特色，同时也折射出新中国体育发展的不平凡历史。

（2021年3月15日）

大庆油田：从自力更生到自主创新

张士英

2021 年 2 月 11 日，农历大年三十，爆竹声声、阖家团圆。在大庆油田 1205 钻井队井场上，鲜艳的党旗下，队员们在严寒中作业，战疫情、保生产，这支铁人带过的队伍一如当年。

从学习“两论”到贯彻新发展理念，从自力更生寻找大油田到自主创新开发大油田，从王进喜到传承铁人精神的中国奋斗者——开发建设 60 多年来，大庆油田始终坚持党的领导，牢记使命担当，成为我国工业战线上的一面旗帜。

2019 年 9 月，习近平总书记在致大庆油田发现 60 周年的贺信中指出：“大庆油田的卓越贡献已经镌刻在伟大祖国的历史丰碑上，大庆精神、铁人精神已经成为中华民族伟大精神的重要组成部分。”

用党的理论解决开发建设中的难题

假如没有石油，我们的生活什么样？

假如没有石油，我们的国家什么样？

20 世纪 50 年代，刚刚成立的新中国面临国内石油短缺、西方石油禁运的困境。北京的公交车因缺油不得不背着“煤气包”。朱德在与新任命的燃料工业部石油管理总局局长康世恩谈话时忧心忡忡地讲：“没有石油，飞机、坦克、大炮不如一根打狗棍啊！”毛泽东在中南海召见地质部部长李四光时说：“要进行建设，石油是不可缺少的，天上飞的，地上跑的，没有石油转不动。”

1959 年 9 月 26 日，在党中央做出石油勘探战略东移的重大决策后，仅一年时间，黑龙江松基三井喜喷工业油流，一个世界级特大油田横空出世。时值新中国成立 10 周年前夕，大庆之年得大油田，大庆油田由此得名。

“大家激动地拥抱在一起，高喊着‘出油啦！出油啦！’，喜极而泣。”回忆当时的场景，曾承担松基三井钻井任务的 32118 钻井队卫生员韩作春记忆犹新。

1960 年年初，在党中央的领导下，几万名部队转业官兵、科技专家和石油工人从全国各地集结于此，共同打响了一场气吞山河的石油大会战。

会战初期，条件极其艰苦。国内正值三年自然灾害，吃不饱饭；国外实施技术封锁，孤立无援。面对重重矛盾和困难，靠什么解决？靠党的理论。解决什么？统一思想、坚定信心。

1960 年 4 月，石油工业部机关党委做出《关于学习毛泽东同志所著〈实践论〉和〈矛盾论〉的决定》，号召全体会战队员用“两论”的立场、观点、方法来破解石油会战工作中的难题。

入夜，莽莽荒原上处处是干部职工围坐在篝火旁学“两论”的场景。“那时候，队里缺什么都不能缺‘两论’，单行本的小册子几乎人手一本。”从采油三厂第一作业区注采 206 班退休的“老会战”张景华回忆道，“通过学习，大家认清了‘这困难，那困难，国家缺油是最大的困难；这矛盾，那矛盾，国家建设等油用是最主要的矛盾’，心里有了目标，坚定了拿下大油田的信心。吃野菜、住地窨子也不嫌苦，人拉肩扛出大力也不嫌累。”

理论学习激发干事创业热情，大会战锻造出大庆精神、铁人精神。会战大军仅用 3 年时间就拿下了大油田，一举改变了我国石油工业落后的面貌，把“中国贫油”的帽子甩进太平洋。

60 多年来，大庆油田累计生产原油 24.3 亿吨，装满 60 吨的油罐车可绕赤道 14 圈。滚滚而出的黑色油流，支援了国家建设，挺起了共和国工业的脊梁。

由于长期开发建设，石油资源逐渐减少，加之国际油价低迷，石油行业在新时期遭遇发展的寒冬。2016 年，大庆油田陷入“历史上第一次整体性亏损”。面对困境，大庆石油人发扬大庆精神、铁人精神，从习近平总书记对大庆油田的重要指示精神中寻找破题答案：“当好标杆旗帜，建设百年油田”。

大庆油田领导班子深入基层一线密集调研，专题研究大庆油田可持续发展，制定《大庆油田振兴发展纲要》。从抓发展稳增长、调结构促改革、控成本提效益等几方面着手，向高质量发展要效益，以实际行动和业绩，向党和国家交上合格答卷。

2017 年，大庆油田一举扭亏为盈，生产经营指标全线飘红。2020 年，大庆油田克服疫情影响，国内外原油产量双双超出计划，天然气产销量均创历史新高。

“大庆油田是党的大庆，始终坚持听党话、跟党走。60 多年来，在党的领导下，大庆油田走出了一条中国特色的石油工业发展之路。”中国石油天然气股份有限公司副总裁、大庆油田党委书记、大庆油田有限责任公司执行董事孙龙德说，“站在‘两个一百年’奋斗目标的历史交汇点，我们以习近平新时代中国特色社会主义思想为指导，以新发展理念指导油田发展实践，努力建设一个绿色可持续发展的百年油田。”

承大庆精神、铁人精神接续奋斗实干

迈上铁人王进喜纪念馆的台阶，脚步陡然变得沉重，47 级阶梯，代表的是铁人王进喜短暂而辉煌的一生。作为全国爱国主义教育示范基地，每天都有来自全国各地的党员、群众到这里寻找初心。

“高举红旗去战斗，踏着铁人脚步走，雄赳赳气昂昂，泰山压顶不低头……”听着这首传唱至今的老歌，穿越历史时空，大庆精神、铁人精神，始终熠熠生辉。

1960年，大庆萨尔图火车站，王进喜带领队员下了车就问：“钻机到了没有？”“井位在哪里？”“这里的钻井记录是多少？”他恨不得一拳头砸出一口井来。

2006年，苏丹共和国，大庆“新铁人”李新民刚抵达就问：“这里清关最快需要多长时间？什么时候能正式开钻？”

苏丹地表温度接近70摄氏度，摸到有铁的地方，手就火辣辣的烫，队员们相继出现中暑症状。海运遇到大风暴，三台柴油发电机有两台被海水严重腐蚀，彻底趴了窝。“有条件要上，没有条件创造条件也要上。”正是凭着铁人精神，李新民带领钻井队完成了老队长“把井打到国外去”的夙愿。

“在国内打井靠一股劲，一股不服输的劲，在国外打井靠一口气，为国争光的气。”海外打井15年，李新民常这样鼓励队友。

如今大庆油田的旗帜遍及54个国家和地区，大庆精神、铁人精神也在国际合作中远扬海外。

“大庆精神、铁人精神虽然在会战中产生，但其所展现的爱国、创业、求实、奉献的精神内涵永不过时。曾经是大庆石油工人的信念，已经成为全国各行各业战胜困难的法宝，成为奋斗者们前行的精神指引。”对外经济贸易大学“一带一路”能源贸易与发展研究中心主任董秀成教授说。

“除了大庆，没有哪一个企业的诞生和发展，能与中华民族的精神和命运联系得如此紧密……”曾经担任过大庆石油会战指挥部总指挥的国务院原副总理余秋里这样评价。

靠自主创新创建现代化的百年油田

2021年春节期间，大庆油田勘探开发研究院，科研人员在实验室里忙碌着。“搞科研不加班是不可能的，关键核心技术必须靠我们自己。”

勘探开发研究院采收率研究二室党支部书记张佳的话颇有“人民楷模”“改革先锋”王启民当年的劲头。

1962 年的春节，大庆油田地质指挥所试井组的门楣上贴出一副鲜艳的对联：

上联：莫看毛头小伙子

下联：敢笑天下第一流

横批：闯将在此

对联中的毛头小伙子就有刚从北京石油学院毕业来到大庆的王启民。“当时，外国专家断言，中国靠自己的力量开发不了这么复杂的油田。我们几个年轻人不信邪，写下这些话，还故意把‘闯’字中的‘马’写得很大，出了‘门框’。”王启民回忆道。

正是靠着这股闯劲，以王启民为代表的石油科技工作者勇闯勘探禁区，挑战开发极限，自主研发攻克一道道技术难关，成功解决了大庆油田开发建设中一系列核心技术难题，走出一条油田开发建设的自主创新之路。

20 世纪 80 年代初，大庆油田在稳产 10 年后逐步进入高含水期，油层里的水越来越多，油却越来越少，很多人认为，大庆油田已经走到了尽头。王启民把科技创新瞄准在厚度只有 0.5 米的表外储层，这是国内外公认的“不能开采的禁区”。

“石油开采不仅是吃肥吃瘦，还得啃骨头、榨骨髓。禁区既然是人设定的，人就可以打破它！”王启民历经 7 年反复实践，成功摸索出一套“薄差层”开发技术。这项技术使大庆油田新增地质储量 7 亿多吨、可采储量 2 亿吨，相当于又找到了一个大油田。

“虽然我头发白了，岗位退了，但我作为一名共产党员的初心没有改，宁肯把心血熬干，让油田稳产再高产的誓言没有变。”2019 年，在大庆油田发现60周年庆祝大会上，王启民的发言铿锵有力，赢得雷鸣般的掌声，这一天恰好是他 83 岁生日。

就世界同类油田而言，稳产期最长12年，短的只有3年至5年。而大庆油田靠自主科研创新，实现连续27年年产原油5000万吨以上，连续12年年产原油4000万吨以上，创造了世界同类油田开发的奇迹。

“应用一代、研发一代、储备一代”，这是大庆油田一直秉承的科技创新路线。“超前15年研究，超前10年试验，超前5年配套”的科技研发战略，使大庆油田3次采油技术走在世界前沿，3次摘得国家科技进步特等奖。大庆油田勘探开发成果与“两弹一星”共同载入我国科技发展史册。

“老一辈科研人员为提高油田开采量做出巨大贡献，新时代，大庆油田贯彻绿色、可持续的发展理念，实现创建百年油田的目标，科研人员要接力奋斗。”在大庆油田勘探开发研究院微生物采油技术实验室内，高级工程师王蕊边记录实验数据边向记者介绍，“微生物采油技术是利用微生物代谢产物和微生物自身的活动来增产或提高采收率的一项四次采油技术，对环境没有污染，是真正的绿色环保采油技术。”

今天的大庆油田，已建成全球最大的三次采油基地，使我国成为世界上唯一大规模工业化应用三元复合驱技术的国家，重大关键技术攻关步伐不断加快。

钻机轰鸣井架立，原野无垠铁臂摇。车辆行驶在大庆油田，远处旷野上日夜不休的磕头机，犹如大庆石油人驰向高质量发展永不停歇的脚步。

（2021年3月16日）

“看到泡桐树，想起焦裕禄”

王胜昔　崔志坚　汪俊杰

从踏上兰考土地，到病逝在岗位，短短 475 天，“县委书记的榜样”——焦裕禄，在百姓心窝里扎了根，在党员干部心窝里扎了根。

50 多年过去，冲不淡世人对他的怀念。岁月的流逝，反而让他的形象愈加清晰挺拔，愈加撼动人心。

人们为何至今仍在怀念他？百姓为什么和他感情那么深？

使命：“拼上老命大干一场”

3 月的兰考，春风送暖。

轻轻踏上陵园台阶，静静来到焦裕禄墓前。后影壁上刻着毛泽东主席的题词：为人民而死，虽死犹荣。

焦裕禄长眠于此。担任县委书记期间，他带领群众，力战这片千百年来风沙、内涝、盐碱等自然灾害肆虐之地。数年之后，这片地成了良田、绿洲。

焦裕禄 1962 年冬就任兰考县县委书记。兰考县当时是啥情况？

“1962 年冬天，正是豫东兰考县遭受内涝、风沙、盐碱三害最严重的时刻。这一年，春天风沙打毁了 20 万亩麦子，秋天淹坏了 30 多万亩庄稼，盐碱地上有 10 万亩禾苗碱死，全县的粮食产量下降到了历史的最低水平。”

这是穆青采访兰考县时留下的印象。

在焦裕禄纪念园收集的那些史料照片里，我们更能直观感受到这种景象。

地处黄河滩区的兰考，“内涝、风沙、盐碱”，千百年来的祸害，令许多人气馁：“这是天灾，百法难治，听天由命吧。”

焦裕禄却认定，只要加强党的领导，一时就有天大的艰难，也一定能杀出条路来。他立誓：拼上老命大干一场，决心改变兰考面貌，不达目的，死不瞑目！

遗憾的是，一语成谶。他病逝时，在兰考县县委书记的岗位上仅干了 475 天。

“兰考之变，从风雪车站夜开始。”焦裕禄纪念园工作人员孔留根告诉记者。

大雪纷飞，焦裕禄夜访兰考火车站。候车室里挤满了受灾群众，他们准备背井离乡外出求生……83 岁的张庄村老党员雷中江老人，回忆当时偶遇焦裕禄的情形：焦裕禄噙着眼泪不停地向乡亲们鞠躬，“大家是被灾荒逼走的，真对不起你们哪！我们很快会用热炕头、白面馍馍把你们接回来的！”

在火车站，县委工作会议就地举行。焦裕禄深情说道：“不战胜‘三害’，让老百姓过上好日子，我们怎么对得起牺牲的烈士、父老乡亲和党的重托？”

生存尚难，谈何改变。焦裕禄把原来的“劝阻逃荒办公室”改成“治理三害办公室”，并担任主任。“几字之差，天地之分。劝治之变，十万人心！”

现在，兰考火车站朱颜不改，乘车人却已变了模样。他们早就不再是逃荒，而是南下进厂、北上摘棉，外出旅游、回乡创业。

“一个时代有一个时代的历史使命，有一点永远不变，那就是让人民过上好日子的理念和情怀。”郑州大学历史学院教授，河南省焦裕禄精神研究会副会长、秘书长曹振宇说，“焦裕禄精神是共产党人的宝贵财富。”

嬗变："到处都是亭亭的泡桐英姿"

2021年3月1日，兰考东坝头镇。

站在浩荡黄河之畔，春风拂面。遥望对岸万亩苜蓿草场，回首"黄龙"已缚的今日兰考，记者脱口而出习近平总书记的《念奴娇·追思焦裕禄》："生也沙丘，死也沙丘，父老生死系。"

父老乡亲时刻装在心里，唯独不装自己。这是焦裕禄精神的又一写照。

来看一组数字：行程5000余里，走访全县140多个大队中的120多个；查清全县大小风口84个、沙丘1600个，逐个编号、绘图；摸透全县河渠3000多条，绘成详细的排涝泄洪图。

这是焦裕禄到任后的调研行程。

调研回去，他鼓舞大家：兰考是个大有作为的地方，问题是要干，要革命。

475天的艰难跋涉，叠化在他那瘦削的身影上，渐行渐显：他带领村民在沙土地上开始了翻淤压沙"贴膏药"，种植泡桐树。泡桐"驯化"了土地，农桐间作，林茂粮丰。

20多年后，曾经采访兰考县的新华社3名记者故地重访，写道：

"兰考全境的飞沙地、老洼窝、盐碱滩，都已经长起大片大片纵横成网的泡桐林了。"

"我们一路所见，不仅在兰考，而且在豫东平原，在中州大地，在千里公路沿线，在雄伟的黄河大堤，到处都是亭亭的泡桐英姿，都是绿色的海洋。"

…………

今天，记者一直试图找寻历史照片中的盐碱地，但它们始终不见踪迹，唯见遍地泡桐。

半个多世纪过去，我们已无从知道，焦裕禄是如何忍受着严重疾病的折磨。但眼前这光景，已分明告诉我们，为什么这么多年来，人们依然想他、念他、敬他。

泡桐不仅是改善生态的主力军，还带来了更多的财富。

兰考泡桐透气、透音性能好，被誉为“会呼吸的木材”，用其制作的古筝声音悠扬悦耳，独有韵味。

兰考人把泡桐制成板材、家具、乐器，远销海内外。相关企业500多家，产值超百亿元，直接带动4万人就业，形成“泡桐经济”产业链。

2017年，兰考县脱贫摘帽。今天，一场气壮山河、乡村振兴的大决战，再次从这里出发。

行走兰考，有句话常常入耳——“看到泡桐树，想起焦裕禄！”

“历史已经并将继续证明，共产党把人民放在心中最高位置，始终与人民群众想在一起、干在一起，赢得了人民衷心拥护和坚定支持。”焦裕禄干部学院党委副书记、常务副院长席建设说。

感召：“会它千顷澄碧”

像焦裕禄一样的好党员好干部还有很多。

云南保山原地委书记杨善洲，60年坚守共产党人精神家园。他先后担任过县委副书记、县委书记、地委书记。他很少待在机关，大部分时间都在乡下跑。碰上饭点，老百姓吃什么，他吃什么，吃完结账。1988年3月杨善洲退休后，婉拒安享晚年的安排，执意走进施甸县大亮山，开始起早贪黑植树造林的生活。22年间，人工造林5.6万亩，经济价值超过3亿元。2009年，82岁的杨善洲把大亮山林场的经营管理权无偿移交给国家。

模范共产党员、优秀领导干部孔繁森，在西藏工作期间，跑遍了阿里地区106个乡中的98个，行程8万多公里，与藏族群众结下深厚情谊。1994年11月29日，在新疆考察边贸工作途中因车祸不幸殉职。

…………

2014年3月，习近平总书记在兰考调研。“革命战争年代我们党同敌人做斗争，一刻也离不开老百姓的保护和支持，党执政了是不是能做到一刻也离不开老百姓？”总书记的发问令人深思。

现在，兰考县正为解答“兰考之问”而努力。

“用真心为民服务，打掉疏离之墙。”3月2日，记者走进宽敞明亮的兰考县服务中心大厅，只见办事群众络绎不绝、井然有序。墙上贴着“服务忌语”：“还没上班，谁叫你来这么早？”“不知道”“你问我，我问谁？”

“办理契税，以前两小时，现在只要5分钟！”兰考县税务局第一分局局长胡群红说。

“封闭的机关大院向群众敞开。”为方便群众出入，兰考县拆除了县委、县政府及县直机关的大院围墙，开门办公。“拆掉的不只是围墙，更是心墙。”

在焦裕禄干部学院，学员们常常趁着休息时间，自觉走到一棵高大的泡桐树前伫立仰望，深思良久。

这是焦裕禄生前亲手栽下的一棵泡桐，人们亲切地称它为“焦桐”。

2013年成立的焦裕禄干部学院就这样迎来了全国各地的一批批党员干部，他们在这里学习、传承焦裕禄精神。

焦裕禄已离开我们半个多世纪。今天，当全球都在惊叹中国创造了世界减贫史上的奇迹时，焦裕禄精神更显珍贵。

“绿我涓滴，会它千顷澄碧。”焦桐见证！

（2021年3月16日）

“枫桥经验”：基层社会治理的中国方案

陆健　严红枫　张颖

2021 年春节过后，西北政法大学校长助理汪世荣教授再一次带领研究团队，风尘仆仆赶到 1500 多公里外的浙江诸暨。他每年都要到诸暨做十几次调研，跑遍了 23 个乡镇、街道，500 多个村居。让这位来自西北的法学研究者如此痴迷的正是长盛不衰的“枫桥经验”。

半个多世纪前，浙江诸暨干部群众创造了“发动和依靠群众，坚持矛盾不上交”的“枫桥经验”，有效解决了基层各类矛盾和问题。有关专家表示，“枫桥经验”是以人民为中心的共建共治共享的基层社会治理经验，强调自治、法治、德治融合，其基本做法是发动和依靠群众化解人民内部矛盾。

作为中国基层社会治理的一面旗帜，“枫桥经验”形成于社会主义建设时期，发展于改革开放时期，创新于中国特色社会主义新时代，凝结着一代代中国共产党人带领人民创新社会治理的探索，历经时代淬炼而不朽，迸发出穿越时空的旺盛生命力。

“枫桥经验”从诞生到推广全国

枫溪江潺潺流过枫桥镇，江畔古树参天，山色灵秀。“枫桥经验”陈列馆中式风格的外观设计古朴典雅，场馆内新技术的运用又显露着现代气息。一进入陈列馆，墙上的历史资料立即将记者的思绪拉回到“枫桥经验”诞生的岁月。

1963 年 2 月，中共中央决定在全国农村开展社会主义教育运动，中共浙江省委选择诸暨、萧山、上虞等县作为“社教”试点。枫桥干部群众经集体讨论，决定采取发动群众、依靠群众的方式对“四类分子”进行改造，取得了良好效果。

同年 10 月，公安部领导到浙江视察，发现了枫桥区没有捕人的经验，就立即向正在杭州视察的毛泽东主席做了汇报。毛主席肯定地说，“这叫矛盾不上交，就地解决”，并指示要好好进行总结。

根据毛主席的指示，公安部调查组赶赴枫桥，在调查核实后，主持起草了《诸暨县枫桥区社会主义教育运动中开展对敌斗争的经验》，即“枫桥经验”。其主要精神是捕人少，矛盾不上交，依靠群众，以说理斗争的形式把绝大多数“四类分子”就地改造成新人。

11 月 20 日，毛泽东在公安部递呈的全国人大二届四次会议书面发言稿上批示：“要各地仿效，经过试点，推广去做。”22 日，他在与有关负责同志口头谈话时指出，“枫桥经验”回答了两个问题：一是群众为什么懂得要这样做；二是证明依靠群众办事是个好办法。从诸暨的经验看，群众起来之后，做得并不比你们差，并不比你们弱，你们不要忘记动员群众，群众工作做好了，还可以减少反革命案件，减少刑事案件。

1964 年 1 月，中共中央发出了《关于依靠群众力量，加强人民民主专政，把绝大多数“四类分子”改造成新人的指示》，把“枫桥经验”推向全国。

此后全国各地掀起了学习推广“枫桥经验”的热潮，“枫桥经验”成为全国政法战线的一面旗帜。1964 年也成为新中国成立以来捕人最少的一年，治安情况比历年都好。

“一个发轫于小镇的经验，何以能引起毛主席的高度重视，何以能从浙江一隅走向全国各地，何以能历经半个多世纪而不被遗忘，答案并不复杂，两个字——人民！”绍兴文理学院协商民主与基层治理研究中心教授裘斌说。

在实践中不断发展创新

走进枫桥镇枫源村，村口石碑上的“三上三下，民主治村”8个大字跃入眼帘。道路宽阔平坦，楼房白墙彩瓦，这个镶嵌在青山碧水中的村庄，处处透着祥和的气氛。

村党总支书记、村委会主任骆根土自豪地向前来学习考察的人们介绍，本村取名枫源，来自三“源”：一为枫桥母亲河枫溪江之源头，二为蕴藏丰富的高岭土资源，三为“枫桥经验”发源地之一。

“凭借‘枫桥经验’这个传家宝，我们村实现了小事不出村，矛盾不上交，一心一意谋发展，从靠山吃山到绿水青山就是金山银山，发生了日新月异的大变化、大发展。”骆根土说。历经岁月洗礼，“枫桥经验”走出枫桥，走出浙江，走向全国。

2003年，时任浙江省委书记的习近平同志指示，要充分珍惜“枫桥经验”，大力推广“枫桥经验”，不断创新“枫桥经验”。从此“枫桥经验”开始向更高水平治理转型。

“村口路灯不亮，很不方便”“路口摆摊，围观人多，请快处理”……在枫桥镇综合指挥中心，枫桥人生活的点滴问题都可以反馈在这个平台的大屏幕上。

信息的背后，是诸暨依托互联网建起的社会综治、市场监管、综合执法、便民服务“基层治理四平台”。中心负责人说，综合指挥中心实现了“受理、执行、督办、考核”闭环管理，要求“即事即办”，疑难复杂事项不超过7个工作日。

发动和依靠群众是“枫桥经验”的精髓所在、灵魂所在。诸暨充分发挥群众主体作用和首创精神，全面推广“三上三下”民主议决事制度，打造以“红枫义警”“老杨工作室”为代表的品牌社会组织。目前共有各类社会组织4767家，其中仅平安、调解类社会组织就达1000余家，平均每 4 个常住人口中就有 1 人参加社会组织。

诸暨还建立了包括 13 个专业调解机构、742 家调解组织、3536 名人民调解员的大调解体系；形成了人民调解、行政调解、司法调解相衔接的“多层次、社会化、全覆盖”大调解格局，调解成功率达到 97.7%。迄今，诸暨已连续 15 年被命名为“平安县市”，人民群众安全感满意度始终保持在 96% 以上。

“‘枫桥经验’走的就是群众路线，靠的是人民，为的是百姓。”诸暨市委副书记、政法委书记潘超英说，“随着时代的发展，‘枫桥经验’经久不衰，其强大生命力的根源就在于能够传承原初的精神内核，与时俱进、守正创新。”

赋予新的时代内涵

把为人民谋幸福作为初心，在新时代尤为重要。“枫桥经验”曾以一镇一市一省的潜心实践，为全社会的治安防范、纠纷化解提供经验参照。在习近平新时代中国特色社会主义思想的指引下，新时代“枫桥经验”承载着人们新的期待。

习近平总书记多次就坚持和发展新时代“枫桥经验”做出重要指示，提出了一系列新理念新思想新战略，为推进基层社会治理现代化提供了根本遵循。

2013 年 10 月，习近平总书记就坚持和发展“枫桥经验”做出重要指示强调：各级党委和政府要充分认识“枫桥经验”的重大意义，发扬优良作风，适应时代要求，创新群众工作方法，善于运用法治思维和法治方式解决涉及群众切身利益的矛盾和问题，把“枫桥经验”坚持好、发展好，把党的群众路线坚持好、贯彻好。

2020 年 11 月，习近平总书记在中央全面依法治国工作会议上强调，要完善预防性法律制度，坚持和发展新时代“枫桥经验”，促进社会和谐稳定。

2019年以来，“枫桥经验”陆续被写入《中国共产党农村基层组织工作条例》《为人民谋福利：新中国人权事业发展70年》白皮书，特别是首次以中共中央全会审议通过的形式写入十九届四中全会《决定》，代表着“枫桥经验”已经成为坚持和完善中国特色社会主义制度，推进国家治理体系和治理能力现代化的有机组成部分。

根据新时代主要矛盾的变化，“枫桥经验”不断创新工作理念、方法和载体：在治理理念上，从侧重社会稳定为主，转为社会全面进步，推进基层社会治理现代化；在治理主体上，从一元治理转为多元治理，形成了共建共治共享的社会治理格局；在治理方式上，从传统治理转为数字治理，从被动治理转为主动治理，从事后治理转为事先预防，形成了系统治理、依法治理、综合治理、源头治理的现代治理体系。

“党建统领、人民主体、自治法治德治‘三治’结合、共建共治共享、平安和谐这五个要素构成了‘枫桥经验’的鲜明特征和时代内涵。”中国法学会学术委员会主任、浙江大学文科资深教授张文显说。

“在中国特色社会主义新时代，‘枫桥经验’带来了百姓和顺、乡村和美、社会和谐的新景象。”与“枫桥经验”有40多年渊源的浙江省公安厅原副厅长金伯中认为，新时代“枫桥经验”是我们党领导人民创造的行之有效的社会治理方案，是习近平新时代中国特色社会主义思想的重要组成部分。

五十八载日月流转，历史的风光气象万千。“枫桥经验”从乡村实践蝶变为国家蓝图中的重要元素，在新时代更见其价值。践行以人民为中心的发展理念，“枫桥经验”这一长盛不衰的“传家宝”一定能绽放新彩，再立新功。

（2021年3月17日）

“两弹一星”照亮民族自强路

张蕾　陈海波　詹媛

“17 年来，参与探月工程研制建设的全体人员大力弘扬追逐梦想、勇于探索、协同攻坚、合作共赢的探月精神，不断攀登新的科技高峰，可喜可贺、令人欣慰。”2021 年 2 月 22 日，北京人民大会堂，习近平总书记在会见嫦娥五号任务参研参试人员代表后，勉励航天人。

从第一朵蘑菇云升腾在罗布泊上空，到《东方红》乐曲第一次响彻寰宇，再到风云、北斗、嫦娥等属于中国的“满天星辰”闪耀太空，天问一号探测器首次传回高清火星影像图，60 多年来，一代代中国航天人用心血与韶华，在航天史上创造出“两弹一星”精神、载人航天精神、北斗精神和探月精神……如今，这一座座丰碑已经成为中华民族的宝贵精神财富，激励着一代又一代科技工作者爱国奉献、砥砺前行。

“两弹一星”精神的核心是爱国

追溯中国的航天发展史，要从“两弹一星”说起。

20 世纪 50 年代，为抵制帝国主义的武力威胁和核讹诈，维护国家安全，党中央高瞻远瞩，果断做出研制“两弹一星”的战略决策。大批归国精英与国内科技骨干响应党和国家的召唤，怀着强烈的爱国情感，奔赴核工业建设和核武器研制第一线。在国家经济、技术基础薄弱和工作条件十分艰苦的情况下，他们自力更生、艰苦奋斗，用较少的投入和较短的时间突破了核弹、导弹和人造卫星等尖端技术。

1950 年，邓稼先获得美国普渡大学物理学博士学位后，毅然回国，在中国科学院近代物理研究所（后改名为原子能研究所）负责人钱三强的推荐下，义无反顾地投身于核武器研制事业。作为中国第一颗原子弹的理论设计负责人，他在北京郊区的高粱地里兴建研究所，在去罗布泊国家试验场的路上颠簸，在云雾缭绕的山区指挥核弹研制……

20 世纪 60 年代初，王淦昌从苏联回国受命参与核武器研制。年过半百的他义无反顾："我愿以身许国。"由于核武器研制任务的高度机密性，王淦昌化名王京，断绝了一切海外联系，在物理学界整整"消失"了 17 年。

1961 年的一天，中国科学院近代物理研究所的年轻人于敏被钱三强叫到办公室，受命参加氢弹理论的预研工作。核武器研究任务重、集体性强，这意味着他必须放弃已有的学术前途，隐姓埋名。尽管感到突然，但他没有犹豫。"这次改变决定了我的一生。"于敏生前说，"中华民族不欺负旁人，也不能受旁人欺负。核武器是一种保障手段，这种民族情感是我的精神动力。"

1960 年 11 月 5 日，"东风一号"导弹在大西北戈壁滩成功命中目标——其仿制成功标志着中国在掌握导弹技术的道路上迈出了关键一步，为后续航天型号的研制奠定了人才、技术和管理等方面的基础。随后，1964 年 10 月 16 日，中国第一颗原子弹研制成功；1970 年 4 月 24 日，中国第一颗人造地球卫星"东方红一号"发射成功。

东风破晓，气贯长虹。改革开放后，特别是进入新时代以来，中国航天事业迎来了崭新天地。

在神舟飞船首任总设计师、中国工程院院士戚发轫看来，新的历史条件下，年轻人面临的挑战和任务更加艰巨而光荣，更应该继承和弘扬航天精神，尤其是"热爱祖国、无私奉献，自力更生、艰苦奋斗，大力协同、勇于登攀"的"两弹一星"精神。"'两弹一星'精神的核心是爱国。一个人只有有了爱，才会把最宝贵的东西奉献出来；而最大的爱，就是爱国家、爱团队、爱岗位。"

独立自主，自力更生，举国体制协同攻关

“要继续发挥新型举国体制优势，加大自主创新工作力度，统筹谋划，再接再厉。”在会见嫦娥五号任务参研参试人员代表时，习近平总书记强调。

从“两弹一星”到“嫦娥揽月”，面对重大科学挑战和国家任务需求，就是要靠举国体制协同攻关。

20 世纪 50 年代末，在苏联留学 7 年后，孙家栋登上了归国的列车。当时，聂荣臻元帅受中央委托正在筹建导弹研制队伍，孙家栋被抽调进新成立的国防部第五研究院。由于中苏关系突然变冷，仅一个晚上，苏联专家就带着资料全部撤走。“我们看着做到半截、即将完成的导弹，当时的心情可想而知。但这个事情也刺激、教育了我们——搞‘两弹一星’，必须独立自主、自力更生。”“两弹一星”功勋科学家孙家栋回忆。

独立自主、自力更生——事实证明，中国能够做到！从第一颗原子弹爆炸到第一颗氢弹试验成功，美国用时 7 年 3 个月，苏联为 6 年 3 个月，中国仅用了 2 年 8 个月。

为集中力量攻克原子弹和氢弹的理论和工程技术难关，1961 年年初，全国抽调一批杰出科学家和工程技术人员到北京第九研究所（中国工程物理研究院前身），大家重视基础理论研究、发扬学术民主、大力协同攻关。10 余年后，“原子弹氢弹设计原理中的物理力学数学理论问题”项目获得国家自然科学一等奖。彭桓武作为排名第一的获奖者，被公认为最有资格接受这枚唯一的金质奖章，但他坚决谢绝了——“这是集体的功勋，不应由我一人独享。”

回忆起那段激情燃烧的岁月，戚发轫至今感慨万千：“正是在那个年代，我们形成了‘自力更生、艰苦奋斗、大力协同、无私奉献、严谨务实、勇于攀登’的航天精神。依靠这种精神，我们克服了很多困难。”

让中国人探索太空的脚步迈得更稳更远

以“两弹一星”为起点，中国航天事业的脚步未曾停歇——

60 多年来，我国自主研制了 17 种型号的长征系列运载火箭，成功实施 300 余次发射，将 500 多颗航天器送入太空；以“东方红”品牌为代表的通信卫星平台，在历经东二、东三、东四、东五四代卫星平台的发展后，技术不断突破，实现了指数级的能力跃升；载人航天和深空探测取得重大突破，我国成为世界上少数几个独立掌握载人天地往返、空间出舱、空间交会对接等重大技术的国家之一。

与此同时，北斗导航工程、实践科学试验卫星和风云气象卫星等也捷报频传。

进入新时期，航天人瞄准火星探测、月球探测和载人航天等国家重大战略需求，肩负起新的历史使命，再次踏上新的征程……

“在火星进场动员大会上，我写了一副对联：扬航天精神雄风做两弹一星传人，圆中华复兴伟梦担深空探测重任。我们航天人有责任更上一层楼。”2020 年 4 月，在纪念我国第一颗人造地球卫星“东方红一号”发射成功 50 周年座谈会上，航天科技集团五院空间科学与深空探测首席科学家、中国科学院院士叶培建说。

“老一代航天人的功勋已经书写在新中国史册上。不管条件如何变化，自力更生、艰苦奋斗的志气不能丢。新时代的航天工作者要以老一代航天人为榜样，大力弘扬‘两弹一星’精神，敢于战胜一切艰难险阻，勇于攀登航天科技高峰，让中国人探索太空的脚步迈得更稳更远，早日实现建设航天强国的伟大梦想。”在给参与“东方红一号”任务的老科学家回信时，习近平总书记向广大航天工作者提出殷切期望。

航天精神的内涵并不限于航天领域，它对中国科技界当下面临的复杂外部环境、“打压赶超”威胁和“卡脖子”困境同样具有诸多现实意义。

“老一辈航天人至诚报国的大担当、大情怀、大作为一直激励着我们牢记使命、不懈奋斗。我们将充分继承和发扬以‘两弹一星’精神为代表的航天精神，面向国家重大需求和世界科技前沿，以不负国家、人民期望的赫赫战绩，勇攀科技高峰！”中国航天科工三院首席科学家朱坤坚定地表示。

（2021 年 3 月 17 日）

三线建设：为国家长治久安奠定坚实基础

周洪双　李晓东

“花是一座城，城是一朵花。”四川最南端的攀枝花市，正盛开着火红的攀枝花。这座繁华的现代都市，也如花一样，绽放在祖国的西南腹地。

曾经，这里是“地无一里平”的荒凉之地；而今，这里是百里钢城、康养胜地。

沧桑巨变，源于三线建设、成于改革开放。20 世纪六七十年代，国家投入几千亿元资金和几百万人力，以备战为核心，在中西部地区的 13 个省、自治区开展了大规模国防、科技、工业和交通基础设施建设。包括攀枝花钢铁基地在内的 1100 多个项目，在西部深山拔地而起，为祖国筑起了牢固的战略大后方。改革开放后，它们又成为西部迅速崛起的战略支柱。

“三线建设，正是全国一盘棋、集中力量办大事所结的硕果。”中国三线建设研究会副秘书长、攀枝花中国三线建设博物馆副馆长张鸿春说，三线建设的决策之快、动员之广、规模之大、时间之长，在中华人民共和国建设史乃至整个世界工业建设史上都堪称奇迹，对我国的国民经济结构和工业布局产生了重要而深远的影响，为西部大开发奠定了坚实的基础。

筑起战略大后方

“此件很好。”在攀枝花中国三线建设博物馆，一份有毛泽东主席亲笔批示的报告把我们带回那个波澜壮阔的时代。

这是1965年2月23日冶金部部长吕东、攀枝花特区总指挥徐驰呈送的关于攀枝花筹建情况的报告。毛主席做出批示的时间是3月4日，这一天也成为攀枝花市的“建市纪念日”。

2021年3月4日，攀枝花举行“学党史、话三线、谈未来”座谈会，共话时代发展中的“三线精神”。会场内外，是一派平安祥和的盛世景象。而在20世纪60年代攀枝花建设前夕，我国周边局势严峻，战火一触即发，直接威胁到共和国的安全。

一个刚刚挺直脊梁的大国又走到了生死存亡的危急关头。怎么办？党中央从民族存亡、国家发展的高度，动员全国积极、主动、全面地进行备战。

当时，我国人口和工业、交通设施等都主要集中在东部沿海地区，缺乏纵深，若遇敌人突袭，将遭受严重损失，并丧失支撑反击、打持久战的工业基础。党中央把全国由沿海、边疆地区向内地收缩，划分为前线、中间地带和后方三类地区，简称为一线、二线和三线，提出了大规模开展三线建设。

从1964年开始，三线建设成为举国共识，党带领国家和人民，再次开始了艰苦的长征。这次长征，是备战、备荒，是保护人民安居乐业，其目的，是要建成一个有布局、有纵深、有持久耐力的不可战胜的中国。

接下来的10余年间，全国一盘棋、集中力量办大事的社会主义制度优势不断彰显。数以千亿计的资金投向西部，数以百万计的建设者，操着不同乡音，从北京、上海等繁华大城市，浩浩荡荡地奔向内陆深山。按照“靠山、分散、隐蔽”的布局原则，一批各具特色的工业基地和新兴工业城市在崇山峻岭中迅速生长起来。

在贯穿三个“五年计划”的三线建设中，军工、冶金、机械、电子、原煤、建材、天然气、化工、医药、核工业、航空、航天、导弹发射基地、铁路等行业和产业，在西南西北13个省、区落户，形成完整的工业体系，为我国筑起了牢不可破的战略大后方。

“能战方能止战。”三线建设改变了建国初期工业布局不平衡的状况，为国家的长治久安，为今日中国之腾飞，奠定了坚实的基础。

好人好马上三线

成昆铁路复线的建设工地上，工人们鏖战正酣。2021 年 2 月下旬，全长 14280 米的德昌隧道突破 14000 米大关，进入最后攻坚阶段。

德昌隧道是成昆铁路复线关键控制性工程，隧道内存在高压富水区、断层破碎带、高地应力、高地热等不良地质。在这样的地质条件下打隧道，就像在豆腐里面打隧道。技术专家对山体先行加固，“把豆腐变成冻豆腐”，工程才得以向前推进。

成昆铁路复线是在既有成昆铁路基础上增建的铁路线，线路走向基本一致。今天的铁路建设施工条件已远非昔比，但在复杂的地质条件面前，冲在最前面的还是人。

“在里面就算站着不动，不用一会儿工作服也全都湿透了。”夏天隧道的作业温度近 40 摄氏度，每天分多次运进数十吨冰块，也不能大范围降温，只能让工人休息时到冰块旁边解解暑。

“好人好马上三线。”成昆铁路复线上的建设者，如三线建设时期成昆铁路的建设者一样，将青春和汗水贡献在祖国最需要的地方，实现了人生的价值。

成昆铁路全线 1100 公里，行经四川盆地、横断山脉、云贵高原，涵盖了几乎所有种类地质灾害高发区域，地震烈度在 7 度以上的地段有 500 多公里，堪称“露天地质博物馆”。成昆铁路架设桥梁 991 座，开凿隧道 427 座，18 项技术和工程创中国之最，13 项创世界之最。

“为有牺牲多壮志，敢教日月换新天。”成昆铁路历时 12 年建成，约 36 万军民参建，2000 多人牺牲，平均每公里约有两名筑路者牺牲。他们用生命，铸就了世界公认的“人间奇迹”。

西南地区三线建设的重中之重是“两基一线”——攀枝花钢铁工业基地、重庆配套兵器工业基地和成昆线。按照规划，六盘水工业基地的煤炭运到攀枝花，攀枝花的钢铁运到重庆，重庆生产机器再运到攀枝花和六盘水工业基地。1970 年 7 月 1 日，成昆铁路全线通车，攀钢成功出铁。“两基一线”的布局，在这一天被盘活了。

三线地区原本十分落后，建设者面临着一无住房、二无后勤、三无基建的困难局面。因为国家需要，他们义无反顾，怀揣“一不怕苦、二不怕死”的战斗意志，修建起一条条道路、一家家企业和科研院所，创造出了一个个时代奇迹。在大山深处，他们一干就是几年、几十年，“献了青春献终身，献了终身献子孙”成为他们的骄傲。

“好人好马上三线”的过程，就是来自全国各地的建设者熔铸“艰苦创业、无私奉献、团结协作、勇于创新”的三线精神的过程，这种精神犹如一条红线，贯穿于三线建设全过程。

改革调整开新局

2020 年 11 月 27 日，在东方电气集团东方汽轮机有限公司燃气轮机整机试验室里，中国工程院院士陈学东正式宣布：“东方电气自主研发国内首台 F 级 50MW 重型燃气轮机达到满负荷，各项运行指标正常。”

燃气轮机是涉及能源领域和国防建设的战略性装备，被誉为制造业“皇冠上的明珠”。此次满负荷试验的圆满成功，标志着东方电气集团已经完整地掌握了燃气轮机自主设计、制造、试验全过程能力，推动我国自主燃机产业实现了跨越。

始于三线建设的东方电机厂、东方锅炉厂、东方汽轮机厂等多个项目，伴随着共和国电力事业的发展，成长为今天的东方电气，现在已是世界最大的成套发电设备供应商和电站工程总承包商，堪称中国重装工业的一颗璀璨明珠。

2018 年春节前夕，习近平总书记在四川考察调研时，勉励企业抢抓机遇，积极发展军民融合产业，提高企业自主创新能力和国际竞争力，推动中国制造向中国创造转变、中国速度向中国质量转变、中国产品向中国品牌转变。

如今，三线建设已是历史，但在三线建设中形成的基础设施、大中型企业、科研院校等仍发挥着重要作用。一些大型机械制造和军工企业形成了深厚的技术积累，为发展新兴产业提供了强有力的支撑。著名社会学家费孝通实地考察后曾评价，三线建设使西南荒塞地区进步了50年。

20世纪70年代末80年代初，国际形势发生了转折性的变化，我国逐渐走向改革开放。计划经济体制下形成的三线建设企业，已不能适应市场经济的发展。党中央、国务院及时做出了对三线建设进行“调整改造、发挥作用”的重大决策。

在调整改造中，大部分三线企业通过“军转民”进行“二次创业”，实现了适应市场经济的凤凰涅槃。1986年攀钢启动二期工程，实现了从“钢坯公司”到“钢材公司”的转变，结束了我国西部不能生产板材的历史，成为颇具影响力的现代化大型钒钛钢铁企业集团。

那时候，“攀二代”沙方石每天开着大货车奔波在公路上，为攀钢从外面拉来设备，又把产品拉到全国各地。他说：“父辈抛家舍业，把这个钢城建起来。我们要努力工作，把这个家保护好、发展好。”

经过二次创业，攀枝花、六盘水、酒泉等钢铁、煤炭基地，酒泉、西昌卫星发射基地，重庆兵器工业基地，湖北第二汽车制造厂，贵州、陕西飞机制造和电子工业基地等重大项目焕发出新的活力。

到新世纪初，三线调迁工作全面完成。嘉陵摩托、东风汽车、长虹电器、成飞集团等一大批知名企业走出三线，走进人们的日常生活、走向国际尖端前沿，它们也成为西部大开发战略实施的坚实基础。

随着改革开放的深入推进，曾经的内陆深处“大三线”，站上了对外开放的前沿。三线精神也历久弥新，激励着一代代中华儿女为实现中华民族伟大复兴的中国梦奋勇前行。

（2021年3月18日）

南京长江大桥：“天堑飞虹”见证自主创新伟力

苏雁　刘已粲

1968年12月29日，扬子江畔传来了振奋人心的喜讯：南京长江大桥全面建成。这是中国人首次依靠自己的力量在长江上建设大型桥梁。

一座桥，实现了联通南北的梦想，打通了京沪铁路的咽喉。如今中国创造的奇迹不断在更新，一条条公路和铁路，勾勒着中国经济血脉的新版图，北京到上海的高铁单程时间已经压缩至4.5小时；一个个传奇工程，充分展现了中国人民在中国共产党领导下奋发图强、追求卓越的磅礴伟力。

“轮势随天度，桥形跨海通”。夜幕降临，技术人员钱斌良驾车经过南京长江大桥。此时，公路面上的玉兰花灯齐放，2000盏泛光灯色彩交织，使桥头堡、雕塑、桥身变得通体晶莹，似银河落入长江。钱斌良告诉记者，这一雄伟的景观被列为金陵四十景之一——“天堑飞虹”。

筚路蓝缕，以启山林。自1960年开始，历时近9年，南京长江大桥建设者们发扬自主自强的奋斗精神、创新创优的进取精神、精益求精的工匠精神、拼搏拼命的献身精神、合心合力的团结精神，开创了中国人民依靠自己的力量建设大型桥梁的新纪元。

50多年来，桥梁建设者们坚守“大桥精神”，不断刷新着世界桥梁史的纪录，挺起了中华民族的脊梁；半个多世纪，工程建设者们秉承着“敢教日月换新天”的英雄气概，取得了一个又一个惊人成就。每一次突破、每一步跨越都改写了大江南北乃至全国交通运输发展的历史，映照着中国人民攻坚克难的冲天豪情，不仅带动着经济的腾飞，也提升了人民群众的幸福感和获得感。

自力更生　把“不可能”变成“可能”

南京市浦口区迎江路40号，有一座古朴的二层小楼，这是南京长江大桥桥史馆。走进这里，那段激情燃烧的岁月便重现眼前。

自古以来，长江险，天可恃。1927年，美国桥梁专家华特尔来南京实地勘察后，得出“南京长江段水深流急，在南京建造大桥不可能”的结论。南京作为东南重镇，扼华东水陆交通要冲，在南京江面架设桥梁，是人民群众的夙愿。新中国成立后，党和政府顺应人民的期盼，要把“不可能”变成“可能”。

“大桥开工是在1960年，正赶上国内三年经济困难期，材料、资金、技术、人工都紧张，可大家都憋着一股‘必须要成功’的劲儿。”时任南京长江大桥技术员王方大说，“中苏关系破裂后，苏联撤走了技术人员，而我们连钢材都没有。没有我们就自己造，鞍山钢铁公司经过反复试制，于1963年正式生产低合金锰桥梁钢，桥梁结构钢生产全部实现国产化。”

在南京长江大桥建设过程中，无数难题横亘在前。其施工技术难度之大、自然条件之复杂，在当时均堪称“世界之最”。今年81岁的孙阿根，时任南京长江大桥装吊工，他清楚地记得1964年9月，秋汛突发，洪峰一个接着一个，冲击着4号和5号深水桥墩沉井边锚绳，大桥危在旦夕，情况异常严峻。

面对危机情况，大桥工程局立即向全国各地紧急求援。上海用特快专车送来了加粗缆绳；武汉立即开了两艘拖轮支援……孙阿根回忆，“全体人员齐心协力，历经30多天日夜加班，冒着生命危险在激流中加固钢缆，最终稳住了这两个巨型漂浮物”。

如今，行走在南京长江大桥上，这座高达70米，安放着三面旗雕塑的桥头堡引人注目，人们很难想象，建桥后期最难啃的一块硬骨头，创造性地用火车蒸汽蒸堡体，实现了混凝土一天就拆模的奇迹，仅用了28天就巍然矗立在了桥头。

渡江战役时，中国人民解放军征服长江天堑从浦口登陆南京，浩荡入城。近 20 年后，就在当年大渡江的地方，中国人民白手起家，靠着肩扛手推、自力更生，又一次征服长江天堑。

半个世纪的超负荷运行结果证明，南京长江大桥的建造技术达到当时国际先进水平，在水下基础设计、钢梁设计、建筑材料设计与制造以及物理学、建筑艺术学等各个方面对中国现代桥梁事业的发展都有着极其重要的奠基作用和开创性意义，而工程总造价仅有 2.87 亿元。

回溯历史，南京长江大桥因其独特的政治、经济、科技和军事价值被载入史册。喝彩与荣耀的背后，凝聚着千万大桥建设者的智慧、汗水乃至生命。南京长江大桥既是用一块块钢、一颗颗钉架起来的钢铁巨龙，也是用血肉之躯挺起的中国脊梁。

大胆创新　成就“中国名片”

没有外援帮助，没有案例参考，南京长江大桥硬是稳“站”在湍急的水流之中，靠的就是桥墩技术的创新。

南京长江大桥一共 9 个桥墩，在不断创新和改进中用了 4 种不同的基础方案。每一个建成的桥墩都为下一个桥墩建设提供了经验借鉴。7 号墩位于江心水流最深处，原计划采用钢沉井加管柱技术。但在钢铁奇缺的年代，钢沉井要耗费巨量钢材。原南京长江大桥技术设计处处长、水下基础总设计师曹祯苦苦思索，创造性地提出用钢筋混凝土代替纯钢的施工方案。

正是秉持着这种创新精神，南京长江大桥打破了美国专家对长江南京段无法建桥的预言，这座被称为“争气桥”的宏大工程，创造了浮式钢筋混凝土沉井、氦氧深潜水、72 米深水基础工程等一系列令人瞩目的重大成果，填补了诸多“中国空白”“世界空白”。1985 年，《南京长江大桥建设新技术》获得国家科学技术进步特等奖。

以南京长江大桥的自主设计、建造开始，新中国桥梁建设不断取得创新突破，“大桥精神”孕育的创新奇迹，如今正由新一代的“桥梁人”在国内外续写。

武汉天兴洲长江大桥，我国首座跨长江高铁桥梁，创下四项世界第一；被誉为交通工程“珠穆朗玛峰”的港珠澳大桥集桥、岛、隧道于一体，英国《卫报》称其为“新世界七大奇迹”之一；位于海拔4500多米的可可西里国家级自然保护区核心地带的清水河大桥，是青藏铁路专门为藏羚羊等野生动物迁徙而建设的最长的“以桥代路”特大桥，各桥墩间的1300多个桥孔可供藏羚羊等野生动物自由迁徙……

据《2019年交通运输行业发展统计公报》显示，截至2019年年底，全国建成公路桥梁87.83万座，其中特大桥梁5716座。不仅如此，目前，世界排名前10的桥梁中，超过半数为“中国制造”。大江南北架起的一座又一座新桥梁，彰显着中国创新创造的磅礴伟力。

继往开来　从“争气桥”到遍布江河的交通网

桥，寓意着纽带，更意味着机遇。诞生于中国特殊历史时期的南京长江大桥，折射出过去半个多世纪以来，中国现代化建设中的经济发展和社会变迁。

在江苏，400公里长江蜿蜒奔流。沪苏通长江公铁大桥、五峰山长江大桥、江心洲长江大桥……一座座大桥的建成让江苏各地从“拥江发展”走向“跨江融合”。从江苏首个跨区域联动的江阴开发区靖江园区到苏州与宿迁挂钩合作建设苏宿工业园区，大桥开通后促成的“飞地经济”不仅使两岸产业协作更加紧密，同城化步伐也得以加快。

一座座桥梁，是现代综合交通运输体系的骨架，方便了出行，带动了要素快捷流动，促进了区域融合发展，策应了长江经济带、长三角一体化等国家战略实施。

如今，放眼全国，无论是建桥技术，还是桥梁数量，中国都处于世界领先的地位。遍布神州大地的桥，编织成四通八达的交通网。这些桥梁，不仅让“天堑变通途”，更让“中国桥”成为展示中国形象的品牌，成为惊艳世界、健硕壮观的地标。

2018 年 10 月 23 日，世界公路建设史上技术最复杂、施工难度最高、工程规模最庞大的桥梁——港珠澳大桥举行通车仪式。正如习近平总书记所言，港珠澳大桥的建设创下多项世界之最，非常了不起，体现了一个国家逢山开路、遇水架桥的奋斗精神，体现了我国综合国力、自主创新能力，体现了勇创世界一流的民族志气。

“大桥在这几十年中，一直是展示中国道路和中国人精神的一个窗口，它是一种象征，是一种记忆、情感和文化的奇观。”南京大学建筑学院教授鲁安东认为，南京长江大桥不仅是物质的桥，更是一座精神的桥，不仅是一座城市的记忆，更是一个国家和民族的共同记忆。

横跨大江南北的大桥，连接着过去和未来，进一步坚定了我们对中国特色社会主义的道路自信、理论自信、制度自信、文化自信，充分说明社会主义是干出来的，新时代也是干出来的！

关于大桥的光荣与梦想，仍在延续……

（2021 年 3 月 18 日）

重返联合国：中国外交的一个重大胜利

张斐晔　蔺紫鸥

“75 年前，中国为赢得世界反法西斯战争胜利做出了历史性贡献，支持建立了联合国。今天，秉持同样的担当精神，中国积极投身国际抗疫合作，为维护全球公共卫生安全贡献中国力量。”2020 年 9 月 22 日，国家主席习近平在第七十五届联合国大会一般性辩论上发表重要讲话，一以贯之地向世界庄严承诺中国的大国责任与担当。

中国的大国责任与担当，是中国共产党为世界谋大同、为人类做贡献的誓言与奋斗。这份承诺早已写在中共建党之初的文献中，写在北京天安门城楼上——世界人民大团结万岁，更融入中国重返联合国至今 50 年岁月中。

忆往昔峥嵘岁月稠。中国共产党正领导进入新时代的中国在联合国舞台上为世界提供源源不断的中国智慧、方案和贡献。

五星红旗在联合国升起

在美国纽约的联合国总部大楼前，有一长排旗杆，悬挂着所有会员国的国旗。几乎每一位首次到访的各国人士，都会从中仔细寻找自己国家的国旗。记者也不例外，驻足在鲜艳的五星红旗之下，油然而生的是对祖国的自豪感。大西洋的海风将国旗吹得猎猎作响，仿佛在诉说着中国重返联合国的激壮往事。

中国是第一个在联合国宪章上签字的国家，然而中国共产党领导的人民共和国从成立到恢复联合国合法席位，却等了足足22年。

“中国人民从此站立起来了！”1949年10月1日，毛泽东主席亲自按动电钮升起五星红旗的那一刻起，中华人民共和国中央人民政府就是代表全中国人民的唯一合法政府，理应享有在联合国的固有地位及其他一切权利。但在美国的操纵下，中国在联合国的席位长期被蒋介石集团非法窃据。

谁代表中国？是被人民拥护的新中国，还是被人民所推翻的反动政府？答案是显而易见的。1950年9月19日，新中国代表伍修权受邀在联合国安理会上控诉美国武装侵略中国领土台湾，其间，他对用英语发言的蒋介石集团代表讽刺道：“我怀疑这个发言的人不是中国人，因为伟大的四万万七千五百万中国人民的语言他都不会讲。”窥一斑而知全豹，新中国完全是一个独立自主的国家，与蒋介石集团唯美国马首是瞻完全不同。新中国代表有理有据的发言、自信昂扬的姿态轰动了世界。毛泽东曾笑言：“伍修权大闹天宫去了。”

从1961年起，联合国大会每年表决恢复中国在联合国合法席位的赞成票不断增加。1971年7月，阿尔巴尼亚等17国驻联合国代表给联合国秘书长吴丹写信，要求将“恢复中华人民共和国合法席位”的提案列入大会议程，在随信所附的《解释性备忘录》中提到“任何重大国际问题，如果没有中华人民共和国的参与都是无法解决的”。这句话言简意赅地表明国际社会充分认识到了中华人民共和国的重要地位。

这个“重要地位”从何而来？抗美援朝战争伟大胜利，让世界知道了“现在中国人民已经组织起来了，是惹不得的。如果惹翻了，是不好办的”，奠定了新中国的重要国际地位；和平共处五项原则为联合国宪章和原则赋予的可见、可行、可依循的内涵，成为国际关系基本准则和国际法基本原则；“两弹一星”的成功研制，粉碎了超级大国的“核讹诈”，深刻影响国际战略格局演变……赞成票不是从天上掉下来的，而是新中国用不断提升的自身实力和影响力赢得的。

中华人民共和国参与国际治理已然势不可挡，历史掀开了崭新的一页。时年32岁的施燕华，当时正在外交部翻译室工作，她说：“我记得那是北京时间10月26日下午，我和同事们认真翻译了时任联合国秘书长吴丹发来的电报并上报。”这条电文内容是通知中方，联合国大会通过了恢复中国在联合国的一切权利的 2758 号决议，并邀请中国派代表团出席第二十六届联合国大会。

1971 年 11 月 1 日，一面崭新的五星红旗迎着朝阳在联合国总部徐徐升起，这个最大的国际舞台迎来了新中国。50 年来，中国在世界舞台上的使命一以贯之，并庄严记录在中国共产党的十九大报告中：“始终做世界和平的建设者、全球发展的贡献者、国际秩序的维护者。”

中国的一票永远属于发展中国家

2015 年 9 月，国家主席习近平在出席联大一般性辩论并发表演讲时说：“中国在联合国的一票永远属于发展中国家。”

在恢复中国联合国合法席位的赞成票中，来自非洲的票占了 1/3。“非洲兄弟们把我们抬进联合国，不去就脱离群众了。”得到消息时，毛泽东非常高兴，并决定立刻组成代表团参加当年的联合国大会。

一个“抬”字生动描绘了中国与广大发展中国家的深厚情谊。据当时的西方媒体报道，当计票结果在电子屏锁定之后，会场沸腾了，支持新中国的代表们经久不息地鼓掌庆贺，尤其是非洲国家代表们，甚至在座位上、过道上跳起舞来，还有的把桌面当鼓，敲出欢快的非洲鼓点。

这份情谊里有汗水和鲜血凝结出的中非友谊丰碑——坦赞铁路，有妙手仁心浇筑起的友谊桥梁——中国援非医疗队，有支持被压迫人民和被压迫民族正义斗争的呐喊声援……“得道多助，失道寡助。社会主义的新中国得到了国际社会，尤其是广大发展中国家的认可。”中国联合国协会副会长兼总干事张丹认为，这是我们党外交史上的里程碑，也是发展中国家在联合国历史上的里程碑。“安理会五大常任理事国只有中国一个发展中国家，而且是世界上最大的发展中国家。中国重返联合国是广大发展中国家的众望所归，极大地壮大了发展中国家在国际治理体系当中的影响力。”

在代表团启程前夕，毛泽东对我在联合国大会的第一篇发言做了重要指示，“要讲我们反对帝国主义的战争政策和侵略政策，反对超级大国的霸权主义，要宣传和平共处五项原则，大小国家一律平等，中国属于第三世界，永远不做超级大国。”

50 年来，中国在联合国中始终坚定地同发展中国家站在一起。“中国坚定支持非殖民化进程，支持亚非拉的民族解放运动，反对侵略战争，为弱小国家仗义执言。”北京语言大学国际关系学院院长、联合国研究中心主任贾烈英举例道，中国自恢复合法席位以来，在安理会一共投了 16 次否决票，其中 8 次是自 2013 年以来涉及叙利亚问题和委内瑞拉局势的，表明中国坚持政治解决地区冲突，反对强行更迭别国政权。

2020 年 5 月 18 日，在第 73 届世界卫生大会视频会议开幕式上的致辞中，习近平主席特别强调要加大对非洲国家支持。“发展中国家特别是非洲国家公共卫生体系薄弱，帮助他们筑牢防线是国际抗疫斗争重中之重。我们应该向非洲国家提供更多物资、技术、人力支持。”应世卫组织方面请求，日前中国政府已决定向“新冠肺炎疫苗实施计划”先提供 1000 万剂国产疫苗，用于满足发展中国家急需。

人类命运共同体理念照亮前行之路

重返联合国 50 年来，中国坚定维护以联合国为核心的国际体系，坚定维护以国际法为基础的国际秩序，坚定维护联合国在国际事务中的核心作用，积极参与全球治理体系改革和建设，不断推动全球治理体系向着更加公正合理方向发展。

寻找和建设一个公正合理的全球治理体系可以说早就刻在了中国共产党的基因里。1919 年 5 月 4 日爆发的“五四运动”标志着中国新民主主义革命的开端，也为中国共产党的建立做了思想上干部上的准备，而“五四运动”的导火索是巴黎和会上中国外交的失败。“公理战胜强权”

的美好理想被列强轻易戳破，早年的中国马克思主义者们深刻认识到要改变这个弱肉强食的世界，必须要建立一个公正合理的世界秩序。

在重返联合国的 3 年后，1974 年 4 月，邓小平在联合国大会召开的关于原料和发展问题的特别会议上，阐述了改革旧的不平等的国际经济秩序的必要性和支持建立新国际经济秩序的主张。改革开放之后，中国开启全面参与联合国各机构的进程，加入联合国各项公约，逐渐扩大对国际多边机制的参与。

“联合国在 21 世纪制定了两大重要里程碑式的文件，一个是巴黎协定，一个是 2030 年可持续发展议程，在两个文件的制定中，中国都发挥了引领作用。”张丹表示，从 1995 年北京联合国世界妇女大会的举办开始，到成功举办 APEC 领导人非正式会议、G20 峰会、“一带一路”国际合作高峰论坛、上合组织青岛峰会、金砖国家领导人厦门会晤等，中国理念、中国方案越来越深入人心。

当今世界格局加速演变，面对百年未有之大变局，世界需要一个什么样的联合国？

2017 年 1 月 18 日，国家主席习近平在联合国日内瓦总部发表系统阐述构建人类命运共同体重要理念的主旨演讲，47 分钟里响起 30 余次掌声。“人类命运共同体站在人类的高度，集和平、安全、发展、文明、生态于一体，是全球主义的宣言书，与《联合国宪章》中的宣示高度契合。”贾烈英介绍道，2017 年 2 月 10 日，人类命运共同体理念在联合国社会发展委员会会议上首次被写入联合国决议，随后，又被安理会、人权理事会、联大第一委员会等写入决议，使这一中国理念日益成为国际共识。

今天，走进联合国，人们可以更直观地感受到那句话：中国正前所未有地走近世界舞台中央，可以更透彻地领悟习近平主席在联合国成立 75 周年纪念峰会上的重要讲话：“世界正站在一个新的历史起点上。让我们重申对多边主义的坚定承诺，推动构建人类命运共同体，在联合国旗帜下实现更大团结和进步！”

（2021 年 3 月 19 日）

小球推动大球：汲取相向而行的智慧和力量

余晓葵　曹元龙

1971年的仲夏七月，亨利·基辛格博士肩负时任美国总统尼克松赋予的使命，迂回巴基斯坦，准备秘密来华为尼克松访华探路。在巴基斯坦，食欲尚可的基辛格对外放风“得了痢疾”，并在巴总统叶海亚·汗的配合下“上山疗养”，实则于夜色中登上了飞往中国的巴方飞机……

在基辛格秘访情节铺垫下，翌年成行的尼克松访华更显厚重深远：撬动中美苏大三角格局的变化，启动中美关系正常化进程，堪称“改变世界的一周”。

半个世纪后，面对新时期中美关系的风云跌宕，我们仍可从中汲取登高望远、相向而行的智慧和力量。

破冰：跨越太平洋的握手

“你的手伸过世界最辽阔的海洋来和我握手——25年没有交往了啊。”当尼克松走下舷梯，周恩来握手相迎。1972年2月21日发生于北京的这一幕，震动了世界。

“是历史把我们带到一起来了。”尼克松在抵京的当天下午接受毛泽东会见时表示。毛泽东则不无风趣且寓意深刻地说：“过去22年总是谈不拢……所以就打乒乓球。”

正是以乒乓外交为代表的中美一系列“外交小舞步”，最终促成了“改变世界”的尼克松访华。1969 年尼克松就任美国总统后，通过多种方式释放了与中国和解的微妙信号。经过深入分析和研究，毛泽东、周恩来决定为打开中美关系大门做出努力，敏锐地做出了回应。1971 年 4 月，毛泽东、周恩来决定邀请美国乒乓球队访问中国，以小球推动大球。同年7月，美国总统国家安全事务助理基辛格秘密访华，两国开始了实质性接触。

察势者智。在彼时中美两国相互敌视的氛围中，毛泽东和尼克松却洞悉了世界趋势和未来之路。尼克松曾说自己这次访问是“改变世界的一周”，不过在毛泽东看来，是世界改变了尼克松。

20 世纪 60 年代，随着中国成为国际舞台上一支不容忽视的独立的政治力量，以及亚非拉国家力量和影响的显著增强，新的世界格局初现端倪。与此同时，美国深陷越南战争的泥潭，苏联则不断强化它在美苏争霸中的地位，并对中国形成战略压力。改善各自的国际处境成为中美两国的共同考虑。

时与势的变化，甚至超出了基辛格的预料。1971 年 10 月 26 日，在为尼克松访华做准备的第二次访华行程结束之际，基辛格曾与送行的乔冠华谈及中国恢复联合国席位的问题。当时，他自信地说：“估计明年还差不多。待尼克松总统访华以后，你们就能进去了。”而一上回国的专机，基辛格就获悉：联大刚刚已以 76 票对 35 票通过接纳中国，并驱逐台湾。

中国在联合国的胜利，曾经令尼克松感到沮丧，也令他更加重视访华之行。基辛格曾回忆，没见过哪位总统的出访“如此精心筹划”，又准备得“如此小心谨慎”。在飞往中国的专机上，尼克松还在复习相关报告数据，并练习使用筷子。专机抵达北京后，幕僚们在机舱内悄悄观察周恩来的着装，在确认周恩来穿着大衣后，尼克松也决定穿上大衣……

赋予这些细节和插曲以感染力的，是中美双方领导人的智慧和勇气——在两个长期敌对的国家之间寻求共同利益，进而推进自身和世界的利益。

在访华欢迎宴会上，尼克松坦言：“我们有巨大的分歧。使我们走到一起的，是我们有超越这些分歧的共同利益。”对外交情有独钟的尼克松展示出“轻轻推动历史巨轮”的强烈意愿。高瞻远瞩的毛泽东主席则轻松写意地化解了与尼克松访华相关的诸多难题。关于中美之间谁是主动提出邀请的一方，毛泽东指出，不是哪一方采取主动，是双方都采取主动。关于磋商中的难点台湾问题，双方在《上海公报》中形成如此表述：“美国认识到，在台湾海峡两边的所有中国人都认为只有一个中国，台湾是中国的一部分。”

回顾“改变世界的一周”，中国现代国际关系研究院院长袁鹏说，尼克松访华以及《上海公报》的发表，说明中美两个社会制度、意识形态、发展阶段、文明文化完全不同的国家，是可以基于共同利益进行战略合作的。也就是说，双方能够基于共同的全球战略利益，把双边的战略分歧搁置在一边。

承认分歧和妥处分歧，同样是一种智慧。1972 年 2 月 28 日，中美双方发表《上海公报》。2600 余字的公报字斟句酌，却用了 1000 余字的篇幅，阐述两国在重大国际问题上的不同看法，并明确指出“中美两国的社会制度和对外政策有着本质的区别”。

这样一份联合公报可谓“前所未有”。周恩来总理实事求是的笃定主张也曾令基辛格诧异，不过他很快就理解了其高明之处——这样的对照反而更能突出达成协议的重要性，得出的积极结论也会更可信。

“过去半个多世纪，国际关系中一个最重要的事件就是中美关系恢复和发展。”正如习近平总书记所指出的，50 年来，虽然其间也经历了不少曲折和困难，但中美关系总体不断向前。

视野：从“改变世界”到惠及世界

“双边贸易可能的最大量，我们纵然再努力，顶多也只占我们整体经济的极小份额。”基辛格曾对《上海公报》中贸易与交流部分不以为意，他本人也没有具体负责这一“边缘领域”的磋商。

事物的发展时常超乎想象。如今，中美贸易额较建交之初增长了 200 多倍，双向投资从几乎为零到近 2400 亿美元，“你中有我、我中有你”的经贸关系成为中美关系的压舱石。中美人员往来从每年几千人次增长到超过 500 万人次，中国在美留学生总数超过 40 万人。两国人民的交往成为中美关系发展的强大基础。

驭势者赢。中美两个大国之间的合作，远不止于利在两国，更关乎世界和平与发展。中国和美国都是联合国安理会常任理事国，两国经济总量超过世界 1/3，对世界经济增长贡献率超过 50%。两国在 2001 年携手反恐，2008 年合力应对国际金融危机，2014 年共同阻击埃博拉病毒，2016 年推动达成《巴黎协定》。中美两国的利益交汇点在不断扩大。

“宽广的太平洋有足够的空间容纳中美两个大国。”党的十八大以来，习近平总书记在多次论述中美关系时反复强调中美的“利益交汇点”，主张双方从两国人民根本利益出发，从人类发展进步着眼，创新思维，积极行动，为新时期中美关系发展注入新活力。事实上，中美关系已经成为世界上相互交融最深、合作领域最广、共同利益最大的双边关系之一。

毋庸讳言，作为两个社会制度差异明显的大国，中美之间存在分歧。在国际格局迅速调整、中美力量不断接近、美国国内民粹主义思潮上升等诸多因素影响下，中美关系面临比以往更加严峻的挑战。过去几年来，由于特朗普政府实行极端错误的反华政策，一些人出于意识形态偏见和个人政治私利，试图推动中美“脱钩”甚至搞所谓“新冷战”，还在历史罕见的新冠肺炎疫情中极力“甩锅”中国，严重破坏中美关系，严重损害两国人民根本利益，违背当今时代潮流。

蔽于一曲，而暗于大理。在百年未有之大变局中，美国一些人对中美共同利益的漠视乃至切割，正缘于大国视野的窄化乃至闭锁。在尼克松访华时担任其翻译的傅立民，后来曾官至美国助理国防部长。对特朗普执政时期中美关系出现的波动，傅立民撰文批评道：“如果我们只是试图打倒外国，阻止他们超越美国，这更可能会适得其反，而不是取得成功。我们需要认真审视我们落后的地方，做出必要改变以实现进步。”

令许多有识之士不可接受的不仅是美方对华“极限施压”的蛮横，还有自损利益的荒唐。以贸易战为例，美中贸易全国委员会发布的《美中经济关系处于关键时刻》报告指出，美国受益于与中国的贸易和双向投资，对华贸易战未能实现特朗普政府的主要政策目标，反而减少了美国的经济增长和就业。显然，特朗普政府对华路线走进死胡同。

50 年弹指一挥间，时代再一次考验中美两国管控分歧的能力。归根到底，这是对大国视野和战略格局的考验。袁鹏认为，从尼克松访华以来中美关系发展历程来看，实际上两国关系从来都不仅仅是一个双边关系，而具有超越双边的全球性意义。什么时候把全球性、战略性问题摆在首位，而把双边分歧问题放在第二位，中美关系就有好的发展；反之，中美关系就会出现波折。

历史曾给予镜鉴。早在中美关系正常化的起点，两国领导人就曾以全球视野相向而行。“我们不应只为自己的利益而邀请尼克松来访”，毛泽东曾如此主张。尼克松则说：“我们可以实现一个突破，这种突破不仅将有益于美中两国，而且在今后的岁月中会有益于世界。”

2021 年 2 月 11 日，中国农历除夕，习近平主席在同美国总统拜登通话中指出，中美关系正处于重要关口。两国应该共同努力、相向而行，秉持不冲突不对抗、相互尊重、合作共赢的精神，聚焦合作，管控分歧，推动中美关系健康稳定发展，给两国人民带来更多实实在在的利益，为抗击新冠肺炎疫情、促进世界经济复苏和维护地区和平稳定做出应有贡献。这一重要论断为新时期中美关系发展指明了方向和路径。

（2021 年 3 月 19 日）

把饭碗牢牢端在自己手里

——杂交水稻背后的粮食安全故事

禹爱华　龙军

国家统计局公布的数据显示，2020 年全国粮食总产量 13390 亿斤，比上年增加 113 亿斤，增长 0.9%，实现“十七连增”，粮食产量连续 6 年稳定在 1.3 万亿斤以上。

民以食为天。粮食关乎国运民生，是国家安全的重要基石。新中国成立以来，我国粮食生产成绩斐然。粮食生产总量增长了 4.9 倍，单产增长了 4.5 倍。人均粮食占有量超过 470 公斤，彻底告别了饥饿困扰的历史。

1973 年，以袁隆平为首的我国科研团队，在世界上首次成功培养出籼型杂交水稻。籼型杂交水稻被外国人誉为“东方魔稻”，大大丰富了水稻遗传育种的理论和实践，为水稻大幅度增产开辟了新的途径。它的应用被称为“新的绿色革命”，为改善人类的粮食供应立下了汗马功劳。

攻克杂交水稻科研难关

作为我国第一大口粮品种、全国超 65% 人口的主食，保饭碗，首先保大米。“杂交水稻之父”、中国工程院院士袁隆平说：“提高水稻的单位面积产量，对保证粮食安全，具有很重要的意义。”

20 世纪 50 年代至 60 年代，我国通过推广水稻矮化育种技术，使稻谷产量增加 20% ～ 30%，给水稻生产带来第一次突破性飞跃。随后杂交水稻出现，使平均亩产在矮化育种的基础上增产 20%，正式按下增产的加速键！

1953 年，从西南农学院遗传育种专业毕业后，袁隆平被分配到湖南安江农校工作。作为新中国培养出来的第一代农学大学生，袁隆平立誓要解决粮食短缺问题，不让老百姓挨饿。

1956 年，袁隆平带着学生开始了农学实验。袁隆平发现，水稻中一些杂交组合有优势，他认定这是提高水稻产量的重要途径。培育杂交水稻的念头，第一次浮现在他的脑海中。

杂交水稻，是由两个具不同遗传特性的水稻品种或类型，一个作为母本，一个作为父本，经有性杂交之后而产生的一种新的杂合体。这一杂种的第一代，在生产优势、适应性与经济性等方面胜过母本以及父本，这一现象称为杂种优势。

早在 20 世纪 20 年代，就有外国学者发现了水稻的雄性不育现象。但几乎所有国家的研究都只停留在理论层面，实验屡屡失败。学界普遍认为，水稻是自花授粉作物，没有杂种优势。

1966 年，袁隆平发表论文《水稻的雄性不孕性》，拉开了中国杂交水稻研究的序幕。此后，他与学生李必湖、尹华奇成立“三人科研小组”，开始了水稻雄性不孕选育计划。1970 年，在海南发现的一株花粉败育野生稻，打开了杂交水稻研究突破口，袁隆平给它取名为“野败”。

为了支持杂交水稻的研究，1971 年，湖南省把袁隆平领导的杂交水稻科研组调入省农科院。1972 年，农业部（现农业农村部）把杂交水稻列为全国重点科研项目，组成了全国范围的攻关协作网，一场轰轰烈烈的全国攻关大会战打响。1973 年，广大科技人员在突破“不育系”和“保持系”的基础上，选用 1000 多个品种进行测交筛选，找到了 1000 多个具有恢复能力的品种。袁隆平等率先找到了一批优势强、花粉量大、恢复度在 90% 以上的“恢复系”。

1973 年，在第二次全国杂交水稻科研协作会上，袁隆平正式宣布籼型杂交水稻三系配套成功，育成了具有根系发达、穗大粒多等优点的强优势杂交水稻。水稻杂交优势利用研究取得了重大突破。

1976年，杂交水稻迅速扩大到208万亩，并在全国范围开始大面积应用于生产。中国成为世界第一个在生产上成功利用水稻杂种优势的国家。

1981年6月6日，新中国第一个特等发明奖授予了全国籼型杂交水稻科研协作组。

对杂交水稻的科学研究没有止步。三系法获得成功后，我国很快启动了两系法杂交育种技术研究。1995年，两系法杂交水稻研究取得突破性进展，大面积推广，平均亩产又增5%～10%。

1996年至今，我国实施的第三代杂交水稻——超级稻育种计划，在基础理论和品种选育方面都取得了重大进展，屡屡刷新世界纪录。

具有完全自主知识产权的杂交水稻技术，还成为中国农业走出去的先锋。

20世纪80年代，杂交水稻作为我国第一个农业技术转让给美国。此后，中美间的杂交水稻技术合作持续至今。有学者研究中国海关数据库后指出，种用稻谷是中国具有竞争优势的农作物种子，已成为大田作物种子中出口最多的产品。

袁隆平写于1985年的《杂交水稻简明教程》，经联合国粮农组织出版后，目前已发行到40多个国家，成为全世界杂交水稻研究和生产的指导用书。截至2020年年底，已有40多个国家种植了超过700万公顷的杂交水稻。

中国来养活中国

湖南省杂交水稻研究中心办公楼的一间会客室墙上悬挂着一幅照片，金黄色的稻浪翻滚，左上角有袁隆平写下的一行字：湖南溆浦，首次亩产突破1000公斤。

“亩产1000公斤”，这是袁隆平80岁时许下的生日愿望，在2014

年就已经实现。

2020 年 11 月 2 日，位于湖南省衡南县的第三代杂交水稻新组合试验示范基地迎来晚稻测产，测得晚稻平均亩产为 911.7 公斤。此前的 7 月，衡南基地早稻高产攻关田进行测产验收，测得早稻平均亩产为 619.06 公斤。早稻加晚稻实现了亩产 1500 公斤的目标。

这是袁隆平团队在屡破超级稻单产 700 公斤、800 公斤、1000 公斤、1149 公斤等世界纪录后，再次刷新世界纪录。

20 世纪 90 年代，美国经济学家莱斯特・布朗曾对中国的粮食安全提出疑问：21 世纪谁将养活中国？当时的西方学者普遍认为，新中国成立前的历代政府都没有解决中国人的吃饭问题，未来，以全球的粮食生产也难以满足中国巨大的需求。

然而，事实证明，在中国共产党的领导下，中国不仅解决了自己的温饱问题，还为世界粮食安全做出了突出贡献。

目前，我国已全面建立起粮食科技创新体系，深入推进水稻国家良种重大科研联合攻关。杂交水稻在全国累计推广面积约 85 亿亩，增产稻谷 8.5 亿吨。

绷紧粮食安全这根弦

迄今为止，粮食安全依然是全世界许多国家面临的重大问题。2019 年，全球有近 6.9 亿人遭受饥饿，与 5 年前相比增加近 6000 万人。受新冠肺炎疫情的影响，2020 年全球饥饿人数新增 1.3 亿，40 多个国家出现粮食短缺现象。

中国粮食连年丰收，是否可以高枕无忧？

“从中长期看，中国的粮食产需仍将维持紧平衡态势，确保国家粮食安全这根弦一刻也不能放松。”2019 年发表的《中国的粮食安全》白皮书写道。2020 年，粮食安全被同时写进党的十九届五中全会公报和

“十四五”规划建议。2021 年，中央一号文件发布，再次提出要“牢牢把住粮食安全主动权”。

在袁隆平看来，增加粮食产量的根本出路还是向科技要单产、要效益，坚持农业科技要自立自强，下决心打好种业翻身仗，用现代农业科技和物质装备强化粮食安全支撑。

近年来，袁隆平科研团队着力于海水稻种植，并取得了更多的技术突破。

2021 年 1 月 15 日，袁隆平团队在海南三亚举行的第五届国际海水稻论坛上宣布，已在全国签约 600 万亩盐碱地改造项目，今年将正式启动海水稻的产业化推广，拟用 8 至 10 年实现 1 亿亩盐碱地改造整治目标。

2020 年，由袁隆平领衔的青岛海水稻研发中心在全国示范种植海水稻面积扩展到 10 万亩，平均亩产稳定在 400 公斤以上，最高亩产突破 800 公斤。

“我们现在研究海水稻，就是希望通过利用沿海滩涂来扩大水稻种植面积。”袁隆平说，“全国沿海滩涂、盐碱地有 10 多亿亩，能够种上水稻的有 2 亿亩。如果推广 1 亿亩，按照示范种植平均亩产 400 公斤计算，就可以多产 400 亿公斤粮食，相当于云南省全年粮食总产量。”

2021 年中央一号文件规定实行粮食安全党政同责，进一步压实了地方党委政府的义务和责任。正如习近平总书记所强调的，“解决好十几亿人口的吃饭问题，始终是我们党治国理政的头等大事”“中国人的饭碗任何时候都要牢牢端在自己手上”。

（2021 年 3 月 22 日）

恢复高考：知识改变命运

陈鹏

无论过去多久，重大的历史转折，总会给人留下深刻记忆。

“今年高等学校的招生工作有了重大改革。”“实行自愿报名，统一考试”“招生工作推迟到第四季度进行，新生将于明年2月底以前入学”……1977年10月21日的《光明日报》头版刊载恢复高考的消息，并配发社论《全面衡量 择优录取》。

这一决定意味着，停滞11年之久的高考重启。散落在田间地头、工厂车间、边疆林场的人们看到了重拾书本的希望，“知识改变命运”的时代号角吹响。

当年，全国570万名考生参加高考，录取新生27万名。

恢复高考，让一代人得到人生的转机

“文革”结束以后，社会逐渐走向正轨，但是人才青黄不接，国民经济的发展受到巨大影响……

邓小平同志与中央两位领导同志谈话时指出：“要经过严格考试，把最优秀的人集中在重点中学和大学。”

1977年8月初，科学和教育工作座谈会召开。时任武汉大学化学系副教授的查全性建言，“招生，是保证大学教育质量的第一关。它的作用，就像工厂原材料的检验一样……”

查全性的话，引起了与会者共鸣。

邓小平当即表示，今年就要下决心恢复从高中毕业生中直接招考学生。

8 月 8 日，邓小平在会上讲了关于科学和教育工作的几点意见。这篇讲话，使教育战线成为当时全国各条战线拨乱反正的先声。随后，根据邓小平指示，教育部再次召开全国高等学校招生工作会议。这个会，足足开了 44 天。招生方案迟迟定不下来。

9 月 19 日，邓小平和教育部主要负责同志谈话，希望教育部门的同志大胆解放思想，争取主动。在邓小平的推动下，全国高等学校招生工作会议到 9 月 25 日终于有了结果。

10 月 5 日，中央政治局讨论通过了招生工作文件。10 月 12 日，国务院批转教育部《关于 1977 年高等学校招生工作的意见》和《关于高等学校招收研究生的意见》两个文件，宣布当年立即恢复高考。

1977 级考生、上海大学教授郝一民回忆，“曾经看不到前途，心情极其低落、灰暗。恢复高考的消息，让我们那一代人看到了人生的转机。”

从广播里听到了这个好消息的 1977 级考生、文化学者陈侃章当时在浙江诸暨农村，手边没什么复习资料。他翻箱倒柜找到了几本书，“距离考期很近了，必须分秒必争。”

高考的恢复，点燃了年轻人压抑已久的学习热情，使全社会重新树立了尊重知识、尊重人才的风气。

高考，凸显对社会公平正义的信心

2020 年全国高考报名人数 1071 万，比上年增加 40 万；受疫情影响，全国高考延期至 7 月举行；安徽歙县高考因特大暴雨来袭，延期补考……

即便是特殊年份，高考也能平稳有序进行。平常百姓看待高考的态度背后，是万千学子改变命运的可能，是民众对于社会公平正义的信心。

2020 年高考结束后，19 岁的安徽少年姚俊鹏，在纸上写下："感谢父母，感谢老师。"

姚俊鹏在襁褓中就被确诊为脑瘫，庆幸的是智力没受到影响。随着训练和恢复，他也和其他学生一样，走进了校园。在付出超过常人想象的努力后，以 623 分考入中国药科大学。

对一个人、一个家庭和一个群体来说，高考的意义远超出一场考试。

自 2012 年实施以来，重点高校招收农村和贫困地区学生国家专项计划累计帮助 60 多万名农村孩子圆了重点大学梦。提高重点高校农村学生比例，让更多农村孩子获取优质高等教育资源。

整个国家的命运和前途，也因高考而改变。

教育部数据显示，恢复高考 40 多年来，我国普通本专科招生数累计 1.4 亿人，高等教育毛入学率由 1977 年的 2.6% 增长到 2020 年的 54.4%，我国已建成世界上最大规模的高等教育体系，培养了逾亿名高素质专门人才。

打破"一考定终身"，新高考改革稳步推进

取消报考者年龄限制、合并录取批次、实行网上阅卷录取、打破文理简单分科的局限……40 多年来，无论是考试的内容和题型，还是考试录取方式都发生了很大变化，但公平竞争、择优录取的机制一直得以保留和加强。

党的十八大以来，在完善高考制度的探索上，一步一步坚实有力。

2014 年，国务院印发《关于深化考试招生制度改革的实施意见》，新一轮高考改革全面启动。改革内容包括在上海、浙江两地先行试点，形成分类考试、综合评价、多元录取的考试招生模式。

2020 年年底，福建、湖北、江苏、广东、湖南、河北、辽宁、重庆 8 省市正式公布 2021 年新高考方案，成为全国第三批进入高考综合改革的省份。

“新高考方案既考虑促进公平又考虑科学选材，是恢复高考以来有关高考改革最为全面和系统的改革。”浙江大学文科资深教授刘海峰介绍，新高考将打破“一考定终身”，考生的最终成绩不仅依据高考成绩和高中学业水平考试成绩，还将参考考生在高中的综合素质评价。

“以高考为核心的考试招生制度是国家基本教育制度，是人才培养的枢纽环节，关系到国家发展大计，关系到每一个家庭的切身利益，关系到亿万青少年学生前途命运。”刘海峰说。目前，一系列配套的改革举措已经相继开展，如高考命题方式、自主招生、高考加分政策、录取方式等方面的改进基本完成。逐渐合并录取批次，实行平行志愿填报办法等改革仍在进行。

当年恢复高考，在中国教育史上留下浓墨重彩的一笔。随着改革的稳步推进，新高考一定能在科学选拔人才、维护教育公平、稳定社会秩序、促进国家发展等方面发挥更大的积极作用。

（2021 年 3 月 22 日）

科学的春风吹遍神州

齐芳

1978年3月18日至31日，全国科学大会在北京召开。会上，邓小平同志代表党中央做重要讲话。科学的春风自此吹遍神州，激荡起重视科学研究、尊重知识分子的洪流，科技工作开始全面复苏。

改革开放40多年来，从“科学技术是第一生产力”到“创新是引领发展的第一动力”，从科教兴国战略到创新驱动发展战略再到建设世界科技强国，党中央不断调整和完善科技政策、深化科技体制改革，为国家发展提供坚实的科技支撑。

为科技事业定性　给知识分子正名

1978年的全国科学大会，被公认为新中国现代科技事业的里程碑。会上，邓小平同志代表中共中央发表重要讲话。他后来回忆，在全国科学大会上主要讲了两句话，一句叫科学技术是生产力，一句叫中国的知识分子已经成为工人阶级的一部分。

全国科学大会闭幕前，播音员宣读了中国科学院院长郭沫若的书面发言《科学的春天》：“这是革命的春天，这是人民的春天，这是科学的春天！让我们张开双臂，热烈地拥抱这个春天吧！”

回忆起当年的情景，82岁的中国科学院数学与系统科学研究院研究员、中国科学院院士杨乐仍然心绪难平。当年，他是全国科学大会的年轻人：“大会的大部分会议是小组会，我们小组大多是数学家和物理学家，华罗庚、陈景润、张广厚等都在我们组。当年参会的老科学家比较多，小平同志的讲话让大家欢欣鼓舞，有的人把这称为‘第二次解放’。如今，他们中的很多人已经作古，但当时的景象还深深留在我的脑海里。”

“两弹一星功勋奖章”获得者、中国科学院院士王希季也曾回忆：“粉碎‘四人帮’，使知识分子政治上获得第二次解放，但是精神枷锁还不少。听了邓副主席讲话，感到思想上也得到了解放……为我们向科学技术现代化进军扫除了一大思想障碍。”

对各方面改革发展产生深远影响

春天里，新中国的科技工作开始全面复苏。全国科学大会前后，恢复科研机构的学术委员会、恢复技术职称、重建国家科委、恢复国际学术交流、科技体制改革等工作有条不紊地进行。第十届全国政协副主席、曾任中国工程院院长的徐匡迪曾回忆：“全国科学大会以后，所有科技工作都得以逐渐恢复：过去封起来的实验室都开放了，全国各个地方、社会各界也都逐渐开始重视科技，科研经费也都有所提高，也开始选派留学生出国学习。科技发展的社会环境改变，使整个知识界的精神面貌为之一新，大家也开始积极投入、努力工作，争取把失去的时间再抢回来。”

全国科学大会掀起了尊重知识、尊重知识分子的热潮，它的影响不仅仅局限在科技界。中国科学院自然科学史研究所所长张柏春说：“全国科学大会不仅是中国现代科技史上重要的里程碑，更是一次具有特殊政治意义的会议。这次会议对我国的科技、教育、政治、经济、社会和文化等领域的改革发展都产生了深远的影响，甚至成为中央尝试开放和改革的一个重要突破口。”中国科学院大学人文学院教授王扬宗也认为：“科技事业的拨乱反正和开放改革，也为十一届三中全会全面纠正‘左’的错误和确立改革开放的正确路线开启了先路。”

坚持创新核心地位，向科技之巅迈进

改革开放40多年来，科技的春风不曾止息。在解放思想、实事求是精神的指引下，党中央以开拓创新为常态，研究新情况、掌握新问题，认真研判国内和国际的科技发展态势，不断调整科技政策和知识分子政策。上海交通大学科学史与科学文化研究院院长李侠教授认为："回顾改革开放的43年历史，可以发现中国科技界走过了一条不平凡的道路。中国科技所取得的成就，最大的推动力量来自党中央的重大决策，都是正确决策的结果，而这些重大决策的线索，体现在党中央召开的科学技术方面的历次重要会议中。"

李侠说："梳理这些会议，从科学大会到科技大会到科技创新大会，我们可以发现党的科技政策既一脉相承又不断变化，一脉相承的是求真务实、实事求是的态度，不断变化的是根据国内、国际形势做出的理性调整。"

2021年是"十四五"的开局之年，在党中央的领导下，我们开启了全面建设社会主义现代化国家新征程。我国科技政策和人才政策也有新调整——刚刚公布的"十四五"规划纲要提出：坚持创新在我国现代化建设全局中的核心地位，把科技自立自强作为国家发展的战略支撑，面向世界科技前沿、面向经济主战场、面向国家重大需求、面向人民生命健康，深入实施科教兴国战略、人才强国战略、创新驱动发展战略，完善国家创新体系，加快建设科技强国。未来，这些要求都将逐步细化落地。

以史为镜，可知兴衰。回望"科学的春天"，我们对新的征程更加充满信心。在春天里，我们步履坚定，向科技之巅迈进！

（2021年3月23日）

奋斗之路

1921—2021

下册

光明日报社◎编

光明日报出版社

目录

第三章

第四章

第三章

关于真理标准问题的讨论：

推动时代变革的思想先声

张颖天　李亚彬

1978年，党的十一届三中全会开启了我国改革开放和社会主义现代化建设的新时期。

在此之前，一场关于真理标准问题的讨论，对重新确立党的思想路线，对重大历史关头实现伟大转折，对推进我国改革开放和社会主义现代化建设的历史进程，都具有重大意义和深远影响。

时代不止步，实践不停歇。今天的中国正不断书写着发展奇迹，印证着“实践是检验真理的唯一标准”这一科学真理。

一声春雷——恰逢其时的“特约评论员文章”

“‘两个凡是’当时是戴在全国人民特别是知识分子头上的‘金箍’，使好多人都不敢说话了，一说话就牵扯到对待‘两个凡是’的态度问题。这个问题怎么解决，理论界没有办法，后来就出了《实践是检验真理的唯一标准》这篇文章。”时任光明日报理论部负责人马沛文生前回忆。

看见曙光，却道阻且长。

1976年10月，“四人帮”被粉碎，延续10年之久的“文化大革命”结束，全国人民欢欣鼓舞，期盼着我国的社会主义事业能迎来重大转机。1977年2月，“两个凡是”提出，坚持“两个凡是”，就等于依然以阶级斗争为纲，就意味着“文化大革命”造成的有害影响无法彻底清除，拨乱反正不够彻底。党和国家的工作在前进中出现徘徊的局面。

人民企盼着改变困难局面、开辟新的征程，历史呼唤着解放思想、拨乱反正。但“两个凡是”在当时是不可逾越的政治栅栏，要找到突破禁区的方法，谈何容易！学界焦灼的背后，历史正在悄悄迎来转机——“哲学变革成为时代变革的精神先导”。

2018 年 12 月 18 日，庆祝改革开放 40 周年大会召开，授予 100 名同志“改革先锋”称号，胡福明作为真理标准大讨论的代表人物位列其中。

回忆起那段历史，胡福明说：“1977 年 9 月初，我将 8000 字左右题为《实践是检验真理的标准》的文章，寄给了曾向我约稿的光明日报理论部哲学组组长王强华。”

1978 年 4 月上旬，光明日报《哲学》专刊第 77 期大样送到时任光明日报总编辑杨西光手上。上面有胡福明的文章，题目改为《实践是检验一切真理的标准》。据王强华回忆：“杨西光看了，把我找去，说文章很重要，要上一版，还要大改。”正是杨西光的政治敏感和理论勇气改变了这篇文章的命运。

胡福明说：“4 月，恰巧我到北京开全国哲学讨论会，王强华便把我接到报社，讨论改稿事宜。我白天参加会议，晚上讨论修改文章。于是我和杨西光、马沛文、王强华，还有中央党校的孙长江、吴江等人共同参与讨论修改，以此增加文章的针对性和战斗力。所以，我一直强调这篇文章是集体智慧的结晶。”

经过反复修改，5 月 10 日，中央党校内部刊物《理论动态》刊发经胡耀邦同志审定的《实践是检验真理的唯一标准》，文末注有：“《光明日报》社供稿，本刊作了些修改。”11 日，《光明日报》以“本报特约评论员”名义在头版公开发表，新华社当天发了通稿。12 日，《人民日报》《解放军报》《解放日报》等全文转载；13 日，又有多家省报转载。

一场全国范围的关于真理标准问题的讨论开始了。

正本清源——打破精神枷锁的大讨论

1979 年 7 月，邓小平同志在接见中共海军委员会常委扩大会议全体同志时指出："关于真理标准问题，《光明日报》登了一篇文章，一下子引起那么大的反应，说是'砍旗'，这倒进一步引起我的兴趣和注意……不要小看实践是检验真理的唯一标准的争论。这场争论的意义太大了，它的实质就在于是不是坚持马列主义、毛泽东思想。"

《实践是检验真理的唯一标准》一文的发表，受到广大干部、群众的热烈拥护。同时，也有人质疑、犹豫，有人反对、抵制，认为文章是"砍旗""丢刀子"，是"方向性错误"。解放思想阻力重重。

关键时刻，以邓小平同志为代表的老一辈无产阶级革命家给予了及时而有力的支持。1978 年 6 月 2 日，邓小平同志在全军政治工作会议上发表讲话，明确号召"拨乱反正，打破精神枷锁，使我们的思想来个大解放"。1978 年下半年邓小平同志连续发表重要谈话，支持和领导开展关于真理标准问题的讨论，推动进行各方面的拨乱反正。在他的大力推动下，这场讨论远远超出了学术争论的范围，迅速在全党全社会展开，中央及省级报刊共刊登讨论文章 650 多篇，思想解放的大潮滚滚向前。

1978 年 7 月，中国社会科学院组织召开"理论与实践问题哲学讨论会"。这次会议达成了一个共识："实践是检验真理的唯一标准"是马克思主义哲学的根本原理，在实践标准之外另立真理标准是理论上的倒退。已故马克思主义哲学家、武汉大学原校长陶德麟曾说："我参加这次讨论会后仿佛从阴暗狭窄的囚笼里一下跨到了晴朗宽阔的原野。"

1978 年 12 月 18 日，党的十一届三中全会在北京召开，会议彻底否定了"两个凡是"的错误方针，高度评价了关于真理标准问题的讨论，重新确立了党的实事求是的思想路线，我国改革开放的大幕从此拉开。

历史证明，《实践是检验真理的唯一标准》一文引发的关于真理标准问题的讨论，为我们党冲破“两个凡是”的严重束缚、重新确立马克思主义的思想路线奠定了理论基础；为党的十一届三中全会实现历史转折、我国迈向改革开放新时期作了思想准备；为我们党在改革开放中坚持和发展中国特色社会主义道路、形成中国特色社会主义理论体系提供了强大精神动力；使我们党在改革开放中坚持解放思想，形成了一系列行之有效的宝贵经验。

继往开来——走向复兴的“中国道路”

观滴水可知沧海。通过这场关于真理标准问题的讨论，我们看到的是一部中国共产党的不懈奋斗史、思想探索史和自身建设史，展望的是当代中国改革开放 40 多年来的伟大成就，是新时代实现中华民族伟大复兴中国梦的辉煌未来。

时代是思想之母，实践是理论之源。

时代是出卷人，我们是答卷人，人民是阅卷人。

…………

40 多年来，中国共产党正是把对“实践是检验真理的唯一标准”的体认深深熔铸在了改革开放和以人民为中心的发展实践中。

2020 年 11 月 19 日，国家主席习近平在亚太经合组织工商领导人对话会上的主旨演讲中郑重宣示：“在新发展格局下，中国开放的大门将进一步敞开，同世界各国共享发展机遇。”“对外开放是中国的基本国策，任何时候都不会动摇。”从“一带一路”倡议到“构建人类命运共同体”理念的提出，中国顺应时代发展潮流，不断释放扩大开放的明确信号，成为推动世界治理体系良性发展的中流砥柱。

2020 年 11 月 23 日，是一个不平凡的日子，我国最后 9 个贫困县实现贫困退出。经过 8 年的持续奋斗，全国 12.8 万个贫困村全部出列，近 1 亿贫困人口实现脱贫，脱贫攻坚战取得了全面胜利。习近平总书记提出的精准脱贫重要理念，经过了实践的检验，为全球减贫治理提供了中国智慧和中国方案。

改革开放越深入，我们对关于真理标准问题的讨论和思想解放重要意义的认识就越深刻。习近平总书记强调："解放思想是前提，是解放和发展社会生产力、解放和增强社会活力的总开关。没有解放思想，我们党就不可能在十年动乱结束不久作出把党和国家工作中心转移到经济建设上来、实行改革开放的历史性决策，开启我国发展的历史新时期；没有解放思想，我们党就不可能在实践中不断推进理论创新和实践创新，有效化解前进道路上的各种风险挑战，把改革开放不断推向前进，始终走在时代前列。"

历史昭示未来。改革开放每一步都不是轻而易举的，未来还会面临这样那样的风险挑战，甚至惊涛骇浪。

面对世界百年未有之大变局，关于真理标准问题的讨论启示我们，在新时代的前进道路上，只有用习近平新时代中国特色社会主义思想武装全党、教育人民，才能及时回答时代之问、人民之问，廓清困扰和束缚实践发展的思想迷雾，不断开辟马克思主义发展新境界，增强"四个意识"、坚定"四个自信"、做到"两个维护"，确保改革开放这艘航船沿着正确的航向破浪前行，驶向中华民族的伟大复兴。

（2021 年 3 月 24 日）

“大包干”开启农村改革序幕

常河

“大包干，大包干，直来直去不拐弯。保证国家的，留够集体的，剩下的都是自己的……”

这首从安徽凤阳农民口中传唱开来的《大包干歌》，曾是20世纪80年代流行在中国农村的歌谣。

1978年，历史在这里转折。

那年夏秋，安徽遭遇百年罕见的特大旱灾，许多地方的农民被迫外出讨饭，以度荒年。

那年冬天一个夜晚，凤阳县小岗村18户村民用按红手印的方式，在全国率先推行“大包干”，开启了波澜壮阔的改革开放时代巨幕。中国的改革由农村开始，农村改革从安徽开始。

2016年4月25日，习近平总书记到小岗村考察时指出，“当年贴着身家性命干的事，变成中国改革的一声惊雷，成为中国改革的标志。”

40多年来，安徽从率先实行“大包干”到土地确权颁证领到“红本本”，从全国农村税费改革试点再到农村的“三变”改革，一次次为改革探索蹚路……

坚持民生至上　改革永在路上

周末，小岗村大包干纪念馆里，严淑淑正在向游客讲解一张图片的故事。那是一张按着18个红手印的照片。严淑淑是听着爷爷讲这个故事长大的。严淑淑的爷爷是“大包干”带头人之一严俊昌。

“忍饥挨饿，老是吃不饱饭，实在没办法。”“大包干”带头人之一的关友江对当年的艰辛依旧难忘。

实行“大包干”后的第一年，小岗村迎来大丰收，粮食总产量达13.3万斤，相当于1955年至1970年产量的总和，一举结束20多年吃国家救济粮的历史，自“合作化”以来第一次向国家交售余粮，并首次归还国家贷款800元，小岗村人均收入400元，是1978年的18倍。

今天的小岗村，友谊大道两旁商铺鳞次栉比，阳光沐浴下，“大包干农家菜馆”门口，年逾七旬的关友江边在门口剥着葱，边招呼着客人。“现在吃穿不愁，像我这个菜馆，一年收入有20万元。”关友江说。

以“大包干”为代表的家庭联产承包责任制极大地调动了农民的积极性，迅速扭转了农业生产长期徘徊不前的局面。1982年，中国共产党历史上第一个农村工作一号文件出台，这是一份毫不含糊地为包产（包干）到户正名的中央“红头文件”。之后，中共中央连续5年发出关于农村改革的一号文件，促使中国农村在短时间内发生了影响深远的变化。

如果说当年小岗村人的“冒天下之大不韪”是为了解决温饱问题，那么，随后关于农村的各项改革，则直指百姓生活富裕和乡村振兴。

2015年11月29日，《中共中央国务院关于打赢脱贫攻坚战的决定》颁布，提出到2020年，稳定实现农村贫困人口不愁吃、不愁穿，义务教育、基本医疗和住房安全有保障。

2021年2月25日，习近平总书记在全国脱贫攻坚总结表彰大会上的讲话中宣布，我国脱贫攻坚战取得了全面胜利，现行标准下9899万农村贫困人口全部脱贫，832个贫困县全部摘帽，12.8万个贫困村全部出列，区域性整体贫困得到解决，完成了消除绝对贫困的艰巨任务，创造了又一个彪炳史册的人间奇迹。

从温饱到脱贫，再到乡村振兴和全面小康，所有的改革凸显出一个重要的核心，“民生至上”。

坚持实事求是　改革常讲常新

“小岗村发生的翻天覆地的变化，是我国改革开放的一个缩影，看了让人感慨万千。实践证明，唯改革才有出路，改革要常讲常新。”2016年4月25日，习近平总书记到小岗村考察时指出。

皖北一座不起眼的小院，就是安徽省涡阳县新兴镇政府办公所在地。1992年，时任党委书记刘兴杰和镇长李培杰在这里酝酿了税费“一次清”的方案。当年，新兴镇人均税费负担170元，而全镇农民年人均收入还不到600元。刘兴杰他们就动了改革念头：“全镇共有耕地8.9万亩，一年的财政支出在260万元左右，每亩一年只需交税30元，就能保证工作正常运转。”安徽又一次引领了农村改革，新兴镇也因此成为“全国农业税费改革第一镇”。

全国人大代表、安徽省农科院副院长赵皖平表示，“交够国家的，留足集体的，剩下的全是自己的”，可谓中国农民的一大创造。“但什么算‘交够’‘留足’，缺乏客观标准。”为进一步减轻农民负担，规范农村收费行为，中央明确提出了对现行农村税费制度进行改革。2000年，国务院正式确定安徽率先开展试点。2005年，安徽在全省范围内全面取消农业税。从2006年起，中国全面取消农业税，与1999年相比，当年全国农民减负1045亿元，人均减负120元左右。

对小岗人来说，“大包干”解决了吃饭问题，“一年越过温饱线，20年没过富裕坎。”从温饱到小康，包干却成了坎儿。

2015年，安徽省率先开展农村土地确权登记颁证，深化农村土地“三权”分置，同时赋予了农民长久而有保障的土地承包权，让农民吃下“定心丸”。当年，安徽省土地承包经营权第一证在小岗村颁发。

今年2月3日，小岗村迎来第四次集体经济收益股权分红，作为村集体经济股份合作社的股东，村民每人喜提600元“红包”。小岗村成立的集体资产股份合作社，实现“人人持股”，并连续4年分红。

“如今确权颁证，广大农民可以甩开膀子去搞土地流转、入股，拿租金、分红利了。”凤阳县委常委、小岗村第一书记李锦柱说，从按“红手印”到领“红本本”，从分“红利”到过上红红火火的生活，小岗在中国农村改革的历史进程中再度领跑。2015 年至今，小岗村村民人均可支配收入从 14700 元跃升至 27600 元，增幅达 87.8%，村集体经济收入从 670 万元增长至 1160 万元，增幅达 73.1%。

“让村民从‘户户包田’到实现对村集体资产的‘人人持股’，这就是实事求是的具体体现，遵从了时代的发展。”赵皖平说。

坚持党的领导　改革行稳致远

小岗村至今还保留着一处茅草房“当年农家”，当年，就是在这间茅草房里诞生了“红手印”。

无独有偶，在安徽省肥西县山南镇小井庄，也保留着两间当年的茅草房，房子前面的雕像，展现的是时任安徽省委第一书记万里在村里调研的场景。

1978 年 9 月 23 日，遭遇旱灾的小井庄把全队 158 亩田地连同塘口、耕牛、农具、种子全部分到农户。“分田后，一周之内，全部播种了玉米和大豆。第二年，粮食总产量从 3 万公斤增加到 4.5 万公斤。”时任小井庄生产队队长何家桂回忆说，“区里原本是想借地度荒，结果搞成了包产到户。”

“包产到户是农民承包土地之后，生产的粮、油、棉等要统统交到生产队，由队里统一上缴国家征购任务，提留集体储备，然后按户交上来的产量计算出工分，再实行统一分配，就是‘先承包、后算账’。”《起点——中国农村改革发端纪实》作者、安徽省政府参事钱念孙说，“大包干”则是农民在承包土地之时，就和生产队定好了合同契约，农民完成上缴国家的征购任务，交足集体提留，剩下多少都归农民自己所有，就是先算账、后承包。

但无论哪种改革，在当时，都不为政策允许。为什么会有小井庄和小岗村的“破土”？

“没有党的领导和支持，无论是小井庄还是小岗村的改革，都会胎死腹中。”钱念孙说，两地改革之所以成功，前期源于“省委六条”和“借地度荒”的铺垫，后期得益于各级党委的支持和担当。

1977 年，中共安徽省委出台《关于当前农村经济政策几个问题的规定》（简称“省委六条”），为“大包干”的推行提供了适宜的“温床”。1978 年，安徽出现旱灾后，安徽省委大胆作出了“借地度荒”的决策，满足了农民对土地的渴望，赢得了民心。

“大包干”受到质疑时，万里先后多次赴小岗村和小井庄考察，明确“包产到户是联产承包制的一种形式”。

1980 年 5 月，邓小平在《关于农村政策问题》的谈话中指出：“凤阳花鼓中唱的那个凤阳县，绝大多数生产队搞了大包干，也是一年翻身，改变面貌……”

1980 年 9 月 27 日，中共中央印发《关于进一步加强和完善农业生产责任制的几个问题的通知》指出，可以包产到户，也可以包干到户，并在一个较长时期内保持稳定。

“大包干”从此有了全国户口。

40 多年的发展历程表明，改革创新是引领农村发展的第一动力。“大包干”带头人之一严俊昌坦言自己从未后悔过当初的决定，更庆幸在党的领导下，家乡的面貌已然发生了翻天覆地的变化。“40 多年过去，做梦也没想到咱农民能过上现在的生活，这充分说明了党中央改革开放的政策是正确的。”如今的严俊昌仍在关注着小岗村乃至整个国家的变化，内心时刻充满着自豪感。

党的十九届五中全会规划布局了“十四五”期间脱贫攻坚与乡村振兴有效衔接的大政方针，为防止贫困人口返贫复贫建起了防护网，也为新发展阶段的脱贫攻坚与乡村振兴两大战略有效衔接筑基立台。

（2021 年 3 月 23 日）

党的十一届三中全会：

伟大转折开启历史新时期

王璡　冀文亚

历史，总是在一些特殊年份给人们以汲取智慧、继续前行的力量。

1978年，对中国而言，充满着转折意味。这年12月18日至22日，寒意料峭之中，党的十一届三中全会在北京召开。人们觉察到，风向在变动，融融暖意扑面而来。

这次重要会议，重新确立了马克思主义的思想路线、政治路线、组织路线，作出把党的工作中心转移到经济建设上来、实行改革开放的历史性决策，把历史的车轮推入了正确轨道。

作为一座高耸在中国共产党发展史上的界碑，党的十一届三中全会实现了新中国成立以来党的历史上具有深远意义的伟大转折，开启了改革开放和社会主义现代化的伟大征程，其卓越功绩永载史册。

觉醒：恢复马克思主义的思想路线

“文化大革命”结束后，中国行进到历史的十字路口。此后两年，党和国家工作有所前进，经济建设、社会各项事业和外交工作在一定程度上有所恢复和发展，但由于“左”的指导思想没有得到根本纠正，党和国家工作出现了在徘徊中前进的局面。中国向何处去的问题，再次摆在党和人民面前。

问题与解决问题的手段总是同时产生。每逢重大历史关头，我们党之所以能够突破禁锢、开拓前进，靠的都是解放思想。

1978 年 5 月 11 日，《光明日报》以特约评论员名义发表《实践是检验真理的唯一标准》。文章鲜明指出，不能拿现成的公式去限制、宰割、裁剪无限丰富的飞速发展的革命实践，应该勇于研究新的实践中提出的新问题。文章一经发表就在干部群众中引起热烈反响，引发了关于真理标准问题的讨论。邓小平同志以非凡胆略和科学态度，对这场讨论给予及时而有力的支持，思想解放的浩大声势席卷全国。

思想坚冰逐渐融化，中国的政治生态开始发生振奋人心的变化。

这年 11 月 10 日至 12 月 15 日，党中央在北京召开工作会议。36 天时间里，与会代表畅所欲言，充分讨论了关系全局的若干重大问题，“又有集中又有民主，又有纪律又有自由，又有统一意志、又有个人心情舒畅、生动活泼”的政治局面逐步恢复。邓小平同志凝聚全党共识，在闭幕会上发表题为《解放思想，实事求是，团结一致向前看》的讲话，历史地设定了党的十一届三中全会决策的框架和方向。

3 天后，党的十一届三中全会召开。会议宣告：“只有全党同志和全国人民在马列主义、毛泽东思想的指导下，解放思想，努力研究新情况新事物新问题，坚持实事求是、一切从实际出发、理论联系实际的原则，我们党才能顺利地实现工作中心的转变，才能正确解决实现四个现代化的具体道路、方针、方法和措施，正确改革同生产力迅速发展不相适应的生产关系和上层建筑。”

以党的十一届三中全会为转折点，我们党在思想、政治、组织等领域的拨乱反正全面展开，马克思主义的思想路线重新确立，一些理论是非、思想是非、路线是非、政策是非被澄清，历史遗留问题得到实事求是的解决。卸掉沉重的历史包袱，全党精神面貌焕然一新，社会各方面积极性空前高涨。

却顾所来径，苍苍横翠微。2018 年，在庆祝改革开放 40 周年大会上，习近平总书记深刻指出：“40 年来，我们解放思想、实事求是，大胆地试、勇敢地改，干出了一片新天地。”

艰难困苦，玉汝于成。从开启新时期到跨入新世纪，从站上新起点到进入新时代，我们党始终坚持解放思想、实事求是思想路线，研究新情况、总结新经验、解决新问题，引领人民书写了一篇篇气势恢宏、举世瞩目的历史篇章，谱写了一曲曲朝气蓬勃、势不可当的奋斗赞歌。

转轨：把党的工作中心转移到经济建设上来

举一纲而万目张。能否把握一个历史时期的中心任务，从根本上决定着事业的方向与成效。

新中国成立后，特别是社会主义改造基本完成后，毛泽东同志曾再三指示全党，要把工作中心转到经济方面和技术革命方面来。但由于缺乏社会主义建设经验，对国际国内形势的认识有所偏差，工作中心转移始终未能完成，社会主义建设发生了曲折和停滞。

十年动乱结束后，我国经济濒临崩溃边缘，人民温饱都成问题，国家建设百业待兴。心怀对国家前途命运的深深忧虑，邓小平同志启程赴广东、四川、东北等地考察。他一路走、一路讲，话题不离经济工作。

“马克思主义认为，归根到底要发展生产力。我们太穷了，太落后了，老实说对不起人民。我们现在必须发展生产力，改善人民生活条件。”1978年9月，在与辽宁省委负责同志谈话时，邓小平同志直言。在此后召开的中央工作会议上，这个观点被反复强调和集中讨论。全党普遍意识到，实现工作中心转移，“开始新的战斗任务”，已迫在眉睫。

不久后举行的党的十一届三中全会一锤定音：“适应国内外形势的发展，及时地、果断地结束全国范围的大规模的揭批林彪、‘四人帮’的群众运动，把全党工作的着重点和全国人民的注意力转移到社会主义现代化建设上来。”由此，中国开启了从“以阶级斗争为纲”到“以经济建设为中心”的历史性转轨。

此后，立足新的国情世情，党中央在充分肯定党的八大提法基础上，对我国社会主要矛盾作了进一步提炼："我国所要解决的主要矛盾，是人民日益增长的物质文化需要同落后的社会生产之间的矛盾。"基于这一科学判断，一个个方向明确、路径清晰、举措有力的政策方案应运而生，党和国家各项事业逐步摆脱困境，新气象蓬勃绽放。

从 1978 年到 2020 年，我国国内生产总值从 3600 多亿元增长到 100 万亿元，占世界经济比重从 1.8% 跃升至约 17%，全国居民人均可支配收入由 171 元增加到 32189 元。面对百年变局，中国"屹然砥柱立中流"，人民幸福安康，社会和谐稳定，国家长治久安，成为"世界经济发展的稳定器和重要引擎"。

因时而动，顺势而为。党的十九大立足我国发展新的历史方位，作出"我国社会主要矛盾已经转化为人民日益增长的美好生活需要和不平衡不充分的发展之间的矛盾"的重大政治判断。紧扣社会主要矛盾变化，坚持以经济建设为中心，神州大地上，一切不可能变成可能，无数梦想化为现实，中华民族迈向强起来的新时代。

"党的十一届三中全会以来，我们党始终坚持以经济建设为中心，集中精力把经济建设搞上去、把人民生活搞上去。只要国内外大势没有发生根本变化，坚持以经济建设为中心就不能也不应该改变。这是坚持党的基本路线 100 年不动摇的根本要求，也是解决当代中国一切问题的根本要求。"习近平总书记的这一重要判断，是历史的结论，也是现实的必然。

开局：作出实行改革开放的历史性决策

1978 年初夏，一次不同寻常的考察在西欧进行。时任国务院副总理谷牧率团出访西欧五国的 25 个城市，这是中国政府首次派出大规模高级别经济代表团访问发达资本主义国家。一个多月的见闻，令谷牧产生了"咄咄逼人的紧迫感"，也看到西方国家愿意向中国投资的历史机遇。经济科技的巨大差距，刺激中国奋起直追。

半年后的一个冬夜，安徽小岗村18户农民在一纸契约上按下红手印。他们连夜抓阄分牲畜、农具并丈量土地，暗中搞起了“包干到户”。次年，这个自农业合作化以来从未向国家交过1斤粮的“吃粮靠返销，花钱靠救济，生产靠贷款”的“三靠队”，破天荒向国家交了公粮、还了贷款。小岗村“大包干”的实践探索，产生了极大示范效应，许多地方纷纷效仿。

穷则变，变则通。顺应世界潮流，对长期以来妨碍现代化建设的僵化体制机制以及各种不合时宜的观念做法作出调整和变革，探索发展新路，把耽误的时间夺回来，成为民心所向。

经过充分酝酿，党的十一届三中全会作出实行改革开放的历史性决策：“根据新的历史条件和实践经验，采取一系列新的重大的经济措施，对经济管理体制和经营管理方法着手认真的改革，在自力更生的基础上积极发展同世界各国平等互利的经济合作，努力采用世界先进技术和先进设备。”这是决定当代中国命运的关键抉择。

改革从农村突破，向城市拓展；开放从兴办经济特区，向开放沿海、沿江乃至内地推进。

1979年，中央批准广东、福建两省在深圳、珠海、汕头、厦门试办特区，实行特殊政策和灵活措施。不久，“深圳速度”大放异彩，“时间就是金钱，效率就是生命”响彻全国。

1980年，浙江温州的章华妹领到了改革开放后我国第一张个体工商业营业执照；山东临清农民赵汝兰，在包产到户第二年，靠着种棉花卖棉花，成了当地第一个万元户。

…………

改革开放成为当代中国最显著的特征、最壮丽的气象。但这一进程并非坦途，我们呛过水，遇到过风浪，却“在游泳中学会了游泳”。进入新时代，“发展起来以后的问题”不断显现，但人们普遍相信，“改革开放中的矛盾只能用改革开放的办法来解决”。

改革不停顿，开放不止步。

15 个领域，336 项重大举措，党的十八届三中全会部署的全面深化改革涉及范围之广、力度之大前所未有，被国际社会誉为当今世界“最具雄心的改革计划”。

共建“一带一路”、加快实施自贸区战略、发起亚洲基础设施投资银行、核准区域全面经济伙伴关系协定……开放，已成为当代中国的鲜明标识。

历史的对比，总是意味深长。

1978 年，乘坐在时速 210 公里的日本新干线上，邓小平同志感到格外震撼。他感慨：“就像推着我们跑一样，我们现在很需要跑！”

而今，京沪高铁运营时速已达 350 公里，“中国速度”令世人惊叹。从无到有，从引进、消化、吸收、再创新到自主创新，中国高铁领跑世界。

从跟跑、并跑到领跑，以党的十一届三中全会胜利召开为标志，中国共产党带领人民从困境中奋起，根本扭转了党和国家的历史命运，社会主义事业走上胜利之途。在这个千帆竞发、百舸争流的时代，牢记初心使命的中国共产党人，以志不改、道不变的坚定，继续沿着党的十一届三中全会开辟的正确道路，弘扬伟大改革开放精神，一棒接着一棒跑，共创“放眼昆仑绝顶来”的明天！

（2021 年 3 月 24 日）

兴办经济特区：唱响“春天的故事”

党文婷　吴春燕　严圣禾　马跃华　王忠耀

在中国共产党百年的光辉岁月中，经济特区的创办和40余年来取得的巨大成就，无疑是浓墨重彩的一笔。

深圳、珠海、汕头、厦门，作为改革开放的重要起源地，从诞生之日起就肩负着先行探路的崇高使命，引领我国实现了由经济体制改革向全面深化改革的历史性跨越，走出了中国特色社会主义道路的别样美景，唱响了激动人心的“春天的故事”。

从一项又一项的“首次”“第一”“先行先试”，到让世人刮目相看的城市发展奇迹、高质量发展高地、民生幸福标杆、可持续发展先锋，经济特区用实实在在的发展历程，向世界响亮宣告了中国共产党为什么“能”、马克思主义为什么“行”、中国特色社会主义为什么“好”。

回溯往昔风雨来时路，方知日后昂首前行处。在中国共产党成立100周年和国内外发展阶段处于深刻变化的重要关口，这段风云激荡的历史，至今仍在激励着我们前行。

历史转折点上的关键抉择

将时间的指针拨回20世纪70年代，彼时美苏“冷战”转入僵持阶段，世界经济快速发展，和平发展成为大多数国家共同的愿望。主要资本主义国家普遍需要调整产业结构和开辟新兴市场，成为我国加快引进国外资金、技术和管理办法的良好契机。

1978年，党的十一届三中全会召开，党中央积极顺应时代潮流和人民愿望，以雷霆万钧之势，拨正中国巨轮的航向，实行改革开放的伟大决策。

1978年，习仲勋同志到达广东后第一次外出到地市县考察，首站即为深圳。窄窄的中英街一街之隔，香港那边车水马龙热闹繁华，而宝安这边却萧条冷落破破烂烂，眼前的情景深深刺痛了他。于是，1979年，习仲勋大胆向中央提出了创办贸易合作区的建议。这个想法得到了邓小平同志的赞同。

经过慎重深入的调研，1979年7月15日，中央决定对广东、福建两省的对外经济活动给予更多的自主权。同时决定，先在深圳、珠海两市划出部分地区试办出口特区，待取得经验后，再考虑在汕头、厦门设置特区，提出特区内允许华侨、港澳商人直接投资办厂，也允许某些外国厂商投资办厂，或同他们兴办合营企业和旅游事业这一具有划时代意义的对外开放新思路。

1980年8月26日，第五届全国人大常委会第十五次会议批准深圳、珠海、汕头、厦门设置经济特区，并通过了《广东省经济特区条例》，中国的经济特区正式诞生了。

改革开放进程中的开路先锋

任务紧迫，当时广东省委主要负责同志以一往无前的勇气和责任担当，带领干部群众上下一心迈开步子前进——

在深圳湾畔的蛇口，填海建港的“开山炮”炸响了冲破发展障碍的第一声春雷，几天就开出一条新路。“每向前一步，都是对既有制度的挑战与突破。”改革开放试验田“蛇口模式”的探索创立者袁庚坦言道。

“当时袁庚同志每周要从香港来蛇口两三次，一下船就直奔工地查看工程进度，常常连午饭都顾不上吃。为了提高工人们的积极性，还顶着压力制定了运泥车‘每超1车奖励4分钱’制度，在全国首次打破吃‘大锅饭’的做法。”曾任蛇口工业区办公室打字员、机要员的林小静回想当年，仍旧感慨不已。

开山炮之后，步子越走越快，除了工资、住房、用人、社保制度改革，第一家股份制商业银行——招商银行，第一家股份制保险公司——平安保险，世界上第一个U盘，第一个基因治疗药物在深圳诞生；开办全国第一家“三来一补”企业，创建中国第一个跨境园区，1992年百万重奖科技人才首开全国先河，让珠海成为全国科技人才和创业者们眼中的热土；率先成立外资银行总行，特区管委会率先实行24小时审批答复制度，开政府机关实行承诺制的先河，汕头也同样勇立潮头，在全国创造了多个“第一”；厦门则从湖里2.5平方公里艰难起步，在全国率先开展城市发展战略研究，在时任厦门市委常委、副市长习近平的带领下，制定《1985年—2000年厦门经济社会发展战略》，这是中国地方政府最早编制的一个纵跨15年的经济社会发展战略规划，为城市科学、长远的规划发展提供了蓝本……

许许多多的改革和突破从这里走出来，进而走向全国，造就的不仅有优秀的企业、优越的制度，更有道路的自信。如今已步入世界企业500强的格力电器，当初只不过是珠海一个仅拥有一条简陋的、年产量不过2万台窗式空调生产线的无名小厂，靠着自筹10万元资金艰难起步。“是特区基因的坚持和执着让格力实现今日的成绩，走自主创新道路，坚持品质质量，才使得我们能够成为世界一流品牌。”格力电器董事长董明珠说。

2017年9月，金砖国家领导人第九次会晤在厦门举行。习近平主席不仅盛情介绍了厦门这座充满活力的创新创业之城，还真诚、自信地向世界分享：“事实证明，全面深化改革的路走对了，还要大步走下去。”

如今，粤港澳大湾区建设正如火如荼，一个包括深圳、珠海在内的世界级城市群将崛起成为全球经济新坐标。

“中国最好的时代就在眼下，深圳是全国创新创业环境最好的城市之一。”与深圳同龄的海归创业者、深圳奥比中光科技有限公司董事长黄源浩告诉记者，如今，他期待越来越多海外科技科研工作者能来到深圳，一起续写更多的“春天的故事”。

新时代续写新篇的精神力量

“深圳等经济特区的成功实践充分证明，党中央关于兴办经济特区的战略决策是完全正确的。经济特区不仅要继续办下去，而且要办得更好、办得水平更高。”2020 年 10 月 14 日，在深圳经济特区建立 40 周年庆祝大会上，习近平总书记铿锵有力的话语，宣告中国将在更高起点上推进改革开放，也为新时代经济特区指明了前进的方向。

党的十八大以来，习近平总书记多次来到经济特区考察，始终关心经济特区的改革发展。

2019 年 7 月，习近平总书记主持召开中央全面深化改革委员会第九次会议，会议审议通过《关于支持深圳建设中国特色社会主义先行示范区的意见》——在“两个一百年”奋斗目标的历史交汇期，时代再次选择了经济特区。

2020 年，在全球遭遇疫情冲击、主要经济体经济负增长的大背景下，中国经济增速同比增长 2.3%，是全球唯一实现经济正增长的主要经济体。面对国际经济、科技、文化、安全、政治等格局都在发生深刻调整的背景，和全面深化改革进入深水区的现实，特区精神仍然在推动着中国改革开放的伟大实践。

心中有信仰，脚下有力量。一如 40 多年前那样，在“闯”的精神、“创”的劲头、“干”的作风之下，今天的特区依然熠熠生辉。中国特色社会主义道路，就是坚定的信仰，高高飘扬的旗帜，汇聚起每一位中国人为新征程奋斗的力量，让中国道路开拓出更加广阔的天地。

2021 年 3 月 25 日

"总结过去是为了引导大家团结一致向前看"

——从第二个历史决议汲取党以史为鉴开创未来的智慧

赵凡

2021年2月20日，党史学习教育动员大会在北京召开。"要坚持以我们党关于历史问题的两个决议和党中央有关精神为依据，准确把握党的历史发展的主题主线、主流本质。"习近平总书记高屋建瓴地为全党全国研习党史、以史为鉴提出要求，指明方向。

历史的车轮滚滚前行，总有一些场景让人铭记、予人力量，成为永恒。

1981年夏，党的十一届六中全会，会场内外，举国同心。一个承前启后的伟大历史决议——《关于建国以来党的若干历史问题的决议》（以下简称《决议》）在改革开放的关键时间节点发表了。

"相信这个决议能够经得住历史考验。"邓小平同志的话语铿锵有力、掷地有声。

这一《决议》，再次实现了全党全国的空前统一、空前团结；这一《决议》，深刻影响了之后党和国家发展的宏阔历程；这一《决议》，引领着全体中华儿女团结一致向前看，奋力投身改革开放和社会主义现代化建设的火热浪潮。

考验：刻不容缓

将时间的指针拨回到 1978 年。

如同一声春雷唤醒神州大地，12 月 18 日，我们党召开十一届三中全会，果断作出把党和国家工作中心转移到经济建设上来、实行改革开放的历史性决策。

随着对经济建设和阶级斗争关系问题上的错误思想进行认真清理，全国各地呈现出一派努力研究新情况、解决新问题的活跃景象。

然而，与此同时，一些引人警醒的现象也在悄然滋生。

有人仍受“左”倾思想束缚，对十一届三中全会以来党的路线和政策表现出某种程度的不理解甚至抵触；有人歪曲“解放思想”的口号，企图否定党的领导、否定社会主义道路……

忆及当时的形势，中共中央党史研究室原副主任、《决议》起草小组成员石仲泉谈道：“这些苗头极其危险，决不能任由争论发酵。否则，大家就不能拧成一股绳，无法团结一致向前看。”

欲廓清思想迷雾，使全党全国思想统一到十一届三中全会的路线上来，一些重大问题亟待得到完整解答。

如何评价毛泽东同志和毛泽东思想？如何评价新中国成立以来中国共产党和中华人民共和国的历史？事情无比清楚地摆在中国共产党人面前：必须正确认识新中国成立以来党走过的历史道路，科学地总结党的历史经验，从党的历史中找寻答案。

答卷：拨云见日

1979 年 9 月 29 日，庆祝中华人民共和国成立 30 周年大会隆重召开，叶剑英代表全党总结了社会主义革命和社会主义建设的基本经验。

全党全国希望进一步作出正式历史决议的呼声更加高涨。

然而彼时，也有人主张，起草这个决议的难度很大，“可以留待党的十二大甚至更后去解决”。

关键时刻，邓小平认为，《决议》一定要作。他后来回顾其必要性时说：“党内党外都在等，你不拿出一个东西来，重大的问题就没有一个统一的看法。国际上也在等。人们看中国，怀疑我们安定团结的局面，其中也包括这个文件拿得出来拿不出来，早拿出来晚拿出来。所以，不能再晚了，晚了不利。”

此后不久，胡乔木、邓力群召集相关人员，开始起草初稿。

“总结过去是为了引导大家团结一致向前看。”邓小平提出《决议》要体现的三条总要求，其中最核心的，便是确立毛泽东同志的历史地位，坚持和发展毛泽东思想。

起草工作历时 20 个月，大小修改不计其数，党内领导同志、中央政治局扩大会议就讨论了多次。

1980 年 10 月，修改稿提交党内 4000 名高级干部讨论。这是一次规模空前的党内大讨论，实际有超过 5000 人参加，热烈的讨论持续了一个多月。

为什么《决议》要从 1921 年写起？中央党史和文献研究院第二研究部主任李颖说：“陈云同志特别提议，‘建议增加回顾建国以前 28 年历史的段落’。这是为了将毛泽东同志的功绩、贡献概括得更全面，为确立毛泽东同志的历史地位，坚持和发展毛泽东思想提供全面的根据。”

经过漫长、审慎、反复的讨论与修改，对重大问题的认识渐趋一致。

1981 年 6 月，党的十一届六中全会审议通过《决议》，全国人民为之一振。全会公报指出：“《决议》的通过和发表，对于统一全党、全军、全国各族人民的思想认识，同心同德地为实现新的历史任务而奋斗，必将产生伟大的深远的影响。”

《决议》是中国共产党向全中国、全世界交出的一份深思熟虑、凝聚心血、汇集智慧的伟大答卷。这份答卷从党的历史中找到了力量、驱散了乌云、辨明了方向，使中国改革开放和社会主义现代化建设的航船朝着胜利扬帆远航。

启迪：与时偕行

时光流转，今天，《决议》仍带给我们隽永的启迪。

它从根本上否定了“文化大革命”，对新中国成立以来社会主义革命和建设的历史经验进行了科学总结，实事求是地评价了毛泽东同志的历史地位。

李颖说：“这个决议将毛泽东同志晚年的错误同毛泽东思想加以区别，使全党继续高举毛泽东思想这一伟大旗帜。”《决议》表明，我们党对自己包括领袖人物的失误和错误采取郑重态度，敢于承认，正确分析，坚决纠正，从而使失误和错误连同党的成功经验一起成为宝贵的历史教材。

《决议》的通过，标志着党在指导思想上的拨乱反正胜利完成。这一决议在党内和广大群众中得到了完全的欢迎和拥护，实现了全党全国团结一致向前看的目标。

“这是一部坚持唯物史观的历史著作。”中央党校（国家行政学院）研究室副主任沈传亮认为，“近年来思想理论界、学术界出现的历史虚无主义谬误，在党史研究领域的表现包括虚无党的领袖、虚无新中国成立之初的 30 年对中国乃至世界的巨大意义等。《决议》坚持真理，科学分析了党在新中国成立以来的奋斗历程。我们应从中汲取智慧，树立正确党史观，对历史虚无主义展开针锋相对的批驳与斗争。”

“对新中国成立以来党史的研究，正是在《决议》的指导下开始走向成熟的。”在中国社会科学院马克思主义研究院马克思主义中国化研究部主任刘志明看来，《决议》的相关论断对党史研究中的许多重点难点问题进行了科学回答，“为新中国成立以来的党史研究坚持实事求是的思想路线，提供了科学指导和重要遵循。”他认为，《决议》形成与通过的过程，也是全党全国开展大规模党史学习的历程，“这为此后各个时期的党史学习提供了重要经验”。

岁月流逝、沧桑变幻，数十载韶光如梭似箭，而《决议》真正经受住了历史考验，历久弥珍、历久弥新、历久弥坚。

智慧：照亮未来

历史催生决议，决议淬砺历史。

在党史学习教育动员大会上，习近平总书记指出：“要更好应对前进道路上各种可以预见和难以预见的风险挑战，必须从历史中获得启迪，从历史经验中提炼出克敌制胜的法宝。”

重视历史是中国共产党的一个好传统。

我们党历来注重“用党的奋斗历程和伟大成就鼓舞斗志、明确方向，用党的光荣传统和优良作风坚定信念、凝聚力量，用党的实践创造和历史经验启迪智慧、砥砺品格”。

中国共产党成立后不久，便在根据地创办红军学校，开设与党的历史紧密联系的土地革命等课程；延安时期，为了解决“本领恐慌”问题，党的六届六中全会提出“来一个全党的学习竞赛”；党的十一届三中全会重新确立马克思主义思想路线，随着《决议》的通过，全党全国掀起了学习党史的热潮……

明镜所以照形，古事所以知今。

“历史是人类最好的老师。”党的十八大以来，习近平总书记高度重视研究与学习历史，尤其注重从党的历史中汲取智慧，旗帜鲜明地强调“学习党史、国史，是坚持和发展中国特色社会主义、把党和国家各项事业继续推向前进的必修课。这门功课不仅必修，而且必须修好”。

在以习近平同志为核心的党中央坚强领导下，党的群众路线教育实践活动、“三严三实”专题教育、“两学一做”学习教育、“不忘初心、牢记使命”主题教育先后展开，党史学习贯穿其中；中国人民抗日战争胜利纪念日、南京大屠杀死难者国家公祭日、烈士纪念日等依法设立，红色精神、红色基因得到赓续与传承；在“两个一百年”奋斗目标历史交汇的关键节点，党中央印发《关于在全党开展党史学习教育的通知》，必将推动党史学习范围更广、研究更深、成果更丰。

胸怀千秋伟业，恰是百年风华。在庆祝中国共产党百年华诞的历史时刻，我们应当自觉做到“学史明理、学史增信、学史崇德、学史力行”，以昂扬姿态奋力开启全面建设社会主义现代化国家的新征程，满怀信心地投身于中华民族伟大复兴的历史洪流！

（2021 年 3 月 25 日）

走自己的道路　把建设引向胜利

王珽　底亚星

9月，北京最为明媚清爽的时节。1982年9月1日至11日，党的十二大在北京召开。这次大会被赋予特殊使命：通过对过去6年历史性胜利的总结，为进一步肃清十年内乱所遗留的消极后果，全面开创社会主义现代化建设的新局面，确定继续前进的正确道路、战略步骤和方针政策。

党的十二大担当了这一历史重任。大会明确提出“建设有中国特色的社会主义”重大命题和“小康”战略目标。改革开放由此全面展开，我国经济社会发展出现前所未有的活跃局面。

邓小平同志曾高度评价这次重要会议：“十二大同七大比，同七大起的作用一样，七大是把革命引向胜利，十二大是把建设引向胜利。”此后的历史进程，充分证明了这一论断的正确性。

道路探索：提出“建设有中国特色的社会主义”重大命题

沿着党的十一届三中全会指引的方向，中国现代化建设逐渐步入正轨。

彼时，苏联、南斯拉夫等社会主义国家正在进入改革阶段，但由于没有现成经验可借鉴，大多在摸索中陷入曲折。

接下来该通过怎样的途径建设社会主义？道路问题，成为中国人民关心的首要问题，也成为中国共产党人的一道必答题。

“把马克思主义的普遍真理同我国的具体实际结合起来，走自己的道路，建设有中国特色的社会主义，这就是我们总结长期历史经验得出的基本结论。”邓小平同志在党的十二大开幕式上的讲话，拨云见日、举旗定向。

以党的十二大为标志，中国特色社会主义成为改革开放以来党的全部理论和实践的主题。一代代中国共产党人坚定不移走中国特色社会主义道路、与时俱进拓展中国特色社会主义道路。

在这条大路上，中国跑出了现代化的“加速度”。

1982 年，我国人均国民收入仅 200 美元左右，2019 年，该数字突破 1 万美元；1983 年，上海开通国内第一家模拟寻呼系统，2019 年，中国进入 5G 商用时代；1984 年，中国首家股份制企业——北京天桥股份有限公司成立，2020 年，跻身世界 500 强的中国公司超 120 家……中国面貌日新月异，经济总量稳居世界第二，中华民族迈向强起来的新时代。

在这条大路上，人们鼓起了奋发向上的精气神。

“国民之魂，文以化之；国家之神，文以铸之”。党的十二大提出了在建设高度物质文明的同时建设高度精神文明的时代要求。此后，“五讲四美三热爱”活动蓬勃开展，科技、教育、文化事业日渐繁荣，人们富了口袋，也富了脑袋……进入新时代，文化事业全面繁荣，社会主义核心价值观“日用而不觉”，人们以永不懈怠的精神状态筑梦、逐梦。

在这条大路上，中国共产党始终是人民群众的主心骨。

从党的十二大首次提出“把党建设成为领导社会主义现代化事业的坚强核心”，到党的十八大以来一再明确“中国特色社会主义最本质的特征是中国共产党领导”，在奔涌的时代浪潮中，有了党的坚强领导，中国特色社会主义道路越走越宽广。

方向决定前途，道路决定命运。在庆祝改革开放 40 周年大会上，习近平总书记坚定表示：“中国特色社会主义道路是当代中国大踏步赶上时代、引领时代发展的康庄大道，必须毫不动摇走下去。”实践已经证明并将继续证明，这条道路适合中国国情、符合中国特点、顺应时代发展要求，走得对、行得通。

蓝图初绘：明确“小康”战略目标

“民亦劳止，汔可小康”。中国人对“小康”的向往，穿越竹简、丝帛、纸张、网络，源远流长。

1979年12月，邓小平同志在会见时任日本首相大平正芳时表示：“我们要实现四个现代化，是中国式的现代化。我们的四个现代化的概念，不是像你们那样的现代化的概念，而是‘小康之家’。”千年梦想与崭新追求的对话，折射出蓝图初绘时探路者的无穷想象力。

1982年9月，党的十二大郑重提出：从1981年到20世纪末的20年，我国经济建设总的奋斗目标是，在不断提高经济效益的前提下，力争使全国工农业的年总产值翻两番，即由1980年的7100亿元增加到2000年的28000亿元左右。“实现了这个目标，我国国民收入总额和主要工农业产品的产量将居于世界前列，整个国民经济的现代化过程将取得重大进展，城乡人民的收入将成倍增长，人民的物质文化生活可以达到小康水平。”

这是一个敦本务实的战略决策。党的十二大把20世纪末的奋斗目标由先前确定的实现四个现代化调整为实现小康，实事求是地考虑了我国经济落后和发展很不平衡的现实情况，从思想上解决了长期存在的在发展速度和发展目标上急于求成、欲速不达的问题。

这是一个只争朝夕的庄严承诺。党的十二大提出分两个十年“两步走”的战略部署，“前十年打好基础，后十年高速发展”，实现国民经济翻两番。小康，从此第一次有了较为清晰的时间表、路线图。

“一要吃饭，二要建设”“战略重点，一是农业，二是能源和交通，三是教育和科学”……部署意义非凡，举措落子坚定，“一条一心一意搞建设的新路”日渐清晰。

1983年，视察江苏等地后，邓小平同志倍感欣慰：“一路上看到情况很好，人们喜气洋洋，新房子盖得很多，市场物资丰富，干部信心很足。”

1984 年，我国粮食产量首次突破 4000 亿公斤，人均 400 公斤，接近世界平均水平，温饱问题基本解决。

1985 年年底，“六五”计划的经济指标超额完成，城乡居民收入和消费水平明显提升，过去许多定量分配和凭票供应的商品，除粮、油外已基本取消票证，敞开供应。

…………

一张蓝图绘到底，一茬接着一茬干。

历史行进到今天，面对世纪疫情和百年变局交织的复杂局面，以习近平同志为核心的党中央统揽全局、攻坚克难、化危为机，脱贫攻坚战取得全面胜利，决胜全面建成小康社会取得决定性成就。从历史走向未来，中国共产党交出了一份人民满意、举世瞩目、彪炳史册的答卷。

激流勇进：改革开放全面展开

国门初开的岁月，春风浩荡，人人都能感受到改革开放带来的巨大变化。

总结党的十一届三中全会以来的发展经验，邓小平同志在党的十二大开幕式上宣告，“实行对外开放，按照平等互利的原则扩大对外经济技术交流，是我国坚定不移的战略方针”，并把“进行机构改革和经济体制改革”作为今后一个长时期要抓紧的重点工作之一。

以党的十二大为起点，农村改革进一步深入，城市经济体制改革由试点发展到全面铺开；对外经济技术交流规模和水平大幅提升，对外开放的地域和领域逐渐扩大。

破旧立新从来不会一帆风顺。对于积极发展对外经济关系，特别是举办同资本主义国家发展经贸关系的经济特区，有些人心存疑虑，甚至视其为冲击社会主义的洪水猛兽。

进与退的关键时刻，邓小平同志启程南下。1984 年春，他实地考察了深圳、珠海、厦门等地。经济特区的巨大变化，令他信心倍增。视察途中，他多次指出：“深圳的发展和经验证明，我们建立经济特区的政策是正确的。”

总设计师登高望远、判明大势，使党的十二大确定的正确方针得以贯彻下来。此后，一系列重大举措紧锣密鼓地推进，改革开放由此全面展开。

1984 年 5 月，党中央决定开放北起大连、南至北海的 14 个沿海港口城市。

1985 年 2 月，党中央批准将长江三角洲、珠江三角洲和闽南厦漳泉三角地区划为沿海经济开放区。

1986 年 7 月，中国政府向关贸总协定递交申请，复关谈判拉开序幕；11 月，邓小平同志把一张刚发行的飞乐音响股票赠给来访的纽约证券交易所主席。

…………

在改革中守正出新，在开放中博采众长。改革开放以来，中国从贫穷落后国家发展成为世界经济强国，“改革是中国的第二次革命”的观念深入人心。

“青松寒不落，碧海阔逾澄”。党的十八大以来，以习近平同志为核心的党中央在纷繁复杂的事物表象中把准改革脉搏，在风云激荡的国际环境里洞悉开放大势，团结带领人民在更高起点、更高层次、更高目标上推进改革开放。

“改革开放极大改变了中国的面貌、中华民族的面貌、中国人民的面貌、中国共产党的面貌。中华民族迎来了从站起来、富起来到强起来的伟大飞跃！中国特色社会主义迎来了从创立、发展到完善的伟大飞跃！中国人民迎来了从温饱不足到小康富裕的伟大飞跃！”回顾栉风沐雨、笃定前行的奋进历程，习近平总书记发出“将改革开放进行到底”的号召。

目标仍在前方，历史还将续写。踏上全面建设社会主义现代化国家新征程，新时代中国共产党人高举中国特色社会主义伟大旗帜，昂首阔步走好自己开创的人间正道！

（2021 年 3 月 26 日）

一串明珠点亮改革开放前沿

张翼　董蓓

1984年2月，邓小平同志视察广东、福建两省经济特区后对“中国开放”的走向给出了清晰的答案：“我们建立经济特区，实行开放政策，有个指导思想要明确，就是不是收，而是放。”“除现在的特区之外，可以考虑再开放几个港口城市，如大连、青岛。这些地方不叫特区，但可以实行特区的某些政策。”

1984年5月4日，中共中央、国务院批转《沿海部分城市座谈会纪要》，决定进一步开放天津、上海、大连、秦皇岛、烟台、青岛、连云港、南通、宁波、温州、福州、广州、湛江和北海14个沿海港口城市，并提出逐步兴办经济技术开发区。

从北到南，14个沿海城市如同一串明珠，点亮了中国改革开放的前沿。这是继深圳等4个经济特区后又一次对外开放的重大步骤，我国对外开放呈现由点到面、由沿海向内地滚动发展的良好态势。

中国开放的大门越开越大。习近平主席2021年新年贺词话语铿锵：“改革开放创造了发展奇迹，今后还要以更大气魄深化改革、扩大开放，续写更多‘春天的故事’。”

开放，激活巨大发展潜能

1984年5月13到15日，法国摄影师Guy Le Querrec拍摄了一组老照片，记录了当时上海外滩的情景：中山装是主流服饰，人不多车也不多……彼时的上海，刚刚踏上扩大开放的起跑线。

“我 1983 年进入上海社会科学院从事经济研究工作，经历了上海扩大开放的整个发展历程。作为一个亲历者，见证了上海开放从开端到不断扩大和深化的历程，也见证了开放给上海经济社会发展带来的巨大变化和丰硕成果。”上海社科院原副院长张兆安告诉记者。

如今，上海外滩流光溢彩，璀璨绚丽，是世界时尚的汇聚引领之地。上海，这个国际化城市从外在肌理到内在精神都发生着深刻变化。身为经济研究工作者，张兆安直接或间接参与了上海对外开放的一些重要研究工作，目睹了上海作为首批沿海开放城市，冲破传统体制的束缚，抢抓先发优势的进程，上海不仅自身发生了天翻地覆的变化，而且成为我国对外开放的前沿阵地，为我国持续扩大开放起到了重要的引领示范作用。

领中国开放风气之先，上海创造了一个又一个第一：中国第一款量产合资轿车，中国第一个出口加工区，中国第一家中外合资商业零售企业，中国第一家外资保险公司，中国第一个自贸试验区，在上海举办世界博览会和中国国际进口博览会……开放，不仅是一种观念，更意味着新的体制、新的格局。“持续扩大开放倒逼改革深化，使上海的市场化、法治化、国际化程度不断提高，一系列开放的先行先试，由上海推向长三角、长江流域乃至全国，助推了全国扩大开放的进程。”张兆安说。

习近平总书记指出，开放、创新、包容已成为上海最鲜明的品格。这种品格是新时代中国发展进步的生动写照。

对外开放使中国抓住了经济全球化浪潮下世界价值链产业链转移机遇，并从技术、文化、制度、管理等多方面全力提升。当时，14 个沿海开放城市总人口不到全国的 8%，工业产值则占全国的 20%；工业基础雄厚，产业工人队伍强大，技术人才济济，科教事业发达，在历史上就有广泛的对外联系。对进一步开放的港口城市，国家扩大其经济技术对外自主权，并给外商投资以仅次于经济特区的优惠待遇。扩大开放使这些沿海城市成为改革创新的试验田、对外开放的排头兵、区域发展的增长极，并建立了经济技术开发区，带动了整个沿海地带的开放和经济发展。

“这是继经济特区之后，我国对外开放的又一重大举措，既标志着我国对外开放范围的进一步扩大，也体现了我国当时在对外开放领域的差异化探索。沿海港口城市虽不叫特区，但也可以实行特区的某些政策，与经济特区等一起形成了多层次开放格局。”商务部国际贸易经济合作研究院产业国际化战略研究所所长崔卫杰表示。

开放，聚集蝶变新生的力量

“我从小生活在青岛西海岸新区，当初无论如何也想不到，以前的农田、海滩能变成现在的国际化港口。”青岛海关所属黄岛海关关员丁雪梅作为土生土长的青岛人，亲眼见证了青岛 30 多年的变化。

1984 年，青岛被确定为全国 14 个沿海开放城市之一。与之相伴的是经济开发区的兴办。沿海港口城市的经开区，基本都是在一张白纸上起步。土地、税收等政策给足优惠，“放水养鱼”吸引外资，开放举措不断推出……1993 年 3 月 29 日，青岛保税区作为我国第一批改革开放试验区，正式通过验收封关。“那一年我进入海关工作。当时，这里是空旷的不毛之地，每月仅有不到 10 票的煤炭等散杂货出口业务。2002 年，青岛港外贸集装箱航线整体西迁至新区，步入跨越式发展阶段。2020 年完成货物吞吐量 6 亿吨，排名世界第七。保税区成为开放层次最高、优惠政策最多、功能最齐全、手续最简化的特殊监管区域。”丁雪梅说。

因开放而兴，因开放而强。1984 年，中国在 14 个沿海开放城市建立了第一批国家级经济技术开发区。随着改革开放的推进和深化，根据不同时期经济建设和社会发展战略的需要，经开区建设也从沿海地区向沿江、沿边和内陆省会城市、区域中心城市拓展。

以经开区为窗口，14 个沿海港口城市开放活力迸发。随着内地国家级经开区加快建设，经开区区域布局更加合理，基本覆盖了中国主要的经济区域。同时，经开区的内涵不断拓展，经济发展水平快速提高，产业结构显著优化，已经成为中国经济发展最快、总体水平最高、利用外资最多、投资环境最优的现代化产业重要集聚区。

如今，山东自贸试验区青岛片区、进口贸易促进创新示范区建设稳步推进，特殊区域优惠政策不断落地推广，青岛对外经济蓬勃发展。“智能卡口让物流‘零待时’，智能审图、先期机检、无纸化通关等手段提高了通关便利化水平，当初的报关单证堆满柜台的场面已不复存在。我们也有更足的劲头和更大的动力，迎接更多的机遇和挑战。”丁雪梅信心满满。

开放，改变中国和世界

对外经济贸易大学国家对外开放研究院研究员、国际经济贸易学院副院长蓝庆新是 70 后，1984 年，他还是名小学生。1985 年的一天，他对“开放”和“进口”有了感性记忆——“那是我第一次买进口商品。”蓝庆新在东北老家百货大楼糖果柜台前看到大家都在买进口的酒心巧克力，而且是按块买，他忍不住用攒了一个多月的零花钱也去买了 1 块，感觉特别好吃。

“如今，进口的商品琳琅满目，人们的收入水平持续上升，从家里用的到个人吃穿，有许多进口商品可选择，老百姓生活水平和消费层次提升是党领导下改革开放的巨大成功。”蓝庆新说。

在蓝庆新看来，1984 年国家确定了从北到南的 14 个沿海开放城市，这是经济特区的延伸。这些区域地理条件好，有较好经济基础，能够更好利用其他国家和地区的资金、技术、知识和市场。当时在这些地方建立经济技术开发区，成为“引进来”的重要高地。随着“引进来”为我所用取得重要进展，这些地区同经济特区一样，形成了一批具有自身比较优势、拥有一定竞争能力的企业，如青岛海尔等。企业开展国际化经营、开拓国际市场的需求强烈，开始逐步走向世界。

1984 年，是中国商业史上不平凡的一年。那一年，万科、健力宝、联想、海尔、科龙等公司诞生。

1984 年 5 月，温州成为 14 个沿海开放城市之一。那一年，瓯江上的第一座大桥——瓯江大桥建成，短短 750 米的它却是当时浙江省最长的公路桥，让温州与外界紧密联系在一起。20 世纪 90 年代，红蜻蜓、报喜鸟等民营企业陆续起步发力，大批外来务工人员涌入温州，如今瓯江上已有 17 座大桥。

沧桑巨变，不仅仅体现在衣食住行。蓝庆新还有个独特的观察视角：从小学、大学、博士到担任博导，他在改革开放中成长起来。小时候见到的基本都是国有企业，进国企是人们找工作的首选；上大学后，三资企业尤其是外资企业开始多了起来，收入高于国内企业，许多人都愿意到外企工作；博士毕业后，许多民营企业开始崛起，形成与外资企业同等的竞争力，并在国际上崭露头角，人们工作选择更加多元化。“如今，中国企业在国际上声名鹊起，实力显著增强，成为许多国际人士工作的首选。从这些变化可以看出，通过开放，中国企业在竞争中逐渐国际化，实力增强。”蓝庆新的话语中透着自豪。

到了 21 世纪初，随着中国加入 WTO，沿海城市开放程度不断加强，经济实力不断增强，上海港、宁波港、天津港、青岛港、广州港都成为国际大港，物流发达，进出口规模双向增长，逐步成为“走出去”和“引进来”双向开放、平衡发展的重要区域。在新时代，沿海开放城市经济辐射力不断发挥，其大多是我国自由贸易试验区的重要片区，也是“一带一路”建设的重要支点，许多城市承载了粤港澳大湾区发展、京津冀协同发展、长三角一体化发展国家区域发展战略，成为高水平高质量开放的重要载体。

改革开放，让中国在短短几十年间实现了发展上的腾飞，拥有了更理性客观看待世界的视角。

正如习近平总书记所说，经过这些年的发展，中国的 70 后、80 后、90 后、00 后走出国门，已经可以平视这个世界了，这就是自信。

（2021 年 3 月 26 日）

“863”，中国高技术奋起发展的标志

徐畅

从载人航天的神舟飞船，到深潜入海的“蛟龙号”；从解决粮食自给的超级杂交水稻，到便捷出行的高速列车、新能源汽车；从北京奥运会上获得商业应用的高亮度激光投影产品，到具有自主知识产权的创新药物……这些在当下足以代表中国最高科技水平、提振人们民族自豪感的科技成就，有一个共同的起点——“863 计划”。

对年轻人来说，“863 计划”可能不是一个耳熟能详的名词，但对广大科学家和科技工作者来说，它无疑是中国高技术奋起发展的重要标志。

如今，站在“十四五”的起点，“我国经济社会发展和民生改善比过去任何时候都更加需要科学技术解决方案，都更加需要增强创新这个第一动力。”回首来路，“863 计划”的开创精神与奋进力量，值得我们在新征程中重温、追随。

科学家战略眼光与政治家高瞻远瞩相结合的产物

1983年3月23日，美国总统里根发表了“星球大战”演说，提出实施“战略防御倡议”计划。此举表面上是针对苏联进行战略威胁，实际上是以高技术发展为核心，实施新一轮科技革命。此后两三年间，各国符合或针对“星球大战”计划的对策计划纷纷登上历史舞台。这种形势下，中国怎么办？

在有关部门组织召开的专家座谈会上，与会专家展开了激烈讨论。

一部分观点认为，我们也应该采取相应的措施，迎接新技术革命；另一部分观点则认为我们还不具备全面发展高科技的经济实力，可以先搞一些短期见效的项目，等人家搞出来，再为我所用。

“我心里着急啊！这是一次世界性的高科技发展机会，我认为中国应该把握这个机会。”生前接受记者采访时，“两弹一星”功勋奖章获得者、“863计划”倡导者之一杨嘉墀院士介绍，在各种讨论会上，他与王大珩、王淦昌、陈芳允等科学家观点相近，认为“尽管当时我们的经济实力还不允许全面发展高科技，但争取在一些优势领域首先实现突破是完全有可能的”。

1986年年初的一个夜晚，陈芳允敲响了王大珩的家门。经过一番长谈，二人决定，由王大珩起草一份关于发展我国高技术项目的建议书。后经与王淦昌、杨嘉墀商议定稿后，送给中央领导。3月3日，由这四位科学家撰写的“关于跟踪研究外国战略高技术发展的建议”呈送到邓小平同志面前。2天后，邓小平同志对此作了重要批示：此事宜速作决断，不可拖延。

此后几个月内，相关部门组织专家作了极为严格的论证。同年11月，编制形成“国家高技术研究发展计划”，并于次年3月正式实施。由于该计划提出时间是1986年3月，因此又称为“863计划”。

这是首个由科学家倡议、政治家决策、中央政治局讨论的科技计划，是中国科技发展史上划时代的大事。对于这段历史，中国工程院原副院长、原“863计划”激光技术领域专家委员会主任杜祥琬院士评价为“科学家的战略眼光与政治家的高瞻远瞩相结合的产物，凝练了我国发展高科技的战略需求”。

从科研成果到产业发展

根据“有限目标，突出重点”的方针，“863计划”确定了7个对我国今后发展有重大影响的高技术领域，即生物技术、航天技术、信息技术、激光技术、自动化技术、能源技术和新材料领域作为我国高技术研究与开发的重点，后又于 1996 年增加了海洋技术领域。

在信息技术领域，“神威·太湖之光”超级计算机无疑是近年出现在公众视野下的明星。它全部采用国产处理器构建，是世界上首台峰值计算速度超过 10 亿亿次的超级计算机，多次获得全球超算排行榜第一名。

该成就始于 30 多年前。由于西方国家的技术垄断和经济社会发展的迫切需要，20 世纪 90 年代初，高性能计算机研发被列入“863”项目。中国工程院院士、中国科学院计算技术研究所研究员李国杰带领团队，研制出我国第一台 SMP（对称式多处理机）结构计算机——曙光一号计算机，达到 90 年代初同类计算机国际先进水平。

“研制曙光一号是智能中心历史上精彩的一幕。”多年后，李国杰在撰写回忆文章时仍对这段历史感到自豪。李国杰表示，由于国内的条件有限，当时决定派出一支小分队到国外去研发。这种借树开花、借腹生子的做法大大缩短了机器研制周期。不到一年时间，研究人员就完成了曙光一号研制。

曙光一号的诞生，成功打破外国公司对我国信息技术的垄断。其诞生的几天后，美国便宣布解除 10 亿次计算机对中国的禁运。

从曙光一号到“神威·太湖之光”，伴随着“863 计划”的启动与实施，中国高性能计算机所代表的信息技术从弱到强，从受制于人到自主创新，在不断满足我国工业信息化发展需求的同时，逐渐成为我国异军突起的若干高技术领域之一。

1991 年，邓小平同志为“863 计划”亲笔题词“发展高科技，实现产业化”，指明我国高技术的发展内含着产业化方向。“863 计划”也为我国产业发展、民生改善、重大工程建设提供了极为有力的支撑。比如研发出一批自主可控的高速列车核心技术，使高铁成为中国制造“走出去”的重要“名片”。

通过持续稳定的投入，“863 计划”有效带动了我国高技术研究领域由点到面、由跟随到创新发展的转变，培养了一大批高素质人才，推动形成了产学研结合的创新体系，促进了我国高技术产业的发展，产生的间接经济和社会效益更是无法估计。

科技体制改革不停歇

作为改革开放后实施的重大科技计划，“863 计划”的管理运行机制具有科技体制改革的显著特征。

曾任科技部部长的朱丽兰在《难忘的岁月》一文中回顾了“863 计划”开始前的历史：“当时我们国家的经济体制还是以计划经济为主，科技界习惯于按照国家计划工作，只要完成计划就可以‘交账’了。至于自己的工作如何变成现实的生产力或战斗力，科学家和研究人员用不着，也没有能力去操心。”

1985 年中共中央发布《关于科学技术体制改革的决定》，揭开了全面科技体制改革的序幕。在这样的大背景下，“863 计划”的实施有着不一般的意义。

“‘863 计划’的一大特色就是充分相信科学家集体的智慧，打破地区、部门界限，在全国范围遴选专家，组成领域专家委员会和主题专家组，具体组织研发工作。在中共中央、国务院确定的‘863 计划’框架下由这些专家集体通过调研，自主进行技术决策。这对克服当时面临的种种难题起到了关键作用。”朱丽兰说。

中国科学院院士、曾担任“863 计划”智能计算机系统主题专家组副组长的李未认为，与研制“两弹一星”时“政府的计划调控是决定性的”特点不同，“863 计划”是第一个在科研领域中引入竞争机制的国家计划。他在撰写回忆文章时介绍，这种科研体制和机制经过“863 计划”的实践检验后，被国家自然科学基金、“973 计划”以及 2006 年制定的《国家中长期科学和技术发展规划纲要（2006—2020 年）》广泛采用。

随着科技事业的不断发展，我国逐步搭建起包括“863 计划”“973

计划”等在内的科技计划体系，但也出现了一些问题。有媒体统计，到“十二五”期间，我国科技计划有近百项，分别由数十个部门管理，缺乏顶层设计和宏观统筹，难以形成合力。

党的十八大以来，科技资源配置“碎片化”问题引起了中央领导高度重视。为解决该问题，使之适应新一轮科技革命和实施创新驱动发展战略的要求，2014 年年底，国务院印发《关于深化中央财政科技计划（专项、基金等）管理改革的方案》（以下简称《方案》），推动构建更加强化国家需求导向和问题导向的科技计划体系。2016 年，随着《方案》中新五大类科技计划之一的国家重点研发计划出台，“863 计划”结束了自己的历史使命。杜祥琬说，这是我国新时期满足国家发展需求、适应新技术革命和产业变革的适时之举。

“科技体制改革要敢于啃硬骨头，敢于涉险滩、闯难关，破除一切制约科技创新的思想障碍和制度藩篱。”2018 年 5 月 28 日，在中国科学院第十九次院士大会、中国工程院第十四次院士大会上，习近平总书记作出重要指示。

2021 年全国两会上通过的《中华人民共和国国民经济和社会发展第十四个五年规划和 2035 年远景目标纲要》进一步提出，要“深入推进科技体制改革，完善国家科技治理体系，优化国家科技计划体系和运行机制，推动重点领域项目、基地、人才、资金一体化配置。”

（2021 年 3 月 29 日）

把准社会主义初级阶段的基本国情

冀文亚　王琎

一艘巨轮，只有把舵定向、鼓荡风帆，才能不畏风浪激流、劈波前行。

一个大党，只有路线正确、蓝图在握，才能带领人民攻坚克难、无往不胜。

党的十一届三中全会召开之后，亿万人民怀着无限希望大踏步追赶时代，社会发展的巨大势能竞相迸发，国家面貌发生深刻变化。改革开放的全面展开，社会主义事业的不断推进，迫切需要党在深刻分析基本国情、总结实践经验基础上，对“什么是社会主义、怎样建设社会主义”的根本问题，以及我国改革开放和社会主义现代化建设应遵循什么样的基本路线的问题，从理论和实践上进一步作出明确回答。

1987 年 10 月 25 日至 11 月 1 日，党的十三大在北京举行。此次盛会，系统阐述了社会主义初级阶段的理论，明确概括了党在社会主义初级阶段的基本路线，绘就了面向未来的宏伟蓝图。党的十三大以其卓越的理论创新和实践创新成果，深刻影响了此后的历史发展进程。

“首要问题”：
提出“我国正处在社会主义的初级阶段”重大论断

伴随改革开放全面展开，我国经济社会发展呈现新局面，围绕社会所处发展阶段的争论愈益热烈。

有的人脱离实际、急于求成，认为可以“跑步进入共产主义”；也有的人“公有化程度越高越好”观念根深蒂固，把一些改革举措视为“往后退”，对建设社会主义丧失了信心。“速胜论”“渺茫论”等不同声音，给继续前进带来干扰。

党中央很早就察觉到这一问题。1981年，党的十一届六中全会针对当时否定社会主义制度的思潮，明确提出“我们的社会主义制度还是处于初级的阶段”。此后，党的十二大和十二届六中全会都重申了这一论断。

1987年4月26日，邓小平同志在会见外宾时谈道：“现在虽说我们也在搞社会主义，但事实上不够格。只有到了下世纪中叶，达到了中等发达国家的水平，才能说真的搞了社会主义，才能理直气壮地说社会主义优于资本主义。”

这番坦率又颇具胆识的论述，把讨论引向高潮。北京、安徽、浙江、上海等地理论工作者围绕社会主义初级阶段的重大理论和实际问题召开了各类研讨会。对这一重大问题的充分讨论，为随后召开党的十三大历史地设定了立论基础。

在党的十三大上，党中央旗帜鲜明提出：“正确认识我国社会现在所处的历史阶段，是建设有中国特色的社会主义的首要问题，是我们制定和执行正确的路线和政策的根本依据。”“对这个问题，我们党已经有了明确的回答：我国正处在社会主义的初级阶段。”

方位决定方略。对我国社会所处历史方位的准确判定，为我们党明确阶段性中心任务、制定路线方针政策提供了根本依据。

“我们搞社会主义才几十年，还处在初级阶段。巩固和发展社会主义制度，还需要一个很长的历史阶段，需要我们几代人、十几代人，甚至几十代人坚持不懈地努力奋斗，决不能掉以轻心。”铭记邓小平同志谆谆嘱托，一代代中国共产党人牢牢把握“首要问题”，不断深化对社会主义初级阶段的认识。

世纪之交，党的十五大第一次提出党在社会主义初级阶段的基本纲领，进一步阐明了建设有中国特色社会主义的经济、政治、文化的基本特征和基本要求。

进入新时代，党的十九大重申“我国仍处于并将长期处于社会主义初级阶段的基本国情没有变”，要求全党“牢牢把握社会主义初级阶段这个基本国情，牢牢立足社会主义初级阶段这个最大实际”。

知人者智，自知者明。开启全面建设社会主义现代化国家新征程、向第二个百年奋斗目标进军，我国进入了一个新发展阶段。习近平总书记指出：“新发展阶段是社会主义初级阶段中的一个阶段，同时是其中经过几十年积累、站到了新的起点上的一个阶段。”

聚力新阶段，奋进新征程。我们党对我国所处历史方位和发展阶段的科学把握，引领我们在新起点上开好局、起好步，中国特色社会主义展现出更加强大的生命力。

“生命线”：明确社会主义初级阶段的基本路线

在正确路线指引下，一步一步走向胜利，是中国共产党进行革命、建设和改革的成功经验。锚定社会主义初级阶段的时空坐标，一条指导中国现代化建设的基本路线越来越明晰。

党的十三大郑重宣告：“在社会主义初级阶段，我们党的建设有中国特色的社会主义的基本路线是：领导和团结全国各族人民，以经济建设为中心，坚持四项基本原则，坚持改革开放，自力更生，艰苦创业，为把我国建设成为富强、民主、文明的社会主义现代化国家而奋斗。”党在社会主义初级阶段的基本路线正式形成。概括起来说，就是“一个中心、两个基本点”的基本路线。

“基本路线要管一百年，动摇不得。只有坚持这条路线，人民才会相信你，拥护你。”总结历史上的有益探索和沉痛教训，邓小平同志深刻指出。

——以经济建设为中心是兴国之要。

自党的工作中心转移以来，我国农村经济全面发展，工业生产迅速增长，基本建设和更新改造步伐加快，人民生活明显改善。1980 年至 1990 年，国民生产总值由 4470 亿元增加到 17400 亿元，工业总产值增长 2.3 倍；乡镇企业异军突起，到 1987 年，全国乡镇企业总产值第一次超过农业……坚持党的基本路线，我国从“开除球籍”的危险边缘觉醒、奋起，一个朝气蓬勃的社会主义中国昂首屹立于世界东方。

——四项基本原则是立国之本。

20 世纪八九十年代，国际局势动荡不安，国内形势复杂敏感，对社会主义前途缺乏信心、对党的基本路线怀疑动摇的杂音几度甚嚣尘上。邓小平同志斩钉截铁地指出，“在整个改革开放的过程中，必须始终注意坚持四项基本原则”。坚持党的基本路线，我们党总能在危急时刻挽狂澜于既倒，廓清谬误、统一思想、坚定信心，成功捍卫和发展中国特色社会主义。

——改革开放是强国之路。

洞观世界潮流，1985 年，邓小平同志敏锐指出：“现在世界上真正大的问题，带全球性的战略问题，一个是和平问题，一个是经济问题或者说发展问题。”基于这一科学判断，改革开放事业迅猛推进。从风起小岗到潮涌浦江，从春暖深圳到扬帆海南，坚持党的基本路线，更多“春天的故事”还在演绎。有国际观察家评论：改革开放使中国命运彻底跳出了近代以来的“下降通道”，中国改革，最复杂也最成功。

路线指引方向，方向决定前途。

改革开放以来中国现代化建设的历史进程，以无可辩驳的事实检验和展现了党的基本路线的真理性，有力印证和雄辩说明了党的基本路线符合中国社会主义现代化建设客观规律，反映广大人民群众愿望和意志，要贯穿于整个社会主义初级阶段。正如习近平总书记所强调的：“党的基本路线是国家的生命线、人民的幸福线，我们要坚持把以经济建设为中心作为兴国之要、把四项基本原则作为立国之本、把改革开放作为强国之路，不能有丝毫动摇。”

“雄心壮志”：擘画“三步走”发展战略

工作中心转移以后，现代化建设要分几步走，具体达到什么目标，什么时间达到等现实问题，自然而然摆在中国共产党面前。

邓小平同志立足中国国情，参照国际标准，在 20 世纪七八十年代提出“翻两番”“小康社会”“中国式的现代化”等新概念。党的十二大根据这些初步设想，确定了到 20 世纪末实现国民经济翻两番的“两步走”战略部署。

伴随实践不断展开，对发展战略的思索亦日益深入。1987 年 4 月，邓小平同志首次使用“第一步”“第二步”“第三步”的提法，在“两步走”基础上全面阐述了“三步走”战略目标。

根据邓小平同志的这一设想，党的十三大确立了“三步走”发展战略：“第一步，实现国民生产总值比 1980 年翻一番，解决人民的温饱问题。这个任务已经基本实现。第二步，到本世纪末，使国民生产总值再增长一倍，人民生活达到小康水平。第三步，到下个世纪中叶，人均国民生产总值达到中等发达国家水平，人民生活比较富裕，基本实现现代化。”这一发展战略，被邓小平同志称作中国共产党和中国人民致力于国家富强、民族复兴的“雄心壮志”。

这一“雄心壮志”，以科学思想统领，闪耀着马克思主义真理光辉。

党的十三大号召：“马克思主义需要有新的大发展，这是现时代的大趋势。”在社会主义现代化建设实践中，中国共产党不断深化对马克思主义、社会主义的再认识，一些有关社会主义建设阶段、任务、动力、条件、布局、国际环境等基本问题的新认识、新命题、新判断应运而生，一个新的理论体系呼之欲出。

这一“雄心壮志”，以改革方法论运思，激扬起气势磅礴的实践伟力。

从推进经济体制改革，到初步实施政治体制改革，再到深化科技体制改革，中国共产党坚持历史与现实、理论与实践、国内与国际相结合，在正确处理顶层设计与基层探索、整体推进与重点突破、政府作用与市场作用、改革发展稳定等重要关系过程中，确保改革开放方向不偏离、任务不落空。

不为乱云飞渡所扰，不为山高水险所惧。经过艰苦努力，原定2000年国民生产总值比1980年翻两番的前两步目标提前于1995年完成。在此基础上，党的十五大又提出了21世纪前50年新的“三步走”发展战略步骤，并首次提出“两个一百年”奋斗目标。

进入新时代，站在新的更高的历史起点上，党的十九大提出分两步走在21世纪中叶建成社会主义现代化强国的战略安排，丰富了“两个一百年”奋斗目标的内涵。党的十九届五中全会对“十四五”规划和2035年远景目标作出部署，勾画出建设社会主义现代化强国的时间表和路线图。

目标渐次完成，梦想正在实现。我们用几十年时间走完了发达国家几百年走过的工业化历程，变诸多不可能为可能，创造了经济快速发展和社会长期稳定“两大奇迹”。

重任千钧，唯有奋斗。对历史方位有着深刻洞察、对复兴之路有着深刻体认的中国共产党人，高举中国特色社会主义伟大旗帜，重整行装再出发，汇聚起在新起点推进民族复兴伟业的磅礴力量！

（2021年3月29日）

海南建省：更大的特区　更大的“试验田”

王晓樱　陈怡

“我们正在搞一个更大的特区，这就是海南岛经济特区。”“海南岛好好发展起来，是很了不起的。”1987年6月，改革开放的“总设计师”邓小平在会见外宾时首次向世人宣布了这一重大决策。

10个月后，1988年4月13日，七届全国人大一次会议正式批准设立海南省，划定海南岛为经济特区。由此，海南成为中国最年轻的省份和最大的经济特区，获得了前所未有的发展机遇。

30多年来，几代中央领导人心系海南，给海南带来殷殷嘱托，指明前进的方向。2018年4月13日，习近平总书记在庆祝海南建省办经济特区30周年大会上指出，海南具有成为全国改革开放试验田的独特优势，在我国改革开放和社会主义现代化建设大局中具有特殊地位和重要作用。如果海南岛更好发展起来，中国特色社会主义就更有说服力，更能够增强人们对中国特色社会主义的信心。习近平总书记向全世界郑重宣布，党中央决定支持海南全岛建设自由贸易试验区，支持海南逐步探索、稳步推进中国特色自由贸易港建设。

崭新的国家使命担当，让海南这块面积最大的“试验田”，再次站在了新时代中国改革开放的最前列。

因改革开放而生　因改革开放而兴

历史上，海南岛曾被历代封建王朝作为贬谪的流放地。新中国成立后，海南人民和全国人民一起进入了社会主义革命和建设时期。作为重要的国防前线和热带作物生产基地，海南经济文化发展与全国许多地区相比存在差距。据统计，至 1987 年年底，海南人均分配水平只有全国分配水平的 83%，85% 的商品靠内地调进，17% 左右的人口尚未温饱。

如何改变海南岛的落后状况，把祖国的第二大宝岛开发建设好，成为中国改革开放初期中央关注的一个具有政治意义的重要问题。1988 年，在改革开放大潮中，海南被推上了最前沿。彼时，深圳、珠海、汕头、厦门 4 个经济特区已于 1980 年正式设立，大连、天津、广州等 14 个沿海港口城市也在 1984 年对外开放。但是，海南建省办特区的消息仍然震动了世界。

创办海南经济特区的一个重要战略意图，是根据中国改革开放发展的客观要求，利用海南特有的区位优势、资源优势和地理特征，开辟一个能进行更高层次改革开放的大试验场。因为相比其他 4 个经济特区，海南有着独特优势：四面环海，便于封闭，能够实行更加特殊的开放政策；既有发达的城市，又有贫困的农村；既有一定规模的工业，又有在海南经济中占优势的农业；既有相对发达的东南沿海地区，又有经济落后的中西部地区；既有汉族地区，又有黎族、苗族等少数民族地区。从某种意义上说，海南岛具有典型的中国特质，在这里进行试验，将对全国改革开放产生更强的辐射力和更普遍的指导意义。

海南建省之初，全省没有 1 个红绿灯，用电奇缺。如今，这里欣欣向荣，基础设施完善，拥有了博鳌亚洲论坛永久举办地、全球唯一的环岛高铁、中国文昌航天发射场、中科院深海科学与工程研究所等一张张享誉世界的“海南名片”。

走在全国前列的“试验田”

创办中国最大经济特区，如何闯出一条新路？如何发挥好“试验田”的作用？海南建省以来一直瞄准全面深化改革的难点和重点，敢闯敢试、敢为人先、埋头苦干，为国家全面深化改革闯关探路，留下了一连串辉煌足迹：

率先进行“小政府、大社会”行政管理体制改革；成为第一个开放三、四、五航权的试点省份；率先推行燃油附加费改革，取消公路收费关卡；率先实行“先上车后买票”的企业注册登记制度；率先实施医疗保险制度综合改革；率先实行粮食购销同价改革；率先取消农业税和农业特产税……

近年来，海南持续发扬特区精神，深入推进体制机制改革：

完成了省和市县总体规划、自由贸易港重点产业园区详细规划等专项规划编制，形成了全省统一的国土空间规划“一张蓝图”。海南省域“多规合一”改革为全国国土空间规划体系改革起到了积极的示范带动作用；

全面完成中央“两个3年”和12项改革专项试点任务，垦区集团化、农场企业化等关键领域的改革成效突出。海南农垦体制改革走在全国前列；

通过“规划代立项”、区域评估评审代替单个项目评估评审、“准入清单”和“项目技术评估”制度、“联合验收”机制等，实现极简审批，并在全国推广；

围绕制度创新，海南坚持法治化、国际化、便利化原则，以深化“放管服”改革为抓手，改革举措压茬推进，营商环境建设取得显著成效；

海南社会管理信息化平台整合全岛人流物流资金流信息管理、社会管理监管、口岸监管等多个系统，综合应用多种前端感知手段，汇聚融合各类数据资源，构建从态势感知到大数据研判，再到联勤联动高效应急处置的全链条综合防控体系。

据不完全统计，建省办经济特区以来，海南先后有近百项改革举措走在全国前列。

在对外开放中发挥重要“窗口”作用

海南建省初期，基础十分薄弱，资金的自我积累能力十分有限，而海南要开发，经济要启动、要发展、要腾飞，需要巨额资金。当时专家测算，海南建省头 10 年的开发需 2000 亿元人民币。而当时海南省自己可用的钱 1 年仅 20 多亿元，可以说缺口甚大。

要想在“低起点”上实现“高目标”，唯有扩大开放，大举吸引国内外资金。为此，海南省政府及各市县利用优惠政策和资源优势，引来一批批“金凤凰”，充分利用岛外及国外资金开发建设海南。“八五”期间，外商在海南的投资由房地产、旅游业、服务业，扩大到基础设施、基础产业、金融、商业等领域。24 个国家和地区的厂商在海南设立企业，外资企业工业产值也有较大幅度增长。

如今，海南已成为我国最开放的地区之一，正在对标世界最高水平开放形态，探索建设中国特色自由贸易港。这是党中央着眼于国际国内发展大局，深入研究、统筹考虑、科学谋划作出的重大决策，是彰显我国扩大对外开放、积极推动经济全球化决心的重大举措。目前，一批关键政策落地实施，各类要素加快集聚，产业结构持续优化，海南自贸港建设顺利开局、蓬勃展开，成为改革开放的新标志。

2020 年，新冠肺炎疫情在全球蔓延，世界经济增长放缓，全球跨国直接投资大幅下降。在这样的背景下，海南利用外资规模创历史新高，使用外资实现连续 3 年翻番目标，外资加速流入海南，在海南设立外资企业的国家和地区比 2019 年增加 40 多个，外商投资领域基本覆盖了 18 个行业。

中国开放的大门不会关闭，只会越开越大。在庆祝海南建省办经济特区 30 周年大会上，习近平总书记发出了盛情邀约：欢迎全世界投资者到海南投资兴业，积极参与海南自由贸易港建设，共享中国发展机遇、共享中国改革成果。

（2021 年 3 月 30 日）

上海证券交易所：一声锣响，中国资本市场大幕拉开

孟歆迪

如果给中国资本市场的活跃定一个开启节点，那应该是至今仍回响在历史隧道里“铛”的一声锣响。那一天，改革开放后我国建立的第一家全国性证券交易所正式建立并开始交易；那一天，浦江饭店披上了节日的盛装，由上海市老市长汪道涵手书的“上海证券交易所”七个大字高高地悬挂在外滩——日后全球闻名的金融街的北端。从此，我国资本市场仅用30年时间，就走过了西方发达国家上百年的发展历程。

石破天惊：敲响中国资本市场第一声

在上海市黄浦路15号中国证券博物馆内，有一面十分普通的铜锣，直径50厘米，重9.1千克，包浆厚重、带有铜锈，没有任何纹饰和文字。博物馆副馆长金星把它郑重介绍给记者：这是上海证券交易所1990年12月19日的开市锣，第一任总经理尉文渊就是用它敲响了改革开放后中国资本市场的第一声。

那时候，甭说电脑，电话都“少见得紧”，多数人对证券一无所知。至于这家新成立的证券交易所会给上海乃至中国的经济带来怎样的变化与活力，尉文渊自己也不太清楚。当时的尉文渊35岁，和他年轻的伙伴们接到筹建上海证券交易所的任务时，他还只是从电影和电视中看到过经过艺术渲染的国外证券交易所的情景。我国的证券交易所什么样？按照什么

模式运行？尉文渊这批“破冰者”只能“摸着石头过河”。场地是他穿着皮鞋一步步走出来的，锣是他从十六铺棚户区一个杂货店扛过来的。但在中央决策和上海市委领导的推动下，各个相关部门全力以赴进行配合，整个工程进度日新月异地向前推进。

回忆那段岁月，尉文渊最得意的是前瞻性地采用电子计算机撮合交易体系。彼时，在讨论交易所交易方式时，一些人主张沿用新中国成立前上海股票交易所打手势和口头喊价的模式，认为当时可供交易的股票少，交易员喊价可以让气氛热烈些。不过，尉文渊觉得“时代在发展，我们不能简单地复古，应该面向现代化，面向世界，面向未来”。经过数月筹备，开市当天，年轻的尉文渊大步走到交易厅正中，拿起棒槌敲响了第一声开业铜锣。随着锣声响起，按键声、电话铃声在 477 平方米的交易大厅内骤然响起，电子交易体系成功运转。交易信息在 12.69 平方米的电子显示屏上不停闪烁，开创了中国金融科技的先河。可以说，如果没有当初大胆的选择以及持续升级，很难想象今天的中国证券市场是怎样的情景。

上海证券交易所的成立是改革开放的重要里程碑，是中国经济金融体系从单一的间接融资体系走向间接融资与直接融资双轨并驾齐驱的突破性举措，为我国经济改革和经济高速增长提供了崭新的融资机制保障。

打破藩篱：从“没人买”到“买不到”

上交所“姓社”还是“姓资”？证券、股市这些东西究竟好不好、有没有危险？一声锣响，中国资本市场的大门缓缓开启，但不理解、反对的声音仍然响亮。上交所的“破冰之旅”藩篱重重，其中最大的难点是思想解放问题。

回眸 1990 年那个关键时刻，尉文渊首先说道：“上交所成立是对中国社会主义道路的重新认识，是马克思主义中国化的重要体现。”在当时，社会主义国家建立证券交易所尚无先例。交易市场的管理比较保守，股票发行渠道不够顺畅，投资者投资意识也不是太强，交投不够活跃。而“姓资”还是“姓社”这样的探讨，也让刚刚打开的大门处于一种尴尬的境地。为了扩大股票的发行数量，上海开始了股票认购证的发行。但疑惑与顾虑限制了人们的脚步，认购证一时滞销，无人问津。

在尉文渊心里，1992 年春季的邓小平同志南方谈话太重要、太及时了。对于上交所，对于当时以及未来的中华大地，南方谈话就像是一场甘露、一块基石，促成了中国资本市场坚定而快速的成长。

上海财经大学金融学院教授金德环说：“南方谈话为改革开放的进一步深化统一了思想，彻底扫除了在发展股份制企业和股票市场方面长期困扰人们的理论和意识形态障碍，给处于股份制改革十字路口的广大干部群众极大的勇气，激活了人们被压抑已久的进行股份制改造和发展股票市场的巨大热情，由此推动了中国股市的第一轮大牛市，股市开始快速扩张。”

上海的老股民于先生，就是从 1992 年年末开始炒股的，他回忆那段往事时依旧热血沸腾：“那时候人人都在说股票的事，电子屏上的涨跌曲线就是大伙儿的情绪波动图。几个月前，股票认购证还没人买，几个月后想买都买不到。”

创新跃进：改革中前进，开放中成长

“我们的证券交易所起步晚，却不是简单、低水平的复制。”在这点上，尉文渊与金德环有着同样的共识。我国资本市场白手起家，走出了一条符合国情并具有中国特色的改革发展之路。

从当时还让人觉得有些“异想天开”的电子计算机撮合交易体系，到“沪港通”开通，开启交易所国际合作，31 年来，上交所在改革中前进，在开放中成长。31 年间，上交所除 B 股外一共形成了 46 万亿元的总市值，如加上深圳交易所，两市共形成 80 万亿元总市值。这些资金大大提高了我国的经济建设速度，使上交所的成立成为我国经济增长的转折点，国民经济的“基本盘”、产业升级的“领跑者”，与此同时，经济运行“晴雨表”的功能也日益提升。

2018 年 11 月 5 日，习近平总书记在首届中国国际进口博览会开幕式上宣布，在上海证券交易所设立科创板并试点注册制，这更是开启了我国资本市场与时俱进的新篇章。2019 年 7 月 22 日，首批 25 家科创企业上市。220 天开板、259 天首批企业上市的科创板速度，体现了中国资本市场深化改革的迅猛与激情，更彰显了中国改革开放的决心和力度。

在中国证券博物馆的大厅内，人们可以看到科创板的开市锣——高 178 厘米，宽 124.5 厘米，锣面直径 80 厘米，重 185 公斤。锣面由高锡青铜制成，从上至下依次有“抬头牛”纹饰、上海证券交易所标识以及“科创板”“二〇一九年七月二十二日”字样。

从上海证券交易所敲响开市第一声的那面锣，到如今的科创板开市锣，正是这一老一新两面锣，见证了中国资本市场的从小到大、由弱到强，以及与全球资本市场愈加紧密的联系。上海证券交易所用堪称奇迹的硕果，证明了成立的及时性和必要性，为我国加快建设现代金融体系、服务经济社会高质量发展贡献了积极力量。

（2021 年 3 月 30 日）

秦山核电站：奏响我国核电事业的报春曲

袁于飞

浙江海盐，秦山脚下，有一座自行设计、建造的核电站被誉为“国之光荣”，这就是秦山核电站。一走进秦山核电站，在秦山一期核反应堆正对面的山麓上，就可以看到一块石碑，上面刻着“秦山春晓”四个大字。

“这是中国核电人记录历史的方式，秦山核电站就像一支报春曲，奏响了我国核电事业的春天。”中核集团秦山核电党委书记黄潜说，1991年，位于嘉兴市东南海岸线一角的秦山脚下，中国大陆第一千瓦时核电汇入电网。30年来，秦山核电广大干部员工牢记初心使命，弘扬“两弹一星”精神，不断为我国核电发展“圆梦”——中国核电从这里起步，从30万千瓦到100万千瓦，书写着“国之光荣”的进取华章。

从“零的突破”到6400亿千瓦时，为中国核电自立自强立下汗马功劳

1970年2月初，周恩来总理在听取上海市关于解决战备电源问题汇报后说：“从长远看，要解决上海和华东用电问题，要靠核电。”同年2月8日，上海市研究部署了核电站的建设工作。中国第一座自行设计建造的核电站，因此被命名为“七二八”工程。

1985年3月20日，怀揣“掌握技术、锻炼队伍、总结经验、为我

国发展核电打基础”的初衷，“七二八”工程选址秦山开工建设。中核人筚路蓝缕、风雨兼程，开始谱写民族核电建设的奋斗史。

1991 年 12 月 15 日 0 时 15 分，秦山核电站成功并网发电。那一刻，在主控室的欢呼沸腾中，中国大陆结束了无核电的历史，实现了“零的突破”。这也是中国和平利用核能的重大突破，我国由此成为世界上第七个能够自行设计、建造核电站的国家。

仅仅并网发电 15 天后，我国便与巴基斯坦签订建造同样堆型的 2 台 30 万千瓦级机组合同，实现向国外“原装”出口核电机组。秦山核电不仅是中国核电发展的开创者和主力军，也成为中国核电“走出去”的先行军。2021 年 3 月 18 日，我国具有完整自主知识产权的核电品牌——“华龙一号”海外首堆成功实现并网发电。

此外，秦山核电基地二期工程、三期工程以及方家山核电工程相继建成。先后掌握了 10 万、30 万、60 万、100 万千瓦级核电技术，并跻身全球先进核电技术行列。秦山核电从“零的突破”到 WANO（世界核电运营者协会）综合指数排名世界第一，成为我国核电事业从无到有、从小到大的缩影，创造了一个又一个奇迹，推动我国从“核大国”向“核强国”迈进。

秦山核电中国首台大型商用核电自主机组建设的见证者之一、秦山核电副总经理尚宪和说，从蹒跚起步到三十而立，秦山核电不仅创立了中国首个自主知识产权商用核电品牌，还实现了“从 30 万千瓦到 100 万千瓦”自主发展的跨越；而且，秦山核电站也为中国核电事业掌握技术、锻炼队伍、总结经验打好了基础。核电的优势是无污染，几乎是零排放，对环境压力较大的中国来说，符合能源产业的发展方向，将助力我国实现“碳达峰碳中和”目标。数据显示，截至今年 2 月，秦山核电累计发电超 6400 亿千瓦时，节能减排效益相当于植树造林 406 个西湖景区，为中国核电的自立自强立下了汗马功劳。

从跟跑到领跑，
实现“中国制造”向“中国创造”的飞跃

秦山核电站建设时期正值改革开放初期，核电的体系和制度建设、培训工作都是第一次开展。经过 3 年多的国内外培训，1991 年秦山核电首批反应堆操纵员共 35 人通过考试取得执照，成为中国大陆第一批核电操纵员、我国核电发展的中坚力量。

经过 35 年建设发展，秦山核电已成为我国核电人才的摇篮和重要集聚地，为国内其他核电站输送各类人才 2000 多名，其中不少担任了核电站高管。

2004 年，秦山核电建立国内核电运营领域唯一的国家核特有职业技能鉴定站。2019 年，根据国家政策要求，该站承担了核反应堆运行值班员、核反应堆控制保护检修工、核反应堆核级机械设备检修工、辐射防护工、放射性废物处理工、核设备无损检测工等 6 个核特有职业技能等级认定工作。

秦山核电围绕发展目标，精准聚焦技能人才队伍建设的实际需求，勇于探索、积累经验，培养了一批批技艺高超、技能精湛、专业严谨、精益求精、勇于创新的核电建设“大国工匠”。

中国核工业走的是自主创新之路，我国的核电研发从秦山核电站 30 万千瓦起步，引进了法国、加拿大、俄罗斯等国的核电技术，在这些技术的基础上进行了吸收和再创新。

中核集团“华龙一号”总设计师邢继说，“华龙一号”是中国核工业 60 年坚持自主创新的成果，在各种困难与挑战面前没有动摇，突破一个个技术瓶颈，最终形成了“华龙一号”，实现了由“中国制造”向“中国创造”的飞跃，中国核电从跟跑到领跑，秦山核电人也功不可没。

从核能发电到伽马刀“中国芯”，以核技术创新造福国人

21世纪以来，秦山核电在党的领导下，又踏上“健康中国”的新征程。经过多年科技攻关，成功掌握医用钴-60生产技术，打破医用钴-60全部依赖进口的局面，实现伽马刀装备“中国芯”，为全国癌症患者带来福音。

伽马刀设备主要应用于肿瘤治疗，具有定位精准、无创伤、不麻醉、不开刀等优点。伽马刀的核心部件为高比活度钴-60放射源，这类钴源长期依赖进口，由于钴源供应短缺，严重制约相关医疗产业发展。

2019年4月1日，国内首个医用钴靶件经辐照后在秦山核电三期重水堆1号机组顺利出堆，标志着我国通过自主研发成功掌握了医用钴-60放射源生产技术，实现伽马刀装备“中国芯”，为我国伽马刀产业的持续发展提供了坚实保障。

目前，秦山核电的重水堆机组是全球为数不多的可生产钴-60的核电机组。作为我国唯一的钴-60生产地，秦山核电积极以核技术应用抗击疫情。据了解，2020年，中核集团利用钴-60完成了大批量一次性防护服的辐照灭菌工作，上万件一次性医用防护服从运抵卸货到灭菌完成、整装待发，仅用时6小时。

以爱国为核心，精神力量代代相传

“今年是中国共产党成立100周年，也是秦山核电站安全发电30周年。核工业人在党的领导下，创造了一个又一个奇迹。”中核集团总经理、党组副书记顾军表示，从“两弹一星”精神到“四个一切”核工业精神，

再到新时代核工业精神，无论是在研制原子弹、氢弹的年代“干惊天动地事、做隐姓埋名人”，还是核电起步后的大发展“挺直民族核电的脊梁”，都在以自己的方式传承和弘扬爱国主义精神。核工业人用青春汗水铸成的事业之魂、力量之源，反映出他们坚定的理想信念和崇高的精神境界，是新时期推动我国社会主义建设事业不断发展的强大精神力量。

黄潜说，秦山核电实现了从无到有、从小到大，全面建成 9 台机组，并出口巴基斯坦，为推动我国核电“走出去”和自主三代核电技术“华龙一号”建设作出了贡献。30 年来，秦山核电不断以工程建设、安全发展成就增强“四个自信”，成为“全国爱国主义教育示范基地”“红船·党性教育基地”等多类教育基地。

优秀的精神力量在秦山核电人中代代传承，涌现出一批批先进典型：参与秦山核电站建设的中科院院士欧阳予和工程院院士叶奇蓁；被称为“活资料、活系统”的全国劳模田庆红；被授予“中央企业学习型红旗班组标杆”称号的姚建远班组；被誉为“工人院士”的中华技能大奖获得者何少华；全国技术能手王浩钧……他们在实际工作中践行了爱国主义精神，并持续赋予其新的历史价值和时代内涵。

（2021 年 3 月 31 日）

三峡工程：功在当代　泽被千秋

夏静　张锐　晏华华　操一铭

早春三月，草木蔓发，江水澄碧。

气势磅礴的大坝横亘长江，垂直起降的升船机上下接驳，启闭有序的五级船闸迎来送往，嵌入坝体的发电机组轰鸣不已……穿行在三峡大坝坝区，大国重器的脉动清晰可感。

从宏伟蓝图到全面建成，中华民族的百年三峡梦想终成现实。作为当今世界上最大的水利枢纽工程，三峡工程以防洪、发电、航运、水资源利用等巨大的综合效益，护佑长江安澜，赋能经济社会发展。

大国重器，民生福祉。三峡工程已经成为改革开放以来我国发展的重要标志，是我国社会主义制度能够集中力量办大事优越性的典范，是中国人民富于智慧和创造性的典范，是中华民族日益走向繁荣强盛的典范。

因三峡工程应运而生的中国长江三峡集团有限公司，正从“建设三峡，开发长江”向“管理三峡，保护长江”转变，在从中国走向世界的发展道路上阔步前行。以三峡工程为新起点，我国开发了一个又一个的“三峡”。

梦想照进现实，高峡出平湖

从宜昌东站驱车前往坝区，时而穿山过桥，时而与江并行。举目远望，映入眼帘的墨色屏障，有时分不清是山还是云。

记者心中不由想起 1918 年孙中山先生在《建国方略》描绘的场景：

“自宜昌而上，入峡行……急流与滩石，沿流皆是。”他提出了“改良此上游一段，当以水闸堰其水，使舟得以溯流而行，而又可资其水力”的设想。

“更立西江石壁，截断巫山云雨，高峡出平湖。”1956 年，毛泽东同志畅游长江后，以诗人的浪漫情怀描画了修建三峡大坝的景象。

修建三峡大坝可行吗？利弊究竟如何？

学术界、工程技术界等专家经过充分论证后认为，三峡工程对我国四个现代化建设是必要的，技术上是可行的，经济上是合理的，建比不建好，早建比晚建有利，建议早作决策。

1992 年，七届全国人大第五次会议表决通过《关于兴建长江三峡工程的决议》。1994 年，长江三峡水利枢纽工程正式开工。1997 年，大江截流。2008 年，三峡工程主体工程基本完成。2020 年，完成整体竣工验收全部程序。至此，三峡工程的建设历程画上圆满句号。

三峡工程分为枢纽工程、输变电工程和移民工程。其中，枢纽工程主要由大坝、水电站、通航建筑物组成。大坝坝轴线全长 2309.47 米，坝顶高程 185 米，设计蓄水位 175 米，总库容 393 亿立方米，其中防洪库容 221.5 亿立方米。

“为我中华，志建三峡”。百万三峡城乡居民舍小家为国家告别故土，踏上了搬得出、稳得住、逐步能致富的移民路；三峡建设者们自主创新、攻坚克难，创造了 100 多项世界之最，建立起 100 多项工程质量和技术标准，取得了人类水利工程史上的辉煌成绩。

三峡升船机，是世界上技术难度最高、规模最大的升船机，创造了过船规模和提升重量两项指标世界第一。升船机的船厢容积相当于 4 个标准泳池，连船带水重量达 15500 吨。按照大坝蓄水位海拔 175 米，坝下通航最低水位 62 米来算，3000 吨级的船舶跨越 113 米的落差，仅需 40 分钟左右。

“试想当年建设三峡工程，如果都是靠引进，靠别人给予，我们哪会有今天的引领能力呢！”2018 年 4 月，习近平总书记来到三峡大坝考察时指出，大国重器必须掌握在自己手里。要通过自力更生，倒逼自主创新能力的提升。

常年参加三峡工程质量检查的中国工程院院士陈厚群说，建设三峡工程，是中华民族的百年梦想。新中国成立后，三峡工程经历了详细勘察，充分论证，科学决策，深入研究，精心建设，终于建成当今世界上规模最宏大、技术难度最高、综合效益显著的高质量的卓越水利水电工程。

因为三峡工程的牵引带动，中国水电由“跟跑者”向“并行者”“领跑者”转变，进入世界水电的“无人区”。

一座大坝，多元效益

“三峡工程的修建改变了荆江河段的防洪局面，使其防洪标准由堤防本身的十至二十年一遇提升为百年一遇。2020 年因为防洪需要，三峡大坝首次开启 11 孔泄洪。”中国长江三峡集团有限公司流域枢纽运行管理中心高级工程师李帅说。

2020 年 7 月至 8 月，共有 5 次编号洪水进入三峡水库。其中，第 5 号洪水洪峰达到 75000 立方米每秒，超过 1998 年 63300 立方米每秒的最大洪峰，为三峡水库建库以来最大。

在第 5 号洪水泄洪过程中，三峡水库将下泄流量控制在 49200 立方米每秒，削峰率达 34.4%。防洪库容 221.5 亿立方米的三峡工程，超过长江上游已纳入联合调度的水库群防洪总库容的 60%，是长江流域防洪体系中的骨干工程。2003 年至 2020 年，三峡水库已经累计实施拦洪运用 53 次，三次拦蓄超过 70000 立方米每秒的特大洪峰。

中国长江电力股份有限公司三峡电厂总工程师姜德政介绍，三峡电站的装机容量为 2250 万千瓦。2020 年，在确保三峡工程全面发挥防洪、航运、水资源利用等综合效益的前提下，三峡电站全年累计生产清洁电能 1118 亿千瓦时，打破了此前南美洲伊泰普水电站单座水电站年发电量 1030.98

亿千瓦时的世界纪录。

中国长江三峡集团有限公司党组书记、董事长雷鸣山曾表示，新纪录是中国水电引领世界的重要标志之一，按每千瓦时电量可产生13.8元GDP推算，1118亿千瓦时电量可支撑我国约1.54万亿元GDP。

截至2020年12月，三峡电站累计生产优质清洁电能超过13991亿千瓦时，相当于节约标准煤4亿多吨。

“高峡出平湖”不但让绿色能源点亮神州，也让风光三峡百舸争流。回水淹没了长江航道上的急流险滩，结束了“自古川江不夜航”的历史，单位运输成本下降了1/3，万吨级船队直达重庆。截至2020年12月，三峡船闸累计过闸货运量超过15亿吨，长江航道成为名副其实的“黄金水道”。

李帅介绍，汛期来水占整个长江来水的百分之七八十。就坝址江段而言，每年1月至4月，长江的天然流量非常小，约在4000立方米每秒。而三峡工程的下泄补水，可将流量提高到6000立方米每秒，大大缓解了中下游用水压力。

“从2011年至今，三峡水库单独或联合溪洛渡、向家坝水库共实施了14次促进四大家鱼繁殖的生态调度。通过叠梁门分层泄水，营造人工洪峰，为四大家鱼产卵繁殖创造有利的水温、水力条件，保护长江水生生物多样性。”李帅告诉记者。根据监测结果，2011年至2020年宜都江段生态调度期间四大家鱼繁殖总量超过60亿颗，沙市江段生态调度期间四大家鱼繁殖总量为10亿颗。其中，2018年在宜都江段，调度期间卵量占监测期间卵量的75%左右。

截至2020年12月，三峡水库累计为长江中下游补水超过2200天，补水总量超过2900亿立方米，相当于10个鄱阳湖的蓄水量。

实现新发展，三峡有担当

2021 年 3 月 15 日下午，三峡库首的三峡集团长江珍稀鱼类保育中心（中华鲟研究所），流水潺潺，游鱼灵动。总工姜伟和科研人员管敏正穿梭在一个个圆形的鱼池之间，观察中华鲟的活动情况。

姜伟介绍，中华鲟曾与恐龙同时代，距今至少 1.4 亿年，是现存最古老的鱼类之一。长江珍稀鱼类保育中心建有全国规模最大、年龄结构最为完备的中华鲟人工种群梯队，建立了覆盖亲鱼培育、苗种培育、洄游监测等全周期的中华鲟保护体系。自 1984 年起，三峡集团长江珍稀鱼类保育中心（中华鲟研究所）连续实施 62 次放流活动，放流中华鲟超过 503 万尾。

“放流时，既心疼又高兴。辛辛苦苦养的中华鲟，放了之后还是有点心疼，但一想到它能回长江，又很欣慰，因为长江和大海毕竟是它最终的家。”管敏说。

与姜伟、管敏同样品尝过三峡库区物种保护酸甜苦辣的，还有长江珍稀植物研究所高级工程师邱利文。10 余年来，他与同事抢救保育的珍稀植物有 1181 种，累计繁育特有珍稀植物约 18 万株。因三峡蓄水而受到影响的植物，全部得到了有效保护。

有着“三峡一绝”之称的疏花水柏枝，是邱利文耗费心血最多的植物。汛期，疏花水柏枝在江水中休眠；枯水期，它又迅速生长繁殖。它的根系可以深达 2 米，非常适宜于长江流域滩涂边坡栽植。邱利文与同事黄桂云等一起，经过艰苦科研攻关，掌握了疏花水柏枝的种质资源保存、无性繁殖等技术，野外种植成活率超过 90%。现在，他们又在库区消落带开展胁迫实验，进展顺利。

在长江上，白鹤滩水电站装备世界单机容量最大的百万千瓦水轮发电机组；溪洛渡水电站采用当时国际先进的智能建造模式；乌东德水电站借助大数据等技术实现“数字大坝”到“智能大坝”的跨越……世界最大清洁能源走廊正在长江中上游形成。

在长江流域城市，三峡集团以城镇污水治理为突破口，在 11 个省市落地投资超 1300 亿元，对应管网长度 1.7 万公里，日污水处理量超 1000 万吨，相当于 1.5 天净化 1 个西湖，直接服务人口超 2000 万人……沿江最大绿色生态走廊正在建设中。

在大海上，三峡集团牵头并投资的全球最大海上风电国际产业园，亚太地区单机容量最大的 10 兆瓦海上风电机组成功并网发电，标志着中国海上风电进入两位数“大机组”时代……祖国海岸线上的“海上三峡”风电走廊正在形成。

（2021 年 3 月 31 日）

南方谈话：把改革开放和现代化建设推向新阶段

严圣禾　党文婷　任鹏　陈冠合　王潇

1992年2月下旬，作家陈忠实在广播中突然听到关于邓小平同志南方谈话的消息，几乎就在那一刻，他断然决定把自己写了4年的书稿——《白鹿原》拿出来发表。陈忠实在后来的自述中写道："我至今还记得其中的两句，'思想要再解放一点'，'胆子要再大一点'。我的心有一种被撞击的感觉，竟然有按捺不住想要欢呼的欲望。我对这两句语录的敏感以及它的不可估量的伟大意义，几乎是切身的直接的感应。"

正是在那年的1月至2月间，88岁高龄的邓小平先后到武昌、深圳、珠海、上海等地视察，发表了一系列重要谈话。南方谈话犹如一股强劲的东风，吹散了人们思想上的迷雾，成为把改革开放和现代化建设推进到新阶段的又一个解放思想、实事求是的宣言书。

改革开放胆子要大一些，敢于试验

1984年1月，20岁的测量技术员陆建新正在为临近封顶阶段的深圳国贸大厦忙碌工作。一天，他注意到，有一群人从路口对面的大楼顶层朝工地眺望。陆建新并不知道在对面楼上视察的老人是邓小平，更想不到8年之后，邓小平会登上这栋象征着"深圳速度"的大楼并发表了重要谈话。

当时，为坚定改革开放的信心和决心，邓小平来到深圳视察，并为特区题词："深圳的发展和经验证明，我们建立经济特区的政策是正确的。"8 年后，在改革开放和社会主义现代化建设的紧要关头，邓小平又一次踏上了深圳的土地。

1992 年 1 月 20 日，邓小平登上国贸大厦顶层旋转餐厅。在俯瞰深圳市区景观后，他肯定了深圳在改革开放和建设中取得的成绩。他指出，要坚持党的十一届三中全会以来的路线、方针、政策，关键是坚持"一个中心、两个基本点"。不坚持社会主义，不改革开放，不发展经济，不改善人民生活，只能是死路一条。基本路线要管一百年，动摇不得。

在深圳期间，邓小平还指出，改革开放胆子要大一些，敢于试验，不能像小脚女人一样。看准了的，就大胆地试、大胆地闯。深圳的重要经验就是敢闯。没有一点闯的精神，没有一点"冒"的精神，没有一股气呀、劲呀，就走不出一条好路，走不出一条新路，就干不出新的事业。

时隔近 30 年，随行采访的深圳特区报原总编辑陈锡添依然记得，当邓小平离开旋转餐厅来到国贸大厦楼下时，前来一睹他风采的群众站满了大厅，掌声响彻国贸大厦。陈锡添深受感染，在长篇通讯《东方风来满眼春——邓小平同志在深圳纪实》中写道："小平同志来到深圳，使深圳进一步涌起改革开放的春潮。小平同志在这里发表的许多重要谈话，对深圳的改革开放和建设，对整个社会主义现代化建设事业，都有重大而深远的意义。"

"改革开放精神到今天仍是一脉相承的，让我觉得深圳发展的后劲很足，前途无限。"陆建新说。光明日报深圳记者站原站长易运文同样感受到了南方谈话后深圳日新月异的变化，他说："大家对特区的未来、中国的未来更加充满信心，改革开放带来的发展活力在深圳充分迸发出来。"

思想更解放一点，步子更快一点

1992 年 2 月 7 日，邓小平来到南方谈话的最后一站——上海，走上主塔横梁上镶嵌着他亲笔题名的南浦大桥。这座蜿蜒如巨龙般的桥梁跨过黄浦江，连接浦西与浦东，不仅实现了上海人“一桥飞架浦江”的梦想，更推开了浦东开发开放的大门。桥下奔流不息的江水，见证过 1920 年邓小平在此乘船踏上救国之路，也见证了数十年后掀开上海浦东开发开放大幕的历史瞬间。

1991 年 2 月，在上海听取浦东开发规划汇报时，邓小平就曾表示，要克服一个怕字，要有勇气。什么事情总要有人试第一个，才能开拓新路。试第一个就要准备失败，失败也不要紧。希望上海人民思想更解放一点，胆子更大一点，步子更快一点。在一年后的南方谈话中，邓小平再次强调：“上海要树立‘后来居上’的指导思想，可以充分利用后发优势，发展起点更高一点，搞得更好一点，更现代化一点。”

为了进一步打破姓“资”姓“社”的思想束缚，1992 年 2 月，邓小平在视察上海贝岭微电子制造有限公司时，指着一台正在工作的机器意味深长地说：“这台设备原来姓‘资’，因为是资本主义国家生产的，现在它姓‘社’，因为在为社会主义服务。”邓小平指出，判断姓“资”还是姓“社”的标准，应该主要看是否有利于发展社会主义的生产力，是否有利于增强社会主义国家的综合国力，是否有利于提高人民的生活水平。

深圳大学经济学院钟坚教授认为，南方谈话对党的十一届三中全会以来改革开放的历史经验进行了深刻总结，同时也对长期束缚和困扰人们思想的重大认识问题进行了回答，对“什么是社会主义，怎样建设社会主义”的问题进行了全面的阐述，提出了如何更好地捍卫社会主义的生存权、发展权和改革开放权，为社会主义市场经济改革指明了方向。南方谈话是继邓小平 1978 年倡导和支持的关于“实践是检验真理的唯一标准”大讨论以来，又一次重大的思想解放。

解放思想永无止境，改革开放永无止境

深圳莲花山公园，草木繁茂。2012 年 12 月，党的十八大后习近平总书记首次离京考察便来到这里，向伫立在莲花山顶的邓小平铜像敬献花篮。在前海，习近平发出了改革开放再出发的号召。他强调："我国改革已经进入攻坚期和深水区，我们必须以更大的政治勇气和智慧，不失时机深化重要领域改革。实践发展永无止境，解放思想永无止境，改革开放也永无止境，停顿和倒退没有出路。"

8 年后，昔日前海的滩涂之上已是高楼林立，一片生机勃勃景象。2020 年 10 月 14 日，深圳前海国际会议中心灯光璀璨，深圳经济特区建立 40 周年庆祝大会在这里隆重举行。已是中建科工集团有限公司华南大区总工程师的陆建新作为深圳代表发言。北京银泰中心、上海环球金融中心、广州珠江新城西塔、深圳平安金融中心……在无数个城市地标建设中留下过足印的他感慨地说："现在回过头来看，不承想自己竟然参与了一份伟大的事业、见证了一个时代的奇迹。"

实践证明中国不仅赶上了时代，并且创造了时代的奇迹。1992 年邓小平提出"广东要上几个台阶，力争用 20 年的时间赶上亚洲'四小龙'"的期许已经实现。2020 年，广东克服新冠肺炎疫情带来的不利影响，全年经济持续稳定恢复，地区生产总值达 11 万亿元，总量连续 32 年位居全国第一。同时，深圳推出《深圳市 2020 年优化营商环境改革重点任务清单》，涉及 14 个重点领域，提出 210 项具体改革举措，持续为粤港澳大湾区和中国特色社会主义先行示范区建设增添动力。

如今，从外滩东望浦东，曾经的"烂泥渡"已成为举世瞩目的金融中心。上海始终牢记邓小平同志"抓紧浦东开发，不要动摇，一直到建成"的嘱托，不断解放思想、深化改革，面向世界、扩大开放。在浦东这片土地上，诞生了第一个金融贸易区、第一个保税区、第一个自由贸易试验区及临港

新片区、第一家外商独资贸易公司等一系列“全国第一”。同时，浦东坚持以制度创新为核心，对标最高标准最好水平，大胆试、大胆闯、自主改，上海自贸试验区建设以来，累计有 328 项制度创新成果在全国复制推广。

习近平总书记指出，改革开放 40 多年积累的宝贵经验是党和人民弥足珍贵的精神财富，对新时代坚持和发展中国特色社会主义有着极为重要的指导意义，必须倍加珍惜、长期坚持，在实践中不断丰富和发展。

珠三角、长三角一体化不断推进，京津冀协同发展“新增长极”加快形成，长江经济带持续发力；上海自贸区、海南自贸区、粤港澳大湾区和深圳建设中国特色社会主义先行示范区全面铺开；从“一带一路”成为广受欢迎的全球公共产品，到成功举办中国国际进口博览会……不断创新和深化的改革开放实践，已经成为当代中国最显著的特征、最壮丽的气象。

黄浦江边，波涛奔流；前海石前，春潮涌动。船到中流浪更急，站在新的历史起点上，唯有不忘初心、牢记使命，才能确保改革开放的航船沿着正确航向破浪前行；人到半山路更陡，唯有将改革进行到底，才能一步步登上实现中华民族伟大复兴中国梦的光辉之巅。

（2021 年 4 月 1 日）

建立社会主义市场经济体制：
一子落而满盘活

陈晨　刘坤

时代风云激荡，总有些关键节点在历史的坐标上留下千钧重量。

1992年年初，邓小平同志一路南下，发表又一次思想解放的宣言；初夏，江泽民同志在中央党校发表关于社会主义市场经济的重要讲话。历史的车轮继续向前，终于来到那个金秋——1992年10月12日至18日，中国共产党第十四次全国代表大会在北京隆重举行。这次会议确立了社会主义市场经济体制改革目标，“摸着石头过河”的中国经济改革终于冲破计划经济的藩篱。

毫无疑问，这是前无古人的伟大创举：市场经济第一次写在社会主义旗帜上，这是中国共产党人对马克思主义的重大发展，为实现改革开放新的历史性突破开辟了现实道路。

如你所见，这是改变命运的关键抉择：经过近30年的发展，我国经济总量突破100万亿元，人均国内生产总值连续2年超过1万美元，全面建成小康社会取得伟大历史性成就。

“在90年代，我们要初步建立起新的经济体制，实现达到小康水平的第二步发展目标。再经过20年的努力，到建党100周年的时候，我们将在各方面形成一整套更加成熟更加定型的制度。”今天，当时代的巨轮行至建党100周年的非凡节点，回看这段写入党的十四大报告的话，凝视中国共产党人在接力跑中绘就的壮阔画卷，更觉东方风来春色新。

落子，冲破藩篱

1992 年年初，改革开放走过近 14 载峥嵘岁月，市场对经济活动调节的作用大大增强。但蓬勃之势难掩质疑杂音——一些人对改革开放提出姓“社”还是姓“资”的疑问；蓬勃之势也难掩发展之困——原有的经济体制已不能适应社会生产力发展的要求，计划经济框架下的修修补补远不能解决问题。

改革开放和现代化建设的基本路径怎么走、向何方，成为中国共产党必须解决的重大课题。1992 年，邓小平同志的南方谈话，为回答这些问题指明了方向。

是年 6 月 9 日，江泽民同志在中央党校省部级干部进修班上讲话时，针对关于建立新经济体制讨论中提出的“建立计划与市场相结合的社会主义商品经济体制”“建立社会主义有计划的市场经济体制”和“社会主义市场经济体制”等意见，明确表示：“我个人的看法，比较倾向于使用‘社会主义市场经济体制’这个提法。”12 日，邓小平同志表示赞成使用这一提法。

1992 年 10 月 12 日，党的十四大开幕式上，十易其稿的报告本摆在2000多位代表面前。报告指出，我国经济体制改革确定什么样的目标模式，是关系整个社会主义现代化建设全局的一个重大问题。这个问题的核心，是正确认识和处理计划与市场的关系。我国经济体制改革的目标是建立社会主义市场经济体制，以利于进一步解放和发展生产力。

这一振聋发聩的论断，为市场和计划之争画上句号，解开了事关社会主义现代化建设全局的问号。党的十四大报告明确，我们要建立的社会主义市场经济体制，就是要使市场在社会主义国家宏观调控下对资源配置起基础性作用。“党的十四大开启了社会主义和市场经济相结合的新征程，对当时解放思想、进一步推进改革起到了非常重要的作用，具有里程碑意义。”中央党校（国家行政学院）马克思主义学院院长张占斌表示。

改革，除旧布新

目标的确立，仅仅是第一步。观念的交锋、思维的转换过后，还要有实质的举措。

围绕建立社会主义市场经济体制的改革目标，党的十四大提出要认真抓好几个重要环节——转换国有企业特别是大中型企业的经营机制，把企业推向市场；继续大力发展商品市场特别是生产资料市场，加快价格改革步伐；深化分配制度和社会保障制度的改革；加快政府职能转变，下放给企业的权利，中央政府部门和地方政府都不得截留。

每一点，都直指问题、切中要害——国企改革是建立社会主义市场经济体制的中心环节；价格改革是市场发育和经济体制改革的关键；政府职能转变是上层建筑适应经济基础和促进经济发展的大问题。

一子落而满盘活。由此，当代中国掀开了经济转轨、社会转型、发展方式转变的大幕。

1993 年 11 月，党的十四届三中全会审议通过《中共中央关于建立社会主义市场经济体制若干问题的决定》，将十四大提出的经济体制改革的目标和原则具体化。

经济体制改革，开始向纵深拓展。财税、金融、外汇、价格、国企等领域改革取得突破性进展：粮食购销价格和经营全面放开，实行 40 年的粮票统购统销制度 1993 年宣告终结；1994 年，分税制改革搭建了市场经济条件下中央与地方财政分配关系的基本制度框架；2700 多家国企开展建立现代企业制度试点，进行公司制、股份制改革；实施单一管理浮动汇率制……

“社会主义市场经济的到来，调动了人民的积极性，推动改革开放继续向前，国企改革不断成长，民营经济慢慢壮大，我国进入新的发展状态。”张占斌说。

顺着社会主义市场经济的轨迹，中国共产党对政府和市场关系的认识不断深化，不断创造发展的新局面。

1997 年，党的十五大将“公有制为主体、多种所有制经济共同发展”明确为社会主义初级阶段的基本经济制度，实现所有制理论的重大创新；

2002 年，党的十六大提出，在更大程度上发挥市场在资源配置中的基础性作用；

2003 年，十六届三中全会作出《中共中央关于完善社会主义市场经济体制若干问题的决定》，标志着中国进入以完善市场经济体制为核心内容的制度创新时期；

2007 年，党的十七大提出，从制度上更好发挥市场在资源配置中的基础性作用；

2012 年，党的十八大提出，更大程度更广范围发挥市场在资源配置中的基础性作用；

…………

回望来路，不难发现，建立社会主义市场经济体制不仅奠定了改革开放的基本路径和走向，更造就了中国大地上波澜壮阔的时代巨变。

深化，永无止境

一个时代有一个时代的主题，一代人有一代人的使命。

党的十八大以来，对经济发展阶段性特征的认识不断深化。2013 年，党中央作出判断，我国经济发展正处于增长速度换挡期、结构调整阵痛期和前期刺激政策消化期“三期叠加”阶段。

同样，对政府和市场的关系也一直在寻找新的科学定位。2013 年 11 月，党的十八届三中全会审议通过《中共中央关于全面深化改革若干重大问题的决定》（以下简称《决定》），明确提出“使市场在资源配置中起决定性作用和更好发挥政府作用”。

从 1992 年到 2013 年，历史的车轮走过 21 年；从“基础性”到“决定性”，两字之变，意味着对市场的作用和定位不再只进行“量”的调整，而是有了“质”的提升。这是发展的客观要求和改革的必然趋势，体现了以习近平同志为核心的党中央全面深化改革的坚定决心。

完善产权保护制度，进一步深化国有企业改革，废除对非公有制经济各种形式的不合理规定，实行统一的市场准入制度，改革市场监管体系，凡是能由市场形成价格的都交给市场，扩大金融业对内对外改革，完善税收制度……这些路线图和方法论在《决定》中得到明确。

实践发展永无止境，此后，经济进入新常态、新发展理念、经济转向高质量发展阶段等理念提出。改革开放永无止境，党的十九届四中全会、《中共中央 国务院关于新时代加快完善社会主义市场经济体制的意见》等为深化改革指明方向。

于是，我们得以看到，社会主义市场经济体制的健全完善驶入“快车道”：国企优化重组步伐加快；首次以中央文件形式对依法保护产权作出部署；要素市场化配置改革全面推进；“放管服”改革深化，营商环境不断优化；农村土地制度改革释放中国农村巨大活力；营业税告别历史舞台，规模空前的减税降费政策实施……

于是，我们得以看到，2020 年，中国成为全球唯一实现经济正增长的主要经济体，全面建成小康社会取得伟大历史性成就。

今天，更大的棋局已经铺开。“十四五”规划纲要明确，以推动高质量发展为主题，以深化供给侧结构性改革为主线，以改革创新为根本动力，实现经济行稳致远。

张占斌表示，要以完善产权制度和要素市场化配置为重点，进一步巩固“两个毫不动摇”，加快完善社会主义市场经济体制，建设高标准市场体系，进一步解放和发展生产力。

历史是未来的钥匙。在中国共产党人的接力跑中，一心一意、一笔一画勾勒出的改革蓝图，已化作千帆竞发、百舸争流的壮美画卷。未来，中国经济巨轮将继续乘风破浪，创造新的辉煌！

（2021 年 4 月 1 日）

从“211 工程”“985 工程”到“双一流”建设：

向高等教育强国迈进

周世祥　靳晓燕　唐芊尔

追梦　使一批高校水平快速提升

3 月的北京，中关村路口车水马龙。向西北边望去，燕园古朴的博雅塔与现代化的教学楼交相辉映，共同守望百年芳华。

来往的人群或许并不知道：1997 年，北京大学南校门外曾经竖起过 4 块宣传牌，上书 20 个大字：“逢世纪之交，迎百年校庆；乘百年东风，创世界一流。”

从重点建设一批高校、学科，到建设世界一流大学、一流学科，这是时代的召唤，也承载了一个民族复兴的梦想。

20 世纪 90 年代初，“211 工程”逐渐被人熟知：面向 21 世纪、重点建设 100 所左右高等学校和一批重点学科。这一工程于 1995 年 11 月经国务院批准后正式启动，成为中国实施科教兴国战略的重大举措，也是新中国成立以来由国家立项、在高等教育领域进行的规模最大、层次最高的重点建设工程。经过一段时间建设，先后有 112 所高校跻身“211 工程”，教学科研成效显著。

1998 年 5 月，北京大学百年校庆之际，一个更高的目标被提出：“为了实现现代化，我国要有若干所具有世界先进水平的一流大学。”1999 年，国务院批转教育部《面向 21 世纪教育振兴行动计划》，“985 工程”正式启动建设。时光流转，放眼全国，“985 工程”学校数从北大与清华之

“2”，到“2+7”，再到 34 所，最终定格在 39 所。

2015 年 8 月，中央全面深化改革领导小组第十五次会议审议通过《统筹推进世界一流大学和一流学科建设总体方案》，将“211 工程”“985 工程”等重点建设项目统一纳入世界一流大学和一流学科建设。

“双一流”建设是“211 工程”“985 工程”之后，又一次体现国家意志的高等教育发展计划。

“我们对高等教育的需要比以往任何时候都更加迫切，对科学知识和卓越人才的渴求比以往任何时候都更加强烈。党中央作出加快建设世界一流大学和一流学科的战略决策，就是要提高我国高等教育发展水平，增强国家核心竞争力。”习近平总书记在全国高校思想政治工作会议上指出。

“抓住重点带动面上工作，是唯物辩证法的基本要求，也是我们党在革命、建设、改革进程中一贯倡导和坚持的重要方法论。”国家教育咨询委员会委员、中国高等教育学会原会长瞿振元表示，通过重点建设，可以使一批高校的水平快速提升，在世界高教版图上占有一席之地，进而带动中国高等教育的整体发展。

据统计，2020 年我国高等教育毛入学率 54.4%，在学总规模 4183 万人，已建成世界规模最大的高等教育体系。我国高校在全球的位次整体大幅前移，进入世界排名前列数量显著增加，近 100 个学科进入世界排名前 1‰。

中国高等教育在传承中变革、在创新中成长。

变革　追求高质量内涵式发展

什么样的高等教育才是世界一流？

20 世纪 80 年代，当时任北京大学教务长的王义遒和时任校长丁石孙讨论“世界一流大学”时，还没有明晰的想法，“只是觉得中国要赶上新一轮科技革命的步伐，建设自己的一流大学时不我待”。

缺资金、科研条件落后、教师队伍断层，这是改革开放之初中国大学的现实。“‘现代文学’专业是全国顶尖的重点学科，可全教研室20来人只有1间原燕京大学女生宿舍改造的办公室；生物系的基础实验室，学生要一手扶着显微镜镜筒，一手描图。”王义遒回忆。

随着“211工程”“985工程”“双一流”建设的实施，中国大学的办学水平、学术竞争力、科研实力、国际影响力等快速提升。人们对世界一流的理解越来越清晰：以立德树人根本任务为牵引，进行内涵式建设，在具有可比性的领域进入世界一流行列或前列，不唯排名、不唯数量指标。

“办好中国的世界一流大学，必须有中国特色。没有特色，跟在他人后面亦步亦趋，依样画葫芦，是不可能办成功的。”习近平总书记指出。

2017年9月，“双一流”建设名单公布。首轮进入“双一流”建设的高校共计137所，其中世界一流大学建设高校42所，分列A、B两类；世界一流学科建设高校95所。

在日前印发的《“双一流”建设成效评价办法（试行）》中，人们看到：建立成效评价结果多维多样化呈现机制，按不同评价方面、不同学校和学科类型，以区间和梯度分布等形式，呈现建设高校和建设学科的综合评价结果，不计算总分、不发布排名。

“高校必须淡化论文收录数、引用率等指标，强调主动服务国家重大战略和行业发展以及区域发展需求，培养与之匹配的、具有专业能力和实践应用能力的创新型人才。”复旦大学校长许宁生表示。

改革永远在路上：实施人才培养制度改革、科研体制机制改革、人事制度改革等关键环节改革，推进学科专业体系建设，学科布局更加优化；实施“六卓越一拔尖”2.0计划，在17个基础学科实施拔尖学生培养计划，首批布局104个基地；新工科、新医科、新农科、新文科“四新”建设交织融合、引领发展，高等教育人才培养体系全面创新……随着新机制逐步建立，高校的人才培养能力和学术生产能力进一步释放。

创新　筑牢民族复兴的基石

党的十九大报告指出，建设教育强国是中华民族伟大复兴的基础工程。

到2020年，若干所大学和一批学科进入世界一流行列，若干学科进入世界一流学科前列；到2030年，更多的大学和学科进入世界一流行列，若干所大学进入世界一流大学前列，一批学科进入世界一流学科前列，高等教育整体实力显著提升；到21世纪中叶，一流大学和一流学科的数量和实力进入世界前列，基本建成高等教育强国……从“双一流”建设的重要节点可见，高水平大学和学科的发展与国家发展同向同行。

今天，人们更自觉地意识到：高校是国家创新体系的重要组成部分。在原始创新、基础研究、技术变革等方面，高校发挥的作用愈加显著：承担了全国60%以上的基础研究和重大科研任务，获得了60%以上的国家科技三大奖励；高校哲学社会科学队伍和研究成果均占全国总数80%以上，在载人航天、量子通信、超级计算机等领域产出一批具有国际影响力的标志性成果，有力推动了创新型国家建设。

“一流是引领。分类办学，错位发展，各高校应当做大做强优势领域，找准办学定位，与其他高校错位竞争，构建动态平衡、良性竞争的高教生态系统。”华中师范大学国家教育治理研究院院长兼长江教育研究院院长周洪宇表示。

上海交通大学创建了海上大型绞吸疏浚装备的完整技术体系，技术水平跃居世界前列；华南理工大学实现高性能芳纶纸基复合材料产业化，已成功应用于国产大型运输机首飞；北京航空航天大学牵头组建国家航空发动机及燃气轮机基础科学中心，协同创新加速航空发动机研制和关键技术突破……中国高等教育在不断行进中更加成熟、自信，正昂首向前，积极寻求从高等教育大国到高等教育强国的历史性跨越。

（2021年4月2日）

为大国复兴插上科教“双翼”

杨飒　袁于飞

26年前，一个改变亿万国人命运、推动中华民族伟大复兴的战略提出并实施：1995年5月6日，中共中央、国务院印发《关于加速科学技术进步的决定》，指出要“坚定不移地实施科教兴国的战略”。随即，科教兴国热潮在全国迅速掀起。

今天，中国已建成世界规模最大的高等教育体系，成为科技创新大国：高等教育在学总规模超过4000万人，专利申请量和授权量世界第一，研发支出居世界第二，国际科技论文发表总量和被引用量、有效发明专利保有量等重要指标均位居世界前三。

“十四五”规划和2035年远景目标纲要提出，要“深入实施科教兴国战略、人才强国战略、创新驱动发展战略，完善国家创新体系，加快建设科技强国”。

在新时代，科教兴国战略将继续发挥加速国家发展、改变民族命运、书写民族历史的重要作用。

“科技是国之利器，国家赖之以强，企业赖之以赢，人民生活赖之以好。”

“中国将坚定实施科教兴国战略，始终把教育摆在优先发展的战略位置……”

习近平总书记的话语字字千钧、句句有力。回顾来路，科教兴国促发展；放眼未来，科教强国正当时。

富国强民，向科技创新要答案

“自科教兴国战略提出以来，科技创新被摆上突出位置。1996 年 3 月，国家科技领导小组成立并召开第一次会议，加强对全国科技工作的宏观指导，做好协调、研究和决策工作。”时任国家科委体制改革司司长的段瑞春告诉记者，2 年左右时间里，国家科技领导小组先后举行了 4 次会议，此后，全国大部分省（区、市）都成立了科技领导小组。

“1996 年 3 月，八届全国人大四次会议正式批准的《国民经济和社会发展‘九五’计划和 2010 年远景目标纲要》，将科教兴国作为一条重要的指导方针和发展战略上升为国家意志。”段瑞春回忆，“1997 年，党的十五大进一步明确将科教兴国战略作为我国经济发展的战略之一。”

20 多年坚定推进，一代代科技、教育工作者矢志不移，我国科技和教育事业“旧貌换新颜”。如今，从神舟飞天、嫦娥奔月，到北斗卫星全球组网、“蛟龙号”入海、500 米口径球面射电望远镜（FAST）遥望宇宙，中国人实现了“敢上九天揽月，敢下五洋捉鳖”的梦想，屹立于世界科技大国之列；高铁、手机支付、健康码等身边的科技创新，点亮了普通人的美好生活。

在中新天津生态城智慧小区，居民徐强不仅能通过家里的智能音箱实现煤水电气一键报修、联系社区医生、自动化家居服务等功能，还能在小区智慧跑道上运动时，实时看到自己的热量消耗、运动速度等数据分析。

“科技造福生活，这些智慧应用给我带来了实实在在的方便。”徐强说。

“当今世界正经历百年未有之大变局，科技创新是其中一个关键变量。我们要于危机中育先机、于变局中开新局，必须向科技创新要答案。”习近平总书记如是说。

从“科学技术是第一生产力”的观念深入人心，到科教兴国、创新驱动，中国科技从跟跑到并跑，正在向领跑的目标加速迈进。

优先发展，办好人民满意的教育

“改革开放初期到1995年，全国部分地区已陆续提出‘科教兴省（市、区）’等举措，社会上也有‘科技兴国’‘教育兴国’的呼声。”时任国家教委教育发展研究中心副主任张力，当年参与了贯彻科教兴国战略相关政策调研。他回忆：“当年全国小学和初中毛入学率分别为106.6%和78.4%，义务教育尚未普及，学前、高中段和高等教育毛入学（园）率分别为38%、33.6%和7.2%，急需提高教育普及水平。”

北京师范大学资深教授顾明远对那一时期的情形记忆犹新：“1985年中共中央发布了《关于教育体制改革的决定》，普及九年义务教育提上日程。无论基础教育还是高等教育都有了很大发展。但教育发展还是比较艰难，主要是投入不足。我们都呼吁要增加教育投入，提高劳动者受教育的年限，提高劳动生产力。”

1999年，我国首次扩大高校招生规模，普通本专科招生159.68万人，比上年增长47.4%。2002年，高等教育毛入学率已达15%。2019年，我国普通高等教育本专科招生914.9万人，高等教育毛入学率51.6%，正式进入普及化阶段。

2020年，我国各种形式的高等教育在学总规模4183万人，已建立起全球最大规模的教育体系。

教育提质增效，让教育公平的成果惠及更多人。包一得勒原本住在甘肃临夏东乡族自治县包家村秦家湾社，如今易地搬迁到锁南镇城南社区，鹭岛幼儿园和东乡县实验小学就在小区旁边。“以前上学远，娃要走两三公里路，现在5分钟就到学校了！”包一得勒深感便捷。

“很多人从大山里搬出来，要把他们的心留下，就得搞教育。”东乡县实验小学校长唐致礼说，“刚开学时课堂上乱糟糟的，现在大不一样，孩子们上课都乖了、懂秩序了。这就是教育的力量！”

2020 年 7 月，1071 万名高考生走进考场；12 月，377 万名考研人在考场上奋笔疾书。从小学、中学到高考、考研，教育承载着无数人的希冀和梦想。

“‘十四五’时期，我们要从党和国家事业发展全局的高度，全面贯彻党的教育方针，坚持优先发展教育事业，坚守为党育人、为国育才，努力办好人民满意的教育，在加快推进教育现代化的新征程中培养担当民族复兴大任的时代新人。”习近平总书记深刻指出。

当前，中国教育已经迈上全新台阶，向着《中国教育现代化 2035》制定的中长期目标阔步前进。

培养人才，让强国之路动力澎湃

从事科教事业多年，南方科技大学校长薛其坤欣喜于我国人才培养的突出成绩。“只要继续加大对高等教育的投入，有更多优秀教师，有更多科研高精尖平台，我国高水平技术人才的数量一定会越来越多，质量也会越来越高。”

张力认为，科教兴国战略坚持教育为本，把科技和教育摆在经济社会发展的重要位置，从而统一了依靠发展科技和教育振兴中华的认识，凝聚了科技、教育、产业和社会各界共同开发人力资源的合力，也促进了产学研用合作进程，影响极其深远。

培养更多科技创新人才，大学何为？在中国科学院院士、复旦大学校长许宁生看来，科教融合、创新发展，是新时代新型研究型大学建设的重要特征。

“近年来，随着科研水平不断提升，高校的科研能级和科技创新能力有了长足发展。大学要在开放办学中孕育创新成果、培养一流人才；要着力变革教育理念和培养方式，培养具有创新精神、富于科学实践、符合社会发展需求的高精尖缺人才。”许宁生说。

“正如习近平总书记所言，今天，我们‘必须坚定不移贯彻科教兴国战略和创新驱动发展战略，坚定不移走科技强国之路’。”北京市习近平新时代中国特色社会主义思想研究中心研究员、北京市科学技术研究院党组书记方力认为，“科技和教育是推动中国飞速前进的‘双翼’，科教兴国战略将为实现中华民族伟大复兴提供更强有力的支撑。”

（2021 年 4 月 2 日）

香港、澳门回归：“一国两制”实践行稳致远

安胜蓝

1997 年 7 月 1 日，香港在世界各国的注视下，接受了一项开创历史先河的殊荣。中国政府对香港恢复行使主权，“一个国家，两种制度”这一充满政治智慧的构想，在香港落地生根。1999 年 12 月 20 日，澳门回归，“一国两制”再开新篇。

香江奔流、濠江潮涌，滔滔江水日夜不息，见证了回归 20 多年来香港、澳门的发展历程——港澳原有资本主义制度和生活方式保持不变，法律基本不变；港澳居民享有了比历史上任何时候都更广泛的民主权利和自由；香港“三大中心”地位稳固，澳门经济实现跨越发展。

在中央政府支持下，香港、澳门特区政府带领港澳同胞同心奋发作为，为“一国两制”的成功实践增添了有力注脚。

回归：千秋功业　彪炳史册

香港、澳门的近代百年史，是中华民族的血泪史。自 1840 年鸦片战争起，帝国主义加紧侵略中国，清政府被迫签订了一系列不平等条约，香港、澳门陷于殖民统治之中。

1949 年 10 月 1 日，中华人民共和国成立，彻底改变了近代以来 100 多年中国积贫积弱、受人欺凌的悲惨命运。对香港、澳门问题，中国共产

党态度非常明确：香港、澳门是中国领土，不承认帝国主义强加的不平等条约，主张在适当时机通过谈判解决问题。

党的十一届三中全会带来了改革开放的春风，也带来了解决香港问题的良机。邓小平同志以非凡的政治智慧和胆略，提出按照“一个国家，两种制度”解决香港问题的伟大构想。

1982 年 9 月 24 日，邓小平会见英国首相撒切尔夫人，正式通知英方，中国政府决定在 1997 年收回整个香港地区。看到中方收回香港态度坚决，英方又提出“主权换治权”。

面对英方无理要求，邓小平果断回击：“关于主权问题，中国在这个问题上没有回旋余地。”

从 1982 年 9 月到 1983 年 6 月，1983 年 7 月到 1984 年 9 月，中英两国进行了旷日持久、前后 22 轮的谈判，大到管治权、驻军权，小到回归仪式上中国国旗升起的时间，每一点都考验着中国共产党人的智慧与决心。1984 年 12 月 19 日，中英联合声明签署，确认中华人民共和国政府于 1997 年 7 月 1 日对香港恢复行使主权。

1997 年 6 月 30 日 23 时 59 分 48 秒，在香港会展中心举行的香港政权交接仪式上，英国国旗缓缓降下。7 月 1 日 0 时 0 分 0 秒，中华人民共和国国歌庄严奏响，五星红旗和香港特别行政区区旗冉冉升起。香港从此重归祖国怀抱，开启“一国两制”的新纪元。

香港问题的成功解决，为解决澳门问题提供了宝贵经验。1987 年 4 月 13 日，中葡两国政府正式签署关于澳门问题的联合声明，宣布中国政府将于 1999 年 12 月 20 日对澳门恢复行使主权。1999 年 12 月 20 日 0 时，澳门回归祖国。

香港、澳门的回归，完成了实现祖国完全统一的重要一步。“一国两制”伟大构想化为现实，千秋功业，彪炳史册。

实践："一国两制"行得通、办得到、得人心

回忆起1997年香港回归，香港特别行政区首任行政长官董建华把国旗升起的一刻，称为"人生最难忘的时刻"。担起光荣使命的他勉励自己："落实'一国两制'，是历史性的，只可以成功，不可以失败。"

在庆祝香港回归祖国20周年大会暨香港特别行政区第五届政府就职典礼上，习近平主席高度评价"一国两制"的成功实践："实践充分证明，'一国两制'是历史遗留的香港问题的最佳解决方案，也是香港回归后保持长期繁荣稳定的最佳制度安排，是行得通、办得到、得人心的。"

"一国两制"，"一国"是根，根深才能叶茂；"一国"是本，本固才能枝荣。港澳的繁荣发展从来都与祖国密切相关。

2020年以来，新冠肺炎疫情席卷全球，中央政府对港澳疫情十分关切，全力支持其抗击疫情。在内地抗疫物资紧缺的情况下，中央政府第一时间协调大批口罩等防疫物资到港澳，派出内地核酸检测支援队，并支持香港建成北大屿山医院香港感染控制中心和方舱医院。国产新冠疫苗研发后，中央政府积极协调疫苗供港，截至2021年3月31日，已有30余万香港居民接种了国产科兴疫苗。

中央始终如一的关切和支持，是港澳战胜困难的最大底气。一位香港90后青年这样表达对祖国的热爱："我就想说句谢谢，无条件支持我们，这就是妈妈对孩子的爱，这就是为什么叫祖国。"

作为一项开创性事业，"一国两制"伟大实践仍在探索中前进，必须不断应对和化解新情况、新问题、新挑战。

2019年6月，香港爆发"修例风波"，在外部势力干预下，法治被严重冲击，社会稳定遭遇破坏，经济民生受到重创，"一国两制"底线面临挑战。中央果断出手，拨乱反正。

2020年6月30日，全国人大常委会会议全票通过《中华人民共和国香港特别行政区维护国家安全法》，即日公布实施。国安立法，香江安

澜，香港国安法实施一年多以来，街头黑暴遁形，外部势力被有效震慑，香港社会恢复安宁与繁荣。

2021 年 3 月 11 日，十三届全国人大四次会议高票通过《全国人民代表大会关于完善香港特别行政区选举制度的决定》；3 月 30 日，全国人大常委会审议通过香港基本法附件一和附件二修订案，对香港特别行政区行政长官和立法会的产生办法作出系统修改和完善。中央一系列重大举措，堵塞了香港现行选举制度漏洞，为确保香港长期繁荣稳定和“一国两制”实践行稳致远提供了坚实有力的宪制保障。

习近平主席强调，香港由乱及治的重大转折，再次昭示了一个深刻道理，那就是要确保“一国两制”实践行稳致远，必须始终坚持“爱国者治港”。这一重要论述深刻阐释了“一国两制”的核心要义，为维护香港长治久安指明了方向。

经历了由乱及治的一年，香港正在发生深刻变化，爱国爱港的力量越发强大。近日，在爱国爱港团体发起的“撑全国人大决定完善选举制度落实爱国者治港”签名活动中，已有逾 238 万香港市民署名。落实“爱国者治港”原则，确保“一国两制”行稳致远是民心所向，已成为香港社会各界共识，香港正沿着“一国两制”的正确路线重新出发。

逐梦：融入国家大局　描画美好未来

回归，对香港和澳门来说，不仅是崭新的一页，更是机遇所在。坚守“一国”之本，善用“两制”之利，香港和澳门背靠祖国，发挥优势，与祖国彼此成就。

改革开放 40 多年里，港澳作为国际联通内地的门户和内地与全球接轨的桥梁，把握历史机遇，持续发挥优势，主动融入国家发展大局。

2019 年 2 月 18 日，中共中央、国务院印发《粤港澳大湾区发展规划纲要》。按照规划纲要，粤港澳大湾区不仅要建成充满活力的世界级城市群、国际科技创新中心、“一带一路”建设的重要支撑、内地与港澳深度合作示范区，还要打造成宜居宜业宜游的优质生活圈，成为高质量发展的典范。

《粤港澳大湾区发展规划纲要》出台两年间，亮点纷呈：从沪港通、深港通开通扩容，到“一桥（港珠澳大桥）一铁（广深港高铁香港段）”建成；从港深合作共建“港深创新及科技园”到粤澳深度合作区建设；从港澳律师大湾区执业到港澳多所大学在大湾区内地城市办学……一个世界级活力湾区雏形显现。

粤港澳大湾区建设为港澳社会各界，特别是年轻人，提供了实现梦想的舞台。

“只用了1个晚上，我就下定决心回国创业。”35岁的暨南大学基础医学与公共卫生学院副教授、港籍青年明伟杰说。

2018年，明伟杰结束国外的博士后工作，选择回国到暨南大学任教并创办企业。创业3年，他看到了大湾区的无限潜力。“我有信心，未来粤港澳大湾区可以取得巨大的成就。对三地青年而言，我们要增强自身的能力，为粤港澳大湾区和国家发展作贡献，不负青春、不负时代。”

2021年是国家“十四五”规划的开局之年，“十四五”规划和2035年远景目标纲要为我国未来5年乃至15年发展擘画了宏伟蓝图，香港、澳门的长期繁荣稳定，是这张蓝图重要的一部分。完善港澳融入国家发展大局，支持港澳参与、助力国家全面开放和现代化经济体系建设，深化内地与港澳经贸、科创合作关系，高质量建设粤港澳大湾区……“十四五”规划为港澳巩固提升竞争优势、深度融入国家发展大局育机赋能。

潮平两岸阔，风正一帆悬。站在“两个一百年”的历史交汇点，迈进发展新阶段，局面已然打开，迎来万象更新。全面准确贯彻“一国两制”方针，筑牢“一国”底线、发挥“两制”活力，香港、澳门融入国家发展的空间更大，参与国际竞争的优势更强，“一国两制”必将行稳致远，香港、澳门的未来必将灿烂辉煌。

（2021年4月5日）

从实际出发建设中国特色社会主义

肖人夫　刘瑞一

伟大的时代，呼唤伟大的思想；伟大的思想，推动伟大的实践。

在中国人的记忆深处——

1997年是刻骨铭心的，邓小平同志逝世的噩耗传来，全国各族人民沉浸在巨大的悲痛之中；

1997年是大气磅礴的，我国顺利地对香港恢复行使主权，成功实践了邓小平同志“一国两制”伟大构想；

1997年是波澜壮阔的，党的十五大在北京胜利召开，首次使用“邓小平理论”这个科学称谓，并将之确立为党的指导思想和行动指南。

在世纪之交的关键时刻，党的十五大明确回答了改革开放和社会主义现代化建设的一系列重大理论和实践问题，从思想上、政治上、组织上为我国实现跨世纪发展提供了重要保证，在百年党史中筑起一座永恒的丰碑。

领航：将邓小平理论写入党章

将历史的目光定格到党的十五大前夕。“一方面，国内改革发展处于关键时期。这要求全党必须搞清楚什么是初级阶段的社会主义、在初级阶段怎样建设社会主义。另一方面，世界格局走向多极化的方向不可逆转，能否牢牢抓住世纪之交的历史机遇，是关系中国特色社会主义事业兴衰成败的大问题。”北京市习近平新时代中国特色社会主义思想研究中心特约研究员何虎生说。

站在历史抉择的关键时刻，中国共产党人以高超的政治智慧为中国这艘巨轮把稳航向。党的十五大将邓小平理论写在党的旗帜上，用邓小平理论指导整个事业和各项工作。

时代发展中，始终不变的是改革者的步伐。

2012 年 12 月，深圳莲花山公园，游客络绎不绝。正在广东考察的习近平总书记来到这里，向矗立在山顶的邓小平同志铜像敬献花篮，并在不远处亲手种下一株高山榕。“我们来瞻仰邓小平铜像，就是要表明我们将坚定不移推进改革开放，奋力推进改革开放和现代化建设取得新进展、实现新突破、迈上新台阶。”习近平总书记坚定地说。

历史是最客观的见证者，也是最伟大的书写者。以邓小平同志为主要创立者的邓小平理论早已被证明是留给全党全国人民的宝贵财富。

“邓小平理论重新确立了从实际出发建设中国特色社会主义的指导思想，是在改革开放新的历史条件下对马列主义、毛泽东思想的继承和发展，思想体系上既一脉相承又与时俱进，标志着党的指导思想理论的历史性飞跃。”中央党校（国家行政学院）原副教育长、教授柳建辉指出。

要理解邓小平理论的重大意义，“关键在于理解邓小平理论之于中国问题的思考和解决，之于中国道路探索的重大理论贡献和指导意义。”中国社会科学院中国社会科学评价研究院研究员吴波认为，邓小平理论通过社会主义本质论、社会主义初级阶段论、社会主义市场经济论和社会主义改革开放论等一系列基本思想观点，对“什么是社会主义、怎样建设社会主义”这个核心问题给予了科学解答，有力推动了中国特色社会主义事业的发展。正是因为将邓小平理论作为党的指导思想，才有了“一个中心、两个基本点”一以贯之的坚持，从而为今天的百年变局积累了丰厚的物质基础和政治基础。

国内外形势瞬息万变，但 24 年后的今天回溯往昔，邓小平理论所蕴含的主要思想、基本观点和方法论却没有过时。“邓小平理论是指导中国人民在坚持改革开放中胜利实现社会主义现代化的重要遵循，也必将指导我党在‘两个一百年’历史交汇点上，开启全面建设社会主义现代化国家的新征程。”中国人民大学习近平新时代中国特色社会主义思想研究院研究员杨子强表示。

纲举：提出社会主义初级阶段的基本纲领

拨开时空的层层帷幕，可以发现，科学地制定路线、方针和政策，关键在于精准把握基本国情。

“十一届三中全会前我们在建设社会主义中出现失误的根本原因之一，就在于提出的一些任务和政策超越了社会主义初级阶段。”党的十五大报告中这段话，令人印象深刻。

怎么办——解放思想，实事求是。邓小平同志给出了答案，可谓拨云见日、举旗定向。

“邓小平同志最鲜明的思想和实践特点，就是从实际出发、从世界大势出发、从国情出发。”2014 年，习近平总书记在纪念邓小平同志诞辰 110 周年座谈会上深情回望，“邓小平同志强调必须坚持以经济建设为中心，坚持四项基本原则，坚持改革开放，领导我们党制定了党在社会主义初级阶段的基本路线。”

伟大的征程中，思想的火焰绽放出更耀眼的光芒。

党的十五大根据邓小平理论和党的基本路线，提出了党在社会主义初级阶段的基本纲领，进一步阐明了建设有中国特色社会主义的经济、政治、文化的基本特征和基本要求。

社会主义初级阶段的基本纲领的提出，不仅是党的十一届三中全会以来近 20 年最主要经验的总结，而且贯穿岁月、指引未来——经过长期努力，中国特色社会主义进入新时代。

“社会主义初级阶段揭示了我国的基本国情，新时代是对社会主义初级阶段基本国情更加精准的认识，反映了我国新的历史定位，赋予了社会主义初级阶段新内涵和新特点。”西安邮电大学马克思主义学院院长袁武振指出。

杨子强认为，社会主义初级阶段的“变”与“不变”是辩证统一的，社会主义初级阶段体现了基本国情的延续性，新时代体现了社会主义初级阶段的阶段性。

从社会主义初级阶段的基本纲领到中国特色社会主义新时代的提出，展现了共产党人接续奋斗的历史坐标。“中国的不发达状况发生了阶段性的改变，在社会主义初级阶段的历史方位发生了一定程度的向前位移，这个位移标识出社会主义在中国发展和完善的新的历史高度。”吴波表示。

目张：规划跨世纪发展的战略部署

1987 年 4 月 30 日，邓小平同志在会见时任西班牙工人社会党副总书记、政府副首相阿方索·格拉一行时，完整、系统地阐述了分三步走实现现代化的发展战略。这年 10 月，党的十三大报告对“三步走”作了更完备的归纳和概括。

随着新世纪的到来，世界各国都力图抓住世纪之交的历史机遇，为谋求各自在未来世界中的有利地位和更快发展而加紧进行战略调整和战略部署。

根据人民意愿和事业发展需要，我们党善于审时度势，既谋划长远，又干在当下。

党的十五大在我国经济发展“三步走”战略的第二步目标即将实现之际，对如何实现第三步目标作出进一步规划，提出了新的“三步走”发展战略。大会围绕这个发展战略，对我国的跨世纪发展作出战略部署。

“跨世纪发展战略积极推进了我国经济体制和经济增长方式的转变，解决了中国特色社会主义事业发展中两大课题，一是建立比较完善的社会主义市场经济体制，二是保持国民经济持续快速健康发展。”袁武振说。

改革只有进行时，没有完成时。一场场覆盖经济、政治、文化、外交、党建等方方面面的改革得以强力推进；一项项诸如科教兴国、可持续发展、西部大开发、对外开放“走出去”等耳熟能详的战略，在世纪之交的中国火热开展。

“党中央根据当时世界经济、科技的发展潮流和我国现代化建设的需要，及时提出并实施了多项战略，对中国特色社会主义事业的跨世纪发展起到了强有力的推动作用。”柳建辉认为。

党的十五大新的“三步走”发展战略影响至今。“为衔接跨世纪发展的战略部署，党的十九大提出新时代‘两步走’战略安排，随着‘十三五’规划目标任务的完成、全面建成小康社会胜利在望，党的十九届五中全会审议通过‘十四五’规划和2035年远景目标建议，提出开启全面建设社会主义现代化国家新征程。”何虎生说。

始终坚持中国共产党的坚强领导，精准把握中国现代化的发展节奏，科学平衡发展的阶段性与整体性关系——这是党的十五大跨世纪发展的战略部署给我们带来的启示。

（2021年4月5日）

抗洪抢险：

在艰难困苦中历练成长

胡晓军　张士英

在江西省九江市浔阳西路的长江之畔，有一片特殊的建筑群——九八抗洪纪念广场。广场正中，高 19.98 米、四面镂刻着“1998”数字的九八抗洪纪念碑巍然伫立。广场北面，是一座长 80 余米驳船造型的建筑——九江抗洪纪念馆。

纪念馆里，当年人们使用过的橡皮艇、冲锋舟、海事卫星电话以及水壶、臂章、救生圈……一件件实物、一帧帧影像、一幅幅照片，铭记着 20 余年前那段不平凡的日子。

全流域大洪水、超历史纪录特大洪水……1998 年入汛后，长江、嫩江和松花江等流域相继遭受了 1954 年以来又一次特大洪涝灾害。“洪水猛兽”所到之处，人民生命财产安全受到严重威胁。灾难面前，在党中央坚强领导下，在全国人民的倾力支持下，各地干部群众与洪水展开生死大搏斗，展现出一幅幅波澜壮阔的抗洪图，谱写下一首首气吞山河的雄浑诗篇。

20 余年过去，“万众一心、众志成城，不怕困难、顽强拼搏，坚韧不拔、敢于胜利”的抗洪精神，已成为中华民族伟大民族精神的重要组成部分。那种在危难时刻全体民众所迸发出的坚强和勇气，力量和自信，品格和精神，已经积淀在我们民族的血管里、性格里，在新的时代依然激励着我们奋力前进。

众志成城聚一心

“记得 1998 年 8 月 15 日凌晨 2 时，当年设计防御标准仅为 20 年一遇的嫩江国堤胖头泡段决口，肇源西部一半受灾，全是一望无际的大水，望都望不到边。搞水利的必须哪里危险去哪里，到现场想办法解决问题，我当时驻守在肇源嫩江新站段，连续 1 个多月没有回家。”忆及那段日子，曾任黑龙江省大庆市肇源县河道管理处书记的高志文老人仍有许多感慨。

在那场波及南北、世所罕见的特大洪水面前，举国上下团结一致，勠力同心战洪魔，众志成城抢大险，30 多万解放军、武警部队官兵，800 多万干部群众奋战在抗洪一线，200 多万人直接服务于抗洪抢险。

那些日子，党心紧系军民心，党中央密切关注着灾情发展趋势和抗灾进展，时刻牵挂着受灾群众和抢险军民，中央领导同志亲临一线指挥，慰问作战军民。

那些日子，洪水无情人有情，全国人民情系灾区，一列列火车、一架架飞机、一队队汽车满载着物资、食品，满载着各地群众的深情厚谊，从各个方向往灾区集结。

黑龙江省依兰县境内松花江和牡丹江交汇处，大坝铭记着那些日子：数百面标有“共产党员突击队”“民兵应急分队”“抢险救灾分队”字样的旗帜迎风招展；数千辆装满砂石的农用运输车穿梭不停；数千名由机关干部、工人、农民、基干民兵组成的抗洪大军挥汗如雨，垒坝填土，加固堤防，确保大坝周边的人民生命财产安全。

包括特大洪水在内的自然灾害，是对一个国家综合国力的考验，更是对一个民族凝聚力的考验。中华民族伟大复兴的团结伟力，在一次又一次考验中凝练成钢。党的十八大以来，我国成功应对了 2013 年东北地区嫩江、松花江、黑龙江大洪水，2016 年长江、太湖等流域大洪水和 2020 年南方地区严重洪涝灾害，保障了人民群众生命安全、大中城市和重要基础设施防洪安全。

“尤其是 2020 年，我国相继经历重大疫情和严重汛情的考验，充分体现出了集中力量办大事的制度优势，也体现了中国人民巨大的凝聚力和团结协作精神。”上海市习近平新时代中国特色社会主义思想研究中心特约研究员王磊说。

顽强拼搏见英雄

在江西九江长江大堤 4 号、5 号闸口处，九江抗洪纪念馆讲解员周礼易讲述了当年的故事：“1998 年 8 月 7 日下午 1 点 30 分时，这段大堤经不住持续高位的江水浸泡和压力差，轰然倒塌，42 万九江人民处于生死关口。危难时刻，党中央、中央军委一声令下，3 万余名官兵紧急驰援，与九江干部群众一道，昂首挺胸，死守江堤。经过军民连续 6 天 5 夜的顽强拼搏，于 8 月 12 日下午 6 点 30 分顺利地完成了堵口工程。九江这座千年古城得以保全。”

时任陆一军一师二团“坚守英雄连”指导员的邱在文至今犹记，距离九江长江大堤决口不到 6 小时，接到抗洪抢险紧急命令的部队便已乘上火车奔赴九江，途中，官兵们向团党委递上了请战书——“尊敬的团党委：‘坚守英雄连’愿与洪魔决一死战，欲与惊涛试比高低。剩下 1 个排，我们当排长；剩下 1 个班，我们当班长；只要我连有 1 人在，就要誓死保卫九江大堤。请团党委让我们连担任攻坚任务。”1998 年 8 月 8 日下午，“坚守英雄连”全体战士带着这份誓言抵达 4-5 号闸口，成为第一批上堤堵决口的战士。

构筑围堰，封堵决口，填塘固基……从 8 月 7 日大堤决口，一直到 8 月 12 日下午大堤堵口合龙，参加九江抗洪抢险的官兵们始终战斗在高温酷暑下。汗水一次又一次地把他们的衣服浸湿，衣服上结出斑斑驳驳的盐霜。大家靠吃人丹、喝十滴水支撑着。热急了，有的官兵就用编织袋兜起江水冲头降温，有的干脆跳到浑浊的江水里浸泡一下再继续战斗。随着战斗时间的延续，队伍中伤病员不断增加。烈日烤、洪水泡、汗水浸，许多官兵烂裆、烂脚，身上长出成片的红斑、疱疹；填搬石块全靠赤手，许多官兵手指磨破了、砸坏了，大家都轻伤不下火线，带伤病坚持在一线。困倦袭来，他们就大把大把地往脸上抹风油精，驱赶瞌睡。

忆起那些日子，时任九江市委书记，曾任江西省委常委、宣传部部长的刘上洋在其作《九江赋》里写道："最难忘 1998，百年大水，恶浪排空，江堤溃决，世界震惊。军民挽手筑人墙，众志成城锁龙王。堵口成功，创人间奇迹。顽强拼搏，铸抗洪精神。"

不怕困难、顽强拼搏，在灾难中砥砺意志品质，彰显人民情怀，抗洪精神在这片土地上始终延续。

2020 年夏天，江西多地遭遇暴雨，长江水位持续上涨，鄱阳湖突破有水文记录以来最高水位，九江 17 个县市区，多地有汛情；环鄱阳湖 1008 公里土坝圩堤，处处有危险。在这场与洪水的战斗中，九江市消防救援支队全体指战员不畏生死、全力以赴，始终战斗在最危险的地方，战斗在人民群众最需要的地方，营救疏散人民群众 1.3 万余人，夺取了"零遗漏、零伤亡、零事故"的救援胜利。

"只要国家和人民需要，我们随时挺身而出，救民于水火、助民于危难、给人民以力量。这是我们消防人的初心和使命，更是我们不变的承诺与誓言。"九江市消防救援支队支队长马剑明说。

坚韧不拔敢胜利

风光旖旎的嫩江之滨，黑龙江省齐齐哈尔市泰来县大兴镇里，矗立着一栋三层船型建筑——泰来九八抗洪纪念馆。

步入展厅，"抗洪抗到水低头，堵口堵到水不流"的标语映入眼帘。实物展柜里，参加抗洪抢险的老虎团战士们自制的战斗小报，在烟盒上写的决心书、思想汇报和由于在洪水中长期浸泡而脱落的脚皮，无声地诉说着一个个军民坚韧不拔战洪魔的故事。

1998年，面对嫩江流域破历史纪录特大洪水，泰来县迎战了3次洪峰。60多个日夜，军民们“泥巴裹满裤脚，汗水湿透衣背”，用身躯和血肉铸造抗洪抢险的钢铁长城。

洪水来袭家园被毁，洪水退去满目荒泽。随后的日子，从兴教育、建民房、保春种、防病疫、筑江堤、修道路等方面入手，让一座座学校拔地而起，一幢幢砖瓦新居呈现眼前，“一年受灾，一年恢复”，泰来人民用自己勤劳的双手在废墟上筑起了新的希望。

“1998年抗洪抢险的时候，多亏有解放军救了全村。在党和国家的帮助下，村民们又同心开展灾后重建，第二年就住上了新房子。我们还将旱田改成水田，之后连年丰收，加上这些年实施脱贫攻坚和乡村振兴，村里都富了，现在年收入达到人均3万元。”泰来县大兴镇创业村党支部书记李殿军说。

习近平总书记深刻指出：“重大的历史进步都是在一些重大的灾难之后，中华民族就是这样在艰难困苦中历练、成长起来的。”

百折不挠、坚韧不拔，敢于斗争、敢于胜利，抗洪军民彰显了战胜一切困难的必胜信念和坚强决心。正是因为有了这种精神，千百年来，中华民族历经苦难，却没有被打垮，而是在苦难中实现了民族精神、意志、力量的一次又一次升华。

（2021年4月6日）

西部大开发：新世纪的决策，新时代的格局

吕慎　宋喜群　王冰雅

从古至今，西部地区对中华民族的生存与发展发挥着巨大作用：这里是中华文化的重要发祥地；能源、资源最为富集；生态屏障护佑华夏；聚居着中国80%的少数民族群众；拥有中国80%以上的陆地边界，处于中国国界安全与国际交往的战略前沿。2000年，“西部大开发”仿若一声春雷唤醒了广袤的土地，这是缩小东西部发展差距、统筹两个大局的一项重大决策。进入新时代，西部大开发正在形成新格局。

擘画秀美繁荣的西部

1936年，当《西行漫记》的作者埃德加·斯诺踏上开往西安的火车时，他注射了天花、伤寒、霍乱等5种疫苗，这些在当时的西北都是流行病。第一次见到黄土高原的斯诺写道：“那些奇形怪状、不可思议有时甚至吓人的形象，好像是个疯神捏就的世界——有时却又是个超现实主义的奇美的世界。”可以想象，80多年前那个被恶劣的自然环境和贫困、战乱、疫病折磨的中国西部，是一幅怎样的图景。

千百年来，经略西部一直是历代的国之大事。然而，中国西部又一直是贫困落后的代名词。特别是近代，国家积贫积弱，开发西部只能是无数仁人志士难以实现的梦想。

2000 年 1 月，国务院西部地区开发领导小组在北京召开会议指出，加快中西部地区发展的条件已经基本具备，时机已经成熟。一场被称为人类历史上“规模最大、难度最大”的战略大开发，在占据中国版图 2/3 的西部大地拉开帷幕。范围包括渝、川、贵、云、藏、陕、甘、青、宁、新、内蒙古、桂等 12 个省、自治区、直辖市，覆盖西部地区 3 亿多人口。

西部人民终于在新世纪的第一年盼来了大开发！人们不会忘记邓小平同志“两个大局”的战略构想，一个大局，就是东部沿海地区加快对外开放，使之较快地先发展起来，中西部地区要顾全这个大局；另一个大局，就是当发展到一定时期，比如 20 世纪末全国达到小康水平时，就要拿出更多的力量帮助中西部地区加快发展，东部沿海地区也要服从这个大局。

党的十八大以来，习近平总书记多次到西部地区视察调研，深入基层边疆一线，发表系列重要讲话，为新时代西部大开发指明了方向，提供了基本遵循。2017 年 1 月，《西部大开发“十三五”规划》印发，从全面建成小康社会、实现现代化和新开放战略角度定位西部发展。党的十九大明确提出，强化举措推进西部大开发形成新格局。

2020 年 5 月，《中共中央国务院关于新时代推进西部大开发形成新格局的指导意见》发布，擘画了新时代的更高目标：“到 2035 年，西部地区基本实现社会主义现代化，基本公共服务、基础设施通达程度、人民生活水平与东部地区大体相当，努力实现不同类型地区互补发展、东西双向开放协同并进、民族边疆地区繁荣安全稳固、人与自然和谐共生。”

脱胎换骨的西部

在贵州省毕节市黔西县的古胜村，村史馆的广场上有一块石碑，上面镌刻着《古胜新村赋》：“仅十余年，嶙峋石丛，林木繁茂，退耕坡地，花果飘香。做规划，通村路，兴农旅，引得清泉自流入户。绿水青山，脱胎换骨奔小康。”其中描述的就是地处西南溶岩石漠化山区的苗寨古胜在西部大开发中生态和产业实现良性循环的生动实践。

以生态建设为先导，合理开发资源，人与自然和谐，产业与环境共美，西部大开发 20 多年久久为功，润物无声，体现了中国共产党为人民谋幸福的宗旨和复兴中华的战略定力。特别是党的十八大以来，西部地区经济社会发展取得了历史性成就，为决胜全面建成小康社会奠定了比较坚实的基础，也扩展了国家发展的战略回旋空间。

西部大开发战略实施以来的 20 年，是西部各省份发展最快的时期。据统计，西部 12 省（区、市）地区生产总值从 1999 年的 1.5 万亿元增加到 2019 年的 20.5 万亿元，占全国比重达到 20.7%，提高了约 3.6 个百分点。地区生产总值年均增长 10.9%，高于全国平均水平。

脱贫攻坚战取得了全面胜利。截至 2021 年 2 月，包括西部各省份在内的现行标准下 9899 万农村贫困人口全部脱贫，832 个贫困县全部摘帽，12.8 万个贫困村全部出列，区域性整体贫困得到解决，完成了消除绝对贫困的艰巨任务。仅甘肃省，就有 75 个贫困县全部摘帽，7262 个贫困村全部退出，现行标准下农村贫困人口全部脱贫。

基础设施更加完善。交通运输网络不断拓展加密，空间可达性大幅提升。截至 2019 年年底，西部地区铁路营业里程 5.6 万公里，其中高铁 9630 公里，高铁已连接西部大部分省会城市和 70% 以上的大城市。“地无三尺平”的贵州如今县县通高速；四川省公路总里程达 34.7 万公里，居全国第一，“蜀道难”已成历史；青藏铁路穿越了世界上最大的生命禁区；川藏铁路、西成高铁、兰新高铁、宝兰高铁等项目相继建成通车，让西部天堑变通途。西气东输、西电东送等一批重大能源工程相继竣工，最后一批无电人口用电问题有效解决。

现代产业体系基本形成。建成了一批国家重要的能源基地、资源深加工基地、装备制造业基地和战略性新兴产业基地，大数据、健康养生、旅游文创等新产业新业态蓬勃发展，新旧动能转换持续推进。“十三五”期间，甘肃省专利申请量从 5.11 万件增加到 13.25 万件，高新技术企业由 319 户增加到 1229 户，科技进步对经济增长贡献率达到 55.1%。

国家生态安全屏障得到巩固。退耕还林还草、天然林保护等一批重点生态工程全面实施。截至 2019 年年底，西部地区累计实施退耕还林还草 1.37 亿亩，森林覆盖率进一步提高。草原、湿地等重要生态系统得到有效保护和恢复，生态环境持续改善。

人民生活水平持续提高。2019 年西部城镇和农村居民人均可支配收入分别达到 3.5 万元和 1.3 万元，是 1999 年的 6.5 倍和 7.8 倍。“两基”攻坚计划如期完成，覆盖城乡的社会保障体系初步建立。

“我国实施西部大开发战略，为新疆旅游业高质量发展带来了千载难逢的历史机遇。”全国人大代表、新疆呼图壁县雷锋车队队长徐涛说，国家在投资安排上，注重向中西部地区倾斜，加大西部地区基础设施建设力度，改善了交通环境与服务设施，促进了铁路、公路、民航、通信网络等发展，为新疆旅游业的发展带来了便利。

“20 年来，中国是从政治经济全局高度，通盘考虑，综合施策，构建地缘发展的政治经济机制，来推进西部大开发，取得了巨大成就。”对于西部大开发战略，清华大学公共管理学院副教授鄢一龙这样评价。

新时代的新西部

2021 年 3 月 31 日，来自河南南阳的一批货物在西安国际港务区集结，首列“宛西欧”班列驶向德国。曾经因为不沿海、不沿江而对外贸易徘徊不前的陕西，在“一带一路”倡议的引领下，成为中国东部和中部向西开放的“桥头堡”。2020 年，中欧班列“长安号”经受住了疫情考验，运力规模持续扩大，全年开行 3720 列，开行量、重箱率、货运量等核心指标稳居全国第一。运送货物总量达 281.1 万吨，与开行初期相比，增长了 40 倍。伴随着满载的列车穿越欧亚大陆，一场西部大开发的升级版正在启动。

《中共中央国务院关于新时代推进西部大开发形成新格局的指导意

见》（以下简称《意见》），是份超万字的战略性文件，包括 7 大点 36 条。从提升创新能力，到构建内陆多层次开放平台；从建立现代化产业体系，到提升教育医疗水平；从打好三大攻坚战，到加快绿色发展，一幅“百姓富、生态美”的西部高质量发展蓝图徐徐展开，激动人心、催人奋进。

“《意见》支持四川打造内陆开放高地。对四川从腹地变为前沿，形成全新开放格局，孕育着巨大机会。”西南财经大学中国西部经济研究中心主任毛中根认为，这是国家给西部的一份礼物。作为四川“鸡蛋黄”的成都，日新月异的发展折射出西部大开发的巨大成就。2020 年 5 月，成都东部新区正式挂牌，在“一带一路”倡议、新时代西部大开发和成渝双城经济圈等多重机遇利好下，站在时代的风口，蓄积着更大的腾飞力量。

加强西部对外开放，不仅有基础较好的四川、重庆和陕西，还将支持新疆加快丝绸之路经济带核心区建设，形成西向交通枢纽和商贸物流、文化科教、医疗服务中心；支持甘肃充分发掘历史文化优势，发挥丝绸之路经济带重要通道、节点作用；支持贵州、青海深化国内外生态合作，推动绿色丝绸之路建设；支持内蒙古深度参与中蒙俄经济走廊建设。

国家发展改革委有关负责人表示，新时代推进西部大开发形成新格局的重大意义体现为五个有利于：有利于促进区域协调发展，破解西部地区发展不平衡不充分的问题；有利于巩固国家生态安全屏障，促进西部地区可持续发展；有利于促进陆海内外联动和东西双向互济，提升西部地区开放水平；有利于增强内生增长动力，推动西部地区高质量发展；有利于保障和改善民生，实现西部地区民族团结和边疆稳定。

（2021 年 4 月 6 日）

中国加入世界贸易组织：深度拥抱世界经济　坚定支持多边主义

李曾骙　杨逸夫

2001 年 11 月 11 日，多哈，喜来登饭店马佳利斯大厅。中国加入世界贸易组织签约仪式在此庄严举行，时任中国外经贸部部长石广生郑重地签署了中国加入世界贸易组织议定书。经过长达 15 年的“复关”和“入世”谈判，中国在 21 世纪之初正式加入世界贸易组织。

“世界应该给中国领导人加分。”中国“入世”美方谈判代表米基·坎特曾这样评价说，“尽管此前中国已经活跃于联合国、亚太经合组织等国际政治舞台，但加入世贸组织让中国和其他国家从最根本处联系了起来。”

加入世贸组织近 20 年来，中国经济迎来了“世纪增长”：国内生产总值增长近 10 倍，人均 GDP 增加 5 倍多，国际贸易总量增长 190%，从世界第六大经济体一跃成为第二大经济体。如今，中国是 120 多个国家和地区的主要贸易伙伴。中国早已成为拉动世界经济增长的重要引擎。

“中国共产党对中国‘入世’的时机把握十分关键”

中国今天在世界经济和贸易中的地位，是从前难以想象的。

1878 年 5 月，巴黎世界博览会开幕。这届博览会是一个有趣的历史交错点。电冰箱、电灯、电话等划时代的工业品纷纷亮相，在这些“新玩意儿”旁边，还有洋务运动代表人物盛宣怀在上海特别挑选的几十件中国手工艺品。但与以往中国商品总被一抢而空不同，这次除了 1 件瓷器、3 个木架，其余展品全被退回。延续千年的经贸关系彻底改变。

彼时，以电气化为特征的第二次工业革命已经开启，但当时的封建统治者夜郎自大，使中国丧失了与世界同步的历史机遇。

时间行进到 20 世纪 80 年代，新一轮经济全球化席卷世界，刚刚开启的改革开放激荡在中国这片古老的土地上。顺应经济全球化大潮，推动改革开放，可以为中国经济发展开辟一片新天地。党中央作出了申请恢复中国关贸总协定席位的政治决定，中国政府于 1986 年 7 月 10 日提交了申请。1995 年关贸总协定转变为世界贸易组织，我国开始了“入世”进程。

对外经贸大学世界贸易组织研究院院长屠新泉说：“中国共产党对中国‘入世’的时机把握十分关键。在新技术变革、资本大规模跨国流动等促使经济全球化进一步扩张的背景下，中国果断深度拥抱全球化，承接了全球产业链的大调整、大转移，发挥了比较优势。”

关贸总协定及其后身世贸组织，囊括了世界上大多数国家和绝大多数发达国家。国际社会建立这一框架的初衷是为维护多边贸易体制，纠正世界经济中的单边主义行为，防止少数强国以意识形态偏见来隔绝世界市场，使各国能够在统一的市场规则之下发展贸易。由于各成员共同遵守“非歧视原则”，中国加入世贸组织后，最惠国待遇身份将不再会受到美国国会的年度“政治审查”，阻碍中国经贸发展的一大“紧箍咒”将得以消除。

长期参与“复关”和“入世”谈判，后来担任中国驻世贸组织代表团首任大使的孙振宇曾表示，“如果不加入这个组织，依靠双边谈判解决（经贸）问题，谈判看重的是实力和筹码，哪个国家也没有美国那么强的经济实力”。

加入世贸组织，这是中国共产党把握和平与发展的时代大势、勇立历史潮头的重大决策。正如习近平总书记所指出的，正确处理中国和世界的关系，是事关党的事业成败的重大问题。决定“入世”，是中国共产党处理中国与世界关系交出的又一份高分答卷。

“国际上对我‘复关’‘入世’的最大疑虑不复存在了”

15年“复关”和“入世”之路，波折反复难以细数。中国能够一次次突破禁区，激流勇进，靠的是中国共产党人非凡的政治勇气和高超的政治智慧。

几乎与提出“复关”同时，我国改革开放也进入深水区。社会主义制度的中国能不能搞市场经济，搞市场经济是不是就是搞资本主义，是当时国际国内普遍存在的疑问。

早在1985年，邓小平同志就提出社会主义和市场经济之间不存在根本矛盾。问题是用什么方法才能更有力地发展社会生产力。1992年，邓小平同志在南方谈话中再次强调，计划经济不等于社会主义，资本主义也有计划；市场经济不等于资本主义，社会主义也有市场。计划和市场都是经济手段。最终，中共十四大确立了经济体制改革的目标是建立社会主义市场经济体制。

曾长期参与中国“复关”和“入世”谈判的中国世界贸易组织研究会副会长霍建国对记者说：“党中央一锤定音确立了中国特色社会主义市场经济体制，从此国际上对我‘复关’以及后来‘入世’的最大疑虑不复存在了。其后，中国进一步加大改革开放力度，在金融、财税、国企、行政体制等领域推出了一系列新的改革措施。”

自1992年至“入世”前，中国推出了多项改革措施，接轨世贸规则，不断扩大开放。

改革行稳致远，中国“入世”谈判也渐入佳境，与相关国家的谈判陆续完成。但中国与美国的入世谈判却一波三折。美国是世界第一贸易大国，也是中国的第一大贸易对象。如果谈不成，多年的努力将付之东流。

1999年11月9日，寒冬中的北京，美国贸易谈判代表团入住北京饭店贵宾楼。此轮谈判期间，美国代表团“四次改了机票、退了房子”，出现了许多戏剧化情节。15日下午3点半，两国在北京签署了《中美关于中国加入世界贸易组织的双边协议》，中国加入世贸组织的最后障碍终于被清除了。

加入世贸组织，使中国经济与世界深度融合，对推动我国经济体制改革和现代化建设产生了深刻影响，使中国在经济全球化进程中获得竞争和参与制定规则的有利位置，打开了对外开放的新天地，得到了更为广阔的发展空间，为中国走近世界舞台中央打下了坚实基础。同时，作为世界上最大的发展中国家，中国“入世”本身就是对世贸组织的世界代表性作出贡献，是对多边贸易体制的坚定承诺，对多边主义的极大支持。

“现在是一个真正的世界性贸易组织了”

中国“入世”谈判首席代表龙永图曾这样写道，中国一直只是世贸组织观察员，“那时一听‘观察员’三个字，我心里都觉得特烦，憋得慌”，“参加世界贸易组织会议的时候，每一次领证，我一看见牌子上面写着‘观察员’这几个字，我都不愿意戴”。2001年，龙永图到多哈参加中国“入世”签字仪式时说：“到这里第一件事就是把这个‘观察员’的牌子扔到大海中去。”

“世贸组织现在是一个真正的世界性贸易组织了。”时任世界贸易组织总干事迈克·穆尔这样评价中国加入世贸组织。

“入世”以来，中国在世贸组织框架内积极推进贸易投资自由化便利化，有效维护争端解决机制法律地位，深度参与贸易政策审议，全力支持发展中国家融入多边贸易体制，坚决反对单边主义和保护主义。中国加入世贸组织10年时，孙振宇曾表示，世贸组织运行已离不开中国，实际上改变了过去由美欧主导规则制定的局面，发展中国家的声音将越来越大。

如今，中国是120多个国家和地区的主要贸易伙伴。物美价廉的中国商品和宽广博大的中国市场，为全球发展提供了不竭动力。2002年以来，中国对世界经济增长的贡献均在 1/3 左右；2009 年以来，中国一直是最不发达国家第一大出口市场，吸收了最不发达国家 1/5 的出口。中国早已成为拉动世界经济增长的重要引擎。

近年来，贸易保护主义抬头，多边贸易体制受到威胁，世贸组织面临挑战。加强和完善全球治理，人们期待中国的主张和方案。2016 年 10 月 26 日，世界贸易组织争端解决机制上诉机构的首位中国籍主席张月姣发表告别演讲。全部 164 个世贸成员代表和世贸高官将目光聚焦在这位中国女士身上。张月姣对全场表示："世贸组织显然富有活力，不仅能在困难的时刻生存下来，还能为世界和平与发展作出贡献。世贸组织永远不会消亡。"

张月姣日前接受记者采访时说："尽管近几年来世界上违反国际法的单边主义、贸易保守主义频频兴风作浪，但包括中国在内的多数世贸成员都认为必须要坚定支持多边主义。少数国家以意识形态拉帮结派是在破坏非歧视的多边主义，绝不能凌驾于世贸规则之上。"

正如习近平主席 2021 年年初在世界经济论坛"达沃斯议程"对话会特别致辞中所指出的，让我们携起手来，让多边主义火炬照亮人类前行之路，向着构建人类命运共同体不断迈进！

（2021 年 4 月 7 日）

把发展作为党执政兴国的第一要务

钟超

辉煌的事业，总能在历史的风云中找到起点；壮阔的征程，总能在岁月的长河中溯源初心。

2002 年 11 月 8 日，中国共产党第十六届全国代表大会在北京召开。这次大会确立了“三个代表”重要思想为党的指导思想，科学制定了全面建设小康社会的宏伟纲领，顺利实现了党的中央领导集体的新老交替，为中国在新世纪加快推进社会主义现代化建设奠定了扎实的基础。

新目标开启新征程。经过全党全国各族人民的不懈努力和团结奋斗，2021 年元旦，习近平总书记在新年贺词中向国内外庄严宣告，2020 年，全面建成小康社会取得伟大历史性成就，决战脱贫攻坚取得决定性胜利。全面建成小康社会，这是中华民族千年追求的梦想，是中国共产党人初心不改、前赴后继的百年拼搏，更是一个彪炳史册的人间奇迹！

将“三个代表”重要思想写入党章

一个时代的思想，浓缩一段历史的精华。

20 世纪 80 年代末 90 年代初，中国经受了前所未有的风险考验——东欧剧变、苏联解体，世界社会主义出现严重曲折，国际形势风云突变；与此同时，国内发生严重政治风波，在主权、安全、经济和自然界等领域不断出现新困难新风险。

疾风知劲草，烈火识真金。在复杂严峻的国内外形势面前，以江泽民同志为核心的党中央紧紧依靠全党同志和全国各族人民，坚持十一届三中全会以来的路线不动摇，经受住一次又一次考验，排除了各种干扰，成功地稳住了改革和发展的大局，捍卫了中国特色社会主义伟大事业，保证了改革开放和现代化建设的航船始终沿着正确的方向破浪前进。

这段 13 年历程中的成功经验，在党的十六大报告中归纳为十条基本经验。这些经验，联系党成立以来的历史经验，归结起来就是，我们党必须始终代表中国先进生产力的发展要求，代表中国先进文化的前进方向，代表中国最广大人民的根本利益。这是坚持和发展社会主义的必然要求，是我们党艰辛探索和伟大实践的必然结论。

这个结论，力透纸背，分量千钧。新中国成立以来，中国的社会主义道路一直在徘徊中前进。由于受苏联模式“左”的指导思想影响，我国工农业生产、科技、文化等领域发展缓慢，广大人民群众的物质和文化生活改善不快。党的十一届三中全会开启了改革开放的伟大历史转折，国民经济和各项事业得以快速发展，世纪之交的中国综合国力大幅提升，国内生产总值达到 95933 亿元，经济总量已居世界第六位。人民生活总体上实现了由温饱到小康的历史性跨越。

实践证明，办好中国的事情，关键在党。但建设什么样的党，怎样建设党，这个根本性问题在 20 世纪末还缺乏统一的答案。党的十六大全面阐述“三个代表”重要思想的科学内涵和根本要求，指出贯彻“三个代表”重要思想关键在坚持与时俱进，核心在坚持党的先进性，本质在坚持执政为民，并将“三个代表”重要思想同马克思列宁主义、毛泽东思想、邓小平理论一道，作为党的指导思想写入党章，这是十六大的一个历史性决策和贡献。

马克思指出：“理论一经掌握群众，也会变成物质力量。”“三个代表”重要思想不是三句口号，它鲜明展现了世纪之交中国共产党将发展作为党执政兴国的第一要务，顺应了时代潮流和人民对小康生活的不懈追求，因而调动了最广泛的积极因素投身社会主义现代化建设，中华民族伟大复兴迎来了空前的历史机遇。

提出全面建设小康社会奋斗目标

久困于穷，冀以小康。一部中国史，就是一部中华民族同贫困作斗争的历史。

1979年，中国改革开放的大门刚刚打开，改革开放的“总设计师”邓小平，在一次会见日本首相太平正芳时，创造性地运用“小康之家”擘画中国式现代化的蓝图。接着，邓小平在多个场合指出要建设小康社会和实现“四个现代化”的战略目标。从此，“小康”开始成为中国主流政治话语体系中社会主义现代化的美好愿景。

1982年，党的十二大首次使用“小康”概念，把小康社会建设作为我国经济社会发展的重要阶段，并明确提出要在20世纪末使人民生活达到小康水平的奋斗目标。1987年，党的十三大提出现代化建设“三步走”战略，第一步解决人民温饱，第二步到20世纪末达到小康水平，第三步最终基本实现现代化，这为我国小康建设制定了宏伟的蓝图和清晰的阶段性目标。1997年，党的十五大报告提出现代化“新三步走”战略，其中对建设小康社会作了更具体细致的规划。

经过改革开放后的迅猛发展，在20世纪末中国人均年收入超过了1000美元，达到了总体小康的战略目标，这对当时的中国来说是非常了不起的成就。

但是，正如党的十六大报告中所指出的：“现在达到的小康还是低水平的、不全面的、发展很不平衡的小康。”根据党的十五大提出的到2010年、建党100年和新中国成立100年的发展目标，党的十六大提出，我国要在21世纪头20年，集中力量，全面建设惠及十几亿人口的更高水平的小康社会，使经济更加发展、民主更加健全、科教更加进步、文化更加繁荣、社会更加和谐、人民生活更加殷实。

从总体小康到全面小康，这是一个新征程的历史起点。“全面小康”不仅仅是经济的发展，更是政治、文化的全面发展，这与“三个代表”重要思想互相呼应，成为引领中国特色社会主义事业继续向前迈进的宏伟愿景。

紧紧抓住重要战略机遇期

蓝图绘就，鼙鼓催征。“21 世纪头 20 年，对我国来说，是一个必须紧紧抓住并且可以大有作为的重要战略机遇期。”党的十六大报告如是指出。

“盖有非常之功，必待非常之人。”推进领导干部的“革命化、年轻化、知识化、专业化”，是世纪之交的中国共产党实现奋斗目标的先决条件。

党的十六大选举产生由委员 198 人、候补委员 158 人组成的中央委员会和由委员 121 人组成的中央纪律检查委员会。新的中央委员会成员 50 岁以下的占 1/5 以上，年龄结构更加合理，专业背景更加多元，知识结构更加丰富，为确保中国特色社会主义事业兴旺发达、确保国家长治久安提供了重要的组织保证。

改革是发展的动力。党的十六大还对经济体制改革、政治体制改革、文化体制改革等领域作了全面部署。例如，过去我们长期讲物质文明和精神文明“两手抓”，党的十六大首次提出建设社会主义政治文明，这体现了中国共产党对主动融入现代政治文明的历史自觉，凸显了社会主义制度机制建设的根本性、全局性、长期性和规范性意义，极大丰富了全面建设小康社会在政治领域的价值意涵。

“小康不小康，关键看老乡。”全面建设小康社会就是要增强人民群众的获得感，让人民有更好的教育、更稳定的工作、更满意的收入、更可靠的社会保障、更高水平的医疗卫生服务、更舒适的居住条件、更优美的环境……这既是全面建设小康社会的内涵要义，也是实现社会主义现代化的必然要求，更是一代代中国共产党人矢志不渝的奋斗目标。

一代人有一代人的长征路。从党的十六大确立全面建设小康社会的目标，到党的十八大提出全面建成小康社会，再到习近平总书记在 2021 年新年贺词中庄严宣告全面建成小康社会取得伟大历史性成就——中国共产党人紧紧抓住了 21 世纪头 20 年的重要战略机遇期。

回顾过去，我们豪情满怀；展望未来，我们信心百倍。全面建成小康社会，建成社会主义现代化强国，实现中华民族伟大复兴，是一场接力跑，我们要一棒接着一棒跑下去，每一代人都要为下一代人跑出一个好成绩！

（2021 年 4 月 7 日）

南水北调，惠泽亿万人民

陈晨　姚亚奇

4月，春意正浓，江苏扬州江都水利枢纽站，一块刻有“源头”字样的石碑静静矗立；湖北与河南交界处，丹江口水库碧波荡漾。从江都水利枢纽，长江水踏上“水往高处流”的征程，沿京杭大运河及平行河道逐级提水北送至山东；自丹江口水库，清澈南水出南阳陶岔渠首后一路过哑口、飞渡槽、钻暗涵，向北穿行1432公里，奔流至京津冀豫等北方地区的城市。

一路东线、一路中线，它们有一个共同的前缀——南水北调。

没错，就是那个世界上覆盖区域最广、调水量最大、工程实施难度最大的超级工程南水北调；那个规划东、中、西线与长江、黄河、淮河、海河连接，共同编织“四横三纵、南北调配、东西互济”大水网的南水北调；那个目前润泽40多座大中型城市、惠泽人口超1.3亿人的南水北调！

从1952年提出伟大构想到2002年开工建设，从2014年全面通水到调水超418亿立方米，如今，南水北调东、中线所到之处，百姓喝上甘甜好水，干渴大地得到喘息，干涸河湖重获生机，绿色发展光彩夺目。

正如习近平总书记所言：南水北调工程功在当代，利在千秋。

50年研究论证，伟大构想开始变为现实

缺水！缺水！

在我国这个水资源严重不足的国家，如果仔细翻看水资源版图，还会发现一个令人揪心的不等式：长江流域及其以南地区，水资源量占全国

河川径流 80% 以上；黄淮海流域总人口占全国的 35%，而水资源量仅占全国的 7.2%，水资源量与人口、经济等布局极不匹配。

“南方水多，北方水少，如有可能，借点水来也是可以的。”1952 年 10 月 30 日，在河南视察黄河的毛泽东主席，在和当时的黄河水利委员会主任王化云谈话时，一个宏伟设想横空出世。

这一伟大构想，开启了改变我国水资源空间分布的新课题，这是水利专家们之前未曾想象的领域，也是水利专家们之后潜心谋划的事业。1958 年，中共中央发布《关于水利工作的指示》，提出全国范围较长远的水利规划，首先是以南水北调为主要目的，即将江、淮、黄、汉、海河各流域联系为统一的水利系统的规划应加速制订，“南水北调”一词第一次正式见诸中央文件。

此后，南水北调这一伟大构想的实现路径一步步清晰。1978 年的政府工作报告提出，兴建把长江水引到黄河以北的南水北调工程；1992 年，党的十四大把“南水北调”列入我国跨世纪的骨干工程之一；1995 年，南水北调工程开始全面论证……

原淮委规划设计研究院总工程师王先达回忆起 1997 年国务院召开会议讨论《南水北调工程审查报告（送审稿）》的场景时说：“关于南水北调走哪条线路，大家意见不一。上东线，还是上中线，会场上争论不休。经过激烈讨论，规划布局得到彻底调整：东、中、西三条线并非你存我亡，而是实行统筹兼顾、全面规划、分步实施。”

2002 年 12 月，国务院正式批复《南水北调工程总体规划》，提出先期实施东线和中线一期工程，西线工程先继续做好前期工作。规划中涉及的建设项目，要按照基本建设程序审批。

至此，经 50 载岁月、6000 人次知名专家献计献策、100 多次研讨会、50 多种南水北调规划方案比选，凝聚新中国无数技术人员心血和智慧的南水北调线路，在历史的长河中走向清晰。

2002 年 12 月 27 日上午，南水北调工程开工典礼在北京人民大会堂和江苏省、山东省施工现场同时举行，随着“南水北调工程开工！”一声令下，北京人民大会堂内掌声雷动，江苏、山东施工现场马达轰鸣……南水北调这一伟大工程终于从构想开始变为现实。

10 余年攻坚克难，铸就人类水利史上的奇迹

北京五棵松地铁站，列车穿梭呼啸，乘客往来匆匆，看起来和其他地铁站没有什么不同，但很少有人知道，站台下 3.67 米处，两条内径 4 米的输水涵道穿行而过，南水由此继续北上。这是世界上第一次大管径浅埋暗挖有压输水隧洞从运营的地下车站下部穿越，创下暗涵结构顶部与地铁结构距离仅 3.67 米、地铁结构最大沉降值不到 3 毫米的纪录。

南水北调，简单四字，实现起来谈何容易。即便是有京杭大运河等现成通道，有洪泽湖、南四湖等天然调蓄水库，看上去只待水到渠成的东线，一路北上也没有这么简单。因为从调水起点到山东半岛，地面高程升高近 40 米，这意味着南水要北上，必须实现“水往高处流”。于是，世界最大的泵站群拔地而起——东线一期工程沿线建有 34 处站点 160 台水泵，共计 13 级泵站。为降低泵站群能耗，1/3 水泵使用我国技术人员耗时 3 年研发的灯泡贯流泵，水流不需转弯便可直接通过。

中线的建设难度从丹江口水库便开始显现，要让南水自流进京，需要对丹江口大坝加高 14.6 米。在一座服役近 40 年的老坝上重新浇筑“新坝”，难度不亚于甚至超过新修一座大坝。切割出一道道键槽、植入一根根钢筋，施工最高峰时 3000 人奋战在一线，从 2005 年开始，加高壮举历时近 8 年终于完成。升级改造后的大坝加高到 176.6 米，水库正常蓄水位抬高到 170 米，与北京形成约百米落差，实现南水自流北上。

另一个前所未有的挑战是穿黄工程。黄河河底地质条件复杂特殊，给施工带来极大困难。压力亦是动力，于是，国内最深的调水竖井、国内穿越大江大河直径最大的输水隧洞、国内水利工程最深的盾构始发等科技创新成果在这里诞生，两条长达 4250 米的穿黄隧洞，让长江水与黄河成功“握手”。

一个个攻坚故事不胜枚举。10余年建设，110项国内专利，数十万建设者奋战一线，南水北调人用“中国智慧”筑起世界最大调水工程。

南水北调，成败在水质。治污顺理成章地成为另一片攻坚战场。在东线，江苏省推行环保问责、一票否决，沿岸仅化工企业就累计关停800多家；山东省对沿线城镇污水处理厂进行升级改造。在中线，核心水源地湖北十堰调水前实现“管网全覆盖、污水全收集、收集全处理、处理全达标”治污目标，丹江口库区此前延续多年的网箱养鱼产业被忍痛取缔，河南南阳累计关闭重污染企业800多家，关停转迁污染企业460多家……

一渠清水能北上，还离不开一个不能被忘记的群体：丹江口库区34.5万移民和中线干线9万征迁群众，告别祖祖辈辈生活的故土，“舍小家、顾大家”默默奉献。

“这么短的时间内建成如此大规模、涉及面如此之广的工程，在世界上任何一个别的国家都是不可能做到的。”中国工程院院士、著名水文水资源专家王浩如此评价南水北调。2013年11月15日，东线一期工程正式通水；2014年12月12日，中线一期工程正式通水，意味着南水北调东、中线一期工程全面通水。当南来之水涌入北方大地，历史注定铭记这一高光时刻。

6年多调水超418亿立方米，清水永续润北方

截至2021年4月2日，南水北调累计调水418.55亿立方米，相当于超过2989个西湖的水量，超1.3亿人口直接受益，发挥了巨大的经济、社会、生态等效益。

改变供水格局，水资源配置得到优化——受水区40余个大中城市的260余个县区用上南水，实现了城市供水外调水与当地水双供水保障，有效提高了供水保证率。

改善供水水质，群众幸福感增强——通水6年多来，丹江口水库水质95%达到Ⅰ类水，中线干线供水水质稳定在Ⅱ类标准及以上，东线工程水

质稳定在Ⅲ类标准。

改善河湖生态，生态环境得到修复——中线工程向沿线受水区河道开展生态补水，助力黄淮海平原尤其是华北地区生态修复与地下水超采综合治理，截至2021年4月2日，累计补水54.29亿立方米，河湖生态有效改善，华北部分地区地下水水位止跌回升，其中，北京地下水位自2016年以来累计回升超3米。

优化产业结构，助推经济社会发展——工程受水区实行区域内用水总量控制，加强用水定额管理，带动发展高效节水行业，淘汰限制高耗水、高污染产业，带动沿线地区产业结构调整和优化升级。

滴滴南水来之不易，用水不能“任性”。习近平总书记强调，南水北调工程在一定程度上缓解了北方地区用水困难问题，但总的来讲，我国在水资源分布上仍然是北缺南丰。要把实施南水北调工程同北方地区节水紧密结合起来，以水定城、以水定业，注意节约用水，不能一边加大调水、一边随意浪费水。

为让汩汩南水能永续北上，受水区沿线各地先后建立水资源刚性约束制度，拧紧节水“龙头”——北京16个市辖区全部建成节水型区，万元地区生产总值用水量由2015年的15.4立方米下降到2019年的11.8立方米；天津坚持“多渠道开源节流，节水为先”，出台全国第一部地方节水条例；山东将“单位GDP水资源消耗降低”节水指标纳入对各市经济社会发展综合考核指标体系；河南郑州统一调度地表水、地下水，统一取水许可管理，统一下达计划用水指标，统一征收超计划超定额加价水费。

千里水脉润北方。南水北调东中线在我国水资源版图刻下的输水大动脉，犹如一条生命线，为沿线地区发展注入澎湃生机和无尽活力。今天，新的辉煌还在继续：南水北调东线北延应急供水工程顺利完成主体建设，于2021年3月23日通过通水阶段验收；西线工程2020年规划方案比选论证报告已报送国家发展改革委……南水北调，这一超级工程，正“不舍昼夜”书写新的历史。

（2021年4月8日）

抗击“非典”：
打赢同心抗疫人民战争

杨舒

4月的中华大地，春光烂漫。大大小小的城市里，街道早已恢复了往日的活力。唯有行人脸上的口罩还在提醒，历经众志成城的殊死较量，我们进入了新冠肺炎疫情防控常态化阶段。

18年前，也是这样一个春天。一种被称作“非典型肺炎”的新发传染病汹汹而来。在党中央的坚强领导下，一场同心战疫的人民战争就此打响。

从白衣为甲、逆行出征的医务人员到无私奉献、友爱互助的志愿者，从临危受命、紧急攻关的科研人员到无惧劳苦、坚守岗位的社区工作者……处处是冲锋陷阵的身影，时时有默默付出的真情，铸就了“万众一心、众志成城，团结互助、和衷共济，迎难而上、敢于胜利”的抗击“非典”精神，在新世纪初，向世界彰显了中华民族精神的磅礴伟力。

全民共筑“抗疫大堤”

2003年春天，一场突如其来的疫情蔓延到全国大多数省份。高热、咳嗽、呼吸困难，这种“非典型肺炎”前所未有的传染性令人始料未及。

“‘非典’的袭击就像是一场突发、不期而遇的遭遇战。”原解放军小汤山医院院长张雁灵这样回忆。

党中央高度关注着疫情发展。2003年4月17日，中共中央政治局常务委员会召开会议，对抗击“非典”斗争提出总体要求：沉着应对、措施果断，依靠科学、有效防治，加强合作、完善机制；提出切断“非典”传播途径的科学策略——早发现、早报告、早隔离、早治疗。

成立全国防治非典型肺炎指挥部、设立总额20亿元的非典型肺炎防治基金、决定“五一”暂不实行长假、专题部署农村防治工作、将“非典”纳入法定传染病……党中央、国务院的一系列重大举措，推动全国防治工作科学有序地深入展开，一张治疗、预防和控制“非典”的网络迅速在全国建立张开——

每天公布疫情、指导各地防治、发布公众预防“非典”指导原则、公布推荐治疗方案……原卫生部成为防治“非典”的前沿哨所。

集中指挥、统一调度，把病房当作战场，广大医务工作者联合作战，义无反顾地冲向与“非典”斗争的第一线。

中小学停课、高校封闭式管理、公共场合定期消毒、疫情场所整体隔离……紧要关头，北京建立了严密的疫情监测体系和防治网络；上海迅速启动公共卫生重大突发事件应急处理机制；广东8000多万人开展爱国卫生运动……

从城市到乡村，从机关到企业，从社区到学校，从地方到部队，全国上下紧急行动，全民动员，全社会参与，形成了严密有序的群防群控、联防联控体系，构筑起一道牢固的“抗疫大堤”。

攻坚能力世界惊叹

2003年大年初三，中国工程院院士钟南山被任命为广东省非典型肺炎医疗救护专家指导小组组长，奔赴战疫最前沿，那一年，他67岁。

“把最危重的病人往我们这里送！”他向广东省卫生厅主动请缨，并经过摸索果断地提出有效的治疗方案；他带头组织多方协作，努力探寻发病源头；当流言四起时，他亮相于媒体，担起科普重任……“医院就是战场，作为战士，我们不冲上去谁上去？”

第一批“扫雷者”、中山大学附属第三医院感染科党支部书记邓练贤以宝贵的生命托起生命，倒在了抗击“非典”一线；因抢救患者染病的原解放军302医院74岁老专家姜素椿执意注入“非典”患者康复期的血清，“为防治‘非典’闯条路”；武警北京总队医院主任医师李晓红在身染“非典”病情危重之际，仍把自己作为研究对象，誓要为战胜疫情尽最后之力……

心往一处想，劲往一处使。中国科学院和军事医学科学院的科研人员争分夺秒，36 小时完成“非典”病毒的基因测序，16 天开发出新一代红外测温仪；住总、建工等六大建设集团紧急受命，7 天 7 夜在一片荒草地上建成可容纳 1000 张病床的全国最大专科传染病医院——小汤山医院；北京中医药大学的志愿者驰援北京疾控中心接听热线，每部电话单日“非典”咨询呼叫高达 8000 次；山东青岛市民排起长队献血支援北京，创当地血站建站以来采血数量新纪录……

时任卫生部党组书记高强曾回忆，那时，在北京首个隔离区——北大人民医院隔离带外的树上，挂满了大大小小的中国结、黄丝带、千纸鹤和心形卡片，写满了市民关心鼓劲的话语。“一旦有了人民群众广泛的参与和支持，再大的难关也能攻克！”高强为此感慨万千。

2003 年 6 月 24 日，世界卫生组织宣布：中国最后一个疫区——北京的非典型肺炎疫情明显缓和，已符合世卫组织有关标准，因此解除旅行警告，同时将北京从疫区名单中排除。以此为标志，中国抗击“非典”的斗争取得了阶段性的重大胜利。

从全国防治非典型肺炎指挥部成立，到世界卫生组织宣布“双解除”，仅仅用了两个月时间。蔓延 24 个省区市的“非典”被成功遏制，中国共产党领导人民攻坚克难的能力，再次让世界惊叹！

中国经验创新发展

习近平总书记指出：“我们党一步步走过来，很重要的一条就是不断总结经验、提高本领，不断提高应对风险、迎接挑战、化险为夷的能力水平。”

2003 年战胜“非典”疫情后，我国修订了传染病防治法，陆续出台了突发事件应对法、《突发公共卫生事件应急条例》以及配套预案，建立了传染病网络直报系统。特别是党的十八大以来，我们明确了新时代党的卫生健康工作方针，成功防范和应对了甲型 H1N1 流感、H7N9 等突发疫情，主要传染病发病率显著下降。

在国家卫健委高级别专家组成员曾光看来，在党的直接领导下，抗击“非典”中建立的联防联控、信息公开、中西医结合、“四早”策略等一系列实践不仅成为我国公共卫生体系的宝贵经验，更在 2020 年的抗击新冠肺炎疫情中得到重大创新发展。

“2003 年‘非典’的时候你们保护了我们，今天轮到我们来保护你们了。”在 2020 年抗击新冠肺炎疫情的斗争中，医务人员中近一半的 90 后、00 后用这句话感动了中国；“为了人民的身体健康和生命安全，我们可以不惜一切代价。”17 年后，84 岁的钟南山代表无数再次出战的白衣天使说，“这就是中国共产党对民生、对人的生命的敬畏、尊重和维护”；10 多天时间先后建成火神山医院和雷神山医院、大规模改建 16 座方舱医院、迅速开辟 600 多个集中隔离点，19 个省区市对口帮扶除武汉以外的湖北 16 个市州，460 多万个基层党组织冲锋陷阵。全国人民都“为热干面加油”！

在抗击“非典”的关键时刻，“万众一心、众志成城，团结互助、和衷共济，迎难而上、敢于胜利”是党中央对人民精神的精辟概括。17 年后，“生命至上、举国同心、舍生忘死、尊重科学、命运与共”的伟大抗疫精神再次与其交相辉映。

2020 年 9 月 8 日，习近平总书记在全国抗击新冠肺炎疫情表彰大会上强调：“伟大抗疫精神，同中华民族长期形成的特质禀赋和文化基因一脉相承，是爱国主义、集体主义、社会主义精神的传承和发展，是中国精神的生动诠释，丰富了民族精神和时代精神的内涵。”

抗“非典”，战新冠，这种精神牢牢扎根于人民群众的心中，见诸人民群众的行动，必将化作中华民族攻坚克难的强劲足音，在全面建设社会主义现代化国家的新征程上，久久回响。

（2021 年 4 月 8 日）

“神五”圆梦：翻开中国载人航天崭新一页

章文

这一刻，中华民族已经等待了千百年。

这一刻，距神舟五号载人飞船（简称“神舟五号”）发射已21小时23分，距中国第一艘试验飞船发射3年零329天，距中国载人航天工程立项11年零25天——

2003年10月16日6时23分，经过60余万公里的太空跋涉，神舟五号于内蒙古中部草原成功着陆，中国首飞航天员杨利伟自主出舱。

从此，中国成为世界上第三个能够独立开展载人航天活动的国家，中国载人航天工程取得历史性突破。

经过几代航天人接续奋斗，我国航天事业创造了以“两弹一星”、载人航天、月球探测为代表的辉煌成就，走出了一条自力更生、自主创新的发展道路。了不起的中国航天人，用勇气和智慧圆了华夏飞天梦想，铸就了“特别能吃苦、特别能战斗、特别能攻关、特别能奉献”的载人航天精神。

从无到有，开辟探索太空新征程

航天技术是20世纪科学技术的最大成就和发展最快的学科之一，是一个国家综合国力和技术水平的重要标志。发展航天技术对整个人类进步、国家安全、社会繁荣都具有重要意义。

将时间拨回至20世纪60年代，美国和苏联先后把航天员送往太空。作为嫦娥的故乡、“火箭”的发源地，中国必须迎头赶上。

对航天界来说，1986年的“春天”，来得比哪年都早。“863计划”的出台，对中国开始载人航天探索起到了催化作用。从这一年开始，科学家们经过反复论证，对中国载人航天发展的途径逐渐形成共识。

“从政治、经济、科技等诸多方面考虑，立即发展载人航天是必要的，发展载人航天要从载人飞船起步。”1992年9月21日，中共中央政治局常委会召开会议，作出实施中国载人航天工程的战略决策，代号“921”。

这是一场瞄准世界先进水平，跟踪研发奋起直追的征程，也是中国航天创新发展的一个全新阶段。

面对航天强国的技术封锁，没有现成资料和经验可以借鉴。航天人硬是凭着一股不服输的劲儿，从无到有，攻克难关，开辟出一条探索太空的新征途。经过7年多的努力，航天科技人员攻克了载人航天的三大技术难题——研制出高安全性、高可靠性的大推力火箭，掌握载人飞船的安全返回技术，构建太空飞行的生命保障系统。

载人飞船是技术要求最高、系统最为复杂的航天器之一。飞船研制人员通过大量的计算、仿真验算和反复论证对比，大胆提出技术大跨越思路，跨过美俄从单舱到多舱的40年历程，直接研制国际上第三代飞船，最终确立了由推进舱、返回舱、轨道舱组成的独具中国特色的“三舱方案”。

首任神舟飞船总设计师戚发轫记得，当年他们借鉴曾研制过的返回式卫星经验，利用做过地面试验的初样部分组件，改装成用于发射的正样飞船，确保了载人航天工程的“先锋官”——神舟一号从初样地面试验到正样发射只用了不到一年时间即告完成。戚发轫说：“神舟一号是我们载人航天圆满的第一步，从无到有。”

在随后的几年中，神舟二号、神舟三号、神舟四号飞船相继成功发射，为后续开展的载人飞行任务提供了坚实的技术保障和经验支持。

“发达国家在进行载人飞行之前，往往发射近10次甚至10余次无人试验飞船，而我国只进行了 4 次无人飞行试验，这在世界航天史上堪称奇迹。”国际宇航联空间运输委员会副主席、中国航天科工二院研究员杨宇光说，神舟五号载人航天飞行任务的圆满完成，彰显了我国雄厚的综合实力，也表明中国完全有能力开展载人航天领域的独立探索。

从弱到强，逐梦太空步履不停

为推动中国载人航天事业不断进步，中国航天人不懈探索，敢于超越，瞄准世界航天科技发展的前沿，用智慧的双手托起了“神舟”的腾飞。

载人航天飞行的核心是“载人”，因此航天员挑选是名副其实的“百里挑一”——在 1506 名飞行员中选出 14 人，成为我国第一批航天员。

当年 30 出头、现任中国载人航天工程航天员系统总设计师的黄伟芬，正是带领我国第一批航天员的“女教头”。她永远也忘不了，送杨利伟执行任务前，自己原本准备了满腹的送别话语，最后只剩两个字：“走吧。”

从无人飞行到载人飞行，从一人一天到多人多天，从舱内实验到出舱活动，从单船飞行到组合体稳定运行……我国的载人航天事业从无到有，从弱到强，以令人惊叹的速度，一路追赶、并跑、超越，跨越了发达国家半个世纪的发展历程，先后把 11 名航天员 14 人次送入太空，成功率 100%，创造了发射“0 失误”和回收“10 环打靶”的卓越成绩。

“探索浩瀚宇宙，发展航天事业，建设航天强国，是我们不懈追求的航天梦”“不断刷新进军太空的中国高度”“让中国人探索太空的脚步迈得更稳更远”……党的十八大以来，习近平总书记就我国航天事业发展多次发表重要讲话、作出重要指示批示，为航天事业发展指明了前进方向。

进入新时代，党领导下的中国航天事业正阔步前行：新一代载人飞船试验船和柔性充气式货物返回舱试验舱被送入太空轨道，载人航天工程全线突破创新，叩开空间站时代大门；嫦娥五号返回器携带月球样品返回地球，探月工程“绕、落、回”三步走规划圆满收官；北斗导航工程发力赶超建成全球组网新格局，系统服务能力步入世界一流行列……我国载人航天工程接连执行长征七号、天宫二号、神舟十一号、天舟一号、长征五号B等重大任务，不断刷新中国载人航天的新高度。

如今，中国载人航天工程已经全面转入空间站在轨建造任务阶段。正如杨利伟当年在神舟五号内写下的，“为了人类的和平与进步，中国人来到太空了”。走在新时代征战太空的新征途上，这份豪情壮志始终在航天人心中激荡。

（2021年4月9日）

哲学社会科学：展现蓬勃气象，激扬时代精神

李晓

17年前的一天，首都理论界召开了一场气氛热烈的座谈会，金冲及、陈先达、林甘泉等理论家悉数到场。彼时，中共中央《关于进一步繁荣发展哲学社会科学的意见》（以下简称《意见》）刚刚印发，理论界研讨热潮迅速掀起。不少专家将《意见》出台喻为“春风化雨”，喜看中国哲学社会科学迎来一派蓬勃气象。

“生命工程”：深入推进党的理论建设

研讨会上，原中央文献研究室常务副主任金冲及提到一件事：有位刚到某机关研究单位工作的年轻博士，与人说起从未看过恩格斯的《反杜林论》。别人一听很吃惊，他却若无其事：“我是研究西方哲学史的，不是研究马克思主义哲学史的。”

故事虽小，却引发不少学者思考。进入21世纪，改革开放造就了中国经济发展的奇迹，但社会结构深刻变动，社会思潮交织激荡，迫切需要统一思想、凝聚力量。当时，马克思主义理论研究与教材编写滞后于时代前进步伐，忽视马克思主义基本原理的学习、弱化求真务实的治学风气等现象普遍存在。

此时，《意见》出台，并将实施马克思主义理论研究和建设工程作

为重中之重，犹如“排头兵”与“助推器”一般为繁荣哲学社会科学明确方向、注入动力。不少专家认为：这是中央为巩固马克思主义指导地位、加强党的理论建设作出的重大举措，是繁荣哲学社会科学的生命工程。

2004 年 4 月，中央召开实施马克思主义理论研究和建设工程工作会议，标志着这项浩大的系统性工程正式启动。随后，工程围绕马克思主义经典著作编译、理论研究阐释、重大现实问题研究、学科教材体系建设、人才队伍建设等内容持续推进，党的思想理论建设不断呈现新气象。

当时，一大批思想理论界的知名学者在花甲之年甚至杖朝之年加入这项“生命工程”，担任工程咨询委员会委员，以满腔热忱成为工程学术与政治上的“把关人”。

南开大学原副校长逄锦聚就名列其中。“自 2004 年参与工程，2008 年增补为咨询委员会委员，我主持编写了《马克思主义基本原理概论》，参与编写了《马克思主义政治经济学概论》，几乎参与审议了全部马工程哲学社会科学教材。”逄锦聚忆起那些“天津北京两地跑、白天黑夜连轴转”的往事，感慨“忙碌充实中经历了人生第二次理论学习的高峰期”。

2009 年 12 月，凝聚着 100 多位编译专家心血的《马克思恩格斯文集》《列宁专题文集》在历时 5 年的编译之后终于问世。这两部被中国人民大学荣誉一级教授陈先达评价为译文准确、使用率最高的“手边书”，成为强化党的思想理论建设，推动马克思主义理论指导实践发展的“典范教材”。

几代理论家鞠躬尽瘁、赓续薪火，孕育出理论研究与建设的繁花硕果。如今，工程从夯基垒台到厚积成势，一批马克思主义中国化的最新研究成果不断涌现，马克思主义经典著作编译和基本观点研究取得重要进展，与时俱进的教材体系、学科体系日益健全。专家指出，党的十九大以来，相继成立的一批习近平新时代中国特色社会主义思想研究中心（院），为研究阐释新时代党的创新理论打造了重要平台。

习近平总书记曾强调，理论的生命力在于不断创新，推动马克思主义不断发展是中国共产党人的神圣职责。今天，在习近平新时代中国特色社会主义思想这一当代中国马克思主义、21 世纪马克思主义的指导下，我国哲学社会科学理论研究扎实推进，不断为中华民族走向伟大复兴提供理论支撑和充沛动能。

时代使命：着眼现实服务国家发展

2003 年，中国社会科学院的一份调研报告显示了一个较为普遍的现象：对哲学社会科学的重要地位认识不足，对其功能作用缺乏科学态度，理论研究成果时常受到冷遇。

2004 年 3 月出台的《意见》提出：社会主义现代化，应该有发达的自然科学，也应该有繁荣的哲学社会科学，并强调“注意把哲学社会科学优秀成果运用于各项决策中”，如同吹响了冲锋号角，激扬起时代精神。

“《意见》突出了哲学社会科学与自然科学‘四个同样重要’的关系，强调了哲学社会科学的重要地位。”逄锦聚说，中国的现实发展为学术研究与理论创新提供了丰富土壤，加之有党和国家政策作为支持与引导，学者当不断夯实理论基础、直面时代课题，为服务党和国家的重大决策贡献思想力量。

在哲学社会科学的发展过程中，中国智库担历史重任、立时代潮头、发思想先声，不断凝聚社会共识与合力。自 2015 年中办、国办《关于加强中国特色新型智库建设的意见》提出，2020 年形成“定位明晰、特色鲜明、规模适度、布局合理的中国特色新型智库体系”，到 2016 年习近平总书记主持召开哲学社会科学工作座谈会时强调“引导和推动智库建设健康发展、更好发挥作用”，再到党的十九大报告指出“加强中国特色新型智库建设”，中国智库从“数量增长”向“内涵式发展”转变，产出了一批对决策有重要推动、给施政以重大启发、经得起历史与实践检验的战略研究和咨政成果。

武汉大学党委副书记沈壮海忆及 5 年前参加哲学社会科学工作座谈会并发言的情景时依旧激动不已：“发思想先声，就是要拿出原创性的成果，推动思想进程，引领时代发展。”为此，他与团队开展《文化强国的关键要素及其建设研究——以当代中国为中心》课题，立足当代中国文化建设的实践，梳理中华民族文化发展的规律，为构建中国文化强国的现实图景探索路径。

“走出小楼书斋、奔赴实践现场，将基础研究与应用研究的治学路径融会贯通，凭借深厚学养、扎实学力才能取得创新性成果。”浙江省社会科学院副院长、研究员陈野这样谈及多年体悟。2017 年，她带领团队承担了浙江省第二期文化研究工程重大项目——《中国村庄发展的浙江样本研究》。“从海岛到田园，从山区到平原，我们走遍了浙江的百余个村庄，考察、总结乡村建设的经验，为国家乡村振兴提炼浙江的实践样本。”

新时代，一批富有全局性、前瞻性、战略性的课题正在集中攻关，一批为党和人民服务的研究正结出硕果，不断为构建中国特色哲学社会科学的新图景增添力量。

大众普及：理论“飞入寻常百姓家”

“价格贵不贵，要看摊位费”“民以食为天，食以安为先”……翻开历年的《理论热点面对面》等理论读本，随处可见如此生动上口的语句。在推动马克思主义大众化的过程中，这些理论通俗读本用鲜活案例、透彻说理将民生、经济等领域社会主义现代化建设的点点滴滴写进了老百姓的心坎里。

在北京师范大学学术委员会主任韩震看来，实现马克思主义理论大众化需要在话语体系和表达方式上下功夫。“马克思主义应该以诗一般的语言，表达关于社会发展进程的钢铁般的逻辑。”

为了让青年群体参与马克思主义大众化的进程，中国矿业大学（北京）马克思主义学院副教授卢刚与团队跳出了“书斋中的说教”，引导当代青年与马克思来一场跨越时空的“相遇”。“‘学习马克思能治玻璃心’‘马克思是个 90 后'等网络'梗'在《马克思靠谱》这本书中有了鲜活转化。"卢刚欣喜地发现，这本书已经成了书店的"畅销品"、90 后的"案头书"。

继《马克思靠谱》之后，同一团队创作的首部马克思传记动漫《领风者》迅速占据 B 站动画国创区首播在线观看榜首。"高大上"的经典理论日益被青年所熟知，思想的种子以更具时代感与生命力的方式在一片沃野中破土萌芽、拔节生长。

韩震表示，除了提升语言表达的力量外，理论大众化还要求学者投身人民群众的生活实践中，立足群众呼声寻找研究切入点。安徽省中国特色社会主义理论体系研究中心研究员曾凡银对此有相似见解：要坚持以人民为中心的研究导向，发现问题、找到方法，并做好从群众中来、到群众中去的工作，在实践检验中完善实施办法，为经济社会发展服务。

2017 年，中共中央印发《关于加快构建中国特色哲学社会科学的意见》，对"推动哲学社会科学研究成果向决策咨询、教育教学转化，更好地服务社会、服务大众，开展形式多样的普及活动"提出明确要求。

习近平总书记指出，新时代坚持和发展中国特色社会主义，需要大批能把马克思主义中国化讲好的人才，讲人民群众听得懂、听得进的话语，让党的创新理论"飞入寻常百姓家"。

新时代，以出版物、宣讲、视听产品等为主的传播形式在推动哲学社会科学进一步普及的过程中发挥了重要作用，不断彰显出中国哲学社会科学的生命力、创造力，为构建具有中国特色、中国风格、中国气派的哲学社会科学铺展开一幅闪烁着思想光辉的生动画卷。

（2021 年 4 月 9 日）

《反分裂国家法》：反“独”促统的重要遵循

彭景晖　赵家润

一水之隔，天涯咫尺，浅浅的台湾海峡承载着两岸人民深深的离愁。解决台湾问题，实现国家统一，是全体中国人民庄严而神圣的使命。

1949 年以来，中国共产党、中国政府、中国人民始终把解决台湾问题、实现祖国完全统一作为矢志不渝的历史任务。在这条团结台湾同胞，推动台海形势从紧张对峙走向缓和改善，进而实现和平发展的奋斗之路上，一部体现着以最大诚意、尽最大努力争取和平统一的一贯主张、充分彰显坚定捍卫国家主权和领土完整的法律发挥着重要作用。

2005 年 3 月 14 日上午 9 时 23 分，2896 名全国人大代表共同按下表决器上的赞成键，《反分裂国家法》以无人反对的表决结果，在万众瞩目中诞生了。这一天起，遏制“台独”分裂、推动两岸关系不断取得进展，有了坚实的法治保障。

“它为祖国和平统一指明了前景，也提供了历史机遇。”消息一出，海内外热烈回应。时任北京大学党委副书记的赵存生在接受采访时表示，全国人大高票通过《反分裂国家法》，从法律角度有效地维护了祖国统一，这部法律是一部具有重要历史和现实意义的法律，反映了包括台湾 2300 万同胞在内的全国人民的意愿，是具有战略意义的重大举措。

顺应海内外中华儿女的强烈呼声

甲午战争后，台湾被日本侵占长达半个世纪。1945 年，中国人民取得抗日战争的伟大胜利，台湾重回祖国怀抱。其后，由于中国内战延续和外部势力干涉，海峡两岸陷入长期政治对立的特殊状态。

台湾是中国的一部分，两岸同属一个中国的历史和法理事实，任何人、任何势力都无法改变。数千年来，中国人民开发台湾，历朝政府留下了管辖台湾的历史文献。《开罗宣言》和《波茨坦公告》均确认中国对台湾的主权。

1949 年之后，海峡两岸对峙长达数十载。1979 年，全国人大常委会发表《告台湾同胞书》，郑重宣示争取祖国和平统一的大政方针，两岸关系由此揭开新的历史篇章；1987 年年底，两岸同胞长期隔绝状态被打破，两岸同胞的交往从此日益密切，两岸的经济文化交流蓬勃发展起来；1992 年，海协会与台湾海基会达成“九二共识”，双方在 1993 年举行首次“汪辜会谈”，成为 1949 年以来两岸授权高层人士首次会谈；1998 年，“汪辜会晤”在上海举行，拉开了两岸政治对话的序幕。

然而，正当人们期待两岸协商对话进一步展开时，李登辉于 1999 年 7 月抛出“两国论”的分裂主张，致使两会商谈被迫中断；2000 年 5 月，奉行“台独党纲”的民进党上台“执政”。陈水扁当局不断鼓噪“台湾正名”，否定“九二共识”，抛出两岸“一边一国”的分裂主张，千方百计地进行“台独”活动，甚至公然提出通过“制宪”走向“台独”的时间表，将两岸关系推到了危险的边缘。

在这种情况下，坚决制止旨在分裂中国的“台独”活动，维护台海和平稳定，成为两岸同胞最重要最紧迫的任务，成为海内外中华儿女的强烈呼声。时任中国社科院副院长、全国台湾研究会副会长的朱佳木指出：“这样搞下去，台海地区的局势不可能稳定。”16 年前，全国人民代表大会正是在这样的历史条件下启动制定《反分裂国家法》立法程序的。

“如果一个中国的前提没有了，和平统一的可能就丧失了。”中国社会科学院学部委员张海鹏在文章《一个中国是海峡两岸关系的政治基础》中指出，2005 年全国人大通过的《反分裂国家法》，就是针对如果丧失了这一前提，“台独”分裂势力以任何名义、任何方式造成台湾从中国分裂出去的事实，或者发生将会导致台湾从中国分裂出去的重大事变，或者和平统一的可能性完全丧失，国家得采取非和平方式及其他必要措施，捍卫国家主权和领土完整。

《反分裂国家法》第二条规定：“世界上只有一个中国，大陆和台湾同属一个中国，中国的主权和领土完整不容分割。维护国家主权和领土完整是包括台湾同胞在内的全中国人民的共同义务。”这部重要法律是坚持“一国两制”、推进祖国和平统一制度体系的重要组成部分，为反“独”促统政治责任和使命要求提供了重要遵循。

推进祖国统一伟大事业的有力抓手

寸寸山河寸寸金，侉离分裂力谁任。《反分裂国家法》深得民心民意，契合历史大势。实施 16 年来，这一部重要法律受到海内外爱国统一力量的热烈拥护，得到国际社会的广泛支持、理解和尊重，极大震慑了“台独”分裂势力，维护了中华民族的根本利益，影响深远。

就在《反分裂国家法》颁布的 2005 年，国共两党在两岸关系发展的关键时刻共同迈出了历史性的重要一步，实现“破冰之旅”。两岸关系在此基础之上取得可喜进展，台湾同胞不断得到实实在在的好处：2005 年 5 月 3 日，大陆方面宣布，向台湾同胞赠送一对象征和平团结友爱的大熊猫；大陆有关方面将开放大陆居民赴台湾旅游，扩大开放台湾水果准入并对其中 10 余种实行零关税；7 月，大陆方面宣布进一步便利台胞往来措施，简化台湾居民入出境和居留手续；8 月 1 日起，台湾水果准入品种从

12 种扩大到 18 种，并对其中 15 种水果实行进口零关税措施……这与法律的保障作用密不可分，在《反分裂国家法》第六条中，有这样的规定：鼓励和推动两岸人员往来，增进了解，增强互信；鼓励和推动两岸经济交流与合作，直接通邮通航通商，密切两岸经济关系，互利互惠；鼓励和推动两岸教育、科技、文化、卫生、体育交流，共同弘扬中华文化的优秀传统。

青山一道同云雨，明月何曾是两乡。2015 年 11 月 7 日，两岸领导人在新加坡会面，就进一步推进两岸关系和平发展交换意见。双方认为应该继续坚持“九二共识”，巩固共同政治基础，推动两岸关系和平发展，维护台海和平稳定，加强沟通对话，扩大两岸交流，深化彼此合作，实现互利共赢，造福两岸民众。

去年以来，“台独”分裂势力推动和鼓噪所谓“修法”“立法”“释宪”“宪改”等，妄图推进“渐进台独”，寻机谋求“法理台独”。虽然“台独”分裂势力及其活动成为两岸关系发展的最大障碍，但《反分裂国家法》始终为反“台独”、反分裂斗争提供法律的依据、法治的力量与底气。

历史不能选择，现在可以把握，未来可以开创！习近平总书记在《告台湾同胞书》发表 40 周年纪念会上的重要讲话中强调，新时代是中华民族大发展大作为的时代，也是两岸同胞大发展大作为的时代。前进道路不可能一帆风顺，但只要我们和衷共济、共同奋斗，就一定能够共创中华民族伟大复兴美好未来，就一定能够完成祖国统一大业！

海峡两岸分隔已有 70 余年。在党中央对台大政方针指引下，在两岸同胞的共同努力下，反“独”促统大势更加稳固，两岸命运共同体日益成为生动的现实。今天《反分裂国家法》仍带着重大使命“前行”，它所折射的伟大精神，将继续在推进祖国和平统一的正义事业中发光发热。

（2021 年 4 月 12 日）

社会主义核心价值体系：

形成“最大公约数”
画出“最大同心圆”

张颖天

历史和现实反复证明：一个国家、一个民族没有赖以维系的精神纽带，就没有统一的意志和共同的行动。

21世纪初期，改革开放日益深入，经济发展进入快车道，人们的生活方式和价值选择变得纷繁多样，如何构建一个凝聚全民族的“核心价值体系”，重要且紧迫。

为国家立心，为民族铸魂。2006年10月，党的十六届六中全会第一次明确提出“建设社会主义核心价值体系，形成全民族奋发向上的精神力量和团结和睦的精神纽带”的重大命题和战略任务。

从“建设社会主义核心价值体系”的提出到党的十八大作出“积极培育和践行社会主义核心价值观”的战略安排，中国持续深化社会主义精神文明建设的步伐越走越坚定。

立心铸魂：
打牢全党全国各族人民团结奋斗的思想道德基础

机遇前所未有，挑战前所未有。

时间倒回到2006年，当时中国的改革开放已走过近30个年头，人均国内生产总值突破1000美元，经济总量跃居全球第四。伴随经济全球化带来的文化交融、多元观念，人们的精神世界极大丰富和活跃。

空前的社会变革既给我国发展进步带来巨大活力，也产生了一些社会矛盾和价值失落：“毒奶粉”“苏丹红”“瘦肉精”“地沟油”等丑闻频繁发生，拷问着社会良知的底线。如何提升社会文明程度，凝聚起社会共识的“最大公约数”，成为摆在中国共产党人面前的时代课题。

2006年10月11日下午3时05分。北京。人民大会堂。

党的十六届六中全会审议通过的《中共中央关于构建社会主义和谐社会若干重大问题的决定》首次明确提出“建设社会主义核心价值体系”。

由此，社会主义核心价值体系建设这一立心铸魂的重大战略命题正式开启。

2007年10月，党的十七大强调，社会主义核心价值体系建设是推进社会主义文化大发展大繁荣的首要任务。

2011年10月，党的十七届六中全会突出强调社会主义核心价值体系是兴国之魂，是社会主义先进文化的精髓，决定着中国特色社会主义发展方向。

2012年11月，党的十八大明确提出要“倡导富强、民主、文明、和谐，倡导自由、平等、公正、法治，倡导爱国、敬业、诚信、友善，积极培育社会主义核心价值观”。

2013年12月，中共中央办公厅印发《关于培育和践行社会主义核心价值观的意见》，致力于把培育和践行社会主义核心价值观融入国民教育全过程，落实到经济发展实践和社会治理中。

2016年12月，中共中央办公厅、国务院办公厅印发《关于进一步把社会主义核心价值观融入法治建设的指导意见》，就社会主义核心价值观融入法治建设作了具体部署。

2017年10月，党的十九大对培育和践行社会主义核心价值观提出新要求，指出“培育和践行社会主义核心价值观，要以培养担当民族复兴大任的时代新人为着眼点”。

2018 年 3 月，“国家倡导社会主义核心价值观”被写入宪法，社会主义核心价值观成为国家意志的体现。

2021 年 3 月，十三届全国人大四次会议通过的《中华人民共和国国民经济和社会发展第十四个五年规划和 2035 年远景目标纲要》将“社会文明程度得到新提高”确立为“十四五”时期经济社会发展主要目标。

一系列战略部署，一系列重要文件的出台，体现了党对中国特色社会主义建设规律的科学认识。在一个个历史节点上，我们党通过构筑中国精神、中国价值、中国力量，为中国特色社会主义事业提供了源源不断的精神动力和道德滋养。

培育践行：
在生动实践中谱写出中华民族生生不息的精神凯歌

中国 5000 年文明浩浩汤汤。在中华优秀传统文化的润泽下，在马克思主义科学理论的指导下，伴随着社会主义现代化建设的生动实践，中国共产党带领全国人民持续培育和弘扬社会主义核心价值观，使坚持社会主义核心价值体系成为中华民族共同践行的道德依归。

——延续根脉，以文化人。

习近平总书记强调，要“深入挖掘和阐发中华优秀传统文化讲仁爱、重民本、守诚信、崇正义、尚和合、求大同的时代价值”。

坚守精神家园是中华民族历尽沧桑而不变的守望。从影响深远的诸子学说，到浩如烟海的历史典籍；从“天下兴亡，匹夫有责”的家国观，到“德不孤，必有邻”“仁者爱人”的友爱观……中华优秀传统文化蕴含着最持久、最深层的精神力量。

延续根脉，家庭为基。中央文明办积极开展“文明家庭祝福祖国”等活动，研究起草全国文明家庭动态管理办法等工作，家教家风成为推进社会主义核心价值观落地生根的重要抓手。

立德树人，教育先行。从幼儿园、中小学到大学的各个阶段，全国的教育领域不断加强和改进学校体育美育，广泛开展劳动教育，发展素质教育，促进学生德智体美劳全面发展。

——崇德向善，久久为功。

伟大时代呼唤伟大精神，崇高事业需要榜样引领。在世界互联互通、文明交流互鉴的今天，在多样价值选择竞相涌流的今天，感动中国年度人物、全国道德模范、“最美人物”等的先进事迹依然让人热泪盈眶。

张富清、王继才、杜富国、国家援鄂抗疫医疗队……每个名字和集体都是闪光的名片，在新时代彰显着榜样引领的力量；黄大年、袁隆平、黄旭华、叶培建、黄文秀……他们为国家、民族、人民，奉献青春、热血甚至生命，诠释着新时代的社会主义核心价值观。

党和政府高度重视道德建设。2007 年以来，中央宣传部、中央文明办等部门评选表彰了七届全国道德模范，各地也广泛开展了道德模范评选表彰活动；自 2002 年起，中央电视台《感动中国》栏目已陪伴我们走过了 19 个年头，百余位楷模汇成了“中国人的精神史诗”。

截至 2021 年 4 月 9 日，由中宣部宣教局、光明日报社共同主办的“核心价值观百场讲坛”已举办 107 场，从天津滨海到湘江两畔，从解读“良法善治”到弘扬“雷锋精神”，从实地讲座到“云宣讲”……社会主义核心价值观的“精神种子”在全国播撒，形成了人人践行核心价值观、争当时代新人的生动局面。

——在爱国担当中诠释中国当代精神。

从载人航天精神到新时代北斗精神，从抗震救灾精神到伟大抗疫精神……在改革开放以来的探索和实践中，涌现出一大批政治坚定、表现突出、贡献重大、精神感人的杰出典型。这些杰出典型用自己的爱国担当为时代发展进步鞠躬尽瘁，高扬起一面面镌刻历史光辉印记的精神旗帜。

艰难困苦，玉汝于成。

2020年的中国适逢脱贫攻坚的决战决胜之年，又遭遇新冠肺炎疫情的全球大流行。在波澜壮阔的脱贫攻坚伟大实践中孕育的脱贫攻坚精神，在众志成城抗击新冠肺炎疫情的英勇行动中诞生的伟大抗疫精神，丰富了民族精神和时代精神的内涵，折射出当代中国的精神气度。

在“两个一百年”奋斗目标的历史交汇点上，社会主义核心价值观得到广泛传播，文明新风得到广泛弘扬，中华儿女团结奋进、一往无前的思想基础不断筑牢，中华民族生生不息的精神凯歌一路唱响。

时代强音：
坚守中华文化立场，以社会主义核心价值观引领文化建设

“坚守中华文化立场，坚持以社会主义核心价值观引领文化建设”“不断提高国家文化软实力，增强中华文化影响力”。2020年9月22日，习近平总书记在教育文化卫生体育领域专家代表座谈会上强调。

改革开放40多年来，中国特色社会主义建设取得了举世瞩目的伟大成就，其中，文化建设百花竞放、硕果累累，一派生机勃勃景象。

立足中华优秀传统文化的创造性转化、创新性发展，使文化遗产焕发活力。“十三五”期间，我国已有42个项目被列入联合国教科文组织非遗名录，居世界前列。为顺应数字产业化和产业数字化发展趋势，更多新型文化业态被发掘出来，“云展览”“云游博物馆”等新科技充分赋能，文化遗产焕发出新生机。

以社会主义核心价值观为引领，实现中国文艺的繁荣发展。广大文艺工作者把人民的冷暖放在心中，把万家的忧乐倾注笔端，创作出一大批文艺精品力作。电视剧《山海情》《跨过鸭绿江》《大江大河》等文艺作品，创造了中国文艺的新景观；与此同时，中国文艺也在不断寻求中国风格和国际表达的融通，中华文化的标识度和影响力不断提升。

做强文化内核，让品类丰富的优质文化服务“百花争妍”。近年来，

全民阅读活动在各大博物馆、图书馆亮相，建设书香中国的步履扎实推进；在乡村振兴的进程中，乡村的公共文化服务体系建设不断增强，人民的精神生活质量不断提高。

党的十九届五中全会擘画了建设文化强国的新蓝图。随着国家文化软实力、中华文化影响力的持续提升，中国人的文化自信将会越来越坚定。

（2021年4月12日）

用马克思主义中国化的科学理论引领伟大实践

陈城

1848 年，《共产党宣言》出版，马克思主义诞生，从此改变世界。

1945 年，党的七大在延安召开，毛泽东思想第一次被明确确立为全党的指导思想，并庄严地写入党章。毛泽东思想，是马克思主义中国化的第一次历史性飞跃，从此改变中国。

2007 年，党的十七大在北京召开，这次大会首次提出并科学概括的中国特色社会主义理论体系，是马克思主义中国化新的飞跃，对夺取全面建成小康社会的胜利，具有重大而又深远的意义。

在人类思想史上，没有任何一种学说和思想，能够同马克思主义一样，对世界产生如此巨大的影响。

中国特色社会主义理论体系概括提出

2007 年 10 月 15 日，中国共产党第十七次全国代表大会在北京召开，胡锦涛同志作题为《高举中国特色社会主义伟大旗帜，为夺取全面建设小康社会新胜利而奋斗》的报告。回顾当年外国媒体对这次大会的观察评述，英国《观察家报》网站中的一段话显得颇有历史纵深感：“本周，全世界都要给予中国共产党深远而严密的关注。因为中共十七大和明年 8 月的奥运会将在不到一年的时间里影响到今后几十年外界对中国的看法。”

确实，不论是党的十七大还是北京奥运会，都为世界呈现了与以往不一样的中国，引人关注。如果说奥运会是展现中国的“力量”，那么党的十七大则显示出了中国的“思想”。这个“思想”，是“力量”的源泉，是中国能够取得举世瞩目成就的根本原因。

党的十七大报告，总结了改革开放以来我们取得一切成绩和进步的根本原因，那就是开辟了中国特色社会主义道路，形成了中国特色社会主义理论体系。首次概括提出的中国特色社会主义理论体系，就是包括邓小平理论、“三个代表”重要思想以及科学发展观等重大战略思想在内的科学理论体系。

理论是行动的先导，思想是前进的旗帜。中国特色社会主义理论体系的概括，安邦定国，字字千钧。我们党自成立之日起，能够历经艰难险阻，始终走在时代前列，靠的就是正确的理论武装和先进的思想指引。

毛泽东思想是关于中国革命和建设的理论，回答并解决了新民主主义革命的道路问题，并在新民主主义革命取得胜利后，指出了转向社会主义建设的前进方向。中国特色社会主义理论体系，则回答了“什么是社会主义、怎样建设社会主义”“建设什么样的党、怎样建设党”“实现什么样的发展、怎样发展”这些重大历史性课题。

一路走来，我们党一直坚持结合本国国情，探索属于中国自己的社会主义道路。苏联解体、东欧剧变，一个极其重要的原因就是在坚持马克思主义方面，与本国国情相脱离，与时代发展相脱离，与人民群众相脱离。真正坚持马克思主义，必须与国情结合，与时代同步，与人民共命运。作为当时马克思主义中国化的最新成果，中国特色社会主义理论体系坚持和发展了马克思列宁主义、毛泽东思想，凝结了几代中国共产党人带领人民不懈探索实践的智慧和心血，焕发出强大的生命力、创造力、感召力。

今天，中国特色社会主义进入新时代，马克思主义中国化的伟大历程不断深化拓展。党的十八大以来，以习近平同志为核心的党中央提出一系列具有开创性意义的新理念新思想新战略，从根本上引领党和国家事业取得历史性成就、发生历史性变革，创立了习近平新时代中国特色社会主义思想，向世界呈现了当代中国马克思主义、21 世纪马克思主义。

将科学发展观写入党章

2003 年，正当举国上下大力推进改革开放和社会主义现代化建设各项事业之时，我国遭遇了突如其来的非典型肺炎疫情。“非典”的发生和蔓延，暴露出我国在经历一个阶段的经济高速发展后，所存在的发展不协调、公共卫生事业发展滞后、突发事件应急机制不健全等新矛盾新问题，引发了党对当前形势下中国发展问题的思考，也将“实现什么样的发展、怎样发展”这一重大理论和实践问题，历史性地摆在了所有人面前。

2003 年 10 月，答案开始呈现——党的十六届三中全会第一次在党的正式文件中完整提出了科学发展观，强调“坚持以人为本，树立全面、协调、可持续的发展观，促进经济社会和人的全面发展”。

胡锦涛同志在党的十七大报告中指出，科学发展观，第一要义是发展，核心是以人为本，基本要求是全面协调可持续，根本方法是统筹兼顾。在科学发展观的指引下，我国经济实力大幅提升，国内生产总值年均增长 10% 以上；改革开放取得重大突破，开放型经济进入新阶段；人民生活显著改善，城乡居民收入大幅增加……实践证明，科学发展观是我国经济社会发展的重要指导方针，创造性地回答了“实现什么样的发展、怎样发展”的问题，深化了对社会主义本质和执政党建设规律的认识，是发展中国特色社会主义必须坚持和贯彻的重大战略思想。

党的十七大，对科学发展观的时代背景、科学内涵、精神实质和根本要求进行了全面系统的阐述，指出科学发展观是立足社会主义初级阶段基本国情，总结我国发展实践，借鉴国外发展经验，适应新的发展要求提出来的，是中国特色社会主义理论体系重大创新成果。决定将这一成果写入党章，是党的十七大又一个历史性贡献。

从“又快又好”到“又好又快”

党的十七大，对实现全面建设小康社会的宏伟目标作出了全面部署，在经济、政治、文化、社会、生态文明等五个方面提出新要求。提出这些新要求，是为了确保到2020年实现全面小康的奋斗目标，既与党的十六大确定的目标相衔接，又使得全面建设小康社会的目标更全面、内涵更丰富、要求更具体。

2006年中央经济工作会议，将开展经济工作的表述，由曾经的“又快又好”修改为“又好又快”。中央经济工作会议是为下一年国家经济工作定调的党的重要会议。党的十七大召开前的这次中央经济工作会议，已显现出我们党对经济持续快速发展的实际认识和对党的执政治国理念的新发展。

“好”和“快”的顺序互换，表明了我们党开始着重于经济高质量发展，集中体现了科学发展观的本质要求和基本精神。具体体现在党的十七大报告中，首次提出生态文明理念，提出要基本形成节约能源资源和保护生态环境的产业结构、增长方式、消费模式；首次明确在优化结构、提高效益、降低消耗、保护环境的基础上，实现人均国内生产总值到2020年比2000年翻两番。

中国的经济社会发展由追求“快”转向追求“好”，这是一个负责任大国的体现。环境保护是进入新千年以来世界各国关注的影响人类社会发展的重要问题，我国同样面临越来越突出的资源环境制约。党的十七大提纲挈领，从中央到地方，绿色GDP开始取代以往单纯追求GDP的做法，一以贯之直到今天。

党的十七大提出生态文明新要求，也是切合加快转变经济发展方式的战略任务，深化了党对经济发展规律的认识。在这一新要求下，“十一五”规划明确规定了单位国内生产总值能源消耗要比“十五”期末降低20%

左右，主要污染物排放总量减少 10%，森林覆盖率提高到 20% 等约束性指标。此外，我国还坚持不懈推进退耕还林工程等一系列生态环境保护重点工程，到 2013 年，全国森林覆盖率达到了 21.63%，沙化土地实现了从“沙进人退”到“人进沙退”的历史性转变。

今天，我们更为重视生态文明建设。党的十八大以来，以习近平同志为核心的党中央致力于推动我国生态文明建设迈上新台阶，“绿水青山就是金山银山”的生态理念早已深入人心。“欲事立，须是心立。”一个国家的发展，需要有正确的思想理念来指引前行方向。从“又快又好”到“又好又快”，正体现了中国特色社会主义理论体系作为党的指导思想，是一个既一脉相承又与时俱进的科学理论。

（2021 年 4 月 13 日）

抗震救灾：万众一心凝聚强大的中国力量

周洪双　李晓东

四川汶川县映秀镇，渔子溪畔，春风拂面，花开正好，空气中弥漫着甜蜜的味道。汶川特大地震13年后，震中映秀浴火重生，已变得越来越美了。13年前，一场8.0级特大地震突袭四川，大地震颤、山河破碎，入目只见残垣断壁，数万生命戛然而止。一方有难，八方支援，举国力量迅速向灾区汇聚，一座座新城很快拔地而起，灾区群众重启了崭新的生活。

在党中央的坚强领导下，抗震救灾及灾后重建取得重大胜利，凝聚成“万众一心、众志成城，不畏艰险、百折不挠，以人为本、尊重科学”的抗震救灾精神，彰显出强大的中国力量，形成了宝贵的中国经验。2018年春节前夕，习近平总书记在四川考察期间再次来到映秀。他强调，灾后恢复重建发展取得历史性成就，展现了中国共产党的坚强有力领导和我国社会主义制度的优越性，要在推动产业发展、民生改善等方面继续发力，把人民家园建设得更加美好。而今，人民家园越来越美好，地震留下的对灾难的警醒和伟大的抗震救灾精神，也已深深铭刻于国人之心。

众志成城，创造一个又一个生命的奇迹

穿上绿军装，戴上大红花，今年21岁的乔莲時梦想成真，光荣地成为一名军人。

乔莲時来自“5·12”汶川地震极重灾区北川县曲山镇。那场特大地震夺走了他父母的生命，只留下年迈的爷爷奶奶和两个未成年的堂哥。8岁的他心中充满了恐惧，但是那些身着绿军装奋战在救灾一线的军人，让他感到温暖和安慰。

当年地震发生后，交通、电力、通信尽数被毁，雨一直下，空中交通线路也不畅通。灾区沦为一座孤岛，瞬间与世隔绝。

武警某部参谋长王毅第一时间率队急速奔赴汶川，公路被阻断，就徒步前行。200人在余震中跋山涉水，33小时急行军90公里，让汶川与外界有了联系。

3天后，大雨终于停了，15名伞降兵在没有地面指挥引导、没有地面标识、没有气象资料的情况下，从4999米高空一跃而下，进入孤城茂县，执行通信联络、灾情勘察、情况上报任务，为进一步的救援提供了科学依据。

各路救援力量源源不断地进入灾区，给这片满目疮痍的土地带来了希望。残垣断壁之间，随处可见他们的身影，鲜红的党旗高高飘扬。

万众一心，众志成城，凝聚起了强大的力量。灾区群众重燃生的希望，信心倍增，奋起自救，创造了一个又一个生命的奇迹。

经过努力救援，84017名群众从废墟中被抢救出来，149万名被困群众得到解救，430多万名伤病员得到及时救治。1510万名紧急转移安置的受灾群众基本生活得到妥善安排，881万名灾区困难群众得到救助。

被压在废墟下近125小时后，20岁的蒋雨航被上海消防官兵成功救出，当年年底，他如愿加入了那支挽救自己生命的队伍。空降兵完成什邡抗震救灾任务撤离时，小学生程强在送别队伍中高举“长大我当空降兵”横幅，后来他真的成为一名空降兵。

“地震是我人生的一个转折，既带给了我悲痛，也教会了我成长。”乔莲時说，因为人民子弟兵的救助，让他有了义无反顾投身军营的决心，他要用这种方式报效祖国，感恩所有的人。

举国援建，社会主义制度优越性不断彰显

今日之汶川，城在景中、景在城中，城乡面貌焕然一新，富民产业兴旺发达，2019 年获评首批天府旅游名县。很难想象，这片土地曾经被破坏性最强、波及范围最广的强烈地震重创过。

强震之后，原本城镇林立的受灾地区，多年建设成果毁于一旦。在北川老县城地震遗址，尚能看见震后的面貌，倾斜的墙体、扭曲的梁柱、坍塌的楼板……见之不难理解，当时国外媒体为何忧心断言：汶川地震灾后重建，是一个世界性难题。

任何困难都难不倒英雄的中国人民！地震一个月后，《汶川地震灾后恢复重建对口支援方案》正式颁布，19 个省和直辖市以不低于 1% 的财力“一对一”对口支援重灾县市，一场动员范围最广、投入力量最大、建设速度最快的灾后重建战役由此拉开帷幕。

数十万援建大军、近百万志愿者向灾区汇聚，海内外同胞纷纷援助，灾区成为火热的建设战场。中国共产党的坚强有力领导和我国社会主义制度的优越性，在灾区 50 万平方公里土地上，得到最有力的彰显。

“要人出人，要钱出钱，要力出力。”按照安排，山东对口支援北川县，建设者倾力支持、倾情援助，从零开始，高标准异地重建了整个新县城。

青川县城乡居民房屋几乎全部损毁，水电、道路等基础设施全面瘫痪。浙江在对口支援工作中，不仅推动基础设施条件实现历史性跨越，还持续帮助发展旅游、工业、电商等产业，为青川后来的振兴发展奠定了坚实基础。

北京—什邡、上海—都江堰、广东—汶川……国家和地方财政巨额投入，援建者们跨越山川，与灾区群众一道，重建新家园，结下了深厚的情谊。不仅如此，民间资金和社会各方面的力量也积极参与，成为灾后重建的重要力量。

川陕甘三省建成农房 190.85 万户、城镇住房 28.83 万户，建成学

校 3839 所、各类医疗卫生和康复机构 2169 个，建成各类基础设施项目 5000 多个，一批遭重创的县镇村庄以全新的面貌再现……2011 年 5 月 10 日，国务院新闻办举行新闻发布会宣布，灾后恢复重建取得了决定性胜利。

经过新中国成立以来动员范围最广、投入力量最大的伟大再造工程，地震灾区从废墟上站立，展示出在灾难中重生、在重建中跨越的生动图景。

防范胜于救灾，应急救援体系不断完善

在同特大地震灾害的艰苦搏斗中，中国人民在党的领导下，展现出了“万众一心、众志成城，不畏艰险、百折不挠，以人为本、尊重科学”的伟大抗震救灾精神。

自 2009 年起，每年 5 月 12 日被定为全国防灾减灾日，贯彻抗震救灾精神，提醒人们前事不忘，后事之师，更加重视防灾减灾，努力减少灾害损失。

我国是一个自然灾害频发的国家。这些年来，我们党领导人民，经历过一次次的灾难考验，社会治理能力持续提升，应急救援体系逐步完善，救灾速度更快，重建效率更高，救助模式更加成熟。有了强大的精神支撑和成熟的应急救援体系，我们在突发的灾难面前，也越发处变不惊，越发自强自信。

“防范胜于救灾。”在汶川地震灾区，一整套更加完善的防灾减灾救灾体系已经建立起来，从隐患排查、群防群策、科学预警到组织保障，高科技和“土办法”协同发力，抵御自然灾害的综合风险防范能力得到显著提高。

2018 年，汶川县龙溪乡阿尔寨发生一起高位推移式滑坡灾害，阿尔寨地质灾害监测人员发现隐患后立即向上级汇报，汶川县有关部门启动了预警工作机制和相关预案，果断组织避险撤离，疏散转移 415 人，成功实

现此次灾害零伤亡。

从汶川到玉树，从芦山到九寨沟，中华民族一次次从灾难中奋起，抗震救灾精神不断发扬光大，应急救援体系越来越成熟，群众的抗灾救灾素养也显著提升。

2013 年 4 月 20 日 8 时 02 分，四川省雅安市芦山县发生 7.0 级地震。当地在汶川地震后加固和重建的房屋，由于严格按照抗震设防要求进行设防，基本没有倒塌。在信息公开透明中，救援工作也有序推进。

2017 年 8 月 8 日 21 时 19 分，四川省阿坝州九寨沟县发生 7.0 级地震。地震发生后，各级各战线快速反应，抗震救援及时展开、有条不紊，灾区群众也冷静应对、积极开展自救互救。

近年来，在吸取汶川、玉树、芦山等大地震经验教训的基础上，中国地震局完成了近百个城市、100 多条活动断层的探测，发布实施了第五代全国地震区划图，有效提升了基础设施和重大工程的承灾能力。

在一次次的灾难面前，人们多了理性，少了迷茫，多了冷静，少了慌乱。群众愈发成熟的抗灾救灾素养，为紧张的救灾工作提供了稳定的社会环境。在我们党的坚强领导下，社会各方良性互动，战胜灾难的强大合力不断形成，全社会的抗灾韧性不断增强。

（2021 年 4 月 13 日）

京津城际铁路：开启中国“高铁时代”

訾谦　董蓓　岳阳

2008年8月1日12时35分，随着C2275次列车从北京南站缓缓驶出，我国首条高速铁路——京津城际铁路正式通车运营。工程建成后，京津两地之间实现了30分钟通达，中国正式迈入“高铁时代”，并一举成为世界上第四个系统掌握时速300公里高铁技术的国家。

从2008年京津城际铁路开通运营到2020年年底，在不到13年的时间里，我国高铁发展从无到有，从有到优，运营里程达3.79万公里，稳居世界第一。同时，通过不断的自主创新，中国高铁这张“中国名片”持续在世界高铁的舞台上展现魅力、绽放精彩，为未来的高铁发展树立了行业运营标杆。

“当时的施工方式非常成功”

高效、便捷的高速铁路，已经成为人们生活中必不可少的出行方式，但是说起中国高铁的发展历史，一些故事可能鲜为人知。

1978年10月，邓小平率领代表团访问日本，这是新中国成立近30年来中国国家领导人首次访日。10月26日，邓小平乘坐日本新干线列车“闪光81号”前往京都访问，当工作人员问起乘坐感受时，他一语双关地回答：“就感觉到快，有催人跑的意思。”

据悉，当时国内列车的最高时速只有70至80公里，当时速210公里的新干线飞驰的画面出现在电视里，相信有不少中国人都会问出这样的问题："什么时候我们也能坐上那么快的火车？"

1990年，铁道部开展了建设高速铁路的可行性研究，但由于技术难度的原因，这一研究显得异常艰难，十几年间做做停停，反复多次。

直到2004年，随着国家《中长期铁路网规划》（以下简称《规划》）颁布，我国高铁发展终于有了明确的规划图。《规划》中建设北京至上海高速铁路的目标赫然在列，但建设一条长达1300公里的高速铁路，对毫无高铁建设经验的中国来讲，难度可想而知。此时，作为"京沪高铁"综合试验段——"京津城际铁路"的建设提上了议事日程。

当时，我国铁路刚刚进行了第五次大提速，此次提速使几大干线的部分地段线路基础达到时速200公里的要求，但在设计京津城际铁路时，铁道部提出的要求则是时速350公里。

"从时速200公里提高到350公里，可不是一个量的变化，而是一个质的飞跃，以往铁路的结构、标准和施工精确度全都要变。"时任京津城际铁路项目总工程师的范建国表示，在当时全世界运营的高铁中，也没有这么快的线路。

范建国介绍说，高速铁路要想达到如此快的运行速度，对轨道的平顺性要求非常之高，要达到10米 ±2毫米的精度。可是京津地区区域内全部是软土、粉土或淤泥，土地压缩性非常高，年区域沉降最大达到80毫米。如果不能克服这种沉降，轻则影响高铁的速度和舒适度，重则可能造成列车脱轨。

为预防沉降，京津城际铁路轨道的贴地路基创新性地使用了盖高楼大厦时才会用到的CFG桩。"CFG桩实际上就是水泥粉煤灰碎石桩，把它打入二三十米深的地下，便可以把路面荷载引入深层地基。"范建国说。

为了让施工完工后的沉降幅度降到最低，京津城际铁路的施工方还把施工取出的土压在刚建好的路基上进行预压。据范建国介绍，预压可以在短时间内加速地面沉降，这样工程完工后的沉降就会大幅度降低。"通过十几年运营的检验，可以说当时的施工方式非常成功！"

开创高速铁路的“中国标准”

作为我国第一条具有完全自主知识产权、运行时速达到350公里的高速铁路，京津城际铁路的修建技术不仅达到了世界最高水平，而且在实践过程中采用了很多具有自主知识产权的新材料、新设备和新技术，形成了一套完备的高速铁路中国标准。

在人们的传统印象中，坐火车一定离不开轨道旁散乱的小石子、轨道下粗糙的枕木以及乘坐过程中“咣当咣当”的声响，但在京津城际铁路上，“傻、大、黑、粗”这些关于火车的传统印象消失了。

据了解，京津城际铁路首次大面积采用当时国际上最先进的无砟轨道技术，首次采用500米长钢轨工地焊接施工工艺，跨区间进行长大无缝线路铺设，主要结构均采用高性能混凝土，线下结构与无砟轨道系统实现了高精度对接。

“特别是无砟轨道技术，是经过引进、消化、吸收、再创新的国际领先技术，轨道下没有1颗石子、1块枕木，而是由34606块白净平坦的水泥轨道板铺就。每一块水泥板长6.5米，表面都刻有自己的编号，并由卫星定位系统锁定。”国铁集团相关负责人表示，高速铁路是精密工程，为了保证列车运行的平稳安全，每一块轨道板的平面坡度各不相同，必须各就各位，不能随意码放。

京津城际铁路的铺通，使中国成为继德国和日本之后，世界上第三个拥有无砟铁路的国家。较之传统铁路，无砟铁路更加环保，安全性能更高。

该负责人介绍，以前乘坐火车之所以总会有“咣当咣当”的响声，是因为普通铁路的钢轨每隔50米就有1个接头，中间留有伸缩缝。京津城际铁路在建设过程中在世界上首次采用500米的无缝钢轨焊接，用手触摸焊接点，平顺光滑，几乎找不到焊接的痕迹。“正是这些精密焊接的钢轨和精密设计的轨道板坡度保证了列车的平稳和舒适，当你坐上京津城际铁路的列车时，会有在高速公路上坐高级轿车的感觉。”

作为真正意义上的我国首条高速铁路，京津城际铁路是京沪高铁的试验段，是中国建成和完善高速铁路技术的标志。施工单位进场时掌握的高铁技术为零，标准也在摸索，但在施工中研发出了很多具有自主知识产权的新材料、新设备和新技术。

为了防止震动，轨道板下面需要填充混凝土。中国专家根据本国的原材料，研制出了高流态、自密实、微膨胀混凝土，它不需要人为捣固，可以自己流满填平 5 到 6 米。范建国说：“京津城际铁路修建过程中带动的新材料、新技术的创新真是数不胜数。可以说，咱们将引进的技术完全消化、吸收，而且根据自己的特点开创了高速铁路崭新的中国标准。”

新时代释放更多“高铁红利”

时至今日，京津城际铁路已经开通运营近 13 年，每日开行的列车数量也从最初的 47 对增至现在的 108.5 对，京津城际铁路成为往来京津两地旅客的出行首选，并催生出一批“双城生活”的乘客。

“我家住在天津南站附近，2016 年毕业后在北京宣武门附近上班，基本上每天都乘坐京津城际铁路往返于两地。”常年乘坐京津城际铁路的李悦琳说，“城际铁路挺方便的，从早晨 6 点到晚上 11 点都有列车，天津到北京只需 35 分钟，感觉只是到了另外一个办公区，而不是另一个城市。”

近年来，像李悦琳这样的旅客越来越多。据了解，京津城际铁路自开通运营以来，以“大运量、高密度、公交化”的运输组织模式，为广大民众提供了快捷、安全、方便、舒适的旅客运输服务，30 多分钟的运行时间，拉近了空间距离，节约了旅行时间，深刻改变了两地人民的工作和生活观念。北京人周末去天津吃小吃、听相声，天津人周末到北京逛故宫、登香山，逐渐成为一种流行的休闲方式。

更加值得一提的是，京津城际铁路的贯通，让中国真正跻身于世界高铁俱乐部，也拉开了中国高铁快速发展的时代。

短短10余年时间，我国已经成为世界上高铁发展最快、建设规模最大、系统技术最全、集成能力最强、运营里程最长、运营速度最高、产品性价比最优的国家。截至2020年年底，我国高铁运营里程已经超过3.79万公里，占全球高铁运营里程比重超过2/3，成为世界上高铁里程最长、运输密度最高、成网运营场景最复杂的国家，运输效率和完成运输工作量居世界第一。

未来，我国高铁仍将在发展的轨道上飞奔。2020年8月，国铁集团发布了《新时代交通强国铁路先行规划纲要》（以下简称《规划纲要》），提出到2035年率先建成现代化铁路网。届时，全国铁路网将有20万公里左右，其中高铁7万公里左右，列车将拥有北斗卫星导航、5G、新型智能列控系统等新技术；到2050年，将全面建成更高水平的现代化铁路强国，全面服务和保障社会主义现代化强国建设。

“根据此次的《规划纲要》，到2035年，20万人口以上城市实现铁路覆盖，50万人口以上城市高铁通达，形成全国1、2、3小时高铁出行圈。”国铁集团发展和改革部副主任丁亮表示，“1”是指主要城区市域（郊）1小时通达，如北京到天津、上海到无锡、成都到重庆等；“2”是指城市群内主要城市间2小时通达，如北京到石家庄，上海到南京、杭州，广深港澳与珠三角周边城市等；“3”则是指相邻城市群及省会城市间3小时通达。

“近年来，国铁集团依托智能京张、智能京雄等重点项目，广泛应用云计算、大数据、物联网、人工智能、北斗导航、BIM等新技术，初步构建了中国智能高铁的体系架构，开启了我国智能高铁建设与发展的新篇章。”国铁集团科技和信息化部网信安全总监张伯驹表示，接下来我国将突破掌握关键核心技术，自主创新建立时速400公里及以上高速铁路技术标准等成套关键技术体系，让高铁在我国的经济社会发展中发挥出更大作用。

（2021年4月14日）

从百年奥运梦到体育强国梦

王东

2021 年 4 月 1 日至 10 日，“相约北京”冬季体育系列测试活动冰上项目在 2022 年北京冬奥会北京赛区的 5 个场馆举行。此时，“冰丝带”“雪如意”等所有竞赛场馆已全部完工，各项筹备工作已进入冲刺阶段。

作为全球首座既举办过夏奥会又将举办冬奥会的“双奥”之城，北京这座千年古都正初展“双奥”英姿。国际奥委会主席巴赫表示，虽然面对新冠肺炎疫情的挑战，但现在可以非常自信地说，北京冬奥组委已经准备好了！

从“奥运三问”到“百年圆梦”

中国，什么时候能够派运动员去参加奥运会？我们的运动员什么时候能够得到 1 块奥运金牌？我们的国家什么时候能够举办奥运会？

距今 113 年前的 1908 年，《天津青年》向国人提出了“奥运三问”。

“奥运三问”提出后的 1932 年 7 月 30 日，第 10 届奥运会在美国洛杉矶举行。开幕式上，来自中国的运动员刘长春终于出现了，当他迈着坚定步伐通过主席台时，立刻吸引了全世界的目光。

开幕式结束后的第二天，刘长春站在了起跑线前。为了这一刻，他历经了千难万险。拒绝代表日本扶植的伪满洲国，逃出日寇占领的大连，经过漫长的海上颠簸，最终代表 4 亿中国人站在了奥运会赛场的跑道上，跨出了中华民族在世界奥运史上的第一步。

他为中国人敲开了奥运大门，向世人表达了不甘落后、不甘屈辱的中华民族，不懈奋斗追赶世界的坚强意志。

1952 年，第 15 届奥运会在芬兰赫尔辛基举行，由于接到正式邀请较晚，当中国代表团赶到时，比赛已接近尾声，结果只赶上男子游泳的一项比赛和最后的闭幕式。

中国的奥运之路，悲壮而又坚决。

1984 年，第 23 届奥运会在美国洛杉矶举行，重返奥林匹克大家庭的中国代表团再度出现在奥运会赛场。在这届奥运会上，射击运动员许海峰夺得了中国人在奥运历史上的第一枚金牌。

从此，中国运动员在奥林匹克运动会上，大放光彩。

然而，实现“我们的国家什么时候能够举办奥运会”这个梦想，并非一帆风顺：1991 年 12 月，中国首都北京首次正式递交了承办 2000 年奥运会申请书。1993 年 9 月 23 日，北京与 2000 年奥运会举办权擦肩而过。

2000 年 6 月，北京再度向国际奥委会递交了申办报告。一年后的 2001 年 7 月 13 日，时任国际奥委会主席萨马兰奇在莫斯科国际奥委会第 112 次全会上宣布：北京成为 2008 年奥运会主办城市。

北京申奥成功的消息传来，40 万群众涌向天安门广场狂欢庆祝。

这不仅仅是因为成功申办了一次国际盛会，更是因为历经数十年的努力与奋斗，这个国家、这个民族，终于告别百年前的窘迫与不甘，她正告诉全世界：看，这是今天的中国！

一个个时间节点勾勒出一代代人的不懈追求。“奥运举办之日，就是我中华腾飞之时！”百余年前，爱国教育家张伯苓如是预言。

从“无与伦比”到“时代标记”

经过 7 年的精心筹备和组织，2008 年 8 月 8 日 20 时，举世瞩目的第 29 届奥林匹克运动会开幕式在北京国家体育场（鸟巢）隆重举行。

璀璨的焰火绽放夜空，激昂的旋律响彻全场，彩旗挥动，欢呼声经久不息。

这是亿万中国人民永远难以忘怀的时刻，这是现代奥林匹克运动的又一辉煌瞬间。中国向世界奉献了一个共叙友情、同享和平的盛大庆典，也向奥林匹克事业奉献了一届“无与伦比的奥运会”（时任国际奥委会主席罗格语）。

2008 年，88 岁高龄的国际奥委会终身名誉主席萨马兰奇在看完北京奥运会闭幕式后激动地说：“我有幸从 1952 年赫尔辛基奥运会开始参加奥运会，而北京奥运会是目前我所看过的所有奥运会中最好的一届。”

205 个国际奥委会成员国和地区、11000 多名运动员参赛，北京奥运会创造了参加国家、地区最多，参赛运动员最多的纪录。中国运动员也以优异成绩，名列金牌榜首位。

北京奥运会体操冠军陈一冰对 13 年前的比赛场景记忆犹新：能在家门口参加奥运会，让我们觉得有很强的动力，队员们的信心非常足。中国体操队当时取得了历史最好的成绩，我们全队一共拿了 9 枚金牌。真的是可以做到每一天你只要观看体操比赛，几乎都能听到我们的国歌，都能看见升起我们的国旗。

时任北京 2008 年奥运会组织委员会执行副主席蒋效愚对记者表示：中国从一个奥运的无知者、旁观者，到获得第一块金牌，再到成为金牌总数第一的奥运的强者。可以说，百年来中华民族追梦、圆梦的奥运历史是我们党百年辉煌在体育战线上的一个缩影、一个真实写照。

中华民族百年奥运梦圆，世界重新认识中国。

从“双奥之城”到“体育强国”

2014 年 2 月，习近平总书记在看望参加索契冬奥会的中国体育代表团时指出：“我们成功举办了北京奥运会，实现了全国人民的百年奥运梦。现在，我们比以往任何时候都接近实现中华民族伟大复兴的目标。我们每个人的梦想、体育强国梦都与中国梦紧密相连。”

申办和举办北京冬奥会、冬残奥会，是以习近平同志为核心的党中央作出的重大战略性部署。中国再次向世界发出邀约，2015 年 7 月 31 日，经国际奥委会第 128 次全会投票表决，中国北京获得 2022 年第 24 届冬季奥林匹克运动会和冬季残疾人奥运会举办权。

这是中国继 2008 年北京奥运会、2014 年南京青奥会后，第三次举办奥运赛事。北京，成为奥运史上第一座既举办过夏季奥运会，又将迎来冬季奥运会的“双奥之城”。

自 2008 年举办奥运会以来，奥林匹克精神在大众心中生根发芽，增强了全社会参与体育的意识，激发了人民群众的体育热情，多种形式的运动融入越来越多人的生活之中，全方位、新样态的健身格局正在拓展全民健身的广度和深度。

冬奥会申办成功后，以亲近自然、锻炼身心为特质的冬季体育项目走进更多体育爱好者的视线，吸引了越来越多的参与者。

当更多的人能参与到冰雪运动中，举办冬奥会的意义也就不止于冬奥会本身了。正如国际奥委会主席巴赫所说：“中国对世界体育运动发展作出了重大贡献。”

《中华人民共和国国民经济和社会发展第十四个五年规划和 2035 年远景目标纲要》明确提出，办好北京冬奥会、冬残奥会及杭州亚运会等，同时将建成“体育强国”列入 2035 年基本实现社会主义现代化远景目标。

经过 2000 多个日夜的风雨兼程，如今，北京冬奥会的各项筹办成果已展现在公众面前。

在海拔 2198 米、赛道最大坡度 68 度，堪称“极限地带”的小海陀山，国家高山滑雪中心建设经过团队成员的不懈奋斗宣告完成。

距离北京奥运会标志性建筑“鸟巢”不远处，以“智慧场馆”为特色的国家速滑馆“冰丝带”拔地而起。

国家雪车雪橇中心建成我国首条雪车雪橇项目赛道，这也是全球第一条 360 度回旋赛道，建设过程填补了国内多项技术空白。

国家跳台滑雪中心“雪如意”结合中国古代“如意”造型，实现了建筑设计和中国传统文化的有机结合。

习近平总书记强调，北京冬奥会、冬残奥会筹办已经进入关键时期，要围绕如期办赛目标，全面梳理并切实抓好各项工作落实。做好场馆建设和管理、做好赛时运行工作、推进赛会服务保障、加强同国际奥委会等国际体育组织沟通合作、提升冰雪运动发展水平、推动京津冀协同发展。

坚持“绿色、共享、开放、廉洁”的办奥理念，中国正积极践行对国际奥林匹克大家庭的庄严承诺，确保把北京冬奥会办成一届精彩、非凡、卓越的奥运盛会。

（2021 年 4 月 14 日）

新农保：让亿万农民老有所养

李慧

直到今天，福建龙海市榜山镇翠林村农民依然无法忘记2010年2月8日这个特殊的日子。

那一天，龙海市举行了新农保养老金首发仪式，翠林村608名60周岁及以上农民人手一张接过盖了“新农保”红印章的邮政储蓄存折，领取了2010年头两个月的养老金。这些老人自己不用花1分钱，每月就领到65元养老金，比省定标准高了10元。

那一张张盖着红印章的存折背后，是广大农民对老有所养的崭新期待，是党和政府对不断改善农民养老保障制度的持续努力。

随着新型农村社会养老保险（简称“新农保”）制度的推行，沿袭几千年的农民“养儿防老”传统，逐渐被具有基本性、公平性、普惠性的保障制度所取代，朝着促进社会公平正义、破除城乡二元结构、逐步实现基本公共服务均等化迈出坚实一步。

2014年，新农保与城镇居民社会养老保险实现并轨，二者的统一让全体人民公平享有基本养老保障，对于促进城乡一体化发展、拉动消费、鼓励创新创业具有重要意义。

从“养儿防老”到“制度养老”：迈出从无到有历史性一步

“瞧，这是我的‘工资卡’。”年过花甲的苏北农民王长民从箱子里翻出一张银行卡，露出笑容。每月能领到养老金，让这个一辈子没离开土地的农民非常感慨。

“农民也能领养老金了，真是破天荒。”王长民说，在农村，每月百多元的收入就起了大作用，基本生活多了来源，降低了对子女的经济依赖性，亲情关系更加和睦。

2008年，为逐步推进基本公共服务均等化，党的十七届三中全会决定，建立新型农村社会养老保险制度。

2009年9月1日，国务院决定新农保首批试点规模为全国10%左右的县（市、区、旗），2020年之前基本实现对农村适龄居民的全覆盖，同时明确新农保试点的基本原则是“保基本、广覆盖、有弹性、可持续”。

政策明确，新农保基金由个人缴费、集体补助、政府补贴构成。参加新农保的农村居民应当按规定缴纳养老保险费。缴费标准目前设为每年100元、200元、300元、400元、500元5个档次，地方可以根据实际情况增设缴费档次，多缴多补。

第一次将数亿农民纳入社保体系的新农保，被认为是继取消农业税、农业直补、新型农村合作医疗（新农合）等政策之后的又一重大惠农政策，是农村社会保障领域又一普惠性创新。

“新农保建立时的基本原则是保基本、广覆盖、有弹性、可持续。”中国社会保险学会会长胡晓义说，每月55元钱的最低养老金，虽然没法和城镇职工的退休金水平相比，但要看到中国还是一个发展中国家，社会保障既要积极而为，也要量力而行。这一制度标志着中国在农村的养老保险上迈出了从无到有的历史性一步。

在当时应对国际金融危机的背景下，我国政府向亿万农民发出信号，国家为他们建立由财政全额支付的基础养老金，并将经济不发达乃至贫困地区的农民优先纳入新农保制度之中，使农村居民有了社会养老保障。

2012年7月，新农保制度在全国所有县级行政区全面实施，从“养儿防老”到“制度养老”，几千年来中国人老有所养的愿望初步实现。

专家指出，新农保制度的建立，实现了由国家财政来全额支付农民的基础养老金，让农民在“种地不交税、上学不付费、看病不太贵”的基础上实现“养老不犯愁”，逐步消除农民的后顾之忧，对实现农村社会的和谐稳定发挥了巨大作用。

从病有所医到老有所养：铺就农村百姓幸福生活底色

新农保制度的建立顺应了中国农村改革不断深化和社会保障制度不断完善的大势。

“社会保障天然的使命就是创造公平、维护公平、缩小不公平。这个制度与生俱来的使命就是公平两个字。”中国社会保障学会会长郑功成说，建立实质公平、公正的社会保障制度，是迈向社会共享阶段的根本要求。

在国家财力逐步增强的背景下，2000 年以来，我国在公共财政覆盖农村方面，按照“多予、少取、放活”的方针，推出多项重大改革部署——

2000 年，农村税费改革大幕开启，经过 6 年时间最终取消了农业“四税”，直接减轻农民税费负担约 1250 亿元；

2003 年开始的新农合试点不断扩大覆盖面，基本实现了对农业人口的全覆盖；

2004 年起，国家建立了对农业生产者的直接补贴制度，包括种粮直补、良种补贴、农机购置补贴、农业生产资料价格综合补贴等，让农民切实享受到实惠；

2006 年起，农村义务教育经费保障机制逐步建立，在农村率先实现了义务教育阶段免除学杂费、免费提供教科书、对家庭经济困难的寄宿生提供生活费补助，并提高了公用经费标准及中西部地区农村校舍维修改造的补助标准，为实现“不让一个农村孩子因家庭经济困难而失学”的目标提供了坚实保障。

党的十八大以来，我国在民生保障方面加速出台一系列有力措施，人民生活水平显著提升。

“特别是 8 亿多农民和近 3 亿城镇居民被纳入保障范围，开始领取养老金、报销医药费、享有低保金，从制度上实现了城乡居民老有所养、病有所医、弱有所助，这是前所未有的。”郑功成说，其背后是党和政府对民生的高度重视和中国特色民生保障制度发挥的巨大作用，它所反映的是有 14 亿人口规模的我国在民生发展方面质的飞跃。

一系列重大的农村社会保障制度的日益完善，极大地保护了农民的利益，调动了农民的积极性，铺就了农村百姓幸福生活的底色，对促进整个经济社会的发展、实现统筹城乡协调发展具有重大意义。

从标准统一到制度并轨：为乡村振兴筑牢制度保障

近年来，我国开创性地实施新农保、城居保制度，编织起世界上规模最大的养老保障“安全网”。然而，这张“安全网”还存在城乡制度性分割、待遇相差大、衔接不畅等问题，需要进一步完善。

为此，党的十八届三中全会明确提出，推进机关事业单位养老保险制度改革，整合城乡居民基本养老保险制度，建立健全合理兼顾各类人员的社会保障待遇确定和正常调整机制。

2014 年 2 月 7 日召开的国务院常务会议决定，合并新农保和城镇居民社会养老保险（城居保），建立全国统一的城乡居民基本养老保险制度。从标准统一到制度并轨，城乡居民基本养老保险制度打破了城乡制度藩篱，让老有所养得到更好保障。

“现在国家政策越来越好，我们农村居民也可以像城里人一样领养老金，过上舒适的晚年生活了。我再干几年就可以回家安安心心养老啦。”江西崇义县过埠镇黄背村村民郑立勇说，参加城乡居民基本养老保险，让身边越来越多的农民感觉到老年生活更加无忧。

新农保和城居保合并后，崇义县 60 周岁至 64 周岁城乡居民养老保险待遇领取人员基础养老金由原来的每月 110 元提高至每月 130 元；65 周岁（含 65 周岁）至 79 周岁的待遇领取人员基础养老金提高至每月 133

元；80 周岁以上的待遇领取人员基础养老金提高至每月 136 元。此外，县政府还为建档立卡贫困户、城乡低保对象、特困人员、城乡重度残疾人、城镇困难群众等五类困难群体代缴城乡居民养老保险费。

“合并新农保和城居保，意味着将加速消除户籍和‘身份’带来的养老保障差异进程，有利于消除城乡二元结构，推动城镇化进程，也为将来建立统一的国民基本养老保险制度打下基础。”郑功成说。

2020 年，全国城乡居民基本养老保险参保人数超过 5.4 亿人。其中，领取养老金人数超过 1.6 亿人，年支付养老金 3000 多亿元，为 3856 万贫困人员代缴保费 43 亿元，为 3014 万贫困老人按月发放养老金。贫困人员基本养老保险参保率达到 99.99%。

随着脱贫攻坚任务的全面完成，“三农”工作重心转向全面推进乡村振兴，农村社会保障迎来高水平建设的新机遇。

“特别是，《中共中央国务院关于实现巩固拓展脱贫攻坚成果同乡村振兴有效衔接的意见》在加强农村低收入人口监测、分层分类实施社会救助、合理确定农村医疗保障待遇水平、完善养老保障和儿童关爱服务、织密兜牢丧失劳动能力人口基本生活保障底线等方面提出了若干具体要求，通过长效机制使脱贫群众生活有着落、精神有寄托，共享发展成果。”中国社会科学院财经战略研究院研究员张德勇认为。

在乡村振兴中，日益完善的社会保障体系将让脱贫基础更加稳固，让亿万农民的获得感、幸福感、安全感更加充实、更有保障、更可持续。

（2021 年 4 月 15 日）

上海世博会：为世界奏响华彩乐章

任鹏　曹继军

巴黎埃菲尔铁塔、伦敦水晶宫、布鲁塞尔原子球塔……这些为举办世界博览会而生的著名建筑，铭刻了人类科技文明的每一次进步。主办世博会，也成了一个国家综合实力的象征。

1894 年，近代思想家郑观应在《盛世危言》中写道："欲富华民，必兴商务，欲兴商务，必开会场。欲筹赛会之区，必自上海始。"这是中国人首次提出在上海举办世博会的设想。然而，这个在中日甲午战争同年提出的主张，也只能是国人心中难以企及的梦。

时间跨入 21 世纪，百年梦想终成现实。2002 年 12 月 3 日，在摩纳哥举行的国际展览局第 132 次大会上，上海在第四轮投票中以 88%的得票率胜出，成为 2010 年世界博览会主办城市。

国际展览局秘书长洛塞泰斯在这天写下了一句话："今天诞生了一个伟大的希望。"

在世界各国与各国人民之间搭建桥梁

2010 年 10 月 24 日，上海世博会结束前一周，作为世博会官方媒体的设计总监，世博会首席摄影记者项欣荣接到任务，又一次登上飞机航拍世博园区。尽管当天烟雨蒙蒙，但是从空中盘旋俯瞰黄浦江两岸的 5.28

平方公里的世博会园区，仍然可以看到街道上、展馆外，甚至屋顶上都站满了人。项欣荣想到一句话就是“人类空前的狂欢”。也就在这天上午10 时 17 分，上海世博会的参观人次突破了 7000 万，打破了预定的参观总人次目标。

这次世博会的规模用“空前”来形容是恰当的：参观人数和参展主体最多，园区面积最大，服务供给也是历届之最，1.15 万米排队休息长凳，1.1 万个厕位，4.2 万个降温喷头，共发放了 1 亿份世博导览图、1800 万把清凉扇……

沙特馆的丝路宝船、英国馆的种子圣殿，还有中国馆的动态《清明上河图》，在高科技的加持下，多元文化在这里碰撞，争相散发出绚丽的光芒。2010 年 5 月 1 日至 10 月 31 日的 184 天里，来自世界各地的人们欢聚在上海，以“城市，让生活更美好”为主题，分享丰富多彩的文明历史，探索城市发展的共同智慧。

洛塞泰斯这样评价上海世博会：“中国广开国内各省区市大门，笑迎国际社会各方来客，在世界各国与各国人民之间搭建桥梁，这必将成为此次世博会留给全人类最重要的财富之一。”

坐落于上海世博会原址内的世博会博物馆于 2017 年 5 月 1 日正式开馆，是上海市政府与国际展览局合作共建的中国第一个国际性博物馆。世博会博物馆馆长刘绣华说，博物馆不仅是世博文化的主要展示空间，也是各个世博会主办国相互交流借鉴的平台。最近，迪拜世博会主办方正与世博会博物馆联系，交流办博经验。

用以人为本、人民至上的理念推动精细化管理

上海世博会开幕前，丹麦人用起重机把“海的女儿”塑像连同塑像下的巨石运往上海参加世博会。电视上的这一幕，让作家王蒙感动得流下泪来。“我原来以为世博会是物的盛典，是世界各国展示自己经济实力与

珍奇产品的地方。我不以为它会与文学发生密切的关系，我甚至于没想到它会打动到我的内心深处。”王蒙在《你好，海的女儿》里写道，“对于物的追求也只有一个目标，人。世博会要打动的是人。”

世博会，承载着无数人的感情寄托。在上海世博会中国馆，项欣荣给记者展示了一张照片。照片上，一位中年男子面带微笑，手里拿着一张白纸，上面写着：“世博我来了！谢谢老婆，谢谢女儿！”

这位照片上的主人公名叫喻良华，是上海摄影家协会的会员。当时他已是肝癌晚期，那天是坐着轮椅与妻子、女儿来看世博会的。当一家三口游玩到中国馆的时候，喻良华突然从口袋里拿出一张事先准备好的纸，站起来让妻子为他留影。这是他留给妻女最好的一张照片。

2020 年，世博会博物馆策划了《十年，筑梦前行——上海世博会十周年图像展》，这张照片就是活动征集到的 3000 多张图片中的一张。此次展览的策展人项欣荣说，一次展览不可能讲全世博会的所有方面，他和团队选择从情感入手，以个人的小视角，反映背后的大时代、大事件，最后发现与世博会的主旨巧妙契合。

世博会的服务管理处处体现着以人为本的理念。在世博园区试运行期间，女士洗手间排队现象比较严重。为此，世博园区专门派人去实测，发现女士上洗手间的时间平均是男士的 2.6 倍。因此，世博会男女洗手间设置的比例不是 1 ∶ 1，而是 1 ∶ 2.5。

用以人为本、人民至上的理念，推动精细化管理，经过 10 年的发展，已经成为上海城市管理的精髓，渗透到城市发展的方方面面。2020 年年底，上海公布《关于全面推进上海城市数字化转型的意见》，推进政务服务“一网通办”，城市运行“一网统管”，引导全社会共建共治共享数字城市。

“有形的上海世博会即将结束，理念上的上海世博会大幕却刚刚开启。”时任上海世博局主题演绎部部长季路德在世博会闭幕前说的话，正在变为现实。

新时代续写“城市，让生活更美好”的新篇章

清明节假期的一个午后，记者来到浦东滨江世博段白莲泾公园。在温暖的阳光下，伴着江水的缓缓而流，男女老少在散步道、骑行道享受春风拂面。共享单车穿行在黄浦江边的花丛间，不少外国家庭漫步其中，相映成趣。

浦东滨江的这片区域在举办上海世博会前，曾经是老式的厂房、码头和条件亟须改善的民居。上海在世博会选址之初就想到了把办博与改善民生相结合，让办博成为一项惠民工程。1.8 万户居民因此告别旧房简屋，搬进环境优美的世博家园。2017 年年底，黄浦江 45 公里滨江岸线全线开放。2020 年年底，苏州河 42 公里滨江岸线基本贯通。“一江一河”工程，将上海的两条母亲河“还水于民”，描绘出一幅城市与母亲河水乳交融的崭新画卷。

2019 年 11 月，习近平总书记来到杨浦滨江公共空间杨树浦水厂滨江段时，看到昔日的“工业锈带”已经变成了“生活秀带”。他提出，“城市是人民的城市，人民城市为人民”。

参与杨浦滨江工业遗产改造项目的设计师章明，也是当初世博会“城市未来馆”的设计者。这里原是南市发电厂。如今，高大的烟囱、工业特色明显的分离器、发电机组，在章明的手中化作了具有工业风的前卫建筑。这也是上海第一个由政府主导，把工业厂房转换成民用建筑的项目，已成为黄浦江边一道独特的风景。

后世博时代的建设仍在继续。在浦东滨江核心区的世博公园旁，占地约 2 平方公里的世博文化公园正在紧锣密鼓建设中。今年夏天，这里将成为上海中心城区最大的沿江公园绿地。高达 48 米的“双子山”拔地而起，上海世博会中的“生命树”俄罗斯馆、“森林和堡垒”卢森堡馆、“游戏棒”意大利馆、“水上庭院”法国馆……这些承载市民美好回忆的场馆将以崭

新的样貌华丽归来，成为展示世博文化、适合市民休闲娱乐的公共空间。

“人人都有人生出彩机会、人人都能有序参与治理、人人都能享有品质生活、人人都能切实感受温度、人人都能拥有归属认同。”在2020年6月通过的《中共上海市委关于深入贯彻落实“人民城市人民建，人民城市为人民”重要理念，谱写新时代人民城市新篇章的意见》中，“五个人人”成为上海城市发展的努力方向。

在这份意见中，“城市，让生活更美好”这一上海世博会的主题再次被提出。未来，上海将坚持以人民为中心的发展思想，一切依靠人民、一切为了人民，奋力创造新时代上海发展新奇迹，续写“城市，让生活更美好”的新篇章。

（2021年4月15日）

第四章

伟大梦想引领团结奋斗

陈恒

历史翻开崭新一页，写下浓墨重彩的一笔。2012 年金秋，在中国特色社会主义伟大接力中，中华民族迎来了一个关键时刻。

11 月 8 日至 14 日，党的十八大在北京召开。大会正式提出到 2020 年全面建成小康社会的新要求和总目标，首次提出中国特色社会主义事业“五位一体”总体布局，阐明了中国特色社会主义道路、中国特色社会主义理论体系、中国特色社会主义制度的科学内涵及其相互联系。大会通过关于《中国共产党章程（修正案）》的决议，把科学发展观同马克思列宁主义、毛泽东思想、邓小平理论、“三个代表”重要思想一道确立为党的行动指南并载入党章。

党的十八大实现了中央领导集体的新老交替。新当选的中央委员会总书记习近平在十八届一中全会上指出，历史的接力棒传到了我们手里，我们一定不负重托，忠于党、忠于祖国、忠于人民，以自己的最大智慧、力量、心血，作出无愧于历史、无愧于时代、无愧于人民的业绩。从此，围绕实现社会主义现代化和中华民族伟大复兴的总任务，一系列理论创新和实践创新相继展开，中国特色社会主义新时代的大幕徐徐拉开。

首次提出“五位一体”总体布局

布局就是方向，布局就是路径。

改革开放以来，在建设中国特色社会主义事业的伟大实践中，我们党不断思考这一事业所包含的各方面任务，对中国特色社会主义事业总体布局的认识一次次完善，一次次深化。

1982 年，党的十二大确定社会主义物质文明和精神文明一起抓的方针。2002 年，党的十六大提出，全面建设小康社会就是不断促进社会主义物质文明、政治文明和精神文明的协调发展，标志着“三位一体”总体布局形成。2006 年，党的十六届六中全会将这个总体布局发展为包括经济建设、政治建设、文化建设、社会建设在内的“四位一体”总体布局。

2012 年，党的十八大将生态文明建设纳入中国特色社会主义事业总体布局，首次提出经济建设、政治建设、文化建设、社会建设、生态文明建设“五位一体”总体布局。习近平总书记指出，“党的十八大把生态文明建设纳入中国特色社会主义事业总体布局，使生态文明建设的战略地位更加明确，有利于把生态文明建设融入经济建设、政治建设、文化建设、社会建设各方面和全过程”。

进入新时代，在“五位一体”总体布局指引下，中国特色社会主义事业全面发展、全面进步。

经济建设取得重大成就。坚持稳中求进工作总基调，以推进供给侧结构性改革为主线，主动适应、把握、引领经济发展新常态，经济总量稳居世界第二，成为世界经济增长的主要动力源和稳定器。

民主政治建设迈出重大步伐。党的领导、人民当家作主、依法治国有机统一的制度建设全面加强，党的领导体制机制不断完善，社会主义民主不断发展。

思想文化建设取得重大进展。社会主义核心价值观和中华优秀传统文化广泛弘扬，公共文化服务水平不断提高，文化事业和文化产业蓬勃发展，国家文化软实力和中华文化影响力大幅提升。

人民生活不断改善。2016 年—2019 年，城镇新增就业年均 1300 万人以上，城乡居民收入增速超过经济增速，覆盖城乡居民的社会保障体系基本建立，保障性住房建设稳步推进。

生态文明建设成效显著。生态文明制度体系加快形成，全党全国贯彻绿色发展理念的自觉性和主动性显著增强，忽视生态环境保护的状况明显改变。到 2017 年，全国新增造林面积 4.6 亿亩，荒漠化沙化态势被整体遏制，大江大河干流水质稳步改善，城市可吸入颗粒物平均浓度持续下降。

进入全面建成小康社会决定性阶段

千百年来，小康一直是中国百姓最美好的憧憬。党的十八大提出“到 2020 年实现全面建成小康社会宏伟目标”，将党的十六大、十七大强调的“全面建设”改为“全面建成”。一字之变，显示出新一届中央领导集体“时不我待、只争朝夕”的魄力和决心。

站在 2012 年的历史节点上，距离第一个百年奋斗目标的实现只有 8 年时间，但农村贫困人口仍以亿计，且大多分布在革命老区、民族地区、边疆地区，集中连片特困地区农民人均纯收入仅为全国农村水平的六成。

2012 年 11 月 15 日，习近平总书记在与中外记者见面时强调：“人民对美好生活的向往，就是我们的奋斗目标。”这是面向未来的庄严宣言，也是面对人民的郑重承诺。

“没有农村的小康，特别是没有贫困地区的小康，就没有全面建成小康社会。”2012 年 12 月，习近平总书记冒着零下十几摄氏度的严寒，赴地处集中连片特困地区的河北省阜平县考察脱贫工作。

“脱贫攻坚已经到了啃硬骨头、攻坚拔寨的冲刺阶段，必须以更大的决心、更明确的思路、更精准的举措、超常规的力度，众志成城实现脱贫攻坚目标，决不能落下一个贫困地区、一个贫困群众。”党的十八大后，党中央加大扶贫投入，创新扶贫方式，尤其是习近平总书记创造性提出“精准扶贫”重要理念，一套中国特色、行之有效的脱贫攻坚责任体系、政策体系、投入体系基本形成，扶贫开发工作呈现新局面。

2015 年 10 月，党的十八届五中全会把农村贫困人口脱贫作为全面建成小康社会的基本标志。11 月，中央扶贫开发工作会议召开。会上，中西部22个省区市的党政主要负责同志向党中央签署了脱贫攻坚责任书。随后，中共中央、国务院发布《关于打赢脱贫攻坚战的决定》。围绕到 2020 年稳定实现“两不愁、三保障”扶贫开发工作目标，“六个精准”“五个一批”等工作陆续铺开，一个又一个贫中之贫、坚中之坚被接连攻克。

2021 年 2 月 25 日，习近平总书记在全国脱贫攻坚总结表彰大会上庄严宣告，在迎来中国共产党成立 100 周年的重要时刻，我国脱贫攻坚战取得了全面胜利。

这是全面建成小康社会的底线任务。农村贫困人口全部脱贫，为实现全面建成小康社会目标任务作出了关键性贡献。在补齐脱贫短板的同时，我国有力推动了中等收入群体的扩大。经过不懈努力，我国已经形成了世界上规模最大的中等收入群体，超过 4 亿人，全面建成小康社会取得伟大历史性成就。

全面推进党的建设新的伟大工程

在新的历史起点上坚持和发展中国特色社会主义，必须准备进行具有许多新的历史特点的伟大斗争。领导好这场伟大斗争，首先必须把党建设好。

2012 年 11 月 17 日，习近平总书记在十八届中共中央政治局第一次集体学习时强调：“党的十八大提出的党的建设总要求，既是着眼于继承和弘扬我们党90多年来保持和发展马克思主义政党先进性的根本点提出来的，又是着眼于顺应和应对新形势下世情、国情、党情的新变化提出来的。”

习近平总书记警示全党：“大量事实告诉我们，腐败问题越演越烈，最终必然会亡党亡国！我们要警醒啊！”

2012年12月4日，习近平总书记主持召开中央政治局会议，决定从作风建设入手，进一步加强党的建设。会议审议通过中央政治局关于改进工作作风、密切联系群众的八项规定。党的十八大后，新的中央领导集体肩负起对民族、对人民、对党的责任，以作风建设为切入口推进党的建设新的伟大工程，以雷霆之势、霹雳手段惩治腐败，坚定不移“打虎”“拍蝇”，极大提升了党在人民心目中的形象和威信。

沧海横流显砥柱，万山磅礴看主峰。2016年10月，党的十八届六中全会明确了习近平总书记党中央的核心、全党的核心地位，正式提出“以习近平同志为核心的党中央”。确立习近平总书记的核心地位，是实践的选择、历史的选择，是全党的选择、人民的选择，对于更好地凝聚党和人民的力量，推进中国特色社会主义伟大事业和民族复兴大业，具有重大而深远的意义。

实现中华民族伟大复兴的中国梦

漫漫征途谋新篇，雄心壮志启新程。

“只要我们胸怀理想、坚定信念，不动摇、不懈怠、不折腾，顽强奋斗、艰苦奋斗、不懈奋斗，就一定能在中国共产党成立一百年时全面建成小康社会，就一定能在新中国成立一百年时建成富强民主文明和谐的社会主义现代化国家。”在党的十八大报告中，“两个一百年”的奋斗目标，既是承诺，亦是责任。

中国特色社会主义进入新时代，续写坚持和发展中国特色社会主义这篇大文章，需要凝心聚力，需要精神支撑，需要目标引领。

2012年11月29日，新一届中央领导集体参观《复兴之路》展览，习近平总书记首次提出并阐述实现中华民族伟大复兴的中国梦。总书记指出，实现中华民族伟大复兴，就是中华民族近代以来最伟大的梦想。这个梦想，凝聚了几代中国人的夙愿，体现了中华民族和中国人民的整体利益，是每一个中华儿女的共同期盼。

伟大梦想，拥有穿越时空的力量。

走过“雄关漫道真如铁”的昨天，跨越“人间正道是沧桑”的今天，中国梦指引着“长风破浪会有时”的明天。5000多年文明的底色上，铺展着光彩夺目的红色百年。回望世纪之路，中国共产党始终把人民、国家、民族的前途命运扛在肩上，带领人民持续奋斗、艰辛探索。

伟大梦想，植根伟大事业，催生伟大力量。

今天，我们距离实现民族复兴宏伟目标从未如此之近。今天，站起来、富起来的中国人民，强起来的愿望从未如此强烈。从确立“两个一百年”奋斗目标到提出中国梦，从统筹推进“五位一体”总体布局到协调推进“四个全面”战略布局，从把握中国经济发展新常态到牢固树立新发展理念，从“三个自信”拓展为“四个自信”……党的十八大以来，中国特色社会主义内涵外延不断扩展、实现路径愈发清晰。

伟大梦想，引领团结奋斗，不断把奋斗目标推向新境界。

“我们这一代共产党人一定要承前启后、继往开来，把我们的党建设好，团结全体中华儿女把我们国家建设好，把我们民族发展好，继续朝着中华民族伟大复兴的目标奋勇前进。”习近平总书记在参观《复兴之路》展览时的庄严承诺，必将继续激励着中国共产党这个百年大党，在新的伟大征程中，夺取新的胜利。

（2021年4月16日）

人类命运共同体：全球治理的中国答案

余晓葵　张斐晔

“想要终止疫情，需要全球的共同团结合作。”2021年3月初，中美两国医学专家连线对话。超越意识形态分歧、关注人类福祉的对话，正是中美两国人民和国际社会所热切期盼的。

一年多来，新冠肺炎疫情肆虐全球，无情地阻断人际交往、撕裂人间亲情，却也在深刻唤醒人性良知、聚合人类共识。

“新冠肺炎疫情再次证明，只有构建人类命运共同体才是人间正道。”面对全球共同挑战，习近平总书记向国际社会展现了新时代中国对人类福祉的理念与主张。

应运而生的时代理念

2012年11月，新时代的气息已在中国大地酝酿聚集。党的十八大继往开来，明确提出到2020年实现全面建成小康社会宏伟目标，中华民族伟大复兴展现出光明前景。一个日渐走近世界舞台中心的中国，与世界的交融将更加广泛而深刻。

“当前，世情、国情、党情继续发生深刻变化，我们面临的发展机遇和风险挑战前所未有。”党的十八大对世界形势作出清醒判断。十八大报告提出要倡导“人类命运共同体”意识，这是人类命运共同体理念首次载入中国共产党的重要文件，并进而成为新时期中国与世界如何相处的重要指导思想，成为解决世界难题、推动人类社会发展进步的中国方案。

新世纪的人类社会，正处在大发展、大变革、大调整时期。世界经济复苏乏力，战争冲突频仍，恐怖主义、难民危机、气候变化等非传统安全问题持续蔓延，逆全球化、贸易保护主义、民粹主义思潮上升，冷战思维和强权政治阴魂不散，全球治理的失灵让世界困顿茫然，人类迫切需要充满理论力量、启发世界思考的新理念新思想，来反映人类共同诉求，聚合人类共同愿望。

“让和平的薪火代代相传，让发展的动力源源不断，让文明的光芒熠熠生辉，是各国人民的期待，也是我们这一代政治家应有的担当。”人类命运共同体理念是习近平总书记判明时代主题，洞察世界发展趋势，在深刻总结国内外历史经验、准确把握人类社会发展规律基础上提出的重要思想。

党的十八大以来，面对全球不断加剧的变化与挑战，中国在坚持自身和平发展的同时，着力推动世界的持久和平与共同繁荣。

2013 年 3 月，习近平在莫斯科国际关系学院首次向国际社会提出命运共同体理念。

2015 年 9 月，习近平在联合国发表重要演讲，向国际社会全面阐述了人类命运共同体“五位一体”的内涵，呼吁构建以合作共赢为核心的新型国际关系，打造人类命运共同体。

2017 年 1 月，习近平在日内瓦万国宫发表主旨演讲，主张共同推进构建人类命运共同体的伟大进程，坚持对话协商、共建共享、合作共赢、交流互鉴、绿色低碳，建设一个持久和平、普遍安全、共同繁荣、开放包容、清洁美丽的世界。

2017 年 10 月，十九大报告指出，坚持和平发展道路，推动构建人类命运共同体。

8 年来，这一理念指导中国特色大国外交在维护世界和平、促进共同发展的道路上不断前进，成为新时代中国特色大国外交的总目标，被写入

《中国共产党章程》《中华人民共和国宪法》，成为中国共产党和全体中国人民的共同意志。

“根之茂者其实遂，膏之沃者其光晔。”人类命运共同体理念蕴含着传承千年的中华优秀传统文化，酝酿于新中国外交不断探索的实践，是马克思主义中国化的体现，是新时代应运而生的中国智慧。

大道之行，天下为公；天下大同，协和万邦；和而不同，以和为贵……中国领袖在多个国际场合倡导人类命运共同体理念，让中华优秀传统文化和新时代合作共赢理念在世界范围产生广泛共鸣。这一理念已被多次写入联合国决议，作为一把解决国际问题的“总钥匙”受到国际社会认可。联合国秘书长古特雷斯有力地呼应道，联合国“践行多边主义的目的，就是要建立人类命运共同体”。

越是纷繁复杂的时代，越是呼唤开天辟地的思想。在对人类命运共同体理念的阐释和推动中，习近平主席鲜明指出国际社会所面临的治理赤字、信任赤字、和平赤字、发展赤字四大挑战，并提出破解这“四大赤字”需要秉持的公正合理、互商互谅、同舟共济、互利共赢四大理念。在一些外国学者看来，人类命运共同体理念提出了超越西方后启蒙时代的价值观和方法体系，以及具有普遍性的人类经验，是中国为维护人类和平与福祉所提出的重要倡议，也是人类历史上最重要的哲学思想之一。

“成为完美的人类和构建持久的世界和平的理想促使我们不断去尝试实现一个更美好的未来。”德国跨文化哲学学会会员巴拓识说，我们必须时刻认识到，在地球家园中，所有人和所有生命体都构成一个有机的整体。

人类共同愿望的聚合与构建，离不开对人民福祉的关切和佑护。“人民对美好生活的向往，就是我们的奋斗目标。”“我将无我，不负人民。”“人民至上，生命至上。”构建人类命运共同体理念来自坚持以人民为中心，紧紧依靠人民、不断造福人民、牢牢植根人民的中国共产党，是一种逻辑必然，是一种历史必然。

引领未来的全球共识

构建人类命运共同体，被视为“人类在这个星球上的唯一未来”。这不仅需要坐而论道的智慧，更需要起而行之的力量。面对人类发展在十字路口何去何从的抉择，各国应该积极做行动派、不做观望者，共同努力把人类前途命运掌握在自己手中。

知行合一，行远自迩。构建周边命运共同体，是构建人类命运共同体目标的第一步，增进战略互信、深化互利合作成为中国与周边国家命运共同体的主旋律。中国在“亲、诚、惠、容”的周边外交理念指引下，与周边国家打造了众多有针对性的命运共同体——中巴命运共同体是“中国同周边国家构建命运共同体的典范”，此外还有与柬埔寨“继续做高度互信的好朋友、肝胆相照的好伙伴、休戚相关的命运共同体”，与老挝“携手打造牢不可破的中老命运共同体”等。

发展中国家是中国外交的根基，同样是命运共同体建设的热土。在更大的地区范围，中非、中阿、中拉命运共同体等逐渐深入人心，中国与广大发展中国家一道，共同打造发展中国家命运共同体。2014 年西非暴发埃博拉疫情，中国率先伸出援手，开展了大规模卫生援外行动，累计向疫区及周边 13 个国家提供了总价值超过 1.2 亿美元的援助，派遣了 1200 多名医护人员。

人类命运共同体首先是发展共同体。党的十八大以来，中国积极推动构建人类命运共同体，为国际社会提供了“一带一路”倡议、亚投行等重要国际公共产品，成为世界发展的主要动力。截至 2021 年 1 月，中国与 171 个国家和国际组织签署了 205 份共建“一带一路”合作文件。从无到有、由点及面，“一带一路”与俄罗斯欧亚经济联盟建设、蒙古国草原丝绸之路经济带、哈萨克斯坦“光明之路”等相对接，跨越高山峡谷，穿越山河湖海，逐渐勾连起世界上最壮美的经济走廊：蒙内铁路的通车让肯尼亚百年梦圆；缅甸偏远的小山村里人们用上了点亮夜空的电灯；马尔代夫有了连接众多岛屿的跨海大桥；哈萨克斯坦实现了出海通道的梦想；老挝的村民们用上了干净的自来水……

和平与发展虽然是当今世界的主题，但全球大变局中国际安全形势复杂多变。“共同、综合、合作、可持续”的新安全观，是人类命运共同体理念在国际安全领域的映射。2016 年 1 月，国家主席习近平在开罗阿拉伯国家联盟总部发表重要演讲，提出了解决中东问题的三大关键：化解分歧，关键要加强对话；破解难题，关键要加快发展；道路选择，关键要符合国情，为中东和平贡献中国主张和智慧。在叙利亚问题的斡旋中，中国主动邀请叙利亚反对派“全国对话联盟”访问北京，努力促成冲突各派的对话。中国已成为联合国安理会常任理事国中派出维和人员最多的国家，并建设 8000 人规模的维和待命部队。

在国际社会认知中，中国对全球治理最珍贵的贡献正在于价值理念和治理思路。以和平、发展、合作、共赢化解百年变局下的人类焦虑和忧患，人类命运共同体理念指明世界前行方向，其重要价值在突如其来的新冠肺炎疫情中更加凸显。

中国在自身疫情防控面临巨大压力的情况下，尽己所能为国际社会提供援助。截至 2021 年 3 月，中国已经向 150 多个国家和 13 个国际组织提供援助，为有需要的 34 个国家派出 36 支医疗专家组，向 200 多个国家提供了超过 2200 亿只口罩、23 亿件防护服、10 亿人份检测试剂盒。作为负责任的大国，中国信守承诺，坚持疫苗公共产品属性，助力全球疫苗公平分配，已经并正在无偿向 69 个有急需的发展中国家提供疫苗援助，向 43 个国家出口疫苗，同时响应联合国号召向维和人员捐赠疫苗。

“我记得装载中国援助物资的船只抵达的里雅斯特港的情景；我也记得，生活在罗马、普拉托和佛罗伦萨的华人团体，也是欧洲最大的华人团体，他们表现出了强烈的责任感，为意大利抗击疫情提供了很多帮助。”意大利著名社会学家姜·玛利亚·法拉感谢中国伸出的援手，更感慨意大利加入“一带一路”倡议是一个绝对正确的决定。

“新冠肺炎疫情虽然带来了新的挑战，但国际抗疫也有助于激发我们的思考。世界未来的发展取决于我们对人类共同命运和前途的热情和努力。”罗马尼亚前总理彼得·罗曼的话，是世界有识之士共同的心声。

命运与共，无远弗届。

（2021 年 4 月 16 日）

八项规定：以钉钉子精神推进作风建设

王昊魁

党的作风就是党的形象，关系人心向背，关系党的生死存亡。从严管党治党，是百年大党一以贯之的优良传统、政治基因和政治优势。

2012年12月4日，十八届中央领导集体履新不到20天，中共中央政治局召开会议，审议通过《十八届中央政治局关于改进工作作风、密切联系群众的八项规定》。

八项规定微言大义，600余字，涉及改进调查研究、精简会议活动、精简文件简报、严格文稿发表、厉行勤俭节约等。以立规矩开始，由作风建设切入，从中央政治局做起，新时代的中国共产党人开启改进作风的第一步，在全面从严治党的历程中写下浓墨重彩的一笔。

“八项规定改变中国”“八项规定是今天的‘三大纪律八项注意’”……从东海之滨到西部边陲，从繁华都市到偏远村庄，八项规定已成为新时代深入人心、响彻神州大地的高频词语，激发了全党全社会的行动感召力和全民的舆论向心力。八项规定所带来的党风政风社风民风的变化，如涓涓细流，正深刻持久地影响和改变中国。

立规矩，以上率下为全党树立榜样

2012年12月7日下午，通往深圳前海深港现代服务业合作区的道路畅通如常。车队融入车流，与私家车、公交车、出租车并行，按照交通信号灯的指令行驶。

轻车简行，不封路，不清场，没有欢迎横幅——率先垂范，带头执行中央八项规定，习近平总书记在党的十八大后首次出京考察就给人们留下深刻印象。

2013年1月，习近平总书记在十八届中央纪委二次全会上强调，八项规定是一个切入口和动员令。八项规定既不是最高标准，更不是最终目的，只是我们改进作风的第一步，是我们作为共产党人应该做到的基本要求。同时，他还强调，各级领导干部要以身作则、率先垂范，说到的就要做到，承诺的就要兑现。

身体力行是最有效的示范，以上率下是最有力的引导。8年多来，习近平总书记始终严格执行中央八项规定，以身作则、以上率下，为中央政治局、为全党树立了榜样。

2017年10月27日，十九届中央政治局首次会议就审议了修订后的《中共中央政治局贯彻落实中央八项规定的实施细则》，对中央政治局加强作风建设提出更高要求，向全党全社会释放了持之以恒正风肃纪、驰而不息改进作风的强烈信号。

“中央八项规定在义无反顾中不离初衷、不打折扣，一以贯之、一路前行，实实在在地改变了中国，极其重要的一点就在于以习近平同志为核心的党中央说到做到、知行合一。”中央党校（国家行政学院）教授辛鸣说。

8年多来，从全面清理超标超配公车、超标办公用房、多占住房，整治“会所中的歪风”“舌尖上的腐败”“裸官”，到厉行节约、反对浪费，大力纠治形式主义、官僚主义，整治“四风”问题一刻不停。

8年多来，抓具体、具体抓，执行中央八项规定精神，落点越来越精准。管住用公款购买贺年卡、烟花爆竹、赠送月饼粽子等具体事情，抓住公款吃喝、公款旅游、违规操办婚丧喜庆等一个个问题，带动作风整体转变。许多党员干部感慨，“过去几十个文件管不住一张嘴，没想到一个八项规定就管住了”。

8 年多来，抓中央八项规定精神贯彻落实，不仅没有“一阵风”，而且释放出“越往后执纪越严”的强烈信号，彰显了党中央管党治党的坚强态度和坚决行动，开创了党的建设新局面。

抓执行，正风反腐厚植党的执政根基

2021 年 3 月 29 日，中央纪委国家监委公布全国查处违反中央八项规定精神问题月报数据：2 月全国查处违反中央八项规定精神问题 5864 起，处理 8422 人，给予党纪政务处分 5631 人。这也是中央纪委国家监委连续公布月报数据的第 90 个月。

驰而不息，寸步不让。典型问题点名道姓、通报曝光；紧盯关键节点，一个阶段一个阶段地推进，按照党中央要求，中央纪委和各级纪检监察机关将元旦春节、五一端午、中秋国庆等重要时间节点连成线，一以贯之、步步深入。

坚持标本兼治，向制度建设要长效。

2016 年 10 月，党的十八届六中全会审议通过《关于新形势下党内政治生活的若干准则》《中国共产党党内监督条例》。《中国共产党党内监督条例》将“落实中央八项规定精神，加强作风建设，密切联系群众，巩固党的执政基础情况”列为党内监督的八项主要内容之一。

2019 年 9 月，中共中央印发新修订的《中国共产党问责条例》，在原有基础上，将党的作风建设松懈，落实中央八项规定及其实施细则精神不力，“四风”问题得不到有效整治，形式主义、官僚主义问题突出等列为问责情形。

党中央不断出台新法规制度、完善已有法规制度、废止不适应的法规制度，不断健全作风建设制度体系，出台一系列与作风建设有关的党内法规、规范性文件。同时，各地各部门纷纷结合实际制定贯彻落实中央八项规定精神的实施办法、细则及配套制度。

在坚持中深化，在深化中坚持，切实夯实作风建设根基。

从开展党的群众路线教育实践活动到“三严三实”专题教育；从“两学一做”学习教育到“不忘初心、牢记使命”主题教育，再到正在开展的党史学习教育，一系列党内集中学习教育环环相扣、深入推进，激浊扬清、固本培元，全党抓作风、转作风的认识自觉和行动自觉显著提高。

坚决纠正“四风”，深入推进反腐败斗争。“打虎”“拍蝇”，海外“猎狐”，惩治腐败的“天网”越织越密，一大批腐败分子受到查处，全党重拾健康体魄。

人心是最大的政治，正义是最强的力量。

2014 年，“党风廉政建设和反腐败斗争取得了新进展”；2016 年，“反腐败斗争压倒性态势正在形成”；2017 年，“反腐败斗争压倒性态势已经形成并巩固发展”；2018 年，“反腐败斗争取得压倒性胜利”……

“正风反腐试出了人心向背，厚植了党的执政根基。形势变化的背后，是以习近平同志为核心的党中央一以贯之的鲜明立场、坚决态度，是党心民心所向。”中国社会科学院近代史研究所党委书记、研究员金民卿说。

新气象，回应群众期盼、凝聚攻坚克难伟力

2020 年 12 月 24 日至 25 日，北京中南海，中共中央政治局召开民主生活会。习近平总书记主持会议并发表重要讲话。会议审议了《关于2020 年中央政治局贯彻执行中央八项规定情况的报告》和《关于持续解决形式主义问题深化拓展基层减负工作情况的报告》。

会议提出，要以马不离鞍、缰不松手的定力，以反复抓、抓反复的韧劲，以钉钉子精神贯彻中央八项规定及其实施细则、整治“四风”、落实为基层减负的各项规定，建立健全长效机制。

作风建设永远在路上。保持定力，久久为功，把“严”的主基调长期坚持下去。

“8 年多来，人们切实感受到了党中央持之以恒抓作风建设的坚定决心、坚强和坚决行动，看到了中国共产党人最讲认真的精神气质和政治品格，看到了党始终保持同人民群众血肉联系的政治本色。”中国人民大学中共党史党建研究院执行院长杨凤城说。

以“小切口”推动“大变局”。干部离特权远了，党性修养提高了，离群众更近了；机关作风更加务实，工作更富有效率……

“现在杜绝了迎来送往，除去了繁文缛节，解脱了文山会海的束缚，有更多精力为群众办实事,投入到乡村振兴中,我们是八项规定的受益者。”山东安丘大汶河旅游发展中心党委副书记邢鹏表示。

国家统计局 2019 年 11 月进行的民情民意电话调查显示，98.3% 的受调查对象肯定党中央带头贯彻执行中央八项规定及其实施细则精神的情况，97.3% 的受调查对象对党风、政风和社会风气好转表示满意。

8 年多来，八项规定深入人心，党的创造力、凝聚力、战斗力显著增强，党在革命性锻造中更加坚强。

8 年多来，刹住了一些过去被认为不可能刹住的歪风邪气，解决了一些长期想解决而没能解决的顽瘴痼疾，党风政风焕然一新。

8 年多来，好传统、好作风加速回归，党员干部进一步激发干事创业的精气神，汇聚起推动改革发展的强大正能量。

立志于中华民族千秋伟业，百年恰是风华正茂。

站在“两个一百年”奋斗目标的历史交汇点，我们坚信，在以习近平同志为核心的党中央坚强领导下，全党上下不忘初心、牢记使命，团结带领人民，把好传统带进新征程，将好作风弘扬在新时代，一定能不断凝聚起磅礴力量，在全面建设社会主义现代化国家、实现中华民族伟大复兴的新征程上，夺取一个又一个新的胜利。

（2021 年 4 月 19 日）

上海自贸试验区：
扩大开放和深化改革的引跑者

孟歆迪　颜维琦　曹继军

2013 年 9 月 29 日，中国（上海）自由贸易试验区挂牌运行，一场为全面深化改革和扩大开放探索新途径、积累新经验的国家试验在这里起航。

闯“无人区”，当“探路者”，8 年来，上海自贸试验区从无到有，打造中国经济升级版的重要引擎，逐步形成一系列成熟的可复制可推广的制度创新成果。

2014 年，在中央全面深化改革领导小组第六次会议上，习近平总书记把上海自贸试验区取得的经验，比作“试验田上试验培育出的种子”，并强调要把这些种子在更大范围内播种扩散，尽快开花结果，对试验取得的可复制可推广的经验，能在其他地区推广的要尽快推广，能在全国推广的要推广到全国。如今，我国已分批设立 21 个自贸区，覆盖东西南北中，逐渐成长为拉动中国经济增长的重要一级。

贯彻制度创新这条主线

“先行先试”靠什么？“制度创新”是核心。

与此前的经济特区、开发区、产业园区相比，中国（上海）自由贸易试验区是我国第一个在指导思想、战略定位、总体目标、任务措施等方面有新内涵的改革开放载体。建设自由贸易试验区是党中央、国务院在新形势下全面深化改革和扩大开放的一项战略举措，是党在新的历史起点上提出的新发展理念的重要体现之一，向全世界展示了中国加快形成高水平对外开放新局面，努力实现经济高质量发展的决心。

在新兰路18号，中国（上海）自由贸易试验区保税区域展示馆中，有一张特殊的证书。这是在2013年，上海自贸试验区成立当日，由东方明珠新媒体股份有限公司（原百视通）与微软公司共同合资成立的上海百家合信息技术发展有限公司获颁“上海自贸区001号”外资备案企业证书的复印件，原件已被送往北京收藏。

在此之前，中国主机游戏内容的出口几乎为零。作为“尝鲜者”，上海百家合信息技术发展有限公司自挂牌以来，已向海外市场推出了《非常英雄》等18款国产游戏，同时也引进了《特技摩托：聚变》等近60款国外开发的游戏。8年多来，百家合是上海自贸试验区不断优化营商环境、推进高水平开放的见证者。

“大胆试、大胆闯、自主改”，上海自贸试验区坚持对标国际最高标准、最好水平，在投资、贸易、金融和政府职能转变等领域形成了众多向全国分层次分领域复制推广的制度创新成果。而制度创新又激发了市场创新活力和经济发展动力。即使在困难重重的2020年，上海自贸试验区经济活力依然明显增强，2020年全年新设外资企业563家，累计新设外资企业1.2万户，全年实到外资80.03亿美元，累计实到外资达409亿美元。

打造全方位高水平开放的前进基地

临港在“飞驰”。

2021年3月29日，“北京大学上海临港国际科技创新中心”项目合作签约；3月28日，国际创新协同区世界顶尖科学家论坛会址开工；3月26日，临港新片区资本市场服务基地揭牌，《关于着力发挥资本市场作用促进临港新片区企业高质量发展实施意见》同步发布；3月25日，临港新片区管委会与上海科创办签署合作框架协议……

在这场“试验”中，临港是“新生”，但不可小觑。

“增设中国上海自由贸易试验区的新片区，鼓励和支持上海在推进投资和贸易自由化便利化方面大胆创新探索，为全国积累更多可复制可推广经验”是习近平总书记交给上海的三项新的重大任务之一。

自 2019 年 9 月上海自贸试验区临港新片区正式挂牌设立起，“临港”就成为一个不断刷屏的高频词。探索建设海关特殊综保区和特殊经济功能区，在上海东南沿海从外高桥到杭州湾形成一条面向海洋的弧形地带，上海自贸试验区临港新片区这条“自贸区弧”，以令人咂舌的高速，向中国全方位高水平开放的前进基地、我国深度融入经济全球化的重要载体迈进。

在上海市第六人民医院（临港院区）妇产科医生肖静的记忆中，6 年前，临港新片区还是个等不到巴士、打不着车的“荒凉地方”。如今，道路两旁的“芦苇荡”成了“小花园”；原来车位多车少，现在停车要找车位；曾经一入夜就“黑咕隆咚”的住宅区，现在天擦黑就灯火通明。

好消息周周有，新变化月月见。这样磅礴的生机有迹可循。2020 年《中国（上海）自由贸易试验区临港新片区总体方案》78 项制度创新任务已落地实施或先行先试共 69 项，50 条“特殊支持政策”基本完成，国家、上海市、管委会层面共发布 120 余个政策文件，形成 32 个制度创新典型案例。在管理体制构建、政策制度创新、投资项目促进、城市开发建设、社会事业发展、城市管理和社会治理等方面不断推进和突破。源源不断的企业与人才因好政策而来，因新政策扎根……

坚持创新成果可复制可推广

日前，记者来到嘉兴综合保税区 B 区。现场的工作人员形象地跟记者说，上海自贸试验区是他们的“老大哥”，作为上海自由贸易试验区（嘉善）项目协作区，综保区 B 区已复制上海自贸试验区成功经验及政策 11 条。

坚持制度创新可复制可推广，为我国扩大开放和深化改革探索新思路和新路径，是上海自贸试验区作为“引跑者”的责任。

2014 年 12 月，在总结评估上海自贸试验区建设 1 周年基础上，国务院发布《关于推广中国（上海）自由贸易试验区可复制改革试点经验的通知》，如今，全国自贸试验区总数已达 21 个，共计 67 个片区，形成了覆盖东西南北中的改革开放创新格局。

上海自贸试验区在全国率先实施 2013 年版、2014 年版外商投资准入负面清单制度。现在，外商投资准入负面清单制度已覆盖全国自贸试验区；上海自贸试验区率先试验依托电子口岸公共平台建设国际贸易“单一窗口”等贸易便利化措施，为国际贸易“单一窗口”国家标准版的建设和实施提供了实践经验，2021 年年底前，除安全保密需要等特殊情况外，“单一窗口”功能覆盖国际贸易管理全链条。

上海自贸试验区率先实施的“证照分离”现代商事登记制度改革、推进政府职能转变构建事中事后监管体系等，都在全国有序推开。

得益于自贸试验区制度创新改革及在全市的复制推广，上海的国际化营商环境不断优化，集聚配置全球高端资源要素的核心功能持续提升，并有序推进电信、互联网、医疗、交通运输、文化、教育等与市民生活密切相关的领域扩大开放，加快建设具有世界影响力的社会主义现代化国际大都市。

2020 年，除当年新设的北京、湖南、安徽自贸试验区之外的 18 个自贸试验区共新设企业 39.3 万家，以不到全国 4‰的国土面积，实现了占全国 17.6% 的外商投资和 14.7% 的进出口额。“十三五”时期，国家层面共向全国推广自贸试验区制度创新成果 173 项，有效提升了各地的开放水平、行政效率、发展动能和经济活力。

“以‘等不起’的紧迫感、‘慢不得’的危机感、‘坐不住’的责任感，快马加鞭，狠抓推进，推动上海自贸试验区和临港新片区建设向纵深发展。”2021 年 3 月 30 日，中国（上海）自由贸易试验区推进工作领导小组会议召开。上海市委副书记、市长龚正指出，要深入贯彻落实习近平总书记考察上海重要讲话和在浦东开发开放30周年庆祝大会上的重要讲话精神，在上海市委的坚强领导下，持续深化改革开放制度创新，构建世界级开放型产业体系，打造一流营商环境，高质量完成各项节点目标任务。

中国（上海）自由贸易试验区正在“全速行进”。

（2021年4月19日）

吹响全面深化改革号角

刘坤　鲁元珍

无论是在春潮涌动的南海之滨，还是在绚丽多姿的黄浦江畔，改革开放创造的发展奇迹总是令人百感交集。

壮美画卷，始于一笔一画勾勒的改革蓝图。从1978年十一届三中全会开启改革大幕，到1984年十二届三中全会启动全面经济体制改革；从十四届三中全会的“建立社会主义市场经济体制”，到十六届三中全会的“完善社会主义市场经济体制”……历史的车轮滚滚向前，改革从未止步。

面对新形势，党的十八大提出了全面建成小康社会和全面深化改革开放的目标。2013年11月9日至12日，中共十八届三中全会在京举行，会议审议通过《中共中央关于全面深化改革若干重大问题的决定》，吹响了全面深化改革的号角。

提出“六个紧紧围绕”
改革内涵变得更加丰富

1992年，邓小平同志在南方谈话中说：“不坚持社会主义，不改革开放，不发展经济，不改善人民生活，只能是死路一条。”邓小平同志这番话，让广大干部群众对改革有了更深的理解。

同年，党的十四大召开，提出我国经济体制改革的目标是建立社会主义市场经济体制，要使市场在国家宏观调控下对资源配置起基础性作用。

经过多年实践，到 2013 年，我国社会主义市场经济体制已经初步建立，但仍存在不少问题，比如，市场秩序不规范，以不正当手段谋取经济利益的现象广泛存在等。这些问题不解决好，完善的社会主义市场经济体制就难以形成。而解决这些问题，关键就在于全面深化改革。

党的十八届三中全会提出，经济体制改革是全面深化改革的重点，核心问题是处理好政府和市场的关系，使市场在资源配置中起决定性作用和更好发挥政府作用。这是这次全会提出的一个重大理论观点，有利于进一步解放思想，在全党全社会树立关于政府和市场关系的正确观念。

“不谋全局者，不足谋一域。”全面深化改革是关系党和国家事业发展全局的重大战略部署，不是某个领域某个方面的单项改革。

党的十八届三中全会明确，全面深化改革的总目标是完善和发展中国特色社会主义制度，推进国家治理体系和治理能力现代化，提出“紧紧围绕使市场在资源配置中起决定性作用深化经济体制改革”“紧紧围绕坚持党的领导、人民当家作主、依法治国有机统一深化政治体制改革”等“六个紧紧围绕”，从经济、政治、文化、社会、生态文明等方面，具体部署了主要任务和重大举措。

这让改革的内涵变得更加丰富，也充分体现了改革的系统性、整体性、协同性，有利于加快发展社会主义市场经济、民主政治、先进文化、和谐社会、生态文明，让一切劳动、知识、技术、管理、资本的活力竞相迸发，让一切创造社会财富的源泉充分涌流，让发展成果更多更公平惠及全体人民。

正如南开大学经济研究所教授钟茂初所说，党的十八届三中全会开启了全面深化改革、系统整体设计推进改革的新时代，开创了我国改革开放的全新局面，具有划时代的历史意义。

推出 2485 个改革方案 改革目标任务总体如期完成

在深圳，数字人民币内部封闭试点测试、区域性国资国企综合改革、土地管理制度改革等事项正在有力推进，越来越多“老百姓身边的改革”，让改革红利“看得见、摸得着、可感受”；在中国（上海）自由贸易试验区临港新片区，多项投资项目审批改革有序开展，平均每天有一个重大项目落地。

放眼望去，在广袤的中华大地上，全面深化改革正释放出磅礴伟力。

看似寻常最奇崛，成如容易却艰辛。

7 年多来，全面深化改革一个山头一个山头地攻，一个难关一个难关地破，推动党和国家各项事业取得历史性成就、发生历史性变革——

政治体制改革稳步推进，文化体制改革创新发展，社会体制改革全面推进，生态文明体制改革加快推进，党的建设制度改革扎实推进，纪律检查体制改革取得重要阶段性成果，国防和军队改革取得历史性突破……

社会主义市场经济体制的健全完善驶入“快车道”：首次以中央文件形式对依法保护产权、弘扬企业家精神作出部署，实施全国统一的市场准入负面清单制度，要素市场化改革全面推进，市场在资源配置中的决定性作用得到充分发挥；放管服改革持续深入，营商环境不断优化，政府作用更好发挥……

“我们着力增强改革系统性、整体性、协同性，全面深化改革取得了显著成效。”南京大学经济学系主任杨德才说，党的十八届三中全会以来，我国基本经济制度和现代市场体系不断完善，政府职能加快转变，“有效市场”和“有为政府”更好结合，营商环境持续优化，充分调动了市场主体的积极性。

7 年多来，全面深化改革蹄疾步稳，推动中国特色社会主义制度更加成熟更加定型，为“中国之治”提供了坚实有力保障。

2020 年 12 月 31 日，习近平总书记出席全国政协新年茶话会并发表重要讲话时强调，中共十八届三中全会召开 7 年多来，各方面共推出 2485 个改革方案。中共十八届三中全会提出的改革目标任务总体如期完成。

让人民生活得更加美好 改革道路上仍有硬骨头要啃

4 月的海南，到处生机勃勃。海南自由贸易港迎来 22 条“量身打造”的放宽市场准入特别措施。这些措施将让当地百姓享受到在互联网上购买处方药等服务，也将为推动全国市场准入改革破冰探路。

老百姓关心什么、期盼什么，改革就要抓住什么、推进什么。一项项改革成果，强了信心，暖了人心，聚了民心。

在江苏省镇江市世业镇永茂圩村，村民们的院落宽敞干净，有的还在院子里种满了蔬菜。近年来，永茂圩村积极开展户厕改造等工作，村容村貌发生了喜人变化。“现在，路变宽了，水变清了，看病也方便多了，我们的生活越来越好。”一位 80 多岁的洪姓村民说。

“要以人民为中心。”中国财政科学研究院院长刘尚希认为，当前及今后，人们对各种基础设施，以及教育、医疗等公共服务的要求越来越高。全面深化改革，要提升人民群众的获得感、幸福感、安全感，让人民生活得更加美好。

“大鹏之动，非一羽之轻也；骐骥之速，非一足之力也。”改革的成果，由所有人分享，改革的伟大历程，也由每一个人参与和见证。

改革既不可能一蹴而就，也不可能一劳永逸。改革道路上仍面临着很多复杂的矛盾和问题，我们已经啃下了不少硬骨头但还有许多硬骨头要啃，我们已经攻克了不少难关但还有许多难关要攻克。

今年起，我国开始实施国民经济和社会发展第十四个五年规划、开启全面建设社会主义现代化国家新征程。进入新发展阶段，面临许多新的机遇和挑战。

清华大学政治经济学研究中心主任蔡继明建议，要深化土地制度改革和户籍制度改革，消除体制机制障碍，使土地、劳动力以及资本等生产要素在城乡之间自由流动，让农村大量闲置建设用地包括宅基地能够进入市场，增加农民的土地财产收入，加快推进以人为本的城镇化进程。

“要加快推进税收制度改革，让税收成为促进生产与消费的重要经济杠杆。”杨德才说，要通过收入分配制度改革，不断增加居民实际收入，解决老百姓“有钱花”的问题；同时，不断完善社会保障制度，优化消费环境，严格市场监督管理，严厉打击假冒伪劣产品，让老百姓放心消费。

征途漫漫，唯有奋斗。

前进道路上，我们将披荆斩棘、勇往直前，继续全面深化改革，继续为中华民族伟大复兴辛勤耕耘，创造更加灿烂的辉煌。

（2021 年 4 月 20 日）

京津冀协同发展：瓣瓣同心 共绽华彩

耿建扩 陈元秋

打开一张中国地形图，会看到，太行山以东、渤海以西、内蒙古高原以南、华北平原北部，有一片得天独厚的地理区域。这片区域如同一盘联动的棋局，与南方的长江三角洲城市群、粤港澳大湾区遥相呼应，成为中国经济最具活力的地区之一，这就是京津冀。

4 月的雄安新区，塔吊林立、卡车穿梭。1770 平方公里的土地上，每天有超过 14 万名建设者昼夜施工。

北京城市副中心，围绕京津冀协同发展桥头堡、国家绿色发展示范区等定位和目标，在交通、生态、产业、公共服务等领域强化与中心城区联动发展，深化与北三县一体化发展，推进更大区域协调发展。副中心交通枢纽、京唐（滨）城际铁路、北运河通航、东六环入地改造工程等一批标志性工程正抓紧建设，副中心城市框架有序拉开。

天津发挥产业发展比较优势，推动滨海新区高质量发展，支持加快天津北方国际航运枢纽建设。天津中心城区与滨海新区之间的绿色生态屏障内，国家会展中心（天津）一期展馆区建设进入收尾阶段……

“京津冀如同一朵花上的花瓣，瓣瓣不同，却瓣瓣同心。”习近平总书记的话语情真意切、寓意深远。

从 2014 年 2 月至今，京津冀协同发展已走过 2500 多个日夜。土地还是那片土地，但发展迈向了更高水平。

破题：探索协同发展新路径

“北京吃不完，天津吃不饱，河北吃不着。”这句在京津冀地区流传多年的话，充分折射了强大的“虹吸效应”下地区发展的不均衡、不协调的问题。三地“发展鸿沟”，多年来困扰着人们。

突破口在哪？

“北京、天津、河北人口加起来有1亿多，土地面积有21.6万平方公里，京津冀地缘相接、人缘相亲，地域一体、文化一脉，历史渊源深厚、交往半径相宜，完全能够相互融合、协同发展。”7年前，习近平总书记高瞻远瞩、审时度势为京津冀发展擘画蓝图。

2014年2月，载入史册的一页。习近平总书记在京召开座谈会，专题听取京津冀协同发展工作汇报。对于如何“打破自家‘一亩三分地’的思维定式”，他给出了推进的思路，列出了重点任务。2014年6月，党中央批准成立京津冀协同发展领导小组，加强对京津冀协同发展工作的统筹指导。领导小组多次召开会议，研究解决京津冀协同发展重大问题，组织制定京津冀协同发展和雄安新区规划建设的重大规划、重要政策、重点项目及工作方案、年度计划，部署推进重点工作。同时，成立京津冀协同发展专家咨询委员会，对协同发展重大问题开展研究，提出咨询意见和建议。

2015年6月，中共中央、国务院印发《京津冀协同发展规划纲要》，确定了“功能互补、区域联动、轴向集聚、节点支撑”的布局思路。随后，全国首个跨省级行政区的京津冀“十三五”规划以及京津冀土地、城乡、水利、卫生等12个专项规划印发实施，京津冀城际铁路网规划、北京新机场临空经济区规划等相继出台。

“都”与“城”、“舍”与“得”、“疏解”与“承接”，一对对看似互斥的关系，蕴藏了京津冀实现协同发展、建设以首都为核心的世界级城市群的金钥匙。

在顶层设计出台后，三地合力在各项事业上形成突破。一批重点交通建设项目持续加快落地，努力把京津冀建设成为交通强国建设的样板区、全面深化交通运输改革的试验区、区域交通一体化的示范区以及交通运输现代化的先行区；加快首都产业结构调整，不断完善产业协同对接机制，推动培育先进制造业集群；加快教育医疗等民生资源共享，公共服务上的帮扶对接不断深入。

“一张图”规划、“一盘棋”建设，以首都为核心的世界级城市群正不断形成。

点睛：千年大计成为协同发展新引擎

2017 年 2 月，京津冀协同发展战略提出 3 周年之际，习近平总书记来到正在规划的河北雄安新区和北京市考察。4 月 1 日，中共中央、国务院决定设立河北雄安新区。

一个堪与深圳经济特区、上海浦东新区媲美的新时代改革开放前沿、高质量发展的样板，如春芽破土而出。

在推进实施京津冀协同发展大战略中，疏解北京非首都功能的任务是重中之重。雄安新区位于京津保腹地，各方优势明显，正是集中承接北京非首都功能疏解的首选之地。

雄安新区规划建设以特定区域为起步区先行开发，起步区面积约 100 平方公里，中期发展区面积约 200 平方公里，远期控制区面积约 2000 平方公里——这座担当着新时代发展使命的未来之城将跃然而出。

2018 年 4 月，中共中央、国务院批复《河北雄安新区规划纲要》。10 个篇章、2 万多字，这张规划“未来之城”的宏伟蓝图，描绘着新时代高质量发展的前景，凸显着“雄安模式”的精髓。

从 2019 年起，雄安新区转入大规模建设阶段。从交通路网，到水利工程，再到公共服务配套设施，一张张蓝图相继变成路线图和施工图。2019年到2020年，雄安新区百余个重点建设项目全部开工，其中2019年重点建设项目67个，当年全部开工；2020年，125个重点项目建设加快推进，29个项目完工。

4年来，雄安画卷徐徐铺开：京雄高铁建成通车，外围高速骨干路网基本建成；白洋淀生态保护治理成效突出，水质显著提升；雄安商务服务中心、“三校一院”建设成效明显……

眼下的雄安新区，在又一个春天里展现着盎然生机。“华北明珠”春水荡漾，“千年秀林”绿意盎然，涉及雄安新区的第一部地方性法规《白洋淀生态环境治理和保护条例》正式实施……新区的大规模建设不舍昼夜，新城每一天都在拔节生长。

展望：协同发展迎来新起点

进入新发展阶段，京津冀协同发展向更高水平迈进。日前，随着ZT9标最后一方混凝土完成浇筑，北京大兴国际机场至德州高速公路京冀界至津石高速段桥梁全部贯通，标志着京德高速建设取得重大进展，为京德高速（一期工程）5月底前通车打下了坚实基础。项目通车后，雄安新区与北京、天津之间将实现1小时通达，为完善雄安新区区域路网，实现河北省及以南区域与北京大兴国际机场之间的快速集疏奠定基础。

步履不停，进展不停。

7年来，疏解北京非首都功能、治理“大城市病”有力有序有效。目前，北京已疏解一般制造业企业近3000家，疏解提升区域性批发市场和物流中心约1000个。

7年来，一体化交通网络不断连接。京津冀累计打通拓宽“对接路”32条段、2005公里。京张高铁、京雄高铁等标志性工程建成投用，“轨道上的京津冀”主骨架基本成型，京津冀机场群和港口群协同联动建设深入推进。

7 年来，生态环境逐步改善，雾霾天越来越少，更多的蓝天纷至沓来。2020 年，京津冀 PM2.5 平均浓度分别为 38 微克每立方米、48 微克每立方米、44.8 微克每立方米。空气优良天数均接近或超过 70%，达到 2013 年有监测记录以来最好水平。

7 年来，民生短板正在逐步补齐，基本公共服务均等化水平持续提高。目前，京津冀等地区医疗机构临床检验结果互认项目达 43 个、互认医疗机构近 500 家；河北省累计上千名骨干校长教师到京津优质学校跟岗培训；对口帮扶深入推进，京津 19 个区对河北省张家口、承德等 28 个县（区）实施帮扶项目 757 个，帮助 8.1 万贫困人口就地就近就业。

站在“十四五”的开局之年，随着一大批重点项目全速推进，对于协同发展的未来，三地居民还有更多期待。

国家发改委相关负责同志介绍，“十四五”期间，将继续推动一批非首都功能向雄安新区疏解，支持重点区域高质量发展，通过多个举措，推进京津冀协同发展不断迈上新台阶、取得新成效。同时，支持重点区域高质量发展，推动北京市通州区与河北省北三县在一体化发展上实现破题，促进张家口“两区”建设和冰雪体育文化产业发展，支持天津滨海新区开展更深层次制度创新和科技创新。

（2021 年 4 月 20 日）

长江经济带：谱写生态优先绿色发展新篇章

李晓东　周洪双　苏雁　夏静　张锐　陈冠合　卫晓菲

长江，从唐古拉山倾流而下，不仅孕育出源远流长的中华文明，一条腹地辽阔的经济带也由此而生。

长江流域经济社会迅猛发展，成为中国经济的重要支撑。然而，长期粗放式的发展，也使得长江不堪重负。

“绝不容许长江生态环境在我们这一代人手上继续恶化下去，一定要给子孙后代留下一条清洁美丽的万里长江！”党的十八大以来，以习近平同志为核心的党中央科学谋划，部署实施长江经济带发展战略。

2014 年，《关于依托黄金水道推动长江经济带发展的指导意见》正式发布；2016 年，重庆，习近平总书记在推动长江经济带发展座谈会上强调，“共抓大保护，不搞大开发”；2018 年，武汉，习近平总书记指出，“推动长江经济带发展是党中央作出的重大决策，是关系国家发展全局的重大战略”；2020 年，南京，习近平总书记主持召开全面推动长江经济带发展座谈会；2021 年 3 月 1 日，长江保护法正式实施。

如今，长江“黄金水道”繁忙而畅通，一江碧水奔涌向前，激荡起新时代的壮美音符……

破困局：修复生态环境　治好“长江病”

溯江而上，来到长江上游的一级支流——沱江，黄述高正在进行日常的巡河任务，检查沿线有无垃圾、污水排放及杂物漂浮。这位四川省简阳市射洪坝街道东滨路南段社区的河长，已经守护了沱江这两公里的河段1000多天。

从青藏高原东缘出发，沱江流经四川德阳、成都、资阳、内江等市，大小支流60余条，以全省3.5%的水资源承载了全省近1/3的经济总量、超1/4的人口。也正因为承载量大，加上过去“各唱各的调，各吹各的号”，沱江干流沿线多数时间处于劣五类水质，当地群众戏称，“鱼都被熏晕了”。

曾经，长江“双肾”洞庭湖、鄱阳湖频频干旱见底，接近30%的重要湖库处于富营养化状态，长江生物完整性指数到了最差的“无鱼”等级……母亲河“病了”，而且病得还不轻。

为了治好“长江病”，2016年1月，习近平总书记在重庆召开的推动长江经济带发展座谈会上指出，当前和今后相当长一个时期，要把修复长江生态环境摆在压倒性位置，共抓大保护，不搞大开发。

面对长江流域生态保护难题，四川设立省、市、县、乡、村五级河长1万余名，健全河长会议、信息共享、巡河督察等工作机制，做到各类水域河湖长无缝衔接、网格化管理，流域水质达标路径分年度、分单元明确，实现河湖管护任务落地见效。自2017年以来，四川共投入400亿元用于流域环境基础设施建设、黑臭水体整治等领域。

黄述高见证了沱江河道生态环境的日日向好。如今的沱江，水清岸绿、风光秀丽，监测断面常年稳定在三类水质以上，多年不见的龙舟赛回到了沱江河面。四川全省105条城市黑臭水体整治全部完成，长江流域地级及以上城市集中式饮用水水源地水质达到或优于三类的比例为100%，实现了清水永续长流。

从巴山蜀水到江南水乡，5 年多来，沿江各省市始终把修复长江生态环境摆在压倒性位置，使长江经济带生态环境保护发生了转折性变化。

地处长江经济带下游的江苏，坚持以修复长江生态为聚焦，长江江苏段“十年禁渔”全面实施，596 个岸线项目得到清理，生态岸线比例提高到 62.1%，20 个沿江特色示范段覆盖长江岸线 157.4 公里，长江江苏段水质稳定为优，沿江生态迎来多年来最好水平。

促协同：建立长效机制　激发母亲河生机活力

“污染沱江水域的是哪些污染物？如何减排与防治？”每隔一段时间，四川省生态环境厅便会召集专家进行会商。这是四川建立健全以精准治污为抓手的科技支撑体系的系列举措之一。四川成立沱江治理专家顾问团和流域环境研究所后，已召开专家会诊 14 次，增设国家、省、市水质自动监测站 59 个，在全国率先实现提前 48 小时预报预警，为流域科学治水治污提供了有力保障。

2020 年 11 月，在江苏省南京市召开的全面推动长江经济带发展座谈会上，习近平总书记强调，要从生态系统整体性和流域系统性出发，追根溯源、系统治疗，防止头痛医头、脚痛医脚。要找出问题根源，从源头上系统开展生态环境修复和保护。

化工污染，是导致长江经济带环境污染日趋严重的主要原因之一。长江沿岸重化工业高密度布局，污染物排放基数大，废水、化学需氧量、氨氮排放量分别占全国的 43%、37%、43%。

长江横贯江苏 433 公里，岸线总长 1169 公里，全省八成生产生活用水来自长江，同时也曾是“化工围江”问题最明显的区域之一。为深入推进全链条污染治理，江苏关停化工企业 995 家、取消化工园区定位 11 家，破解“化工围江”取得突破性进展。在做好大保护的前提下，江苏着力加强顶层设计，同步加速推进长江经济带发展，优化产业布局、提升创新能力，战略性新兴产业、高新技术产业产值占规上工业总产值比重分别达37.8%和46.5%。

“长江‘气色’变好了！”近年来，南京观察江豚志愿者姚斌经常看到江豚戏水。他表示：“江豚是长江生态系统的指示物种，仅南京长江段目前就有50多头野生江豚。江豚频繁现身，是对大力整治‘化工围江’、持续修复生态的无言赞许。”

立新业：奏响高质量发展“协奏曲”

江苏省张家港市永联村紧邻长江，曾经“靠江吃江，靠水吃水”。过去，村里有一个从事渔业捕捞的村民小组，还成立过长江刀鱼专业捕捞船队。面对长江大保护的要求，渔民们丝毫没有犹豫，决定将所有渔船从长江驶入内河，渔具渔船交给村里，彻底“洗脚上岸”。

永联村早期发展乡村旅游时，曾提出“吃江鲜到永联”的口号。在长江可持续发展大背景下，村里转变了思路。“我们取消了连续举办9年的江鲜美食节，又将江南农耕文化园改建成集萌宠乐园、作坊街等为一体的主题公园。”永联村党委书记吴惠芳介绍。

“长江经济带生态环境保护发生了转折性变化，经济社会发展取得历史性成就，实现了在发展中保护、在保护中发展。”习近平总书记指出，生态环境保护和经济发展不是矛盾对立的关系，而是辩证统一的关系。只有把绿色发展的底色铺好，才会有今后发展的高歌猛进。

从青海到上海，沿江各省市持续探索生态优先、绿色发展新路子。湖北省宜昌市兴山县的农民，现在也端上了绿色发展的“饭碗”。“自从有了新工作，我整个人都干劲十足，心态也不一样了。”兴山峡口镇村民钟家喜口中的“新工作”，正是光伏公益性岗位。

在峡江深处，布列着宜昌市最大的光伏电站——普安光伏电站。从

2018年6月至2021年3月，普安电站累计发电6370万千瓦时，减排二氧化碳6.62万吨，相当于2.71万亩森林一年的吸收量。通过集中修建、多村联建、单村修建等方式，兴山已经建设了7个总装机容量为41.537兆瓦的光伏扶贫电站，收益分配关联94个村5649个贫困户。

推动长江经济带发展，既是一场攻坚战，更是一场持久战。2021年3月，随着围堰防渗墙最后一个槽段塑性混凝土浇筑结束，湖北汉江新集水电站工程建设项目一期导流阶段围堰下部防渗体工程如期完成。该项目建成后，将与汉江十年禁渔产生环保叠加效应，有效改善汉江襄阳段河道的生态环境，助力高质量发展。

风樯动，龟蛇静，起宏图。宏伟蓝图已经绘就，进入新发展阶段的长江经济带，正在成为我国生态优先绿色发展主战场、畅通国内国际双循环主动脉、引领经济高质量发展主力军。万里长江奔流不停，站在新时代潮头，我们更需要坚定全面推动长江经济带高质量发展的信心，一茬接着一茬干，确保一江碧水绵延后世、惠泽人民。

（2021年4月21日）

铭记英烈　砥砺前行

刘华东

“战友们，我们永远都不会忘记你们……”

2021 年 4 月 2 日，在中国人民抗日战争纪念馆，93 岁高龄的抗战老战士张舞原，与 00 后的学生们一起敬献花篮，缅怀在抗战中牺牲的英雄烈士。

“当年老战士，今有几人存？新生千百万，浩荡慰忠魂。”当亲历过抗战烽火的老人，与生活在新时代的孩子们一起手扶花篮缓步走上台阶的时候，一个民族的历史与未来在这里交汇了。

习近平总书记强调，中国的昨天已经写在人类的史册上，中国的今天正在亿万人民手中创造，中国的明天必将更加美好。不忘历史，才能开创未来。设立南京大屠杀死难者国家公祭日、中国人民抗日战争胜利纪念日以及烈士纪念日……党的十八大以来，党和国家高度重视英烈保护工作，厚植全社会铭记英雄、致敬英雄的良好氛围。革命英烈如同永不陨落的星辰，照亮了民族复兴的前进道路。沿着前人用生命和血汗蹚出的路奋力前行，我们必将走向更加美好的明天。

“中华民族到了最危险的时候”

“一座城市、一个民族、一个国家，都是有记忆的。”在南京求学工作的江苏开放大学教师朱蕾是一位 90 后姑娘，对她而言，在南京度过的每一个 12 月 13 日都极不平凡。

2014 年 2 月 27 日，全国人大常委会决定将 12 月 13 日设立为南京大屠杀死难者国家公祭日。此后每年的 12 月 13 日，无论是 10 时准时奏响的国歌、全市悲鸣的防空警报，还是停驶鸣笛的来往车辆、原地肃立默哀的行人，都让朱蕾对这座城市、这段历史有了更深刻的认识。

那时陷落的南京，血流漂橹；此刻奋进的中国，国泰民安。“我们生在和平年代，虽不应延续仇恨，但必须铭记历史。国家公祭日，让我们深刻铭记先辈经受的苦难与牺牲，唤起每个中华儿女对和平的向往和坚守。吾辈当自强！我们必将砥砺前行，让祖国更加强盛！”朱蕾说。

新中国成立前夕，在征集国歌的评选讨论中，很多代表和应征稿倾向以《义勇军进行曲》为国歌。但也有一部分人认为，应当修改歌词中的“中华民族到了最危险的时候”一句。最后，政协会议表决通过了原歌词《义勇军进行曲》作为代国歌。1949 年 11 月 15 日，人民日报发布答读者问指出：采用《义勇军进行曲》为中华人民共和国现时的国歌而不加修改，是为了唤起人民回想祖国创建过程中的艰难忧患，鼓舞人民发扬反抗帝国主义侵略的爱国热情，把革命进行到底。

“昭昭前事，惕惕后人”，只有牢记先辈遭逢的苦难，我们才能更加珍惜今天的美好生活。南京航空航天大学马克思主义学院教授王岩表示，设立国家公祭日、举行国家公祭仪式，是为缅怀历史、告慰人心、唤醒民族之精魄、彰显尚和之立场。“如今，我们比历史上任何时期都接近中华民族的伟大复兴，越是在这样的时刻，越不能忘记饱受屈辱的近代史，越不能改变维护和平与共筑美好的决心。”王岩说，铭记历史是为了更好地前行，要充分发挥国家公祭日与国家公祭仪式在增强历史自觉、弘扬伟大精神、凝聚民族合力上的作用，继续开创历史伟业。

“把我们的血肉，筑成我们新的长城”

1945 年 9 月 2 日，见证了密苏里舰上日本投降仪式的记者朱启平，写下了这样的话：

我听见邻近甲板上1个不到20岁、满脸孩子气的水手，郑重其事地对他的同伴说："今天这一幕，我将来可以讲给孙子孙女听。"

这水兵的话是对的，我们将来也要讲给子孙听，代代相传。可是，我们别忘了百万将士流血成仁，千万民众流血牺牲，胜利虽最后到来，代价却十分重大。

在抗日战争胜利近70年后，2014年，国家以立法形式确立9月3日为中国人民抗日战争胜利纪念日。每年9月3日，全国各地都会举行各类纪念仪式和活动，缅怀在战争中英勇抗敌、壮烈牺牲的英雄烈士。

如果奇迹有颜色，那一定是中国红。这浸染华夏百余年沉沦与复兴的红色，映耀着一个民族的苦难与辉煌。生长于今日中国，少有人目睹过战争的残酷。亲历过抗日战争的人们，正逐渐退居历史帷幕之后。但是，用生命和鲜血书写的历史不应随岁月流逝而消散，为捍卫国家利益与民族尊严所付出的巨大牺牲，不可被今人遗忘。

"抗日战争的胜利，是中国近代史上抗击外侵的第一次全面胜利，是近代以来中国人民争取独立自由史上可歌可泣的光辉一页。"中国人民抗日战争纪念馆馆长罗存康表示，在"两个一百年"奋斗目标交汇的关键节点，通过举行抗战胜利纪念日仪式与活动，更能让广大干部群众深刻感悟伟大抗战精神，深刻感悟我们从站起来、富起来到强起来的奋斗历程，感恩先辈先烈的奋斗牺牲，珍惜来之不易的幸福生活，保持艰苦奋斗的优良作风，为奋进新征程、奋斗新时代增添开拓前进的信心和勇气。

"前进，前进，前进进"

山河肃穆，战机轰鸣。

"我们是东方航空056航班，运送志愿军战士遗骸前往沈阳。"

“欢迎志愿军忠烈回国，我部飞机两架奉命为您全程护航。”

2014 年 3 月 28 日，运送 437 名在韩志愿军烈士遗骸的专机进入共和国的领空后，空军两架战斗机引擎轰鸣，在机翼两侧为英灵归来护航。

埋骨他乡 60 多年，这些卫国烈士的遗骸终于分批回归祖国。也是在 2014 年，全国人大常委会表决通过了关于设立烈士纪念日的决定，以法律形式将 9 月 30 日设立为烈士纪念日，规定每年 9 月 30 日国家举行纪念烈士活动。2018 年 2 月，全国人大常委会通过《英雄烈士保护法》，明确提出国家和人民永远尊崇、铭记英雄烈士为国家、人民和民族作出的牺牲和贡献。

在四川省红原县的日干乔湿地红军过草地纪念碑上，刻着这样一句话——任何民族都需要自己的英雄……他们历尽苦难，我们获得辉煌。“设立烈士纪念日、通过英烈保护法，从国家层面上立法捍卫英烈，就是要让广大党员干部和人民群众时刻牢记新中国是无数革命先烈用鲜血和生命铸就的，以英烈精神滋润民族心灵，用信仰之光照亮前行道路。”军事科学院解放军党史军史研究中心副研究员李涛表示。

马克思说，我们的事业并不显赫一时，但将永远存在。今天，已经没有任何力量能够阻挡中国人民和中华民族的前进步伐——

“神五”问天，火箭轰鸣，中国第一位宇航员在茫茫太空写下“为了人类的和平与进步，中国人来到太空了”；

北京奥运，当绚丽的烟花照亮了首都北京的夜空，那激奋人心的鼓点，恰是一个民族百年梦圆的心声；

庆祝新中国 70 华诞，当群众方队浩浩荡荡走过天安门广场，“祖国万岁”的呼喊声响彻云霄；

摆脱贫困，在迎来中国共产党成立 100 周年的重要时刻，我国脱贫攻坚战取得全面胜利，笑语欢声传遍千家万户……

英雄先烈们，你们可曾听到祖国日新月异的激昂之声！

（2021 年 4 月 21 日）

文艺工作座谈会：为新时代文艺创作锚定航向

李蕾　牛梦笛　常榕莎

庄严的人民大会堂标注下了当代中国文艺发展的新里程——2014 年 10 月 15 日，习近平总书记在这里主持召开文艺工作座谈会，并发表重要讲话。

14000 多字的讲话围绕文艺工作的根本任务、指导方针、文艺与人民的关系、文艺创作方法、文艺与市场的关系等问题展开，回溯过去，俯瞰今朝，展望未来，不仅对文艺领域的问题进行客观分析，提出中肯意见，还为探索新时代中国特色社会主义文化发展锚定了价值航向。在讲话重要精神的指引下，广大文艺工作者整装再出发，踏上从高原向高峰挺进的征程。

一系列部署为文艺繁荣发展大计立柱架梁

文艺担负着举精神旗帜、立精神支柱、建精神家园的神圣职责。改革开放以来，文艺百花园在呈现生机盎然景象的同时，也存在思想困惑和发展瓶颈。曾经有一段时间，部分从业者迷失了方向，抄袭模仿、机械化生产、调侃崇高、颠覆经典、搜奇猎艳、一味媚俗等乱象屡屡发生，给人“乱花渐欲迷人眼”之感。

“有数量缺质量、有‘高原’缺‘高峰’”——习近平总书记的话语一针见血，让文艺工作者陷入沉思。

在思想大碰撞、文化大交流的时代，我们需要一种主张来凝聚文艺工作者的力量，一个方针为未来中国的文化发展指明道路。正如已故著名艺术家阎肃曾说的，“我一直在渴盼中央发出清晰有力的声音。70 多年前的延安文艺座谈会明努力方向、开风气之先、启一代文风；今天，我期待这次会议能振聋发聩，润物扬帆”。

新时代文艺建设的篇章，由此落墨。在文艺工作座谈会重要讲话精神的指引下，党和政府从顶层设计着手，根据波澜壮阔的变革实践谋篇布局，对文艺政策进行必要调整，并提出一系列含金量高的决策部署，使文艺导向更加精准科学。

2015 年 10 月，《中共中央关于繁荣发展社会主义文艺的意见》出台。做好文艺工作的重大意义和指导思想等六部分内容，细化落实文艺工作座谈会重要讲话精神，为文艺繁荣发展大计垒基砌阶。2021 年 3 月，“十四五”规划和 2035 年远景目标纲要公布，“发展社会主义先进文化，提升国家文化软实力”成为其中的重要篇章。这些提纲挈领式的文件将文艺上升到国家战略的高度，为文化发展提供有力的制度保障。

2015 年 9 月，中办、国办印发《关于推动国有文化企业把社会效益放在首位、实现社会效益和经济效益相统一的指导意见》，提出正确处理社会效益和经济效益、社会价值和市场价值的关系。2015 年 10 月，中办、国办印发《关于全国性文艺评奖制度改革的意见》，大幅度压缩文艺评奖数量。2017 年 3 月，《中华人民共和国电影产业促进法》开始实施。2018 年 6 月，中宣部、文化和旅游部、国家税务总局、国家广播电视总局、国家电影局等联合印发《通知》，要求加强对影视行业天价片酬、“阴阳合同”、偷逃税等问题的治理。2021 年 3 月，国家广播电视总局就《中华人民共和国广播电视法（征求意见稿）》向社会公开征求意见……文化新政激浊扬清，精准发力，破解文艺领域难点问题。行业风气更正了，文艺工作者心更齐了。

以人民为中心成为文艺创作的基本遵循

“欢乐着人民的欢乐，忧患着人民的忧患，做人民的孺子牛。”“文艺创作方法有一百条、一千条，但最根本、最关键、最牢靠的办法是扎根人民、扎根生活。”……这一句句话语，道出了总书记对文艺工作者的深切期望，也吹响了文艺工作者的集结号。

近些年，“深扎”成了文艺界的“热词”。“坐热你的板凳，温热我的情。喝碗你的井水，清亮我的心灵。为你唱首歌，我心情很激动。接连不断是你，送来的掌声。”中国文艺志愿者“深入生活、扎根人民”主题歌《走近你》的歌词这样唱，文艺工作者也是这样做的。他们的身影出现在革命老区、地震灾区、边疆地区和贫困地区，出现在重点建设工程一线、农村集镇、社区街道、军营学校。不管是剧院里成百上千的观众，还是哨所、社区的几个人，他们都以最饱满的精神状态面对。

“在将精神食粮带给老百姓的同时，我们也收获了生活的丰厚馈赠，得到了丰富的创作灵感和素材。”著名评书表演艺术家刘兰芳说出了文艺作品的创作密码——只有到人民中去，文艺工作者的艺术道路才能“为有源头活水来”。在近年来产生巨大反响的优秀文艺作品中，有很多聚焦当代普通中国人的生活境遇和精神状态，表现他们筑梦圆梦的成长故事、创业经历、奋斗历程。比如小说《人世间》《主角》，影视剧《我和我的家乡》《山海情》《装台》《鸡毛飞上天》《大江大河》，话剧《谷文昌》《柳青》、河北梆子《李保国》、民族歌剧《马向阳下乡记》、舞剧《天路》……当创作的聚光灯对准千千万万人民大众，那些黯沉寂寞的浅吟低唱，就让位给富有现实质感的时代乐章。

创作不仅要“身入”，更应“心入”“情入”。作家纪红建走访了202个村庄，采访贫困户、脱贫的老乡、在脱贫攻坚一线的扶贫工作者，带回了200多小时的采访录音，整理了100多万字的采访素材，写出了报告文学《乡村国是》。纪录片《我在故宫修文物》的主创用 5 年时间调查，资料写了 10 万字。拍摄期间，摄制组工作人员跟拍摄对象一起生活了 4 个月。正是这种亲近大地的耐心倾听，才能感悟人民的心声、国家的发展，才能写出时代的涌动和历史的回响。

坚定高质量发展路线，让文艺“高原”上“高峰”耸立

从一个人的执着，到一个群体、一个行业的发力，再到所有文艺工作者的行动，中国文艺在文艺工作座谈会重要讲话精神的指引下健步迈入发展新阶段。近年来，文艺领域捷报频传，“爆款”迭出。

继 2020 年以 204 亿元的票房成绩成为全球第一票仓后，2021 年中国电影市场势头持续向好。先是元旦凭借 12.99 亿元的成绩，打破档期历史票房纪录。接下来，春节黄金周又以 78.22 亿元刷新春节档票房成绩。最近的清明档，中国电影市场数字继续走高，以 8.21 亿元成为同档期有史以来票房排名第一。在不断打破市场纪录的同时，《你好，李焕英》《唐人街探案 3》《我的姐姐》等国产影片以丰富的创作类型、多元的内容表达，收获了观众好评，成为市场绝对主力。其他文艺门类也精彩连连，电视剧《最美逆行者》《在一起》《跨过鸭绿江》《觉醒年代》《小别离》等或回望峥嵘历史，或聚焦现实关切，文化节目《中国诗词大会》《典籍里的中国》、纪录片《我在故宫修文物》等以新颖形式承载中华优秀传统文化，还有文学作品《经山海》《北上》，秦腔《王贵与李香香》、豫剧《重渡沟》、舞剧《永不消逝的电波》《草原英雄小姐妹》……一件件作品中，潜藏着挑灯夜战、废寝忘食的辛苦，数易其稿、反复打磨的执着，为一个细节争执不下的坚持，为选用何种技法思量再三的抉择，还有勇敢创新的探索。这一切凝聚成老中青文艺工作者潜心创作、勇攀高峰的决心和信心，使中国文艺创作从量变积累成质变。

文艺工作者们的努力不仅获得了中国受众的青睐，也得到了海外观

众读者的喜爱。2016 年 11 月，一听说话剧《茶馆》要到加拿大多伦多演出，当地人便奔走相告，两场演出早早地就挂出了“票已售罄”的告示。一票难求的景象也在 2019 年电影《流浪地球》登陆北美、澳大利亚、新西兰等地院线时出现过。该片上映当天上座率超过 90%，海外发行方增加了排片场次及银幕数量，个别影厅场次平均 30 分钟一场。中国文艺作品不仅打开了海外市场，还获得了国际专业奖项的认可。2015 年 8 月，科幻作家刘慈欣凭借小说《三体》获得雨果奖，成为亚洲获此奖项的第一人。2016 年 4 月，儿童文学作家曹文轩荣获国际安徒生奖，这是世界儿童文学领域最高荣誉第一次把目光投向中国……文艺工作者将目光向着人类最先进的方面注视，表现当下中国人的火热生活，挖掘中国文化的深刻内涵，为世界贡献了特殊的声响和色彩。

习近平总书记在文艺工作座谈会上的重要讲话中指出，中华民族 5000 多年的文明进步，近代以来中国人民争取民族独立、人民解放的浴血斗争，中国共产党领导人民进行的革命、建设、改革的伟大历程，古老中国的深刻变化和 13 亿中国人民极为丰富的生产生活，为文艺创作提供了极为肥沃的土壤，值得写的东西太多了。只要我们与人民同在，就一定能从祖国大地母亲那里获得无穷的力量。

经过辛勤耕耘，中国文艺呈现出一派欣欣向荣的景象。顺着文艺工作座谈会重要讲话精神的指引，中国文艺未来的征程将是星辰大海。

（2021 年 4 月 22 日）

“四个全面”战略布局：新的历史条件下治国理政总方略

张胜

如果把新时代的中国比作一列高速行进的列车，那么实现社会主义现代化和中华民族伟大复兴就是它前行的目标，而“四个全面”战略布局就是其稳健前行的重要保障。

从党的十八大强调“全面建成小康社会”，到党的十八届三中全会部署“全面深化改革”、党的十八届四中全会要求“全面推进依法治国”、党的群众路线教育实践活动总结大会宣示“全面从严治党”，以习近平同志为核心的党中央从坚持和发展中国特色社会主义全局出发，提出并形成了“四个全面”战略布局，确立了新形势下党和国家各项工作的战略目标和战略举措，为实现“两个一百年”奋斗目标、实现中华民族伟大复兴的中国梦提供了理论指导和实践指南。

呼之欲出，新的历史条件呼唤全局性谋划、战略性布局

战略问题是一个政党、一个国家的根本性问题。

进入21世纪的第二个十年，全球治理体系深刻变革，不同制度模式、不同发展道路深层角力。能否在世界大变局中把握机遇、在国际大棋局中赢得主动，到建党100周年时，全面建成惠及十几亿人口的更高水平的小康社会？迫切需要胸怀全局、统筹谋划的战略思维。

2012年11月，以习近平同志为核心的党中央接过历史的接力棒，

在新中国成立以来党和人民接续奋斗的基础上，继续为实现中华民族伟大复兴而努力奋斗。

彼时的中国，发展成就举世瞩目，但诸多问题仍然存在——

经济总量居前而人均落后，先富起来之后的共富任务更加迫切，教育、就业、社会保障、医疗、住房等关系群众切身利益的问题较多，经济发展与资源环境之间的矛盾不断加剧，社会公平正义有待促进……同时，我们党内也存在很多亟须解决的问题。

“面对浩浩荡荡的时代潮流，面对人民群众过上更好生活的殷切期待，我们不能有丝毫自满，不能有丝毫懈怠，必须再接再厉、一往无前，继续把中国特色社会主义事业推向前进，继续为实现中华民族伟大复兴的中国梦而努力奋斗。”2013 年 3 月 17 日，在第十二届全国人民代表大会第一次会议上，习近平总书记强调。

从世界历史的一般经验看，一个大国的成长或现代化，需要经历“准备、起飞、冲刺、完成”四个阶段。中国政治学会常务副会长、中国社会科学院政治学研究所所长兼中国社会科学院大学政府管理学院院长张树华认为，从经济社会发展的很多指标来看，党的十八大前后，我国进入了非常关键的“冲刺”阶段。

时间紧、任务重、问题多、挑战大、阻力强，在中央党校（国家行政学院）马克思主义学院马克思主义中国化研究所所长李海青看来，为实现既定的宏伟目标，既要有高度的忧患意识、危机意识、担当意识、使命意识，也要拿出足够的政治勇气和治理智慧，寻求系统的破解难题之道，用全局观念和系统思维谋划改革。

谋定而动，为治国理政划定“路线图”“施工图”

2014 年 12 月，习近平总书记在江苏调研时，首次将“全面建成小康社会、全面深化改革、全面推进依法治国、全面从严治党”并提，并强调“推动改革开放和社会主义现代化建设迈上新台阶”。

2015年2月，中央党校。面对参加学习贯彻十八届四中全会精神全面推进依法治国专题研讨班的省部级主要领导干部，习近平总书记强调，“党的十八大以来，党中央从坚持和发展中国特色社会主义全局出发，提出并形成了全面建成小康社会、全面深化改革、全面依法治国、全面从严治党的战略布局”，并集中论述了“四个全面”战略布局的逻辑关系。

至此，“四个全面”战略布局清晰展现。

中国社会科学院党组成员、当代中国研究所所长姜辉认为，作为顶层设计与总体谋划，“四个全面”战略布局基于社会运行的复杂性和系统要素的多样性，以不同阶段为根据对社会主义现代化建设进行战略部署，体现了方向与路径、目标与举措、全局与重点的有机统一。

既有战略目标，也有战略举措；既是“路线图”，也是“施工图”，每一个“全面”都具有重大战略意义。

——全面建成小康社会是我们的战略目标，实现这个目标，我们国家的发展水平就会迈上一个大台阶。

——全面深化改革、全面依法治国、全面从严治党是三大战略举措，对实现全面建成小康社会战略目标一个都不能缺。

中国社会科学院哲学研究所党委书记、副所长王立胜指出，从哲学角度看，“四个全面”战略布局是个有机系统，坚持系统观念，以整体为对象，全面弄清各要素的相互关系，进而把握规律、优化系统、推动事物健康快速发展。

而这一切，都关乎能否如期全面建成惠及十几亿人口的小康社会。正如习近平总书记所强调的，“‘四个全面’的战略布局是从我国发展现实需要中得出来的，从人民群众的热切期待中得出来的，也是为推动解决我们面临的突出矛盾和问题提出来的”。

全面发力，社会主义现代化建设各方面相协调

“‘四个全面’战略布局一经提出，就在指导实践、推动发展中展现了巨大威力。”北京大学哲学系教授丰子义由衷赞叹。

幼有所育、学有所教、劳有所得、病有所医、老有所养、住有所居、弱有所扶，人民对美好生活的向往，就是我们的奋斗目标。全面建成小康社会，一个不能少；共同富裕路上，一个不能掉队。

“小康不小康，关键看老乡。”贫困地区农村居民人均可支配收入从2013年的6079元增长到2020年的12588元，年均增长11.6%；2020年，贫困县九年义务教育巩固率达到94.8%，99.9%以上的贫困人口参加基本医疗保险……人民生活不断改善、福祉不断增进。

“一个民族都不能少”。2018年年底，独龙族整族脱贫；2020年5月，毛南族整族脱贫；怒族、柯尔克孜族、仫佬族也相继整族脱贫。至此，中国人口较少民族全部实现整族脱贫，历史性告别绝对贫困。

人民有所呼、改革有所应。“必须从贯彻落实‘四个全面’战略布局的高度，深刻把握全面深化改革的关键地位和重要作用，拿出勇气和魄力，自觉运用改革思维谋划和推动工作，不断提高领导、谋划、推动、落实改革的能力和水平。”习近平总书记强调。

深圳，中国特色社会主义在一张白纸上的精彩演绎，成为观察中国全面深化改革战略性成果的重要窗口。

2020年10月14日，在深圳经济特区建立40周年庆祝大会上，习近平总书记作出“与时俱进全面深化改革”的重要指示：党中央经过深入研究，支持深圳实施综合改革试点，以清单批量授权方式赋予深圳在重要领域和关键环节改革上更多自主权。朝着建设中国特色社会主义先行示范区的方向，深圳坚定前行。

党的十八大以来，全面深化经济、政治、文化、社会、生态文明体制和党的建设制度改革，党和国家机构改革、行政管理体制改革、依法治

国体制改革、司法体制改革、外事体制改革、社会治理体制改革、生态环境督察体制改革……一系列重要领域和关键环节改革蹄疾步稳、扎实推进，改革系统性、整体性、协同性不断增强，人民获得感、幸福感、安全感不断增多。

法令行则国治。2020年11月，北京，中央全面依法治国工作会议召开，习近平法治思想确立，成为全面依法治国的根本遵循和行动指南。

2021年1月1日，《中华人民共和国民法典》正式实施。作为新中国成立以来第一部以“法典”命名的法律，民法典将更好维护最广大人民根本利益，增进人民福祉。

从修改环境保护法、食品安全法、消费者权益保护法、野生动物保护法，到制定慈善法、中医药法、反家庭暴力法、长江保护法、生物安全法……党的十八大以来，全面依法治国紧跟经济社会发展步伐，力求让每一个人都感受公平正义。

作为一个在14亿人口的大国长期执政的党、中国特色社会主义事业的坚强领导核心，我们党的自身建设历来关系重大、决定全局。习近平总书记强调：“全面从严治党，核心是加强党的领导，基础在全面，关键在严，要害在治。”

一些领域党的领导弱化、党的建设缺失、管党治党不力得到坚决扭转；不忘初心、牢记使命制度建立，学习教育常态化制度化；坚定维护党中央权威和集中统一领导的各项制度得到完善……经过艰苦努力，党风廉政建设和反腐败斗争取得了历史性成就，我们探索出一条长期执政条件下解决自身问题、跳出历史周期率的成功道路，构建起一套行之有效的权力监督制度和执纪执法体系。

兑现承诺，为人民美好新生活继续奋斗

战略上判断得准确，战略上谋划得科学，战略上赢得主动，党和人民事业就大有希望。

2021年2月25日，北京，人民大会堂。习近平总书记郑重宣告：在迎来中国共产党成立100周年的重要时刻，我国脱贫攻坚战取得了全面胜利，现行标准下9899万农村贫困人口全部脱贫，832个贫困县全部摘帽，12.8万个贫困村全部出列，区域性整体贫困得到解决，完成了消除绝对贫困的艰巨任务，创造了又一个彪炳史册的人间奇迹！

此前，党的十九届五中全会提出“协调推进全面建设社会主义现代化国家、全面深化改革、全面依法治国、全面从严治党的战略布局”，这是协调推进“四个全面”战略布局的最新表述。

在中央党校（国家行政学院）教授韩庆祥看来，从“全面建成小康社会”到“全面建设社会主义现代化国家”，居于引领地位的目标提升了，相应地，其他三个“全面”的内涵也有了新的更高要求——推进全面深化改革，要应对新发展阶段的新挑战，体现新发展理念的要求，加快形成新发展格局；推进全面依法治国，要推进法治国家、法治政府、法治社会的一体建设，为全面建设社会主义现代化国家提供可靠的法治保障；推进全面从严治党，要锻造坚强有力的领导核心，把中国共产党建设成世界上最强大的政党，为全面建设社会主义现代化国家提供重要的政治保证。

“要始终围绕人民对美好生活的需求这个圆心，更好以协调推进‘四个全面’为战略抓手，更好兼顾生存与发展、物质与精神、效率与公平，不断增强人民群众获得感幸福感安全感。”中央党校（国家行政学院）哲学教研部副主任董振华认为。

装点此关山，今朝更好看。承载着中华儿女伟大梦想的“复兴号”，必将在“四个全面”战略布局指引下全速前进，直抵目标！

（2021年4月22日）

全面实施改革强军战略
坚定不移走中国特色强军之路

刘小兵

惟改革者进，惟创新者强。建设世界一流军队，动力在改革，出路也在改革。这是在人民军队发展史上一次具有里程碑意义的会议——

2015 年 11 月 24 日至 26 日，中央军委召开改革工作会议，部署深化国防和军队改革任务。习近平主席发表重要讲话，提出了全面实施改革强军战略、坚定不移走中国特色强军之路的重大战略思想。随后，中央军委印发了《关于深化国防和军队改革的意见》（以下简称《意见》），开启新一轮国防和军队改革，人民军队迎来了一场史无前例的时代大考。

5 年多来，人民军队以党在新时代的强军目标为引领，全面实施改革强军战略，从领导指挥体制的科学高效到规模结构和力量编成的优化精干，从武器装备现代化水平的全面跃升到政策制度的不断完善，实现了体制一新、结构一新、格局一新、面貌一新，取得历史性成果，在全面建成世界一流军队的奋斗征程中迈出了坚定步伐。

决定军队未来的关键一招

当今时代，以信息技术为核心的新一轮世界军事革命浪潮风起云涌，极大冲击了传统战争理念，改变了战争形态和作战样式，加紧推进军事变革成为世界主要国家抢占军事战略主动权的不二选择。“世界新军事变革加速推进，对我军发展水平提出更高要求；国家利益不断拓展，对我军力量支撑提出更高要求；军队由大向强发展，对改革的深度广度提出更高要求；安全环境错综复杂，对我军打赢能力提出更高要求。”国防科技大学文理学院教授马建光说，只有因势而为、趁势而上，准确识变，科学应变，主动求变，加快推进军事变革，才能在未来战争中赢得主动。

2013 年 11 月，党的十八届三中全会召开。深化国防和军队改革单独作为一个部分写进《中共中央关于全面深化改革若干重大问题的决定》，这在党的历史上是第一次。2014 年 3 月 15 日，习近平总书记担任中央军委深化国防和军队改革领导小组组长，这也是第一次。“把深化国防和军队改革纳入全面深化改革大盘子，这充分彰显以习近平同志为核心的党中央把深化国防和军队改革摆在党和国家工作全局的突出位置，放在实现全面建成小康社会奋斗目标、实现中华民族伟大复兴中国梦的战略高度来谋划和推进。”国防大学习近平新时代中国特色社会主义思想研究中心研究员刘光明说。

这次改革从启动伊始到《意见》出台，从具体部署到举措落地，走的是开门搞改革的路子，军委多次召开会议专题研究改革，相关工作机构大范围、多渠道、多轮次组织深入调研。先后组织座谈会、论证会 860 余次，2000 多名军以上单位班子成员和师旅级部队领导参与问卷调查，许多基层官兵、军队老同志、地方干部群众纷纷以各种方式为改革献计献策。“形成的《意见》，贯彻了习近平强军思想特别是习主席关于改革强军重要论述，凝聚了全军智慧，体现了打仗急需，回应了广大官兵的关注期盼，为改革的全面推进实施奠定了坚实的思想基础、实践基础和群众基础。”军事科学院党的创新理论研究中心主任周俊杰说。

从土地革命战争时期创立“党指挥枪”等一整套建军原则制度，到抗战时期实行精兵简政；从新中国成立后多次调整体制编制，到改革开放新时期百万大裁军……人民军队改革的步伐从未停歇。从中国梦到强军梦，变革图强始终是中华大地上的时代主旋律。深化国防和军队改革，是实现中国梦、强军梦的时代要求，是强军兴军的必由之路，也是决定军队未来的关键一招。

强军事业发生历史性变革

不少人对2019年天安门广场举行的盛大阅兵式念念不忘：领导指挥方队、火箭军方队、战略支援部队方队、联勤保障部队方队……这些阅兵中出现的新名称、新方队，展示着新时代人民军队改革重塑的新构成、新风貌。三军列阵、铁甲生辉的背后，是几年间，按照《意见》进行改革的大开大合、大破大立、蹄疾步稳。

“《意见》共分为三个部分，分别阐述了这轮改革的重大意义、指导思想和基本原则、总体目标和主要任务、组织领导等，涉及了改革的方方面面，每一个阶段、每一个层面如何改、怎么改论述得很具体、很详细。”国防大学国家安全学院教授李银祥说，根据《意见》明确的改革总体目标和主要任务，从2015年年底到今天，我军先后组织实施了领导管理体制和联合作战指挥体制改革、规模结构和作战力量体系改革、院校和武警部队改革、政策制度改革等。

重在破除体制性障碍、“强大脑、健中枢”的领导管理体制和联合作战指挥体制改革率先展开：打破总部体制、大军区体制和大陆军体制，成立陆军领导机构、火箭军、战略支援部队、联勤保障部队，组建15个军委机关职能部门，划设5大战区，立起人民军队新体制的“四梁八柱”，建立了军委管总、战区主战、军种主建的新格局。

2016年12月初，中央军委军队规模结构和力量编成改革工作会议召开，重在破解结构性矛盾、“强筋骨、壮肌肉”的军队规模结构和力量编成改革全面启动：18个陆军集团军调整重组为13个；大幅精简非战斗机构人员，在总员额减少30万的同时，作战部队员额不降反增；深化军队院校、科研机构、训练机构改革……部队编成向充实、合成、多能、灵活方向发展，推动人民军队由数量规模型向质量效能型、由人力密集型向科技密集型转变。

2018 年 11 月中旬，中央军委政策制度改革工作会议召开，重在解决政策性问题、“通经络、活气血”的军事政策制度改革拉开序幕：国防法、军队党的建设条例、人民武装警察法等法规已经印发，联合作战、军事训练、装备等领域主干政策相继出台实施，逐步构建起中国特色社会主义军事政策制度体系基本框架。

“改革不是改向。这次改革鲜明地把‘强化党对军队绝对领导、全面落实军委主席负责制’标定为不可偏离的政治方向，通过一系列体制设计和制度安排，把党对军队绝对领导的根本原则和制度进一步固化下来并加以完善，确保人民军队坚决听党指挥、绝对忠诚可靠。”周俊杰说，新时代强军事业取得的历史性成就、发生的历史性变革，使我军站上了更高历史起点，为继续深化改革提供了坚实基础和有利条件。

改革重塑效能日益显现

2020 年年初，一场新冠肺炎疫情突袭大江南北。人民军队听党指挥、闻令而动，来自陆军、海军、空军、火箭军、战略支援部队、联勤保障部队、武警部队的多个医疗单位共 4000 多名军队支援湖北医疗队队员奔赴武汉。不分军种，不分战区，不分隶属关系……抵达武汉后，军队支援湖北医疗队由成立仅 3 年多的联勤保障部队统一指挥和管理，全力打响疫情防控阻击战。这是深化国防和军队改革后，全军卫勤力量第一次大抽组、大联合、大协同。在抗击新冠肺炎疫情这场大战大考面前，联勤保障力量充分展示了改革重塑的效能。

5 年多来，按照《意见》进行的新一轮国防和军队改革牢牢聚焦能打仗、打胜仗，深入推进军队组织形态现代化，改革领导指挥体制，构建中国特色现代军事力量体系，推动人民军队战斗力建设发生了脱胎换骨的变化。2018 年 9 月 11 日到 15 日，3200 余名官兵、1000 多台各型装备车辆、数十架固定翼飞机和直升机，出境参加“东方 -2018”战略演习。这是人民军队整体性、革命性改革重塑后，军委、战区两级指挥机构首次抽组开赴境外演兵，并成功组织陆空联合战役行动演练。参演指挥员感慨地说：“我军新建成的联合作战指挥体系经受了实践检验。”如今在战区内，侦察不再“各自为战”，指挥不再“各唱各调”，火力不再“各打各的”，“联合铁拳”淬火而生。

大漠深处，陆军电子对抗、远程火力等 8 支新型作战力量接连亮相，新编制、新技术、新战法、新能力让人耳目一新……各系列联合演习演练，突出“全系统全要素参与、战略战役力量全覆盖、陆海空天电全维展开”的鲜明时代特点，新时代军事训练向提升部队能打仗、打胜仗能力的目标不断前进。

随着国防和军队改革向纵深推进，提高军人工资待遇保障水平，推进军费管理、军人工资、住房、医疗保障等方面改革；健全退役军人管理保障体制机制，构建完善军人荣誉制度体系……一系列体现军事职业特点的政策制度的加紧推出，为提高部队战斗力、激发部队活力提供了制度保证。

“任重而道远者，不择地而息。”聚焦改革目标大胆创新、不懈奋斗，坚持政治建军、改革强军、科技强军、人才强军、依法治军，人民军队必将在中国特色强军之路上实现新的跨越，迈向更加辉煌的未来。

（2021 年 4 月 23 日）

《关于新形势下党内政治生活的若干准则》和《中国共产党党内监督条例》：为全面从严治党提供制度保障

罗旭

全面从严治党，是党的十八大以来党中央抓党的建设的鲜明主题。党要管党必须从党内政治生活管起，从严治党必须从党内政治生活严起。

2016年10月27日，党的十八届六中全会通过了《关于新形势下党内政治生活的若干准则》（以下简称《准则》）、《中国共产党党内监督条例》（以下简称《条例》）。这是中国共产党党内法规制度建设的重要成果，既是对十八大以来我们党加强党的建设深刻实践的系统总结，又是着眼解决新形势下党内突出问题而进行的重要顶层设计，更是对马克思主义建党理论和实践的创新发展。

不忘初心，书写管党治党新篇章

办好中国的事情，关键在党，关键在党要管党、从严治党。

我们党抓党的建设，很重要的一条经验就是不断总结长期以来形成的历史经验和成功做法，并结合新的形势任务和实践要求加以创新。

1980年制定颁布的《关于党内政治生活的若干准则》，第一次以党内法规形式对党内政治生活作出规范；2003年颁布施行的《中国共产党党内监督条例（试行）》，对加强党内监督、维护党的团结统一发挥了积极作用。

随着国际国内形势发生变化，党内情况、任务也发生了很大变化，这两个党内法规与新实践新要求不相适应的问题日益显现出来。

正是在这种情况下，党的十八届六中全会通过了《准则》和《条例》。“全党全社会普遍认为，两个党内法规是我们党在管党治党中具有里程碑意义的新篇章，为新形势下严肃党内政治生活、营造风清气正的党内政治生态提供了基本遵循，为全面从严治党筑起了严格的制度体系。”中共陕西省委党校（陕西行政学院）副校（院）长宦洁说。

新的《准则》《条例》出台后，全面从严治党步稳蹄疾，持续推进，全国上下都能看到或感受到绳弊纠顽、革故鼎新的新气象。

特别是党的十九大以来，以习近平同志为核心的党中央在新的历史起点上推进党的建设新的伟大工程，深入开展“不忘初心、牢记使命”主题教育，持之以恒正风肃纪反腐，不断健全完善党和国家监督体系，推动纪检监察工作高质量发展，书写了新时代全面从严治党新篇章。

主题教育的过程，就是全面从严治党的过程。在主题教育中，专项整治党政领导干部、国企人员利用名贵特产、特殊资源谋取私利问题。全国共查处利用名贵特产、特殊资源谋取私利问题 2848 个，处理 4217 人，其中移送司法机关 749 人，给予党纪处分 2009 人、政务处分 1161 人。人民群众获得感、幸福感、安全感明显增强，经济发展环境进一步优化，党的执政基础进一步夯实。

匡规亮剑，凸显党规党纪权威性严肃性

2020 年，全国纪检监察机关共接受信访举报 322.9 万件次，立案 61.8 万件，处分 60.4 万人，其中党纪处分 52.2 万人。

加强纪律建设是全面从严治党的治本之策。党要管党、从严治党，靠什么管、凭什么治？就是要靠严明纪律和规矩。习近平总书记强调，党

面临的形势越复杂、肩负的任务越艰巨，就越要加强纪律建设，越要维护党的团结统一，确保全党统一意志、统一行动、步调一致前进。

党规党纪作为党内法规制度，是无产阶级政党管党治党建设党的一个“法宝”。中国共产党从成立之日起，就把纪律当成自己的生命线。100年来，党历经坎坷，不断从胜利走向胜利，靠的就是革命理想和铁的纪律。井冈山时期开始形成的“三大纪律八项注意”，始终是我们党和人民军队的主旋律。“进京赶考”前，党中央在西柏坡立下的“六条规矩”，有力推动了党的作风和纪律建设。

要从根本上培育遵规守纪、风清气正的政治生态，就要更加坚决地坚持严格的纪律，确立并凸显党规党纪的权威性和严肃性。《条例》把原条例中与法律重复的全部删除，严格区分了纪律与法律，做到纪比法严，实现纪法分开。

2020 年 9 月，中央纪委国家监委对 6 起违反中央八项规定精神典型问题进行公开曝光。其中一个案例是，2018 年至 2019 年，甘肃省定西市水文局局长先后 10 次驾驶公务车辆办理个人事务，受到党内警告处分。

“所有党员干部必须明白，党规党纪严于国家法律，要求更高，这是党的先进性的必然要求。”中国社会科学院马克思主义研究院副院长龚云说。

精准发力，党内政治生态明显好转

在党的百年华诞即将到来之际，每天都有人来到广东深圳莲花山公交总站，不为乘车，只为参观这里的党群服务中心。

这个传播红色文化、服务党员群众的综合性平台，是全国首个“党建与企业文化共建站”，丰富的展品和智能设备无声诉说着新时期全面从严治党的最新进展与生动局面。

“善为国者必先治其身。”5 年来，以习近平新时代中国特色社会主义思想为指引，全面从严治党深入人心，反腐败斗争取得压倒性胜利，党内政治生态明显好转，党的创造力、凝聚力、战斗力显著增强。

《准则》《条例》的一个鲜明特色，就是都突出高级干部这个“关键少数”，对高级干部提出了更高的标准、更严的要求。《准则》强调：“新形势下加强和规范党内政治生活，重点是各级领导机关和领导干部，关键是高级干部特别是中央委员会、中央政治局、中央政治局常务委员会的组成人员。”《条例》更是将“党的中央组织的监督”单设一章，强调“党内监督的重点对象是党的领导机关和领导干部特别是主要领导干部”。

风成于上，俗形于下。“打铁必须自身硬。更加壮阔的征程、更加艰巨的挑战，必须锻造更加坚强的领航力量。”中央党校（国家行政学院）一级教授许耀桐说，“我们党作为百年大党，要始终得到人民拥护和支持，必须始终牢记初心和使命，坚决防范一切违背初心和使命、动摇党的根基的危险。”

全面从严治党永远在路上。面对世界百年未有之大变局，站在“两个一百年”奋斗目标的历史交汇点上，我们要始终保持永不懈怠的精神状态和一往无前的奋斗姿态。在以习近平同志为核心的党中央坚强领导下，全党全国各族人民继续砥砺奋进，必将在中华民族伟大复兴新征程上不断取得新的胜利。

（2021 年 4 月 23 日）

“一带一路”倡议：时代之约　共赢之路　中国之诺

余晓葵　李曾骙

2017 年 5 月，孟夏时节的北京迎接八方来客，首届“一带一路”国际合作高峰论坛在北京开幕。这是“一带一路”建设的一个重要时刻。

这一年，在中国经营锡兰红茶的斯里兰卡人晋兰加开始了他自己的“一带一路”故事。高峰论坛之后，他的茶叶生意迅速扩张，“从最初装不满一个集装箱货柜，到现在每年都要从斯里兰卡进口 5 个货柜的红茶，公司年收入在三四百万元，我在北京买了房，娶了中国太太，是‘一带一路’让我发了财”。

“‘一带一路’是大家携手前进的阳光大道，不是某一方的私家小路。”在博鳌亚洲论坛 2021 年年会开幕式上，中国国家主席习近平又一次向世界宣示。“共同参与、共同合作、共同受益”，“一带一路”倡议映射出中国共产党人对人类发展和前途命运的担当。

焕发青春的历史符号

“丝绸之路”，这个直到 19 世纪才诞生的词语，浓缩了亚欧大陆上持续数千年的贸易和交往史。

研究丝绸之路的美国历史学家芮乐伟·韩森更在其著作《丝绸之路新史》中写道：“……地区间货物往来最早的证据来自公元前 1200 年左右，

在黄河以北河南安阳的商代墓葬中发现了和田玉。中国、印度、伊朗等中亚周边不同文明之间的接触在公元前一千纪一直未曾中断。”

古丝绸之路上的互联互通奇迹，是沿线人民为了生存和发展而主动创造出来的。无论是宁夏固原出土的希腊风格的巴克特里亚壶，还是印度尼西亚沿岸沉船上发现的大量中国瓷器；无论是古希腊文献中对丝绸的描述，还是敦煌藏经洞中的汉语、梵语、于阗语、藏语、回鹘语、粟特语、希伯来语文书……世界各地的历史遗存显示，互联互通是人类的恒久期望，也是文明赓续的内生动力。这一绵延万里、延续千年的互联互通奇迹，是由不同文明、不同民族的人民一站一站接续而成，并形成历久弥新的丝路精神：“和平合作、开放包容、互学互鉴、互利共赢。”

“使者相望于道，商旅不绝于途。”曾经的丝路胜景，正在更广阔的天地重现。新时代的中国传承和发扬“丝路精神”，创造性地提出了以“共商共建共享”为原则的“一带一路”倡议，为世界的和平与发展开创了崭新的历史机遇。

2013 年 9 月，习近平主席在访问哈萨克斯坦时提出，“用创新的合作模式，共同建设‘丝绸之路经济带’”。同年 10 月，习近平主席在访问印度尼西亚时提出，“中国愿同东盟国家加强海上合作，使用好中国政府设立的中国－东盟海上合作基金，发展好海洋合作伙伴关系，共同建设 21 世纪‘海上丝绸之路’”。“一带一路”建设的宏伟蓝图由此展开。

7 年多来，“一带一路”建设由点及面，连线成片，逐步形成区域大合作，让“流淌着牛奶与蜂蜜”的古老丝路焕发了强大生机。截至目前，中国已经同 171 个国家和国际组织签署了 205 份共建“一带一路”合作文件，开展了超过 2000 个合作项目。“一带一路”的伟大建设，正朝着政策沟通、道路联通、贸易畅通、货币流通和民心相通的宏伟目标不断迈进。

从丝路精神到国际公共产品

“一带一路”倡议背后，是亟须破解治理赤字、信任赤字、和平赤字、发展赤字的世界，是更加自信、更加开放的中国。

从历史走进现实，“一带一路”沿线国家大多是发展中国家，国家发展现实同实现人民富裕、民族复兴的目标尚有距离，如何创造新的发展动能，是沿线各国和国际社会都必须面对的问题。

1999 年冬天，时任亚洲开发银行东亚区域局副局长的张月姣到塔吉克斯坦和吉尔吉斯斯坦边界考察海关和跨国公路的改善情况，还没到现场，就发现公路中间路段无法行驶，这令张月姣印象深刻。当时，西方国家认为私人企业可以承担基础设施建设，一度要求世界银行不提供相关贷款，还把负责基础设施投资的世行交通局解散。

过去，长期由发达国家主导的国际发展理念和国际合作机构对基础设施建设的重视远远不足。曾有国际机构测算，2010 至 2020 年，亚洲发展中国家基础设施投资总需求达 8 万亿美元，年平均投资需求达 7000 亿美元，而在原有的多边金融开发框架下，亚洲基础设施领域的投资规模每年仅为 100 亿至 200 亿美元，投资缺口巨大。广大发展中国家希望实现经济的长期、强劲增长，基础设施建设的瓶颈亟须突破。

志合者，不以山海为远。倡议提出后，国际社会踊跃参与“一带一路”建设，亚投行、丝路基金等国际金融合作平台应运而生，以新亚欧大陆桥等经济走廊为引领，以中欧班列、陆海新通道等大通道和信息高速路为骨架，以铁路、港口、管网等为依托的互联互通网络逐渐完善。

共商共建共享。从亚欧大陆到非洲、美洲、大洋洲，共建“一带一路”为世界经济增长开辟了新空间，为国际贸易和投资搭建了新平台，为完善全球经济治理拓展了新实践，为增进各国民生福祉作出了新贡献，成为共同的机遇之路、繁荣之路。

“在前期发展基础上，习近平总书记总揽全局，指出要聚焦重点、深耕细作，共同绘制精谨细腻的‘工笔画’，推动共建‘一带一路’沿着高质量发展方向不断前进。”中共中央对外联络部原副部长于洪君对记者说，“7 年多来，‘一带一路’沿线国家在发展规划、理念层面进行有机对接，在产能、民生、人才、科技、人文、环保等多领域展开全方位开放合作，积极吸引第三方市场力量。‘一带一路’建设的内涵不断丰富，不仅是和平之路、繁荣之路，还是健康之路、绿色之路、廉洁之路、减贫之路、增长之路，提升了各国经济发展水平，提升了各国现代化治理水平，深刻改变了沿线国家的发展面貌，为世界经济复苏和人类文明进步提供了重要的国际公共产品，同时也为当下世界应对疫情、恢复经济、增进人民福祉提供了坚实基础。”

从“大写意”到“工笔画”，“一带一路”建设不断深化，映射了一个百年大党的发展智慧和开放胸怀。党的十九大报告强调，要推动形成全面开放新格局。中国开放的大门不会关闭，只会越开越大。十九届五中全会提出，要建设更高水平开放型经济新体制，全面提高对外开放水平，推动贸易和投资自由化便利化，推进贸易创新发展，推动共建“一带一路”高质量发展，积极参与全球经济治理体系改革。

命运与共　为世界谋大同

丝路繁华，于今为盛。

“一带一路”是中国推动世界互联互通、合作共赢的新举措，也是中国对全球治理和人类命运共同体理念的积极探索与实践。7 年多来，“一带一路”建设硕果累累，在汇聚强大发展动力的同时，更昭示着人类走向命运共同体的必然趋势。

2020 年，突如其来的新冠肺炎疫情肆虐全球，国际贸易断崖式下跌，全球供应链、产业链、价值链告急，但“一带一路”建设脚步未停。匈塞铁路、中老铁路、雅万高铁、亚吉铁路、中孟帕德玛大桥、喀喇昆仑公路二期工程等基建项目成功实现抗疫复工两不误；在跨境投融资普遍停息的情况下，2020 年前 9 个月，中国企业对“一带一路”沿线国家非金融类直接投资同比增长 29.7%……

把共识变成行动，“一带一路”正逐步成为推动构建人类命运共同体的强力引擎。在疫情威胁人类命运的危急时刻，“一带一路”的价值追求愈发熠熠生辉。高水平互联互通令万里之外的大批防疫物资持续供给，共商共建共享的合作理念让各国在危难中倾力互助，开放包容的增长模式给疫后全球经济复苏提供实实在在的保证。

在艾尔布勒斯运输（新疆）有限公司从事中欧公路运输的迪力夏提·买买提对此印象深刻：“去年一年我们往欧洲运送了 400 多卡车的防疫物资。这都得益于‘一带一路’建设带来的优质基础设施、贸易便利化等成果，防疫物资从工厂大门运到医疗机构门口只需要十一二天时间。”

不只是公路，有着“钢铁驼队”之称的中欧班列 2020 年向外运送防疫物资 939 万件、7.6 万吨；“空中丝绸之路”给世界各国运送急需的医疗物资近 2000 吨。

在人类现代史上，分裂、对立的旧发展理念曾固化了一个充满纷争、不利于共同发展的国际格局。今天，“一带一路”倡议所引领的互联互通、包容合作、互学互鉴理念，正开启人类文明的新篇章。“中国提出‘一带一路’倡议，通过和平和双赢，搭建各国人民之间的桥梁。这是 21 世纪发展的基石，它标志着不同条件下的全球化——基于平等的全球化……推动人类和平互动。”瑞士经济学家彼得·柯西尼如此评价。

共建“一带一路”追求的是发展，崇尚的是共赢，传递的是希望。走过百年筚路蓝缕、求索奋进的伟大征程，中国共产党将继续为人民谋幸福，为民族谋复兴，为世界谋大同。

（2021 年 4 月 26 日）

夺取新时代中国特色社会主义伟大胜利

王丹　周晓菲

2017 年 10 月 18 日，人民大会堂。

全世界的目光聚焦于此。中国共产党第十九次全国代表大会隆重开幕。

这注定是一场要被载入史册的历史性会议。

“三期叠加”的矛盾与风险集聚，改革发展稳定任务艰巨前所未有；世界正经历百年未有之大变局，全球格局剧烈动荡，大国博弈暗潮涌动……

在这承前启后的关键时刻，中国将以什么样的方式抵达什么样的目标？将提出何种现代化方案？又有哪些智慧和力量可以借鉴？太多人在等待中国释放的信号，侧耳倾听来自中国的声音。

在这次盛会上，“中国特色社会主义进入新时代”“夺取新时代中国特色社会主义伟大胜利”的庄严宣告响彻寰宇；习近平新时代中国特色社会主义思想被郑重提出，并被确立为我们党必须长期坚持的指导思想；中国梦的实现之路有了新的战略安排和部署……一句话，中华民族实现伟大复兴有了新的行动指南。

昂首迈入新时代的 14 亿中华儿女，开启了中国特色社会主义的伟大新征程。

“新时代”的庄严宣告

“经过长期努力，中国特色社会主义进入了新时代，这是我国发展新的历史方位。”2017 年 10 月 18 日，在中国共产党第十九次全国代表大会开幕式上，习近平总书记向世界郑重宣示。

时隔数年，参会记者谭元斌仍清晰记得当时在电视直播中听到这句话时所感受到的强烈冲击。有人数了数，在3万多字的十九大报告中，“新时代”一词出现了30多次。

什么是新时代？正如不少学者所指出的，这并不是学术界所常用的大时代的概念，而是特指中国特色社会主义在其发展过程中呈现出的阶段性变化。这一重要政治论断的提出，背后是卓越的政治胆识和极大的政治勇气，是深邃的历史眼光与宽广的文明视野。

新时代的到来，是以党的十八大以来中国所取得的历史性成就、所发生的历史性变革为实践基础和现实依据的。

“解决了许多长期想解决而没有解决的难题，办成了许多过去想办而没有办成的大事，推动党和国家事业发生历史性变革”，如今听来，这句话仍掷地有声。而将其还原到更具个体接近性的语境中时，更能体会这句话的分量。

八项规定刹住了公款吃喝风，相当于整个韩国人口规模的人口摆脱了贫困，更多人融入城镇生活，教育资源分布更加均衡……极不平凡的5年，在每个人的生活中都留下深深的印记。

对于“进入新时代”的庄严宣告，华东师范大学政治学系终身教授齐卫平认为，它的重要意义和深远影响在于，“把中国共产党领导的伟大事业带进了新的境界，把中国特色社会主义推上了新的征程，使中华民族前进的脚步踏在了超越以往历史阶段的新时代沃土上”。

新时代，是中国共产党人在新的发展里程中钉下的新理论路标和实践坐标，是对现实发展诉求和民族历史呼唤的回应。尤其是，对于在世界关系网中举足轻重的关键节点，对世界历史上极富传奇性的发展故事的创造者来说，中国向何处去这一问题，不仅包含了“共同富裕”“全面建设社会主义现代化强国”“实现中华民族伟大复兴”等意义范畴，而且要肩负起“拓展发展中国家走向现代化的途径”“为解决人类问题贡献中国智慧和中国方案”的责任与使命。

由此，不难理解，为何日本媒体《外交学者》将这一宣示解读为“中国崛起进入2.0”,英国学者马丁·雅克将其视作“中国由此展开腾飞的翅膀”的信号。

世界期待新画卷的铺陈，等待新故事的开篇。

“新思想”的旗帜飘扬

新时代催生新思想，新思想引领新时代。

“党的十九大最重要的理论成果是明确提出和概括了习近平新时代中国特色社会主义思想，并且把这一思想作为党的指导思想写入了党章。”中共中央党校（国家行政学院）副校长（副院长）、教授谢春涛说。

党的十八大以来，面对不断变化的国情世情党情，以习近平同志为核心的党中央以强烈的责任感与使命感，从理论和实践结合上系统回答了新时代坚持和发展什么样的中国特色社会主义、怎样坚持和发展中国特色社会主义这个重大时代课题，对“时代之问”作出了中国共产党人自己的回答。

这一回答在砥砺奋进中的伟大变革与成就的映衬下更具说服力，因其所处时间节点的关键和敏感而更受瞩目。

从“八个明确”的核心要义到“十四个坚持”的基本方略，从贯彻新发展理念、建设现代化经济体系到健全人民当家作主制度体系、发展社会主义民主政治，从推动社会主义文化繁荣兴盛到加强和创新社会治理，从加快生态文明体制改革到全面推进国防和军队现代化，从推进祖国和平统一到构建人类命运共同体，以及坚定不移全面从严治党……习近平新时代中国特色社会主义思想体系严整、逻辑严密、内涵丰富、博大精深，闪耀着马克思主义真理的光辉。

不忘本来、吸收外来、面向未来，“新思想”旗帜的挺立，极大彰显了中国共产党的伟大创造力。对此，学者们早有共识。

大家一致认为，习近平新时代中国特色社会主义思想是马克思主义中国化的最新成果，是党和人民实践经验和集体智慧的结晶，是全党全国人民为实现中华民族伟大复兴而奋斗的行动指南，必须长期坚持并不断发展。

马克思说，“全部社会生活在本质上是实践的”。作为当代中国马克思主义、21世纪马克思主义，习近平新时代中国特色社会主义思想是经过实践检验、富有实践伟力的强大武器。在这一思想的指引下，我们一定能把中国特色社会主义不断推向前进。

“新征程”的自信开启

保罗·索鲁在其最新出版的《在中国大地上》一书中写道：“中国历史告诉我们的经验之一，就是她的人民总是不知疲倦、步履不停。”

的确。自近代以降，民族复兴进程被内忧外患耽搁了太久，国人对时间始终有着超乎寻常的紧迫感。

过去的时间不曾辜负，关于未来的时间，党的十九大作出更为清晰和细致的安排。

党的十九大明确，既要全面建成小康社会、实现第一个百年奋斗目标，又要乘势而上开启全面建设社会主义现代化国家新征程，向第二个百年奋斗目标进军。具体到中国未来的30年，党的十九大将其进一步细化为两个“15年”：从2020年到2035年，在全面建成小康社会的基础上，再奋斗15年，基本实现社会主义现代化；从2035年到本世纪中叶，在基本实现现代化的基础上，再奋斗15年，把我国建成富强民主文明和谐美丽的社会主义现代化强国。

“以不息为体，以日新为道。”这一高瞻远瞩的战略安排，丰富和发展了中国特色社会主义现代化发展战略，标定了我们的前进方向。这一新的时间表，展现了中国共产党人和中国人民掌控时间和未来的自信与能力，展现了实事求是的精神，预示了国家发展和民族复兴的光明前景。

“这一战略安排不仅把‘基本实现现代化’的目标提前了15年，而且在社会主义现代化国家的定义中增添了‘美丽’的内涵。”中共中央党校（国家行政学院）经济学教研部主任、教授韩保江认为，这充分展示了未来中国经济社会发展更加注重创新、效益、质量、环境保护和建设现代化经济体系的崭新要义，是“鼓舞和激发全国各族人民投身全面建设社会主义现代化国家新征程和开创中国特色社会主义新局面的行动纲领”。

新的社会矛盾是新时间表制定的出发点，也是落脚点。党的十九大报告指出，中国特色社会主义进入新时代，我国社会主要矛盾已经转化为人民日益增长的美好生活需要和不平衡不充分的发展之间的矛盾。如何满足人民在经济、社会等多方面的不断增长的要求，如期实现各项战略任务，如何把握中国与世界互动中的机遇与挑战，这些都是未来发展中的关键参数，是压力，更是动力。

实践一再证明，办好中国的事情，关键在党。党的十九大对推进全面从严治党作出重大部署，提出了新时代党的建设总要求。站在新的历史起点上，相信一个始终走在时代前列、人民衷心拥护、勇于自我革命、经得起各种风浪考验、朝气蓬勃的马克思主义执政党，一定能够带领勤劳勇敢的中国人民在追梦路上续写新的荣光。

（2021年4月26日）

“绿水青山就是金山银山”：绘出美丽中国新画卷

杨舒

这是一场关乎亿万人民福祉的深刻变革。

2005 年 8 月 15 日，时任浙江省委书记的习近平同志在安吉余村考察时强调：“我们过去讲既要绿水青山，又要金山银山，实际上绿水青山就是金山银山。”

2012 年 11 月，党的十八大将生态文明建设纳入中国特色社会主义事业“五位一体”总体布局，中国共产党成为世界上第一个将生态文明建设纳入行动纲领的执政党。

2017 年 10 月，党的十九大通过《中国共产党章程（修正案）》，把“增强绿水青山就是金山银山的意识”首次写入党章，并在大会报告中明确指出，“建设生态文明是中华民族永续发展的千年大计”，“必须树立和践行绿水青山就是金山银山的理念”。

绿水逶迤去，青山相向开。党的十八大以来，以“绿水青山就是金山银山”为代表的新时代中国特色社会主义生态文明观，推动我国生态文明建设发生了历史性、转折性、全局性变化，为 2035 年生态环境根本好转、美丽中国建设目标基本实现奠定坚实基础，绘就崭新画卷。

发展中保护：实行最严格制度最严密法治

守护绿水青山，制度是纲，纲举则目张。

对此，习近平总书记指出，“只有实行最严格的制度、最严密的法治，才能为生态文明建设提供可靠保障。”

2015年，《党政领导干部生态环境损害责任追究办法（试行）》出台，明确“终身追责”制；同年，被称为“史上最严”的新环保法开始实施，打击环境违法行为力度空前。

2016年，中央环保督察大幕拉开。仅首轮中央生态环境保护督察及“回头看”，就受理群众举报21.2万余件，直接推动解决群众身边的生态环境问题15万余个；立案侦查2303件，行政和刑事拘留2264人，共向地方移交生态环境损害责任追究案件509个。

2015年起，西起大兴安岭、东到长白山脉、北至小兴安岭，绵延数千公里的重点国有林区停伐，宣告多年来向森林过度索取的历史结束；2021年1月1日，长江流域重点水域10年禁渔全面启动，11.1万艘渔船、23.1万渔民退捕上岸，开始了“人退鱼进”的历史转折……

绝不以牺牲生态环境为代价换取经济的一时发展，把解决突出生态环境问题作为民生优先选项，数年间，生态环境明显改善：

山更绿了，我国森林覆盖率达到23.04%，成为同期全球森林资源增长最多的国家；水更清了，与2015年相比，2020年全国地表水质量达到或好于Ⅲ类水体比例上升17.4个百分点，达到83.4%；天更蓝了，2019年全国重点城市PM2.5平均浓度比2013年下降43%，中国成为世界上治理大气污染最快的国家。

“‘绿水青山就是金山银山’是对如何把握经济社会快速发展与维持自然生态良好平衡的理性考量，为新时代正确处理经济发展与环境保护的关系指明了方向，提供了宝贵的理论财富。”中共中央党校（国家行政学院）教授赵建军这样评价。

保护中发展：人不负青山，青山定不负人

一座村庄折射出一个国家的变迁。

过去，靠着挖矿山、建石灰窑富起来的安吉余村，青山被毁、河流变质。在“绿水青山就是金山银山”理念指引下，余村壮士断腕，关停矿山和水泥厂，发展起了休闲旅游业。而今青山归来，走出了一条“绿富美”的康庄大道。

2020 年 3 月 30 日，习近平总书记再次来到余村考察时指出，“余村现在取得的成绩证明，绿色发展的路子是正确的，路子选对了就要坚持走下去。”

“一亩油茶百斤油，又娶媳妇又盖楼。现在我们都管油茶树叫‘铁杆庄稼’‘摇钱树’。”看着昔日撂荒的山地如今一片茂密青翠，河南省光山县种植大户李开齐满脸笑容。

人不负青山，青山定不负人。河北塞罕坝机械林场依托百万亩森林资源，积极发展绿化苗木等生态产业，经济收入由建场之初的不足 10 万元增加到 1.6 亿元；内蒙古库布齐沙漠一手综合治沙，一手探索生态产业服务盈利，创造 5000 多亿元生态财富，10 多万沙区民众受益；“十三五”期间，我国 100 多万建档立卡贫困人口转化为生态护林员，带动 300 多万人脱贫。

绿色农业、乡村旅游、家庭经营、合作经营……近年来，“绿水青山就是金山银山”理念不断转化为各地的创新实践，形成了一系列可推广、可复制的发展经验。

高质量发展，绿色亦是应有之义。短短数年，我国加大化解钢铁、煤炭等过剩产能和淘汰落后产能力度，至 2019 年年底，单位 GDP 二氧化碳排放较 2005 年降低 48.1%，提前完成到 2020 年下降 40% ~ 45% 的目标。资源能源效率不断提升，能源消费结构发生积极变化，中国成为世

界利用新能源、可再生能源第一大国。

“搞清了垃圾分类，看着垃圾厢房更加整洁，小区更加干净，很有成就感。”住在上海市徐汇区月河居民区的黄阿姨感叹，这两年从“不习惯”到“新时尚”再到“好习惯”，她觉得自己越活越年轻了。回收旧衣、光盘行动、绿色骑行、拒绝购买野生动物制品……绿色低碳的环保行动已成潮流，绿色生活方式逐渐深入人心。

展大国担当：为世界贡献中国智慧

“绿水青山就是金山银山”不仅成为全社会的共识，更跨越了西方“先污染后治理”的传统发展道路，吸引了全球目光。

2013 年 2 月，联合国环境规划署第 27 次理事会通过了推广中国生态文明理念的决定草案，标志着国际社会的认同和支持。

3 年后，联合国环境规划署发布《绿水青山就是金山银山：中国生态文明战略与行动》报告。这进一步说明，中国的生态文明建设理念和经验，正在为全世界可持续发展提供重要借鉴。

积极作为、共享经验。2017 年，我国推动建立了“一带一路”防治荒漠化合作机制；2019 年，“一带一路”绿色发展国际联盟在北京成立，开启绿色丝绸之路。

2020 年 9 月，中国在第七十五届联合国大会上宣布，将提高“国家自主贡献”力度，力争 2030 年前二氧化碳排放达到峰值，努力争取 2060 年前实现碳中和。

2021 年 10 月，《生物多样性公约》第十五次缔约方大会将在我国云南昆明举办，这将是联合国首次以“生态文明”为主题召开的全球性会议。

联合国开发计划署署长阿奇姆·施泰纳曾指出，“中国在生态文明这个领域中，不仅是给自己，而且也给世界一个机会，让我们更好地了解朝着绿色经济的转型”。

“作为世界上最大发展中国家，我国已成为全球生态文明建设的重要参与者、贡献者、引领者，为共建清洁美丽的世界提供了中国智慧和中国方案。”生态环境部党组书记孙金龙说。

“绿水青山就是金山银山”，这是一个国家发展理念和方式的深刻转变，更是中国共产党人对人类文明发展规律、自然规律和经济社会发展规律的深刻洞见，引领着中国发展迈向新境界。美丽中国，风光无限！

（2021 年 4 月 27 日）

乡村振兴：农业更强、农村更美、农民更富

李慧

谷雨时节，大江南北一片春耕忙碌景象。

中国粮食，中国饭碗。春耕农机设备轰鸣背后，是粮食生产连年丰收，是农业农村经济持续稳定向好，是乡村振兴实现良好开局。

2017 年 10 月，党的十九大作出实施乡村振兴战略重大决策部署。2018 年 2 月 4 日，《中共中央 国务院关于实施乡村振兴战略的意见》对外发布，这是 21 世纪以来第 15 个指导“三农”工作的中央一号文件。文件围绕乡村振兴战略讲意义、定思路、定任务、定政策、提要求，为新时代乡村振兴举旗定向。

几年来，广大干部群众辛勤耕耘，农业农村发展硕果累累，产业兴旺、生态宜居、乡风文明、治理有效、生活富裕的乡村振兴图景生动呈现，成为稳定经济社会发展大局的“压舱石”，为打赢脱贫攻坚战、全面建成小康社会奠定了坚实根基。

从智慧种地到融合创新　农业提质增效迈出新步伐

这段时间，在浙江湖州南浔区旧馆街道，成片的良田里，小麦、油菜长势正旺。今年 48 岁的田水芳是旧馆街道港胡村种粮大户，从零散承包到集中承包，他的种植面积已超 1000 亩。

“今年备耕，是我种田以来最轻松的一次。”田水芳说，以前，这个季节他要早早叫上10多名散工到田间忙碌。现在农忙时，各类大型农机设备集中作业，安装在田地间的传感器、病虫害监测仪等可实时监控环境变化，进行病虫害智能预警监测，连有机肥都能根据土壤情况定制生产。

立足于促进农业提质增效、拉动乡村产业持续繁荣，南浔区大力实施乡村振兴战略，助力农民增收，促进城乡均衡发展，为实现共同富裕打下良好基础。2020年，南浔区居民人均可支配收入超48000元，同比增长6.2%。

按照欧盟出口标准打造的特色水果出口备案基地；以高端医疗、教育、养老为特色的燕园小镇，以康养、运动为主题的云溪漫谷；辐射全国20余个省份的国际木材交易中心；融合亚欧风情的“一带一路”合作示范园、风格颇具“国际范”的乡村民宿酒店……在四川成都青白江区乡村大地上，一个个高标准、现代化的乡村振兴项目刷新着人们的认知。以开放、引领、示范、创新、新经济、总部基地等为“标签”的一大批龙头项目正在加快推进，以“国家级农业对外开放合作试验区”创建为核心的生态圈能级正在迅速提升。

项目高速发展背后，以农产品精深加工、都市休闲农业、农村电商、森林康养、农产品物流、绿色种养、农业文创等新产业新业态为核心的现代农业产业集群正在形成，特色小镇、文旅融合正在拓展乡村产业的场域和边界。

在乡村振兴中，各地持续深化农业供给侧结构性改革，不断加强现代农业建设，取得了明显成效。目前，我国农作物自主选育品种面积占比超过95%，全国家庭农场超过100万家，农民合作社达到222.5万家，农业社会化服务组织达到89.3万个，成为引领现代农业发展的主力军；农产品质量安全监测合格率稳定在97%以上，质量兴农、绿色兴农成为现代农业主旋律。

2020年，全国粮食总产量13390亿斤，比2019年增长0.9%，连续6年稳定在1.3万亿斤以上；全国农作物耕种收机械化率达71%；农业科技进步贡献率迈上60%新台阶……一系列数据，映射着乡村振兴战略实施给农业发展注入的新活力。

从环境治理到乡风文明　农村成为安居乐业新家园

道路干净整洁，农房黛瓦白墙，绿植错落有致，池塘清澈见底，百花馨香争妍……在江苏沛县红色基地青墩寺小学所在地张寨镇刘庄村，美丽画卷尽收眼底。

张寨镇依托青墩寺小学这一红色文化资源，走红色引领、绿色发展之路，打造宜居宜游宜业红色旅游特色村，围绕庭院整洁、绿化绿植、村容村貌提升、厕所改造、农村生活垃圾治理等重点领域，持续开展村庄环境整治。

“村环境几乎每天都在发生变化，走出家门就像是走进公园，很舒心。党史馆建在我们村，环境越来越美，村民幸福感渐增。”张寨镇党委书记王明运说。

“垃圾靠风吹，污水靠蒸发”，曾是不少村庄的真实写照。

乡村振兴战略实施以来，我国大力实施农村人居环境整治三年行动，各地有关部门合力推进农村厕所革命。截至目前，农村卫生厕所普及率超68%，行政村生活垃圾收运处置体系覆盖率超90%，农村人居环境整治三年行动目标任务基本完成。农村水电路通信等基础设施加快建设，教育、医疗、养老等公共服务水平不断提升，乡村面貌焕发新气象。

村庄干净了、变美了，村民们的精气神也有了新的提升。

在西藏日喀则市江孜县江孜镇东郊村，近年来村两委班子发动大家参与定规矩，把戒烟控烟、不乱扔垃圾等写进村规民约，村民们对于村庄管理积极上心，重视教育、崇尚科学成为新时尚。村民扎顿说：“大家不比吃、不比穿，就比谁家大学生多。孩子们也比着谁能考进好学校！”

加大对传统村落、民族村寨、农业遗迹等保护力度；加强农村基层治理，积极调处化解乡村矛盾纠纷；以党建引领创建乡村善治新模式……各地扎实推进乡村治理体系和乡风文明建设，一股清新之风在广袤田野上吹拂，让村民生活更加安心舒心。

从政策支撑到产业助力　农民奔向殷实富足新生活

小康不小康，关键看老乡。

持续增加农民收入，让农民“钱袋子”鼓起来，是乡村振兴的重要目标。在各地农村，创业创新已成为繁荣乡村产业、增加农民收入的重要途径。

“去年的‘生态鄱阳湖—绿色农产品’广东展销会上，上堡米果荣获产品金奖，现场就有客户订购了 1.5 万斤。”被称为“梯田阿妹”的江西崇义县上堡乡赤水村村民刘金萍说，现在米果销量不断增长，这段时间她一直忙着赶进度制作米果。

主动了解优惠政策，走访农技专家，外出参加培训；探索更高效的种植方式和提升稻米产量；对农民免费发放优质种子；学习新的销售模式，争做“网红”，开辟线上直播带货新渠道……在刘金萍的带领下，传统米果制作技艺得到更好的传承，“上堡米果”品牌日益做大，带动农户增收 2000 多元。

乡村兴，则农民富。随着乡村振兴的加速，农民收入持续较快增长。2019 年，我国农村居民人均可支配收入超过 1.6 万元，提前一年实现比 2010 年翻一番目标。2020 年该数据达 17131 元，较 2015 年增加 5709 元。

同时，农民收入结构更加优化。不仅务农能增收，外出打工、在乡创业、盘活资源也都成为增收的新途径。从经营收入看，农产品增值空间不断拓展；从务工收入看，农民工工资水平不断提高；从财产收入看，农村改革红利持续释放，带动财产净收入快速增长；从转移收入看，强农惠农富农政策不断加强，转移性收入占比明显提高。

农民收入的持续增长离不开产业兴旺，更离不开改革助力。农业农村部副部长刘焕鑫介绍，“十三五”期间，农村改革持续深化，2亿多农户领到土地承包经营权证，“三权分置”取得重大进展，第二轮土地承包到期后再延长30年；新一轮农村宅基地改革试点启动实施；农村集体资产清产核资基本完成，6亿多人集体成员身份得到确认，农村改革“四梁八柱”基本构建。

城乡融合发展也迈出了坚实步伐，建立了城乡统一的居民基本养老保险制度、居民基本医保和大病保险制度，全国95%的县通过县域义务教育基本均衡发展评估认定，城乡均等的公共就业创业服务水平明显提升。

站在新的历史交汇点上，各地正全面推进脱贫攻坚和乡村振兴有机衔接，让农业更强、农村更美、农民更富，并向着实现全体人民共同富裕的伟大目标破浪前行。

（2021年4月27日）

"不忘初心、牢记使命"主题教育：

把党的自我革命推向深入

俞海萍　王琛

从石库门到天安门，从兴业路到长安街，从硝烟弥漫、战火纷飞的年代，到和平建设、繁荣发展的时期，为中国人民谋幸福，为中华民族谋复兴，是中国共产党人永恒不变的初心和使命。

2019年5月底开始，一场以县处级以上领导干部为重点的"不忘初心、牢记使命"主题教育，分两批在全党先后开展，旨在用党的创新理论武装头脑，锤炼忠诚干净担当的政治品格，推动全党更加自觉地为实现新时代党的历史使命不懈奋斗。

这是一次严肃而深刻的党性洗礼，这是一次全体党员干部的政治"大体检"、思想"大扫除"，是我们这个百年大党新长征路上的重整行装再出发。

"古今多少苍茫事，前车历历未能忘。"自中国共产党成立伊始，党内即有对领导干部和广大党员进行教育的优良传统，并延续传承至今。"不忘初心、牢记使命"主题教育，是党在新时代的伟大征程中，以刀刃向内的勇气不断推进自我革命，加强党的自身建设、提高执政能力和领导水平的重要举措。

必由之路：实践的经验历史的选择

1945 年 7 月，在延安杨家岭的一座窑洞内，毛泽东主席同来自重庆的国民参政会参政员黄炎培促膝长谈。黄炎培在肯定了延安一片生机勃勃局面的同时，也表示古往今来朝代更迭，治乱兴亡，“其兴也勃焉，其亡也忽焉”，似乎是跳脱不出的历史周期规律。毛泽东略加思索，从容且自信地说道：“我们已经找到了新路，我们能跳出这周期率。这条新路，就是民主。”

这就是著名的“窑洞对”，彰显的是中国共产党在新民主主义革命时期探索一条自我净化、自我革命之路的决心。75 年后，习近平总书记在“不忘初心、牢记使命”主题教育总结大会上指出，敢于直面问题、勇于修正错误，是我们党的显著特点和优势。强大的政党是在自我革命中锻造出来的。

回顾党的历史，自我净化、自我革命始终是解决党内存在的突出问题、加强党的自身建设、提高党的凝聚力和战斗力的重要一环，并通过整风、整党、学习、教育、讨论等各种形式落到实处。

从 1941 年开始的延安整风运动，到新中国成立初期的整风整党运动，到改革开放后的新时期整党活动、“三讲”教育，再到步入新世纪后的“三个代表”重要思想学习教育活动、保持共产党员先进性教育活动、深入学习实践科学发展观活动、创先争优活动，每一次都凝聚了全党共识，为党的事业向前发展提供了坚强保证。

党的十八大以来，在以习近平同志为核心的党中央领导下，党的群众路线教育实践活动、“三严三实”专题教育、“两学一做”学习教育在全国范围内陆续开展，对面临的新形势、新任务作出了回应，党的执政水平不断提高、执政基础不断巩固。

开展党内教育，是中国共产党建党以来始终保持自身先进性的重要历史经验，经受住了实践的检验。在新中国成立 70 周年的历史节点、在中国共产党成立 100 周年的前夕，开展“不忘初心、牢记使命”主题教育，是新时代深化党的自我革命、推动全面从严治党向纵深发展的生动实践，具有重大现实意义和深远历史影响。

党的建设：重整行装再出发

中国共产党立志于中华民族千秋伟业，百年恰是风华正茂。百年大党，何以永远年轻？是因为始终坚守初心和使命而得到人民的拥护和支持，是因为始终坚定理想信念而形成强大精神支柱，是因为始终坚持自我革命而充满生机，是因为不断加强和改进党的建设而永葆活力。

在为期半年的主题教育中，9000 多万名党员按照中央“守初心、担使命，找差距、抓落实”的总要求，推动学习贯彻习近平新时代中国特色社会主义思想往深里走、往心里走、往实里走，取得了扎扎实实的成效。

在主题教育中，全党坚持用党的创新理论武装头脑。各地区各部门各单位不以专家讲座、理论辅导代替自学和研讨；不搞“作秀式”“盆景式”调研，静下心来学理论、认认真真找问题、扎扎实实做调研、一项一项抓整改，将学思践悟习近平新时代中国特色社会主义思想的丰厚成果转化为履职本领，为改革发展攻坚克难奠定了坚实的思想基础。

在主题教育中，全党发扬自我革命这一最鲜明品格。各级党组织和广大党员、干部重点抓突出问题专项整治，消除了一些可能动摇党的根基、阻碍党的事业的因素。把开展专项整治作为增强实效的重要抓手，对突出问题进行大排查、大扫除，坚决整治落实党中央决策部署阳奉阴违、不担当不作为、违反中央八项规定精神、层层加重基层负担、领导干部配偶和子女及其配偶违规经商办企业问题，坚决整治侵害群众利益、基层党组织软弱涣散、对黄赌毒和黑恶势力听之任之甚至充当保护伞等问题，坚决整治利用名贵特产和特殊资源谋取私利问题，真刀真枪解决了党内存在的一些突出问题，攻克了一些司空见惯的顽瘴痼疾。

在主题教育中，全党发扬斗争精神，进一步锤炼了一支忠诚干净担当的干部队伍。揆诸党内历次教育学习或整风，对于干部队伍建设、思想动态、作用引领的重视都是长期不变的。主题教育进一步关注领导干部这一“关键少数”，针对在一些党员干部中，不愿担当、不敢担当、不会担当的问题展开专项整治，力争建设高素质专业化干部队伍，使广大党员领导干部在有效应对重大挑战、抵御重大风险、克服重大阻力、解决重大矛盾中冲锋在前、建功立业。

“不忘初心、牢记使命”主题教育是新时代深化党的自我革命、推动全面从严治党向纵深发展的生动实践，促进了全党思想上的统一、政治上的团结、行动上的一致，为我们党统揽“四个伟大”、实现“两个一百年”奋斗目标作了思想上、政治上、组织上、作风上的有力动员。

常抓不懈：接续奋斗的精神密码

2020 年 1 月 8 日，“不忘初心、牢记使命”主题教育总结大会上，习近平总书记明确提出，不忘初心、牢记使命，“必须完善和发展党内制度，形成长效机制”，“必须作为加强党的建设的永恒课题和全体党员、干部的终身课题常抓不懈”。

这份初心和使命，是激励百年大党接续奋斗的精神密码，推动着我们的事业在各种风险和挑战中不断发展壮大。

如今，无数共产党员把一以贯之的初心和使命与当下要做的事情结合起来，把这种历久弥坚的精神转化为攻坚克难的力量。

在脱贫攻坚这个没有硝烟的战场上，各级党组织和广大共产党员坚决响应党中央号召，以热血赴使命、以行动践诺言，1800 多名同志将生命定格在了脱贫攻坚征程上；

在抗击新冠肺炎疫情的斗争中，460 多万个基层党组织冲锋陷阵，广大党员干部带头拼搏，不惧病毒的侵染，第一时间奔赴抗疫前线，完成了最美的“逆行”，守护着人民群众的生命健康。

这是一种坚持，也是一种传承，是从共产党人的初心和使命中汲取的精神力量在当下的印证。

2021 年 2 月，习近平总书记在党史学习教育动员大会上指出，我们党的百年历史，就是一部践行党的初心使命的历史，就是一部党与人民心连心、同呼吸、共命运的历史。党史学习教育，是对“不忘初心、牢记使命”主题教育成果的巩固，是推进中华民族伟大复兴历史伟业的必然要求，是坚定信仰信念、在新时代坚持和发展中国特色社会主义的必然要求，是推进党的自我革命、永葆党的生机活力的必然要求。

我们清晰地看到，中国共产党的初心和使命在一代代中国共产党人为人民谋幸福、为民族谋复兴的伟大历史进程中传承发展，成为从胜利走向胜利的不竭动力。

（2021 年 4 月 28 日）

一桥架伶仃　三地变通途

王忠耀　吴春燕

“横亘珠江连两岸，一桥飞架伶仃洋。像猛龙，湾区奇迹显威壮……”2021年4月19日，在位于广州市荔湾区永庆坊的粤剧艺术博物馆，粤剧名家小神鹰充满激情的唱腔甫一开嗓，便博得了满堂彩。观众们的掌声，既为小神鹰演唱的粤曲《一桥飞架伶仃洋》，更是为曲中所唱的超级工程——港珠澳大桥。

2018年10月23日上午，随着习近平总书记的庄严宣布，从设计到建设前后历时14年的港珠澳大桥正式开通。自2021年开年至4月初，港珠澳大桥边检站共查验出入境车辆46.8万辆次，超过2020年前9个月的查验总量，其中查验货车8.8万辆次，同比增长300%。在香港、澳门、珠海三地日益频繁的交流合作中，港珠澳大桥将自身独一无二的作用发挥得愈加出色。

一种志气：逢山开路　遇水架桥

55公里的超长距离；淤泥深厚、海洋腐蚀环境严峻的外海施工环境；在海底40多米深处建造最长的沉管隧道——港珠澳大桥之所以被称为“超级工程”，不光因为其工程意义之重大，更因其建造难度之艰巨。

大桥在规划建设之初，就面临着一组矛盾。大桥靠近香港方向的伶仃洋航道，几乎是大型运输船只在这一海域通行的唯一通道，要保证满足30万吨级巨轮的通行，大桥就得建高。但与此同时，又要考虑到毗邻的香港国际机场航班降落的限高需求，大桥还不能建得太高。

“桥、岛、隧交通集群工程”成了解决这一矛盾的最好办法，即在穿越航道时沉入海底，搭建深埋沉管隧道，同时在隧道两侧建起人工岛。但这一堪称史无前例的方案，其实现难度可想而知。

对时任中交港珠澳大桥岛隧工程项目总经理、总工程师的林鸣而言，说港珠澳大桥的外海沉管隧道是他从业以来遇到的最大难题，亦不为过。“外海沉管隧道施工核心技术被业内人士称为‘全世界最困难、最复杂的技术’，当今世界只有极少数国家掌握，而当时的中国在此领域的技术积累几乎是一片空白。”林鸣回忆。

在学习不到现成经验，寻求外方解决方案又因对方奇货可居、漫天要价而作罢时，自主技术攻关成了摆在林鸣和项目团队面前的唯一方案。

为攻克技术难题，他每年要带着团队开上千次大大小小的讨论会，没有成果绝不散会。在一次次的讨论中，神秘的世界级难题的解答思路日益优化、逐步成熟，项目自建设以来进行的百余项试验研究和实战演练实录、获得百余项专利的十几项自主研发的专用设备和系统成果，以及十余项外海沉管安装世界级工程难题攻克经验，汇集成一部代表世界顶级工程技术水平的《外海沉管隧道施工成套技术》。当港珠澳大桥第一节沉管顺利安装就位时，林鸣已有 96 小时没有休息。

“桥的价值在于承载，人的价值在于担当。”林鸣和项目团队的所思所为，生动诠释了中国当代工程人“逢山开路，遇水架桥”的豪情壮志。

一种能力：创新攻坚　科技支撑

世界总体跨度最长、钢结构桥体最长、海底沉管隧道最长的跨海大桥，也是世界公路建设史上技术最复杂、施工难度最大、工程规模最庞大的桥梁。笼罩在港珠澳大桥身上的“六最”光环，是对当今中国综合国力的一次生动体现。

“六最”的背后，是参与大桥建设各家团队的矢志科研所创造出的丰硕成果。正如港珠澳大桥管理局总工程师苏权科所言：“港珠澳大桥是一座名副其实的科技大桥，在世界级挑战的背后，是一系列创新攻坚和科技支撑的强力驱动。”

从上空俯瞰港珠澳大桥，两个蚝贝状的人工岛，被工作人员亲切地称为“贝壳岛”。

贝壳岛不简单。在外海“无中生有”造出两座面积10万平方米的小岛，且当年开工当年成岛，创造了世界纪录。据了解，采用传统的抛石填海、围堤筑岛技术，工期长达3年，会对周边环境及航道产生极大影响。科研人员设计了多个方案，最后探索出外海快速筑岛技术，即采用120个巨型钢圆筒直接固定在海床上插入海底，再在中间填土形成人工岛。“每个圆筒直径有22米，大概和篮球场一般大；最高达51米，相当于18层楼高；重达550吨，与一架A380‘空中客车’相当。”工作人员告诉记者。

“沉管隧道建成后，会不会渗水是成败的关键。因为33个管节之间有大接头，每个管节又有7个小接头。止水材料的性能以及地震等因素，都有可能导致隧道漏水。”大桥沉管隧道设计与施工关键技术课题研究负责人徐国平介绍，为了攻克这些难题，他们与多个单位合作攻关，就连制作止水带的材料也用了2年多时间自主研发。“国外类似沉管接头的正常漏水率是5%~10%，半刚性结构改善了沉管结构的防水性能，港珠澳大桥沉管隧道首次做到了无一处漏水。”徐国平说。

据不完全统计，大桥创新工法31项、创新软件13项、创新装备31项、创新产品3项，申请专利454项。

一种恒心：智慧管理　持续发展

“随着粤港澳大湾区建设发展，相关便利化举措陆续出台，越来越多货车选择在港珠澳大桥通行。”在港珠澳大桥开通2周年之际，港珠澳大桥边检站站长何锋表示，得益于港珠澳大桥边检站管理制度的不断推陈出新，这座跨越三个地区、两种制度的大桥正在变得更加通畅。

2020 年，在新冠肺炎疫情导致全国出入境人员整体数量下滑的大背景下，港珠澳大桥出入境货车数量却逆势增长。据统计，当年港珠澳大桥边检站共查验出入境车辆 91.4 万辆次，比 2019 年增长 5.5%。

口岸出入境客车、货车全部实行“一站式”自助查验，只需“停一次车，提交一次资料”，即可完成查验；在珠澳方向，有全国率先实施的“合作查验、一次放行”新型查验模式，旅客在同一查验大厅，通过一次排队，接受一次集中检查，最快 20 秒就可完成内地与澳门双方边检查验手续。源自港珠澳大桥的制度创新，正逐渐在横琴口岸等其他大湾区通道“开花结果”。

2020 年年中，港珠澳大桥 5G 通信网络建设圆满完成，5G 通信网络全线开通，实现桥区内地部分 5G 信号全面覆盖。今后，5G 技术的运用将成为大桥智能化运维的支撑。

据悉，“港珠澳大桥智能化运维技术集成应用”国家重点研发计划正式立项后，大桥进入了智能化运维探索的新阶段。项目将立足于港珠澳大桥的运营实际，从信息感知、结构评估、维养决策、交通运行、安全管控等方面入手，引入物联网、大数据、人工智能等新技术，建立数字化大桥数据标准及技术方法体系。未来，项目研究成果将全面提升港珠澳大桥的智能化运维水平，降低大桥全生命周期维养成本、延长大桥使用寿命，更好地发挥湾区内重大交通基础设施的作用。

从被人认为“做不成”，到“做成了”；不但“做成了”，还成为“世界一流”。港珠澳大桥背后体现的能力、志气和恒心，正是在新时代，中国共产党领导下的中国拼搏、实干、奋进的真实写照。正如习近平总书记在会见大桥管理和施工等方面的代表时强调的那样，社会主义是干出来的，新时代也是干出来的！

（2021 年 4 月 28 日）

抗击疫情：人民至上、生命至上的生动诠释

金振娅

2020 年，对中华民族来说是一个极不平凡的年份。

肆虐的新冠病毒突袭而至，因其传染性强、致死率高，成为新中国成立以来我国遭遇的传播速度最快、感染范围最广、防控难度最大的重大突发公共卫生事件。

人民至上、生命至上。正是因为有中国共产党的坚强领导、14 亿人民的鼎力支持，中华民族仅用 3 个月左右的时间就取得武汉保卫战、湖北保卫战的决定性成果，进而又接连打了几场局部地区聚集性疫情歼灭战，夺取了全国抗疫斗争重大战略成果。

在中国共产党百年历史上，抗击新冠肺炎疫情斗争注定会留下浓墨重彩的一笔，因为它不仅铸就了生命至上、举国同心、舍生忘死、尊重科学、命运与共的伟大抗疫精神，更凝聚起了中华民族伟大复兴的磅礴力量！

始终把人民的生命安全放在首位

民者，国之根也，诚宜重其食，爱其命。面对突如其来的疫情，党中央以非常之举应对非常之事，坚持把人民生命安全和身体健康放在第一位。

最快的时间，成立中央应对疫情工作领导小组，派出中央指导组，

建立国务院联防联控机制；最快的时间，提出早发现、早报告、早隔离、早治疗的防控要求；最快的时间，确定集中患者、集中专家、集中资源、集中救治的救治要求，提高收治率和治愈率、降低感染率和病亡率成为重中之重。

武汉和湖北是疫情防控阻击战的主战场，武汉胜则湖北胜、湖北胜则全国胜。

白衣为甲、逆行出征。本是喜迎鼠年、万家团圆之时，346 支国家医疗队、4 万多名医务人员，冒着危险，驰援武汉。

回忆那一刻，北京协和医院消化内科副主任医师吴东至今感慨不已。作为北京协和医院援鄂医疗队第二批队员，2 月 7 日奔赴武汉前，他虽已做好思想准备，但当真正抵达武汉前线时，还是被严峻的形势所震撼：确诊人数每天都在激增，大批重症和危重症患者被送往医院，求助声不断。

关于中国速度的传奇，被千万名辛劳的医护人员、工程师、管理者、工人、志愿者倾力创造着！

每家公立医院从接指令到医疗队组建完成，一般不超过 2 小时；从医疗队集结到抵达武汉，一般不超过 24 小时。仅 10 天，容纳 1000 张床位的武汉火神山医院拔地而起；仅 12 天，容纳 1600 张床位的雷神山医院建成交付；仅 2 天，首个方舱医院经过改建，正式“开舱”……

坚定信心、同舟共济、科学防治、精准施策。在以习近平同志为核心的党中央坚强领导下，我国仅用 1 个多月时间就初步遏制疫情蔓延势头，2 个月左右时间将本土每日新增病例控制在个位数。

为了随访治愈患者身体状况，半年前，吴东和一批援鄂队员重回武汉。他见到了多位曾经救治的患者，其中最令他欣慰的就是陈女士，“当时，她出现呼吸衰竭，心肾功能异常，出凝血功能障碍。经过 1 个月的精心治疗，成功拔管并转出重症加强病房。这次再见到她，已是神采奕奕。”

回望这场艰苦卓绝的战疫，从出生仅 30 多小时的婴儿到 100 多岁的老人，从在华外国留学生到来华外国人员，每一个生命都得到全力护佑。

“天行健，君子以自强不息。”在任何困难和风险面前都不放弃、不退缩、不止步，这就是中国精神、中国力量、中国担当。

举国同心　守望相助

2020 年 1 月 23 日，武汉“封城”。“九省通衢”出现了从未有过的空寂和紧张。

那几天，武汉市民小雯，焦虑到失眠。当她看到国家组织了援鄂医疗队奔赴武汉时，才算放下心来，“国家没有放弃武汉，我们更不能放弃自己”。

小雯退掉去江苏南通过年的车票，加入了志愿者团队，主动为抗疫做些力所能及的事情。

彼时，长城内外、大江南北，全国人民心往一处想、劲往一处使，把个人冷暖、集体荣辱、国家安危融为一体，“天使白”“橄榄绿”“守护蓝”“志愿红”迅速集结。

“人心齐，泰山移”。中华民族历来崇尚举国同心、守望相助的团结精神。

19 个省区市对口帮扶除武汉以外的湖北 16 个市州；460 多万个基层党组织冲锋陷阵；400 多万名社区工作者在全国 65 万个城乡社区日夜值守……

在这场有爱、同心、无畏的战疫历程中，科学不会缺席。

面对前所未知的新型传染病，党和政府秉持科学精神，把遵循科学规律贯穿到决策指挥、病患治疗、技术攻关、社会治理等各方面。

截至 2021 年 3 月 8 日，4300 多位科研人员、386 个科研团队，聚焦临床救治和药物、疫苗研发、检测设备和试剂等方向，攻坚克难，有效遏制了疫情大面积蔓延，最大限度地保护了人民生命安全。

在没有特效药情况下，我国实行中西医结合，先后推出 8 版全国新冠肺炎诊疗方案，筛选出“三药三方”等临床有效的中药西药和治疗办法，被多国借鉴使用；多条技术路线研发疫苗，为战胜疫情提供了强大科技支撑。

“武汉必胜、湖北必胜、中国必胜”。14 亿多中国人民同呼吸、共命运，肩并肩、心连心，绘就了团结就是力量的时代画卷！

命运与共的天下情怀

“山川异域，风月同天”。中华优秀传统文化历来崇尚亲仁善邻、天下一家。

2020 年 3 月中旬，意大利累计确诊病例破万。3 月 12 日，中国政府派出抗疫医疗专家组携医疗物资抵达罗马后，立即投入紧张工作中，行程异常密集。“感谢中国，你们是第一个抵达意大利的国际援助者。”意大利红十字会主席罗卡在新闻发布会上表示。

面对突如其来的严重疫情，中国同世界各国携手合作、共克时艰，为全球抗疫贡献了智慧和力量：第一时间向世界卫生组织、有关国家和地区组织主动通报疫情信息；第一时间公布诊疗方案和防控方案，开设疫情防控网上知识中心并向所有国家开放；第一时间宣布向世界卫生组织提供两批共 5000 万美元现汇援助，向有需要的国家派出医疗专家组，向多个国家和地区提供和出口防疫物资……

为尽快找到新冠病毒传染源头，阻断病毒的传播，中国是首个和世卫组织联合开展新冠病毒溯源研究的国家。

未来，疫情带来的各类衍生风险不容忽视，注定还需要全球共同努力。

当前，疫苗是抵御疫情的关键。2021 年 4 月 12 日，外交部湖北全球特别推介活动举行，国务委员兼外长王毅在致辞时表示，中国反对“疫苗民族主义”，疫苗应成为全球公共产品，我们是这么说的，也是这么做的。中国迄今已向全球 160 多个国家和国际组织提供了抗疫物资援助，正在以不同方式向 100 多个国家、地区和国际组织提供急需的疫苗，为全球疫情防控提供了中国助力。

因生命至上，故举国同心；既舍生忘死，亦尊重科学；知大道不孤，遂命运与共。

伟大抗疫精神必将激励我们在新时代新征程上披荆斩棘，为实现中华民族伟大复兴而不懈奋斗！

（2021 年 4 月 29 日）

嫦娥五号：中国航天的新高度

张蕾

“嫦娥五号回来了！带着月壤回来了！”2020年12月17日凌晨，内蒙古四子王旗，在闯过月面着陆、自动采样、月面起飞、月轨交会对接、再入返回等多个难关后，历经重重考验的嫦娥五号返回器携带月球样品成功返回地面。

这一刻，中国航天又创造了新的历史。习近平总书记在贺电中指出，嫦娥五号任务作为我国复杂度最高、技术跨度最大的航天系统工程，首次实现了我国地外天体采样返回。这是发挥新型举国体制优势攻坚克难取得的又一重大成就，标志着中国航天向前迈出的一大步，将为深化人类对月球成因和太阳系演化历史的科学认知作出贡献。

五项“中国首次”创航天辉煌

2004年1月23日，国务院正式批准绕月探测工程立项，制定了“绕、落、回”三步走方针。时任国家航天局局长、绕月探测工程总指挥栾恩杰高兴之余，也深感责任重大：“前期论证的结束实际上是后续工作的开始，要圆满实现中央的决策，完成好国家给我们的任务，还有很长的路要走，可能会遇到很多困难。”

我国虽然21世纪才正式加入月球探测行列，但探月蓝图却谋划长远、落实精准，可谓步子大、迈得稳。

2007 年，嫦娥一号迈出中国深空探测第一步。作为探月工程二期的先导星，2010 年发射的嫦娥二号承担了验证技术、深化月球科学探测的使命。2013 年，嫦娥三号成功落月，实现我国航天器首次地外天体软着陆，迈出探月工程三步走中承前启后的关键一步。2014 年，探月三期再入返回飞行试验器作为“探路先锋”，完成地球轨道以外航天器再入大气层的返回验证任务。2019 年，嫦娥四号在中继星“鹊桥”的帮助下成功踏足月球背面，并对这块处女地开展人类首次探索和挖掘。

作为 21 世纪人类首次月球采样返回任务，嫦娥五号任务的成功展示了中国航天事业的新突破。国家航天局副局长、探月工程副总指挥吴艳华说，嫦娥五号任务创造了五项“中国首次”：一是在地外天体上的采样与封装；二是在地外天体上的点火起飞、精准入轨；三是月球轨道无人交会对接和样品转移；四是携带月球样品以近第二宇宙速度再入返回；五是建立我国月球样品的存储、分析和研究系统。

经过 16 年努力，中国探月工程“六战六捷”，不超预算、不降指标、不拖时间，如期实现三步走规划，圆满完成我国首次地外天体采样返回任务。

一步一个脚印走出逐梦之旅

遥不可及的宇宙苍穹无法阻止人类探索外太空的脚步。半个世纪前，苏联的月球 16 号探测器将 101 克月壤样本带回地球。1961 年至 1972 年，美国组织实施了一系列载人登月飞行任务。

中国航天科技集团五院深空探测和空间科学首席专家叶培建初次近距离接触月球探测成果，是在 20 世纪 80 年代初。在瑞士留学期间，他来到联合国世界知识产权总部参观各国最高知识水平代表作。“当年咱们展出的是个景泰蓝花瓶，代表中国工艺水平。美国的展品要在放大镜底下才能看清楚，是一块来自月球的岩石，名为 A piece of the moon。”他觉得“人家的水平确实不一样”。

当时的叶培建没有想到，自己的人生会跟探月工程紧密联系在一起。但这次不经意的参观，却为他的探月梦想埋下了种子。

1978 年，美国送给中国一块 1 克重的月球岩石样品，国家决定将其一分为二——一半向公众展出，一半用于科研。据中国月球探测工程首任首席科学家欧阳自远回忆，样品是一块装在有机玻璃内的小石头，“只有黄豆大小”。通过 4 个多月的研究，欧阳自远与科研团队发表了 14 篇论文，成果斐然，但他内心深处最大的梦想还是能有一块“中国自己采回来的月球样品”。

自探月工程立项以来，中国航天人弘扬“追逐梦想、勇于探索、协同攻坚、合作共赢”的探月精神，锲而不舍地铺筑探月之路，终于实现了“月宫取宝、月轨对接、太空投递”的壮举。

张玉花，中国航天科技集团八院探月工程负责人。小名为“秋月”的她仿佛注定与月亮有缘，在载人航天领域干了 18 年后，一纸调令让她来到探月工程领域。从嫦娥三号、四号再到五号，她带领团队一步一个脚印坚定地走近月球。“人类对于宇宙空间的探索才刚刚起步。从探月出发，我们还将走得更远。”张玉花说。

“与月亮相约，我们无疑是认真的！”在中国探月工程总设计师吴伟仁看来，中国探月的每一个大胆设想、每一次成功实施，都是为了兑现对人民的庄严承诺，都是一棒接着一棒干、一步一个脚印走出来的逐梦之旅。

每一次突破都是团结协作的结果

从老骥伏枥、心系苍穹的 90 多岁高龄设计师到后生可畏、堪当大任的 80 后、90 后年轻参研参试人员，从血气方刚的“七尺男儿”到“巾帼不让须眉”的“铿锵玫瑰”，探月工程的每一步跨越、技术的每一次突破，都是全国数千家单位、数万名科技工作者团结协作、攻坚克难的结果。

嫦娥五号任务立项之初，在一次探测器方案评审时，有专家提出反对意见："机构运动太多，环节也太多。每一个动作都是瓶颈式的风险点，一个环节不行，后面的都不行了，任务风险太大！"这让国家航天局探月工程三期总设计师胡浩"压力山大"。他很清楚，中国航天此前从未有过如此复杂的任务，毕竟要经历 11 个重大阶段和关键环节，可谓环环相扣、步步惊心。

张玉花有着同样感受。她带领团队负责嫦娥五号轨道器研制，这是她在多次探月任务中经历时间最长、研制最艰苦的航天器。"嫦娥五号探测器由 4 个部分组合而成，多器分工合作的状态造就了探测器在太空中不断分离组合的变形过程，这在我国航天器中绝无仅有。"

"整个嫦娥五号的研制可谓'十年磨一剑'，其间遭遇过挫折，更经历过失败，但我们始终秉持探月精神，一次次苦尽甘来、闯关夺隘，终于将嫦娥'五姑娘'顺利'嫁'了出去。"胡浩打趣道。

"积力之所举，则无不胜也；众智之所为，则无不成也。"在探月工程副总指挥、国家航天局探月与航天工程中心主任刘继忠看来，嫦娥五号任务的成功，无疑是发挥新型举国体制优势攻坚克难取得的又一重大成就，它体现了中国航天人"一张蓝图绘到底"的魄力和"咬定青山不放松"的韧劲。

为和平利用太空提供中国方案

"人类探索太空的步伐永无止境。希望你们大力弘扬追逐梦想、勇于探索、协同攻坚、合作共赢的探月精神，一步一个脚印开启星际探测新征程，为建设航天强国、实现中华民族伟大复兴再立新功，为人类和平利用太空、推动构建人类命运共同体作出更大的开拓性贡献！"在贺电中，习近平总书记殷殷嘱托。

来自国家航天局的信息显示，以嫦娥五号任务圆满成功为起点，我国探月工程四期和行星探测工程将接续实施。展望未来，探月工程四期将构建月球科研站基本型，由运行在月球轨道和月面的多个探测器组成；嫦娥七号将对月球南极地形地貌、物质成分、空间环境等进行综合探测；嫦娥八号除继续开展科学探测试验外，还将进行关键技术验证。

一直以来，中国探月工程都坚持和平利用、合作共赢的基本原则，主动开放部分资源，帮助搭载多个国家的科学仪器设备，并将获得的宝贵原始探测数据向全世界开放。据吴艳华介绍，在嫦娥五号任务实施中，我国与欧空局、阿根廷、纳米比亚、巴基斯坦等国家和国际组织开展了测控领域的协同合作，并邀请多国驻华使节和国际组织官员到现场观摩发射。“对于规划中的嫦娥七号和八号任务，我国也准备与有关国家和国际组织开展合作，共同论证初步建设月球科研站的基本能力或验证核心技术。”吴艳华说。

未来，中国将向月球、火星乃至更遥远的深空迈进，“合作共赢”将永远是中国航天为人类和平利用太空提供的中国方案。

（2021 年 4 月 29 日）

民法典：伟大时代的法治荣光

靳昊

2021年1月1日，伴随着新年的钟声响起，一部万众瞩目的法律“飞入寻常百姓家”——《中华人民共和国民法典》开始实施，“民法典时代”正式开启。

7编、1260条、超10万字，这是中国法律史上一部前所未有的“大部头”。从市场经济运行到百姓日常生活，民法典的每一条规定无不为人民而书写。“市场经济的基本法”“权利保障的宣言书”“社会生活的百科全书”……民法典的重要意义由此可见一斑。

将时间的指针拨回2020年5月28日下午，北京，人民大会堂，十三届全国人大三次会议以2879票赞成、2票反对、5票弃权，表决通过《中华人民共和国民法典》，会场顿时响起雷鸣般的掌声。

这掌声中有敬意，几代法律工作者的努力终有回报。

这掌声中有喜悦，亿万人民的“民法典梦”一朝得圆。

这掌声中有希冀，人民权利的保护从此将更上层楼。

盛世修典。民法典是新中国成立以来，第一部以“法典”命名的法律，开启了法典编纂的先河。

习近平总书记深刻指出，民法典系统整合了新中国70多年来长期实践形成的民事法律规范，汲取了中华民族5000多年优秀法律文化，借鉴了人类法治文明建设有益成果，是一部体现我国社会主义性质、符合人民利益和愿望、顺应时代发展要求的民法典，是一部体现对生命健康、财产安全、交易便利、生活幸福、人格尊严等各方面权利平等保护的民法典，是一部具有鲜明中国特色、实践特色、时代特色的民法典。

几代人的“民法典梦”照进现实

“这是给我最好的生日礼物。此生无憾。”民法典问世之际，西南政法大学校园内，98 岁的民法学家金平喜悦之情溢于言表。

金平曾 3 次亲历新中国民法典起草工作。他说：“必须承认，只有经济社会发展、人民安居乐业、法治深入人心，民法典才具备成功编纂的条件。”

1954 年、1962 年、1979 年、2001 年，党和国家先后 4 次启动制定和编纂民法典相关工作，但由于条件所限没有完成。按照“成熟一个通过一个”的思路，继承法、民法通则、合同法、侵权责任法等一大批民事单行法律相继出台，我国逐步形成了比较完备的民事法律规范体系。

“1986 年的民法通则有‘小民法典’之称，在我国民事立法史上具有里程碑意义，发挥了重要作用。学民法的人对民法通则都有很深的感情，但民法通则确实承担不起‘民法太阳系’中心这个重担了。”全程参与民法典编纂的全国人大代表、中国社会科学院学部委员孙宪忠说。

纷繁复杂的民事法律之间难免会彼此“打架”。党的十八大以来，随着社会主义现代化事业不断发展和全面依法治国深入推进，编纂和出台民法典的时机趋于成熟。

2014 年 10 月，党的十八届四中全会提出了编纂民法典的重大任务。此后，民法典编纂分“两步走”：从表决通过民法总则，到民法典各分编草案首次提请审议；从“完整版”民法典草案首次亮相，到民法典问世，5 年磨一剑，新时代的人民法典由此诞生。

举旗定向，擘画蓝图。以习近平同志为核心的党中央对制定民法典高度重视。2016 年 6 月、2018 年 8 月、2019 年 12 月，习近平总书记 3 次主持中央政治局常委会会议，对民法典编纂工作作出重要指示。

树高千尺必有其根，回望百年峥嵘岁月，我们党一直高度重视民事法律的制定实施。新中国成立前，党领导根据地人民在土地、减租减息、婚姻、继承和债权债务等领域制定了大量民事规范，涵盖人身权和财产权等诸多方面。新中国成立后，党领导人民制定的第一部法律就是婚姻法，数千年的封建婚姻家庭关系被彻底取代。

聚万众智慧，成伟大法典。民法典草案先后 10 次向社会公开征求意见，3 次组织全国人大代表研读讨论，共有 42.5 万人提出 102 万条意见建议……一场广泛而热烈的“民法典大讨论”，生动诠释了民法典的人民性。

呵护美好生活的权利法典

民法典第一条开宗明义：为了保护民事主体的合法权益，调整民事关系，维护社会和经济秩序，适应中国特色社会主义发展要求，弘扬社会主义核心价值观，根据宪法，制定本法。

“老百姓生老病死、衣食住行都与民法密切相关。”全国人大常委会法工委民法室副主任石宏指出。生活中的很多平常小事，都可以在民法典中找到答案。

法与时转则治，治与世宜则有功。

中国人民大学教授、中国法学会民法学会会长王利明指出：“如果说 1804 年的《法国民法典》是 19 世纪风车水磨时代的民法典，1900 年的《德国民法典》是 20 世纪工业社会的民法典，那中国民法典应该成为 21 世纪民法典的代表之作。”

“熊孩子”网络大额打赏，今后可以追回；遭受网络暴力，平台当负起责任；游戏装备被盗，虚拟财产也受法律保护；频遭垃圾短信骚扰，私生活安宁明确入法……互联网时代的权利保护困扰，都可以在民法典中得到解答。

人格权独立成编，是我国民法典区别于域外民法典的显著特点。

王利明认为，这是“民法典最大的亮点”，“人格权独立成编不仅弥补了传统大陆法系‘重物轻人’的体系缺陷，还从根本上满足了新时代人民群众日益增长的美好幸福生活的需要，回应了人格权保护在网络信息时代所面临的各种挑战。”

扶不扶、劝不劝、追不追、救不救、为不为、管不管，这些“不成问题的问题”一度成为人们生活中的困扰。民法典弘扬社会主义核心价值观，给见义勇为撑腰，向“霸座”“碰瓷”等行为说不，社会正能量被无限激发。

长期以来，我国各族群众在社会经济生活中形成了大量的民事习惯。民法典确认了习惯法的法律渊源地位，让群众在法无明文规定时有章可循，使得民事法律的本土性、经验性、文化性得以彰显。

让民法典进入群众心坎里

镌刻民法典内容的民法墙、栩栩如生的著名法学家雕像、寓意婚姻爱情的心形雕塑……在民法典实施的第一周，深圳民法公园暨深圳民法博物馆正式对外开放。一段时间以来，各地民法典主题公园不断涌现，广大群众在休闲的同时，可以享受到一场丰富的民法“知识盛宴”。

一个案例胜过一沓文件，民事案件同人民群众权益联系最直接、最密切。

高空抛物，被称为“悬在城市上空的痛”。2019 年 5 月的一个午后，年近七旬的庾某某在小区花园散步，一瓶矿泉水从天而降，导致其受惊摔伤。

2021 年 1 月 4 日上午，元旦后的第一个工作日，广州市越秀区人民法院对这起高空抛物案件公开宣判。依据民法典相关规定，判决被告对庾某某受伤承担侵权责任，赔偿各项费用共 9 万余元。

这起案件被称为“民法典实施第一案”。适用“自甘冒险”条款的首例民事案件、适用民法典新规的首例撤销婚姻关系案、适用“好意同乘”

条款的首例民事案件……民法典实施以来，一个个“首案”的宣判，让民法典所宣示的公平正义更加切实可感。

“法不溯及既往”有哪些例外情形？哪些条件可以获得孩子的优先抚养权？越权提供担保、导致公司被掏空怎么办？为确保统一正确适用民法典，最高人民法院制定了与民法典配套的 7 件新的司法解释，涉及适用民法典的时间效力、担保制度、物权、婚姻家庭、继承、建筑工程合同、劳动争议等方面。最高人民法院还对 591 件司法解释及相关规范性文件开展了一次大清理，其中 111 件予以修改、116 件废止失效。

依据国务院办公厅下发的通知，各级行政机关也纷纷开展民法典涉及行政法规、规章和行政规范性文件的清理工作。

“我参加过‘二五普法’，对法律特别喜欢。这部民法典包含了很多老百姓关心的热点问题。”在上海市嘉定区竹筱社区，老党员顾永良捧着自己手抄的民法典，向居民进行普法宣讲。

法律不仅要写在纸上，更要印在群众心里。民法典颁布和实施以来，各地各部门掀起了学习宣传贯彻民法典的热潮，推动民法典学习教育制度化、常态化、长效化。

立善法于天下，则天下治；立善法于一国，则一国治。

民法典编纂是贯彻习近平法治思想的生动实践。民法典是新时代全面推进依法治国、坚持在法治轨道上推进国家治理体系和治理能力现代化的“法律重器”，其荣光泽被后世，其成就彪炳史册。

（2021 年 4 月 30 日）

中国全面消除绝对贫困：

谱写人类反贫困历史恢宏篇章

李慧　董蓓

“经过全党全国各族人民共同努力，在迎来中国共产党成立100周年的重要时刻，我国脱贫攻坚战取得了全面胜利，现行标准下9899万农村贫困人口全部脱贫，832个贫困县全部摘帽，12.8万个贫困村全部出列，区域性整体贫困得到解决，完成了消除绝对贫困的艰巨任务，创造了又一个彪炳史册的人间奇迹！”2021年2月25日，习近平总书记在全国脱贫攻坚总结表彰大会上庄严宣告。

脱贫攻坚战全面胜利，中华民族在几千年发展历史上首次整体消除绝对贫困，实现了中国人民的千年梦想、百年夙愿。

脱贫攻坚战全面胜利，极大增强了人民群众获得感、幸福感、安全感，彻底改变了贫困地区的面貌，改善了生产生活条件，提高了群众生活质量。

脱贫摘帽不是终点，而是新生活、新奋斗的起点。全面完成脱贫攻坚任务后，各地正咬定青山不放松，脚踏实地加油干，努力绘就乡村振兴的壮美画卷，朝着共同富裕的目标稳步前行。

中国农村的又一次伟大革命

“通过政府的帮扶，我家从人均收入不到3000元增加到家庭收入2万余元，并在2019年脱了贫，日子越来越有盼头。”江西吉安市吉州区曲濑镇长乐村村民戴长妹心怀感激地说。

2017年，戴长妹将1万元扶贫产业帮扶资金入股村养鸡合作社，每年有1500元分红。2018年，她住进政府援建房，还加入村保洁队伍。“平时闲时，我也会在村里的养鸡合作社和黑木耳基地务工，增加收入。”戴长妹说。

戴长妹和数千万脱贫群众的生活轨迹，因波澜壮阔的脱贫攻坚征程而改写。

2012年11月，党的十八大召开，作出全面建成小康社会战略部署。党的十八大召开后不久，习近平总书记就指出“小康不小康，关键看老乡，关键在贫困的老乡能不能脱贫”，强调“决不能落下一个贫困地区、一个贫困群众”，拉开了新时代脱贫攻坚的序幕。习近平总书记亲自挂帅、亲自部署、亲自督战，中国减贫进入脱贫攻坚新的历史阶段。

经过8年持续奋斗，到2020年年底，中国如期完成新时代脱贫攻坚目标任务，兑现了党对人民的庄严承诺。

脱贫攻坚战对中国农村的改变是历史性的、全方位的，是中国农村的又一次伟大革命，深刻改变了贫困地区落后面貌，有力推动了中国农村整体发展，补齐了全面建成小康社会最突出短板，为全面建设社会主义现代化国家、实现第二个百年奋斗目标奠定了坚实基础。

截至2020年年底，全国贫困地区新改建公路110万公里、新增铁路里程3.5万公里。2016年以来，新增和改善农田有效灌溉面积8029万亩，新增供水能力181亿立方米，水利支撑贫困地区发展的能力显著增强。贫困村通光纤和4G比例均超过98%。基础设施的极大改善，从根本上破解了贫困地区脱贫致富的难题，畅通了贫困地区与外界的人流、物流、知识流、信息流，为贫困地区发展提供了有力的硬件支撑。

与此同时，贫困群众收入水平持续提升。贫困地区农村居民人均可支配收入从2013年的6079元增长到2020年的12588元，年均增长11.6%，“两不愁三保障”全面实现。

从基础设施到公共服务，从生态改善到文化传承，从物质革命到思想革命，脱贫攻坚的阳光照耀到每一个角落，贫困群众的生活发生了翻天覆地的变化。

建立中国特色脱贫攻坚制度体系

加强和改善党的领导，为打赢脱贫攻坚战提供了根本保证。

2018 年 2 月 12 日，习近平总书记在打好精准脱贫攻坚战座谈会上指出："脱贫攻坚，加强领导是根本。必须坚持发挥各级党委总揽全局、协调各方的作用，落实脱贫攻坚一把手负责制，省市县乡村五级书记一起抓，为脱贫攻坚提供坚强政治保证。"

国家乡村振兴局存放着一本本脱贫攻坚责任书，这是中西部 22 个省区市党政主要负责同志向中央签署的责任书、立下的"军令状"。

"通过逐级签订责任书，各个层级的积极性和主动性得以充分调动，中央统筹、省负总责、市县抓落实，为脱贫攻坚提供坚强政治和组织保证。"全国政协农业和农村委员会副主任、国务院原扶贫办主任刘永富说。

2016 年 7 月，东西部扶贫协作座谈会在宁夏银川召开。之后，东部 9 个省、14 个市结对帮扶中西部 14 个省区市，307 家中央单位定点帮扶 592 个贫困县，12.3 万家民营企业帮扶 7.28 万个贫困村……党政军民学劲往一处使，东西南北中拧成一股绳，构建起专项扶贫、行业扶贫、社会扶贫互为补充的大扶贫格局，充分发挥出社会主义制度集中力量办大事的政治优势。

与"中央统筹、省负总责、市县抓落实"体制机制相适应，在各负其责基础上的合力脱贫攻坚责任体系；确保扶贫投入力度与打赢脱贫攻坚战要求相适应的投入体系；发挥社会主义制度集中力量办大事优势的社会动员体系；确保中央决策部署落地落实的督查体系；体现最严格的考核评估要求确保真扶贫、扶真贫、真脱贫的考核评估体系……脱贫攻坚制度体系的形成和不断完善，为打赢脱贫攻坚战提供了坚实支撑和有力保障。

涓滴成海，众木成林。脱贫攻坚力度之大、规模之广、影响之深前所未有。决战脱贫攻坚取得决定性胜利，充分展现了我们党无比坚强的领导力，充分展现了集中力量办大事的制度优势，充分展现了 14 亿中国人民的凝聚力和向心力。

在这场前所未有的脱贫攻坚战中，各地区各部门、各行各业、各条战线全面参与、合力攻坚。大家心往一处想、劲往一处使，彰显了中国人民万众一心、同甘共苦的团结伟力。

开对“药方子”　拔掉“穷根子”

贫困的类型和原因千差万别，开对“药方子”才能拔掉“穷根子”。

中国在脱贫攻坚实践中，创造性地提出并实施精准扶贫方略，做到扶持对象、项目安排、资金使用、措施到户、因村派人、脱贫成效“六个精准”，实施发展生产、易地搬迁、生态补偿、发展教育、社会保障兜底“五个一批”，解决好扶持谁、谁来扶、怎么扶、如何退、如何稳“五个问题”，增强了脱贫攻坚的目标针对性，提升了脱贫攻坚的整体效能。

“产业扶贫是增强贫困地区造血功能、帮助群众就地就业的长远之计，但我们这里是七山二水一分田，森林面积有 200 余万亩，森林覆盖率超过 71%。过去，全县的农民一直困在山水之中，找不到致富的门路。”四川洪雅县委有关负责人介绍，当地在脱贫攻坚中转变思路，向绿水青山要动力，推动了脱贫产业全面开花。

8 年来，洪雅县坚持以绿色为底色，根据“泡好一杯茶、扮靓一根竹、飘香一树椒”产业布局，让“绿水青山”变为贫困群众增收致富的“金山银山”，并为乡村振兴打下坚实基础。

支持和引导贫困地区因地制宜发展特色产业，鼓励支持电商扶贫、光伏扶贫、旅游扶贫等新业态新产业发展，依托东西部扶贫协作推进食品加工、服装制造等劳动密集型产业梯度转移……一大批特色优势产业初具规模，增强了贫困地区经济发展动能。

推进就业扶贫、开展健康扶贫工程、实施网络扶贫工程、实施资产收益扶贫……一系列从实际出发的多元扶贫措施，加速了脱贫攻坚的胜利进程。

2020 年以来，为克服新冠肺炎疫情对脱贫的影响，各地还不断创新消费扶贫模式，通过“以购代捐”“以买代帮”等途径让更多农村土特产品实现“出山”，既丰富了城市百姓的“菜篮子”和“米袋子”，也为打赢脱贫攻坚战注入动能。

在精准扶贫方略指引下，我国的扶贫路径由“大水漫灌”转为“精准滴灌”，资源使用方式由多头分散转为统筹集中，扶贫模式由偏重“输血”转为注重“造血”，考评体系由侧重考核地区生产总值转为主要考核脱贫成效。我国还根据经济社会发展和减贫事业推进的实际，逐步调整提高扶贫标准，让发展成果更多更好惠及人民群众。

脱贫摘帽不是终点，而是新生活、新奋斗的起点。打赢脱贫攻坚战之后，“三农”工作重心历史性转移到乡村振兴。巩固拓展脱贫攻坚成果，全面推进乡村振兴，全国各地正乘势而上，勇毅前行！

（2021 年 4 月 30 日）

附录

旗帜领航　再启新程

——庆祝中国共产党成立 100 周年大会述评

钟超　方莉　龚亮

百年恰是风华正茂。2021 年 7 月 1 日，庆祝中国共产党成立 100 周年大会在天安门广场盛大举行。置身广场，举目四望，7 万余名与会者手中的党旗、100 面插在广场东西两侧的红旗迎风飞扬。

风展红旗如画。旗帜，是一种意象。对一个政党而言，思想理论就是旗帜、就是方向，任何时候都是根本性的问题。

“以史为鉴、开创未来，必须继续推进马克思主义中国化。马克思主义是我们立党立国的根本指导思想，是我们党的灵魂和旗帜。”“中国共产党为什么能，中国特色社会主义为什么好，归根到底是因为马克思主义行！”习近平总书记在庆祝中国共产党成立 100 周年大会上深刻指出。

从石库门到天安门，从兴业路到复兴路，中国共产党始终高举马克思主义大旗，恪守为人民谋幸福、为民族谋复兴的初心使命，团结带领全党全国各族人民不懈奋斗，谱写了从站起来、富起来到强起来的伟大变革。

“七一”战鹰，飞越长空；百响礼炮，声震寰宇。抚今追昔，中国共产党不断推进马克思主义中国化时代化，坚持把马克思主义基本原理同中国具体实际相结合、同中华优秀传统文化相结合，必将指引我们从胜利走向新的胜利，实现中华民族的伟大复兴。

真理之光：百折不挠　奋发图强

雨霁天青，旭日东升，7 月 1 日的天安门广场肃穆庄严。上午 7 时 55 分许，空中护旗梯队拉开飞行庆祝表演序幕。71 架战鹰列阵长空，直升机护旗梯队护卫着巨幅的中国共产党党旗横空而过。这面缀有镰刀锤头的鲜红旗帜，映照着中华民族的前进道路。

100年前，风雨如晦。鸦片战争后，中国逐步成为半殖民地半封建社会，国家蒙辱、人民蒙难、文明蒙尘，中华民族遭受了前所未有且日益深重的劫难。其间，各种政治力量陆续登上中国的政治舞台。从太平天国《天朝田亩制度》和《资政新篇》的构想，到戊戌变法的《应诏统筹全局折》的方案；从义和团“扶清灭洋”的口号，到孙中山提出“三民主义”的资产阶级革命纲领……一次次洒热血以求索，一次次遭失败而告终。

十月革命一声炮响，给中国送来了马克思列宁主义。历史不会忘记，1918 年，中国共产党的创始人之一李大钊，正是在天安门广场奔走呼号。1919 年 1 月的《新青年》第五卷第五号发表了李大钊的《布尔什维主义的胜利》，其中预言：“试看将来的环球，必是赤旗的世界。”

雄踞真理和道义制高点的马克思主义，深刻改变了中国人民和中华民族的前途命运。在中国人民和中华民族的伟大觉醒中，在马克思列宁主义同中国工人运动的紧密结合中，中国共产党应运而生，中国革命的面貌从此焕然一新。在庆祝大会上，习近平总书记诠释了中国共产党的精神之源——坚持真理、坚守理想，践行初心、担当使命，不怕牺牲、英勇斗争，对党忠诚、不负人民的伟大建党精神。

举什么旗，走什么路，在充满偶然性的历史演进之中蕴藏着必然性——从一叶红船到领航中国的巨轮，这是历史的选择、人民的选择。在中国共产党擎起的这面旗帜上，闪烁着马克思主义的真理之光。

“马克思列宁主义主张唯物史观，强调广大人民群众的历史主体地位，认识到无产阶级及其先锋队即共产党的历史使命与作用，因而为中华民族站起来激发和凝聚起了磅礴的人民伟力。”受邀参加庆祝大会的中央党校（国家行政学院）马克思主义学院教授李海青表示。

站在高山之巅，方能见群山之巍峨；站在思想之巅，方能一呼而百应。中国共产党高举马克思主义大旗，将为人民谋幸福、为民族谋复兴当作自己的初心使命。红船劈波浪，使命聚人心，一大批先进知识分子和劳苦大众加入党组织，为革命事业流血牺牲、前仆后继。一切从实际出发，在实践中检验和发展真理，在血与火、生与死的洗礼中，中国共产党逐渐掌握了正确的思想方法，走向成熟。

1938 年，陕西延安桥儿沟，党的六届六中全会鲜明提出了马克思主义中国化的科学命题；1945 年，党的七大正式确立毛泽东思想为党的指导思想，这为中国新民主主义革命的胜利奠定了思想理论根基。

思想为行动先导，理论是实践指南。马克思主义中国化的第一次历史性飞跃，引领中国人民推翻帝国主义、封建主义、官僚资本主义三座大山，彻底结束了旧中国半殖民地半封建社会的历史。新中国的成立向世界庄严宣告，中国人民站起来了，中华民族任人宰割、饱受欺凌的时代一去不复返了！

科学理论：解放思想　锐意进取

7 月 1 日的天安门广场，万众欢腾。青少年们嘹亮高亢的歌声响彻云霄，熟悉的旋律深情诉说着中国共产党团结带领全国各族人民从站起来、富起来到强起来的伟大征程；随处可见的欢乐笑脸，是人们对新时代美好生活的真情流露。

这是一个载入史册的高光时刻。习近平总书记在天安门城楼上庄严宣告：“经过全党全国各族人民持续奋斗，我们实现了第一个百年奋斗目标，在中华大地上全面建成了小康社会，历史性地解决了绝对贫困问题……”

全面建成小康社会，是实现中华民族伟大复兴的关键一步。从新中国成立之初解决温饱不足的问题，到如今迈入全面小康，“看似寻常最奇崛，成如容易却艰辛”。对于中国这样一个有着 14 亿多人口的大国，好日子不是等来的、要来的，而是中国共产党带领中国人民奋斗出来的，是我们党坚持与时俱进推进理论创新，不断开辟马克思主义新境界，创立毛泽东思想、邓小平理论，形成“三个代表”重要思想、科学发展观，创立习近平新时代中国特色社会主义思想，领航中国的结果——

旗帜领航，我们进行社会主义革命，确立社会主义基本制度，广袤的中华大地迎来前所未有的广泛而深刻的社会变革，在短时间内建立起比较完整的独立工业体系和国民经济体系，为进一步探索中国社会主义建设道路奠定了初步的物质基础。

旗帜领航，我们坚定不移推进改革开放，开创、坚持、捍卫、发展中国特色社会主义，实现了从高度集中的计划经济体制到充满活力的社会主义市场经济体制、从封闭半封闭到全方位开放的历史性转变。

旗帜领航，我们坚持和加强党的全面领导，统筹推进“五位一体”总体布局、协调推进“四个全面”战略布局，坚持和完善中国特色社会主义制度、推进国家治理体系和治理能力现代化，战胜一系列重大风险挑战。

由此，一个曾有被开除“球籍”危险的国家，大踏步赶上了时代，仅用几十年时间就走完发达国家几百年走过的工业化历程，创造了经济快速发展和社会长期稳定两大奇迹。

如今，我国脱贫攻坚取得全面胜利，正乘势而上接续推进乡村振兴，民生福祉不断提升；贯彻新发展理念、坚持供给侧结构性改革、加快建设现代化经济体系，中国经济正向着高质量发展转变；三峡工程、青藏铁路、港珠澳大桥，一系列重大建设项目震撼世界；“北斗”闪耀星空、“天眼”探秘宇宙、“蛟龙”深潜大海，科技创新支撑起强国之梦；高铁出行、线上支付、蓝天碧水，人民生活日新月异，对美好生活的期待不断成为现实，中华民族正以崭新的姿态屹立于世界东方。

思想伟力：自信自强　守正创新

“中国共产党和中国人民以英勇顽强的奋斗向世界庄严宣告，中华民族迎来了从站起来、富起来到强起来的伟大飞跃，实现中华民族伟大复兴进入了不可逆转的历史进程！”庆祝大会上，习近平总书记的话语掷地有声，现场掌声雷动。

从救国、兴国到强国，从站起来、富起来到强起来，全面建成社会主义现代化强国、实现中华民族的复兴伟业，是全体中国人民共同的心愿，是这个时代最鲜明的奋斗底色，是一个百年大党的雄心壮志。

“风雷动，旌旗奋，是人寰。”当前，指引我们的是当代中国马克思主义、21世纪马克思主义——习近平新时代中国特色社会主义思想。“推动全体人民共同富裕取得更为明显的实质性进展”“坚持创新、协调、绿色、开放、共享的发展理念”“绿水青山就是金山银山”“推动构建人类命运共同体”……这些卓有创见的新理念、新论断，开拓了中国特色社会主义的新境界，激发出改变中国、造福世界的磅礴伟力。

这是党中央为我们擘画的锦绣宏图——“十四五”规划和2035年远景目标纲要提出经济发展、创新驱动、民生福祉、绿色生态、安全保障五大类20项指标，勾勒未来中国发展脉络；党的十九大报告提出，分两步走，到21世纪中叶，把我国建成富强民主文明和谐美丽的社会主义现代化强国。

这是中华民族攻坚克难创造出的人间奇迹——2020年，面对突如其来的新冠肺炎疫情，以习近平同志为核心的党中央坚持人民至上、生命至上，提出坚定信心、同舟共济、科学防治、精准施策的总要求，开展抗击疫情人民战争、总体战、阻击战，取得武汉保卫战、湖北保卫战的决定性成果，在世界上率先控制住疫情蔓延，并在全球主要经济体中率先实现经济正增长，取得疫情防控和经济社会发展的双胜利。

这是中华儿女接续奋斗变梦想为现实的坚挺步伐——随着消除绝对贫

困任务的完成，党中央对扎实推动共同富裕作出重大战略部署。2021 年 5 月，《中共中央国务院关于支持浙江高质量发展建设共同富裕示范区的意见》发布，从物质生活、精神生活、生态环境、社会环境和公共服务等方面对浙江共同富裕示范区建设进行安排。身处庆祝大会现场，浙江嘉兴学院人文社科处处长、思政课教师彭冰冰激动万分地说：“亲历这一伟大时刻，更加深刻体会到示范区建设是党中央在实践中探索推动共同富裕的创新举措，中国人民正在实现共同富裕的康庄大道上向前迈进！”

雄壮的《国际歌》响起。铿锵有力的旋律中，天安门城楼上“世界人民大团结万岁”的标语在金瓦红墙映衬下格外醒目。

从创立之初起，中国共产党就是为中国人民谋幸福的政党，也是为人类进步事业而奋斗的政党。沧桑百年路，见证着中国共产党人“为世界谋大同”的宽广胸怀，兑现着“中国应当对于人类有较大的贡献”的拳拳承诺。

这份承诺，是共建“一带一路”、造福各国人民的“路”：“一带一路”倡议将使相关国家 760 万人摆脱极端贫困、3200 万人摆脱中度贫困，参与国贸易增长 2.8% ～ 9.7%、全球贸易增长 1.7% ～ 6.2%、全球收入增加 0.7% ～ 2.9%。

这份承诺，是构建人与自然生命共同体、向世界播撒的“绿”：中国积极推动“2020 年后全球生物多样性框架”进程，发起系列绿色行动倡议，推动构建公平合理、合作共赢的全球环境治理体系。

这份承诺，是推动构建人类卫生健康共同体、守护生命的“药”：截至 2021 年 4 月，中国已向世界卫生组织提供 5000 万美元现汇援助，向 34 个国家派出 37 支医疗专家组，已经或正在向 151 个国家和 14 个国际组织提供抗疫援助，有力支持了国际社会疫情防控。

这一个个中国理念、中国方案，闪耀着真理之光，成为构建人类命运共同体的共同行动，在世界舞台上奏响美美与共的“和合”乐章。

大会尾声，昂扬的歌声又一次在天安门广场唱响：“歌唱我们亲爱的祖国，从今走向繁荣富强。”10 万羽和平鸽振翅高飞，10 万只彩色气球飞向远方，在广场上空描绘出一幅绚丽的画卷。

看今朝，千秋伟业再启新程。习近平总书记庄严宣告："现在，中国共产党团结带领中国人民又踏上了实现第二个百年奋斗目标新的赶考之路。"

旌旗猎猎千帆竞，鼓角声声催征急。在习近平新时代中国特色社会主义思想指引下，统筹中华民族伟大复兴战略全局和世界百年未有之大变局的中国共产党，必将团结带领14亿多中国人民昂首阔步、勇毅前行，谱写实现中华民族伟大复兴中国梦的壮美新篇！

（2021年7月1日）

图书在版编目（CIP）数据

奋斗之路：1921-2021：上下册 / 光明日报社编
. -- 北京：光明日报出版社，2021.12
ISBN 978-7-5194-6406-6

Ⅰ. ①奋… Ⅱ. ①光… Ⅲ. ①新闻报道 - 作品集 - 中国 - 当代 Ⅳ. ① I253

中国版本图书馆 CIP 数据核字（2021）第 277667 号

奋斗之路：1921—2021（上下册）

FENDOU ZHILU：1921—2021（SHANGXIACE）

编　　者：光明日报社

责任编辑：杜春荣　　封面设计：李彦生
责任校对：慧　眼　　责任印制：曹　净

出版发行：光明日报出版社
地　　址：北京市西城区永安路 106 号，100050
电　　话：010-63169890（咨询），010-63131930（邮购）
传　　真：010-63131930
网　　址：http://book.gmw.cn
E - mail：gmrbcbs@gmw.cn
法律顾问：北京市兰台律师事务所龚柳方律师

印　　刷：北京紫瑞利印刷有限公司
装　　订：北京紫瑞利印刷有限公司
本书如有破损、缺页、装订错误，请与本社联系调换，电话：010-63131930

开　　本：170mm × 240mm　　印　　张：37.5
字　　数：576 千字
版　　次：2021 年 12 月第 1 版
印　　次：2021 年 12 月第 1 次印刷
书　　号：ISBN 978-7-5194-6406-6

定　　价：128.00 元（上下册）